FOOD INDUSTRIAL MANAGEMENT

미래 외식산업에서 일할 학생들은 물론,
외식업을 하시는 분이나 하고자 하시는 분들이
꼭 가까이에 두고 숙지해야 할 내용을 실었습니다!!

# 외식산업 실무론

(주)지구문화
JIGU CULTURE Co.Ltd

# 머리말

외식산업은 어떠한 의지를 가지고 어떻게 소비자에게 다가가느냐에 따라 성패가 좌우됩니다. 즉 외식사업으로 성공하려면 미래의 사회변화 추이를 예측하고 철저하게 준비해야만 가능합니다.

외식산업을 하시는 분이나 하고자 하는 분께 질문을 던지고 싶습니다.

1. 나는 무엇을 잘하는가?
2. 구체적인 나의 강점은 무엇인가?
3. 내가 외식분야에서 뛰어나게 성공할 수 있는 분야는 어떤 것인가?
4. 과연 그 분야에서 내가 이 사회에 리더가 될 수 있는가?
5. 세상에 인구가 변하고 기술도 변하고 환경이 급속하게 변하는데 그 모든 변화에 새로운 기술을 활용하려면 무엇이 필요한가?

과거와 현재에 성공을 했거나 미래에 할 식당들의 핵심적인 성공요소들은 각각 다를 것입니다. 성공적인 경영은 구성원과 조직이 현재의 트렌드를 제대로 읽고 또 그에 따른 정교한 지식들을 얼마만큼 습득하고 있는가에 달려 있습니다. 이 책에서는 트렌드를 읽는 경영이 얼마나 소중하고 피할 수 없는 대세인가를 일목요연하게 집어서 밝히고 있습니다. 더하여 외식경영자에게 그런 마인드를 갖도록 경각심을 불러일으켜 줄 것입니다.

최근 통계에 따르면 자영업자 신고업체 중 1년 내에 문을 닫는 업소가 25% 정도 된다고 합니다. 업종별로 보면 이들 중 85%가 외식업소들이라고 합니다. 그 이유는 경영능력 부족, 경기불황, 과열경쟁, 대형업체 출현 등으로 해석되고 있습니다.

우리나라의 외식사업은 현재 혼돈기입니다. 그동안 양적 팽창을 앞세워 성장 해온 데 따른 부산물입니다. 생존경쟁이 뒤따르면서 혼탁한 질서가 만연되고 있기도 합니다. 선진국의 인구통계학적 공식으로 보면 우리나라 음식점의 적정한 수량은 현재 70여만 개의 업소 중 대략 70% 정도라고 합니다.

현재 영업하고 있는 외식업체 중 제대로 경영성과를 올려서 돈을 버는 비율은 10% 정도에 불과하고, 40~50% 정도는 현상유지를, 나머지는 업종 전환 또는 폐업을 고려 중이라고 합니다. 통계자료에 따르면 최근 3년 동안 창업업소 수는 약 20만 개, 폐업업소 수는 약 17만 개 정도라고 합니다. 이는 신규로 오픈하는 수는 줄고 기존의 식당들은 문을 계속 닫고 있다는 반증입니다.

살아남은 여러 식당들도 어려운 경영이 지속될 것으로 전망됩니다. 높은 인건비, 높은 재료비, 높은 임대료, 높은 세금, 높은 카드 수수료, 유가상승으로 인한 높은 광열비 등을 감안하면 풀어야 할 과제가 한두 가지가 아닙니다.

우리는 흔히 주변에서 장사가 잘 되는 음식점을 두고 '그 음식점 대박 났어!' 라고 말합니다. 대박집과 쪽박집의 차이는 과연 어디에 있을까요? 돼지고기를 재료로 장사하는 업소를 예로 들어보면, 돼지갈비에 사용하는 재료는 별 차이가 없을 것입니다.  그러나 운영하는 방식에 따라 성공과 실패로 현저하게 갈립니다. 과연 대박집은 '어떻게 운영하기에, 그리고 그 성공의 비결은 무엇일까' 하고 생각해 보게 됩니다.

필자는 13년 동안 프라자 호텔에서 조리사 생활을 하면서 직접 접촉한 고객들을 상대로 일일이 고객일지를 써 본 적이 있습니다. 고객들이 선호하는 음식과 메뉴를 기록해 두기 위해서였습니다. 이 기록과정에서 아주 중요한 사실을 발견했습니다. 문제가 있거나 해결해야 하는 사안들이 발견될 때마다 정답은 항상 고객이 가르쳐 주곤 한다는 것입니다.

전국에는 70여만 개의 음시점이 있습니다. 대부분의 경영주들은 항상 어렵다고만 합니다. 그러나 아직도 희망은 있습니다. 세계적인 신흥 부자 빌게이츠는 인터뷰에서 "당신은 뛰어난 두뇌로 어떻게 경영을 해서 세계적인 부자가 될 수 있었습니까?" 라는 질문에 "저는 별로 머리가 똑똑하지 않습니다. 특별한 지혜가 많은 것도 아닙니다. 다만 저는 변화하고자 하는 마음을 생각으로 옮기고 생각을 행동으로 옮기는 노력을 했을 뿐입니다." 라고 말했다고 합니다.

어느 기업가의 어록이 생각납니다.

"마누라 외에는 다 바꾸어라."

세상은 변화하고자 열망하는 자에 의해 발전되어 왔습니다. 앞으로도 변화를 행동으로 옮기는 자가 세상을 발전시켜 갈 것입니다. Ghange(변화)에서 'g' 자를 'c' 자로 바꾸어 보십시오. Chance(기회)가 됩니다. 변화하고자 하는 사람에게 기회가 옵니다. 당신도 변화하십시오. 변화는 기회이며, 기회는 축복의 도화선입니다.

외식산업이란 정말 투자해 볼 만한 가치가 있다고 확신합니다. 외식산업이 차지하는 비중이 국가예산의 20%대에 이릅니다.

이와 같이 거대 산업임에도 불구하고 지금도 제대로 된 시스템을 발견하기란 그리 쉬운 일이 아닙니다. 외식업을 직접 현장에서 경험했고 또 강단에서 가르치는 입장에 있는 외식인의 한 사람으로서 이러한 현실에 많은 책임감을 느낍니다.

외식산업이 이 시대에 융합산업으로 경쟁력을 높이려면 최고의 융합을 이끌어 내야 합니다. 이 시대, 이 사회가 필요로 하는 최고의 융합산업을 만들어 내는 것은 우리 외식인이 하여야 할 몫입니다

끝으로 본 교재를 위하여 수고한 구재홍 군 등 여러분께 감사의 말씀을 전합니다.

경자년 춘삼월에

필자 대표

차례

차례

Contents

차례

# Chapter 01

# 한국의 외식산업 현황

1. 외식산업의 개념
2. 21세기 외식시장 트렌드와 소비자 의식변화
3. 외식산업의 유래
4. 한국외식산업의 역사
5. 우리나라 식생활의 변천과정

"과거를 뒤돌아보고, 미래를 꿰뚫어보는 것은
나를 보는 거울과 밤길에 불빛을 가지고 가는 것이다."

## 1. 외식산업의 개념

외식산업은 현대를 살아가는 인류에게 가장 필요한 삶의 조건이다. 또한 지속적인 발전과 지구촌 글로벌화를 이룩한 '21세기'에 있어서 외식업체는 점차 문화공간으로서 인식되고 있으며, 그 의미가 더욱 확대되고 있다. 따라서 메뉴와 서비스로 승부를 내걸던 많은 외식업체들은 다른 점포와의 차별화를 위한 유·무형의 요소들을 제공하기 위해 또 다른 경영전략을 필요로 하고 있다. 이러한 부분은 본격 무한 경쟁시대로 돌입한 외식업체의 성공을 결정짓는 경쟁력인 동시에 키워드로 작용하고 있다.

흔히 외식산업에서는 입지력, 상품력, 서비스력, 점포력, 운영관리력 등을 성공요인으로 보고 있다. 하지만 국내 외식산업은 부가가치가 높은 산업군으로서 고속성장을 거듭하면서도 상위 몇몇 그룹을 제외하고는 아직도 외식사업 성공요인들과 다소 거리가 먼 듯한 운영 형태가 대부분인 것이 현실이다. 이로 인해 경영 개념을 채 도입하지 못한 외식업체는 급속한 사업환경 변화에 미처 대응하지 못해 위기를 맞는 경우도 생겨나고 있다.

이러한 까닭에 규모의 크기에 관계 없이 점포에 맞는 인사관리, 원가관리, 상품관리, 마케팅, 서비스 등 모든 분야에 걸친 경영관리상의 시스템 정립과 더불어 이 모든 것을 효율적으로 실행하기 위한 외식사업 경영자의 경영 마인드 정립이 필수요소로 등장하고 있다.

특히 외식산업은 국민 건강과 직결되는 음식을 다루는 사업이므로 외식사업 경영은 이익창출의 측면과 함께 사회적 사명감이 요구된다. 또한 문화공간의 창조자로서 다방면의 지식과 정보, 감성과 국제 감각, 패션성, 인간성 등을 더욱 필요로 하는 직업이라고 할 수 있다. 그러므로 경영자 스스로 자기개발을 위한 투자와 노력을 아끼지 말아야 한다.

## 2. 21세기 외식시장 트렌드와 소비자 의식변화

외식산업의 성공요소가 음식의 '맛' 하나였던 시대는 지났다. 음식의 맛은 기본이 되었고, 그 밖에 수많은 요소들이 그 업체의 성공을 좌우한다.

더구나 요즘과 같은 외식업체의 생존경쟁 속에서 고객들에게 어필하기 위해서는 무언가 특별한 노하우가 필요하다. 민감하고 감성적이면서도 합리적이고 솔직한 고객들의 비위를 맞추는 것은 까다롭기 그지 없는 일이다.

이런 급변하는 외식시장의 소비 트렌드에 대해 알아보자. 지금까지 접할 수 없었던 이국취향의 요리를 파는 레스토랑, 외국에 온 듯한 착각을 일으키는 외국 분위기의 식당, 한 곳에서 여러 가지 음식을 맛볼 수 있는 푸드코트, 아침 · 점심 · 저녁 세 끼의 전통적인 식사 패턴의 통념을 파괴하고 24시간 운영하는 레스토랑, 식당에서 먹었던 것과 똑같은 음식을 집에서 즐길 수 있도록 준비하여 포장 해주는 식당, 저녁 7시에 문을 여는 '서서 먹는 이색 갈비집' 등이 있다.

그런가 하면, 그림도 감상하고 커피도 마실 수 있는 전시장 같은 카페, 녹색으로 치장한 식물원 같은 녹색카페, 시골집을 그대로 옮겨 놓은 듯한 이색 전원카페 등 여러 종류의 테마카페도 있다.

인터넷이나 전화로 음식을 주문 받아 포장된 음식을 기다림 없이 제공하는 무점포 음식점, 시간에 구애받지 않고 원하는 음식을 집까지 배달하는 다양한 형태의 무점포 택배 서비스 음식점 등 바쁜 도시민들의 편의를 위한 음식점들도 있다.

다이어트를 하는 고객이나 환자들에게 의사의 처방에 따라 하루 세 끼를 배달하는 전문 레스토랑, 가족의 단란한 모임에 음식을 제공하는 다양한 수준의 출장요리, 푸드트럭을 주방으로 꾸며 아파트 단지 이곳저곳에 상주시켜서 고객의 주문(콜택시 호출과 같은 시스템으로 주문을 받음)에 신속하게 응하는 음식 택배, 당구도 치고 식사도 하면서 영화를 볼 수 있는 멀티극장 등 수많은 새로운 개념의 상품과 서비스가 레스토랑 비즈니스에 도입되고 있다.

레스토랑 비즈니스에 대한 미래를 전망하려면 우선 레스토랑에 대한 소비자의 의식과 식(食) 행동을 분석하여 논의하는 것이 음식 자체에 대한 연구와 개발보다 더욱 중요할 수도 있다. 또한 소비자의 식(食) 행동에 대한 변화를 읽기 위해서는 경제 · 사회 환경에 대한 전반적인 성향을 읽을 수 있어야 한다. 팝콘은 각 분야에 걸쳐 변화하는 소비자 행동을 10개의 포괄적인 성향으로 제시하였다.

소비자의 식생활 패턴은 편의 지향, 맛 지향, 건강 지향이 중심축을 이룬다. 또한 환경 지향, 가치 지향, 개인화 지향, 노스탤지어(nostalgia)지향 상품이 부수적인 역할을 하는 방향으로 바뀌어 가고 있음을 확인할 수 있다.

이와 같이 시장의 동향과 소비자의 기호가 매우 빠른 속도로 변화하고 있다. 이제는 최종 소비자의 움직임에 둔감하면 할수록 직종에 관계없이 쇠퇴의 길을 걸을 수밖에 없다는 인식이 널리 퍼져 있다.

변화를 아는 것은 곧 사람들의 라이프스타일을 아는 것이며, 미래의 움직임까지도 미리 감지할 수 있는 예측력을 키우는 것이다. 이것은 전 업종에 걸쳐서 소비자의 욕구(needs)를 파악할 필요성이 그만큼 커지고 있다는 것을 암시하는 것이다.

외식산업의 이해에서 제시된 소비자의 성향은 오늘날 외식산업이 추구해야 할 방향을 잘 제시하고 있다.

급변하는 국내외 정치, 경제, 사회, 문화, 그리고 기술의 변화와 국경 없는 상품의 등장, 국제무역의 새로운 태동 등과 같은 수많은 요인들이 레스토랑 비즈니스의 미래를 어렵게 만들고 있다.

거시적으로 보면 레스토랑 비즈니스의 흐름은 소비자의 사회적 여건변화에 의존하여 변할 수밖에 없다. 그러므로 현시점까지의 식품선호 경향, 다시 말해서 편의 지향, 맛 지향, 건강 지향을 중심축으로 하여 환경 지향, 가치 지향, 개인화 지향, 노스탤지어 지향, 이국 지향, 환경 지향 상품이 부수적인 역할을 하는 기본적인 틀은 획기적인 기술혁신이나 정치 · 경제 · 사회의 변혁이 없다면 미래 레스토랑 비즈니스의 근간이 될 것이다.

그러나 가장 큰 변화가 예상되는 것은 제품형태이다. 사회생활의 양상에 가장 민감하게 영향을 받는 것이 '식품을 언제, 어떻게, 그리고 왜 먹느냐'는 것이기 때문이다.

다시 말해서 미래의 상품은 제품의 기능보다는 오히려 제품에 대한 정보와 서비스가 중요하므로 제품의 형태와 분위기의 연출이 가장 많이 변할 것이다. 이렇게 생각해 보면 미래에 성공할 레스토랑 비즈니스를 전망하는 것은 그리 어렵지 않다.

## 3. 외식산업의 유래

### 외식의 정의

외식은 인간의 식생활과 밀접한 관련을 맺고 있다. 인간의 식생활은 크게 가정 내 식생활과 가정 외 식생활로 구분하는데 집 밖에서의 식생활을 외식이라고 한다.

인류의 존재와 함께 시작된 식생활은 생존을 위한 수단으로써 삶의 질과 가치를 높이며, 삶을 윤택하고 풍요롭게 하고 있다. 또한, 식생활은 식습관과 식문화를 잉태하면서 가정이라는 범위뿐만 아니라 가정 밖의 체험이나 욕구를 요구하게 되었고, 시대별·국가별 다양한 면모로 변화와 발전을 거듭해 왔다.

특히 음식이나 식사를 주체로 한 식생활은 동물적 본능인 배를 채우는 기능과 역할도 하지만 맛에 대한 강한 욕구와 다양한 소비행태를 나타내므로 점차 외식이란 형태로 발전되어 왔다.

경제발전과 소득증대로 인해 외식이 일상화되고 있으며, 국민 1인당 GNP의 증가와 가처분소득의 증대로 국내 외식산업도 거대시장으로 발돋움하고 있다. 하지만 외식시장 규모나 발전 속도에 비해 실용학문적인 개념연구가 미흡한 실정이며, 외식 전반에 걸친 체계화 역시 부족한 상태에서 전개되고 있는 것이 작금의 현실이다.

우리나라 『국어사전(이희승)』에 의하면 일상적으로 외식이라는 용어는 '자기 집이 아닌 밖에서 식사하는 것'으로 정의하고 있다. 국내 대부분 학자들의 경우에는 '가정 밖에서 행하는 식사행위의 총칭' 으로 개념을 정립하고 있지만, 일본의 도이토시오(土井利雄)는 보다 구체적으로 외식의 정의를 설명하고 있다.

즉, 식생활 중에는 가정 내의 식생활인 내식과 가정 밖의 식생활인 외식으로 구분하고 있다. 내식의 경우는 내식적인 내식과 외식적인 내식, 외식의 경우는 내식적인 외식과 외식적인 외식으로 구분하면서 외식적인 내식과 내식적인 외식을 가정의 연장선에서 보고 있다. 그에 반해 외식적인 외식에 대해서는 가정의 연장선이 아님을 나타내고 있다.

또 내식적인 내식을 제외한 나머지를 현대적 외식개념의 범주로 보고 있는데, 이를 정리하면 아래 표와 같다.

표 1-1 식생활 중 내식과 외식의 구분

| 구분 | | 주요 내용 | 특징 |
|---|---|---|---|
| 식생활 | 내식적인 내식 | 가정 내의 일상적인 식사형태, 가정 내 직접 조리, 가공 | 순수내식 |
| | 외식적인 내식 | 완제품이나 반제품을 구입하여 가정 내에서 식사하는 형태 | 가정의 연장성 식사형태 |
| | 내식적인 외식 | 가정 내의 조리품을 가지고 가정 밖에서 식사하는 형태 | |
| | 외식적인 외식 | 가정 밖의 음식점 등에서 대금지불을 통해 식사하는 형태 | 순수외식 |

한편 일본의 미야에이지는 내식을 '가정 내에서 식사하는 것', 외식을 '외부에서 식사하는 것'으로 정의하고, 직장의 식당에서 하는 식사도 외식에 속한다고 하였다. 이러한 국내외 문헌을 종합적으로 연구해 보면 상업성이 있든 없든 외식이란 '가정 밖에서 이루어지는 식사행위를 총칭한다.' 또는 '가정 밖의 식생활 전체를 총칭한다.'라고 정의할 수 있으며, 그림 1-1과 같이 종합적으로 식생활의 구분과 외식의 범주를 외식산업과 연계하여 정리할 수 있다.

인간생활의 기본요소인 의식주는 어느 한 분야도 중요하지 않은 부분이 없지만, 인간은 식생활을 통해서 삶의 원동력인 에너지를 공급받고 건강한 일상생활을 영위함으로써 건전한 문화발달을 형성한다는 측면에서 식생활의 의미는 매우 중요하다고 할 수 있다.

생활의 기본이 되는 식생활은 인간의 본능적 욕구인 생존과 배고픔을 충족시켜 주는 것부터 자아실현의 욕구를 충족시키는 것까지에 관련된 인간의 주요생활을 말하며, 경제 · 사회 · 문화 · 기술적인 환경 등 인간의 생활양식에 의해서 영향을 받는다.

이러한 식생활은 산업화나 도시화의 진전과정에서, 사회구조 변모와 함께 생활양식이나 식사양식의 변화가 점차적으로 복잡하고 다양화되면서 새로운 식생활 구도로 형성되어 왔다.

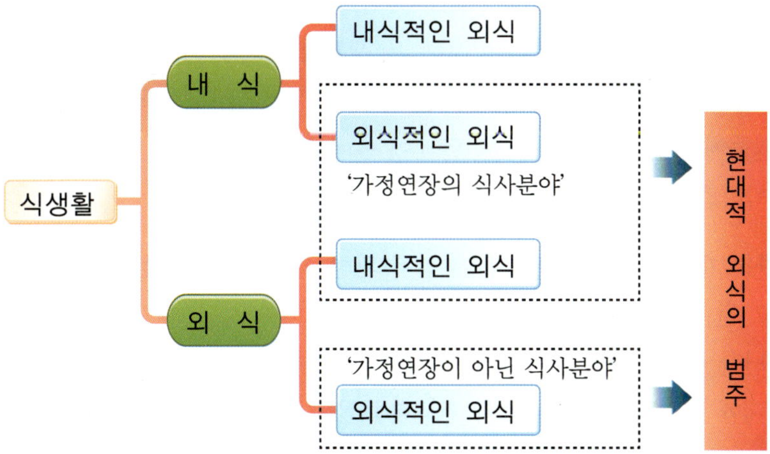


그림 1-1 식생활 중 내식과 외식의 범주

문화는 인간사회의 구성원에 의하여 습득 · 공유 · 전달되는 행동양식이나 생활양식의 총체를 의미하는데, 엘리엇(T.S. Eliot)은 '문화란 생활의 방식'이라고 정의하고 있다. 그 중 식문화는 음식문화를 의미한다. 음식문화란 한 나라의 그 민족만이 오랜 세월을 두고 그들의 기후 · 풍토에 맞춰 독특하게 형성해 온 것이며, 그들의 자연환경 및 사회 환경과도 깊은 연관이 있어 민족 고유의 문화와 맥을 같이 하고 있는 것이다.

그러므로 각 나라의 전통음식은 그 나라를 대표하는 문화재와 마찬가지로 품격을 가지며, 식생활과 문화는 별개라기보다는 상호 연계성을 가지면서 동시성을 갖는다고 보아야 한다.

인간의 활동은 식생활과 식문화뿐만 아니라 식습관에도 영향을 미치며, 식습관은 인간이 후천적으로 형성해 온 생활양식으로 신체적인 발육과 정서 및 심리적인 건강상태에도 관여한다. 이와 같이 한 사회 또는 그 나라의 구성원들에 의해 습득 · 공유 · 전달되어 온 식생활의 패턴이나 양식을 식생활 문화라고 한다.

일반적 개념의 문화는 학습된 경험에 의해 정착화라는 과정을 통해서 변화되고 전승되며, 일상적이고 무의식적으로 이루어지고, 체계적인 가치관을 지닌다. 반면, 식생활 문화는 한 세대 사람들에게 습득되고 정착되어 다음 세대에 전승되면서 끊임없이 변화하고 있는 하나의 과정이며 습관으로, 사회적 기능이나 문화적 요소들의 영향을 받은 가치관에 의해 변화하는 특징을 가지고 있다.

따라서 식생활과 식문화의 속성은 동질성을 수반하며 함축하고 있기 때문에 식생활 문화라고 부를 수 있으며, 여기서 파생된 것이 식습관이다.

## 외식산업이란?

외식이란 말을 국어사전에서 찾아 보면 "가정이 아닌 밖에 나가서 음식을 사서 먹는 것"이라고 풀이되어 있다. 그러나 외식을 단순히 사전적 의미만으로 정의하기에는 미흡하다. 식생활 환경이 바뀌면서 외식소비 패턴이 변화하고, 그에 따라 다양한 형태의 레스토랑들이 등장하고 있기 때문이다. 따라서 외식을 정의할 때는 식생활 변화에 영향을 주는 모든 요인을 고려하여야 한다.

외식산업관련 영자표기는 약간의 차이가 있으나 보편적으로 외식은 eating out, 내식은 eating in, 음식점 혹은 식당은 restaurant, 외식사업은 food service business, 외식산업은 food service industry나 dining out industry 등으로 표기하고 있다.

외식산업의 근간을 이루고 있는 식당, 즉 음식점이라고 하는 것은 점포공간을 통해서 영업행위가 이루어진다. 이와 같은 영업장소를 유통산업에서는 점포나 매장이라 부르고 호텔 식음료산업에서는 업장이라고 부르고 있다. 그러나 외식산업에서는 대부분 점포라고 부르고 있으며, 현실적으로 점포라는 용어가 가장 포괄적인 개념으로 적합하다고 볼 수 있다.

외식산업이라는 현대적인 용어가 출현하기 전에는 식당업, 요식업, 음식업 및 외식업으로 불려 왔지만, 서양에서는 음식을 판매하는 장소를 레스토랑이라고 부른다.

식당 혹은 음식점의 어원을 살펴보면 1765년경 프랑스의 'De Restaurer'에서 파생되어 1794년경 미국에서 'Restaurant'로 변했다. 'Restaurer'의 의미는 수복 · 복구 · 부흥의 뜻으로 '심신을 회복한다.' ,'기력을 회생시킨다.', '원상태로 복구된다.'라는 의미였지만, 현대적인 표현으로는 '공복을 채운다.', '음식을 즐긴다.', '음식을 먹는다.' 등으로 해석할 수 있다.

한편, 외식산업의 개념정립에 대해서 선행연구자들은 많은 의견 차이를 보이고 있다. 임경인은 '식사를 조리해서 제공하는 식품제조업, 소비자에게 직접 소매하는 소매업, 서비스가 중추를 이루는 서비스 산업적 성격이 강한 복합 산업'이라고 정의하였고, 임붕영은 '식당업, 요식업, 음식업으로 부르는 것이 표준화 · 매뉴얼화 · 시스템화 · 체인화의 원리를 바탕으로 기업화된 형태'라고 말하고 있다.

손일락은 '인간의 외식행위에 대응하여 성립된 일단의 사업군이다.'라고 했으며, 김헌희는 '가정 밖의 식사 혹은 이에 따르는 서비스를 제공하는 상업시설이다.'라고 했다. 또 진양호는 '생리적 목적을 충족시키려는 의지를 가진 자를 위하여 법적 기준의 음식과 시설을 갖추어 음식과 식 행위에 부수되는 것을 제공 · 이용하게 하는 업의 총체'라고 정의하였다.

그러나 이미 거대산업으로 자리 잡고 있는 외식산업은 생산과 판매 또는 제조와 소비라는 동시성을 내포하는 의미와 산업이라는 용어에서 개념정립의 근간을 찾아야 한다. '산업'이라는 사전적 용어 자체에는 생산을 하는 사업, 즉 상업적인 성격을 띠고 있다.

표 1-2 레스토랑의 사전적인 어원

<table>
<tr><th colspan="2">구 분</th><th>출 처</th><th>내 용</th></tr>
<tr><td colspan="2">프랑스<br>(Larouse Duxxe Sicle 사전)</td><td>eatablishmentpublico l'onpeut marger(restaurant prix fixe: restaurant la carte)</td><td>사람에게 음식을 판매하는 공중시설점, 판매점, 일품요리점</td></tr>
<tr><td colspan="2">미 국<br>(Webster 사전)</td><td>an establishment where refreshments or meals may be procured by the public (a public eating house)</td><td>사람에게 식사나 음료를 제공하는 시설 혹은 일반대중음식점</td></tr>
<tr><td colspan="2">영 국<br>(Oxford 사전)</td><td>an eatablishment where refreshments or meals may be obtained</td><td>식사나 음료를 제공하는 장소</td></tr>
<tr><td rowspan="5">한 국<br>(국어사전)</td><td>식 당</td><td colspan="2">식사를 하도록 설비된 방, 간단한 음식물을 파는 가게</td></tr>
<tr><td>음식점</td><td colspan="2">음식을 파는 가게</td></tr>
<tr><td>음식물</td><td colspan="2">먹고 마시는 물건, 음식의 준말</td></tr>
<tr><td>요식업</td><td colspan="2">요리 · 음식을 파는 영업</td></tr>
<tr><td>외 식</td><td colspan="2">자기 집 아닌 밖에서 식사함, 또는 그 식사</td></tr>
</table>

가정 밖의 식생활 전체를 총칭하는 외식의 정의에서 전술한 도이토시오의 견해와 같이 가정에서 만들어 가정 밖에서 식사하는 내식적인 외식의 형태는 상업성이 없다. 그러나 이 또한 현대적 외식개념의 범주에 속하는 것을 고려한다면, 현실적인 외식산업은 기업이든 개인업소이든 상업시설 내에서 금액지불을 통한 영업행위가 이루어진다는 개념을 도입할 필요가 있는 것이다.

따라서 전술한 외식의 정의와 관련지어 외식산업의 개념을 정리하면, 광의의 외식산업이라 함은 '가정 밖에서 불특정 다수를 대상으로 이루어지는 상업적인 식생활 전체를 총칭한다.'라고 정의할 수 있다.

또 협의의 외식산업이라 함은 '일반적으로 일정한 장소에서 조리·가공된 음식물을 상품화(요리, 인적 서비스, 물적 서비스, 분위기, 편의성, 가치 등의 토탈 서비스)하여 금액지불을 통해 불특정 다수의 소비자(고객)에게 제공되는 가정 밖의 식생활 전체를 총칭한다.'라고 규정지을 수 있다.

다시 말해 음식점의 상품 주체는 요리이지만, 음식점은 인적 서비스, 물적 서비스, 분위기, 편의성, 가치 등 토탈 서비스를 제공하기 때문에 '금액지불을 통한 가정 밖의 식생활 전체'라고 정의함이 타당한 것이다.

따라서 앞으로는 현대적·산업적 특수성과 시대의 흐름 및 감각에 맞추어서 요식업·식당업·음식업·외식업이라는 구전용어 대신 보다 넓은 의미인 외식산업이란 명칭을 공식화하여 사용해야 한다.

특히 외식산업의 분류상 급식(음식)주체와 음료주체로 구성되어 있는 외식산업의 경우, 기존의 요식업·식당업·음식업·외식업의 개념은 음식점이나 식당으로 대변되는 급식주체의 성격이 강하다. 반면에 음료주체인 커피숍·찻집·술집·요정·바 등의 의미는 상실되거나 축소될 수 있기 때문에, 외식산업에서는 일반적으로 식당이나 음식점이란 호칭보다는 포괄적인 개념인 점포로 표현하는 것이 바람직하다.

## 4. 한국 외식산업의 역사

외식산업은 IT, 반도체, 자동차, AI, 유통산업 등과 함께 금세기 최고의 성장산업이라고 할 수 있다.

미국과 일본의 경우, 외식산업은 전통적인 기간산업인 화학 · 석유 · 석탄 · 철강 · 섬유산업 등과 함께 당당히 2~3대 산업으로 그 지위를 단단히 굳히고 있으며, 외식은 관광과 더불어 가장 중요한 서비스업으로 자리 잡게 되었다.

4차산업혁명 등 기술발전과 1인가구증가 등 사회구조 변화에 대응해 인간의 혁신 동력을 끌어올리고 건전한 산업질서의 축에 외식산업의 비중이 높아가고 있다.

현재 우리나라의 식품 · 외식산업 시장 규모는 200조 원(식품시장 90조 원, 외식업 100조 원)이며, 10년 전에 비해 2배 가까이 성장한 것으로 나타났다. 그러나 식문화가 유사한 이웃나라 일본의 식품시장 규모는 한화로 약 470조 원, 우리나라 식품산업도 계속해서 성장 가능성이 높을 것으로 기대된다.

외식산업은 국가경제에 차지하는 비중이 크고, 향후 지속성장이 예측되며, 농림축산업 등 연관 산업에 파급효과가 큰 중요산업으로 국가경제 비중에서도 통계청 경제총조사(2012) 기준으로 외식산업 매출액은 약 74조 원이며, 고용은 161만 명으로 9.1%, 사업체수는 607천 개로 17.5%, 종사자 수는 168만 명에 육박한다. 즉 외식산업은 국민소득과 여성의 사회활동 증가에 따라 지속적인 성장이 예측되는 분야로, 지난 10년간 연평균 6.8% 수준으로 성장하고 있는 유망한 산업분야이다.

외식산업은 우리 농림축산물의 최대 수요처로 평가받고 있으나, 원가절감을 위해 점차 가격이 저렴한 수입식재료를 사용하는 경향이 있는 반면에 안전이나 건강 등을 중시하는 소비 트렌드 변화로 우수 식재료에 대한 소비자의 관심은 높은 상태이다.

한편 소규모 업체 중심 종업원 5인 미만인 개인사업자가 대다수이며 이에 해당되는 외식업체는 55만 개로 전체 외식업체의 90.5%, 매출액 1억 원 미만 업체는 39만 개로 전체외식업체의 64.3%에 육박하며, 소규모 업체가 대다수를 차지하고 있다.

통계청 경제총조사에 따르면 외식업체의 개인사업자 비율은 98.35%(58만개)로, 국가 전체의 개인사업자 비율 83.24%와 비교해도 매우 높은 수준이다. 외식업체(자영업자)는 대부분(88.6%) 생계형으로 운영되어 업체 경영을 위한 자기투자여력이 낮으며, 이에 따라 타 산업에 비해 교육 · 사전조사 등 창업 준비 소요기간도 짧아 이는 외식업체의 경쟁력 약화로 이어질 수 있다.

이와 함께 경기불황이나 무분별한 창업 및 경쟁심화 등으로 매년 창업과 폐업이 반복되는 악순환이 지속되는 상황이므로 외식산업을 꿈꾸는 젊은이들은 투철한 사명감과 철저한 기본기를 중심으로 창업을 준비하여야만 성공 외식점포를 운영할 수 있다.

외식산업 발전 단계로 볼 때, 우리나라의 외식시장은 성장기에 진입한 것으로 평가된다. 그런데 우리나라 외식시장의 놀라운 성장성을 간파한 외국 유수의 다국적 체인 전문점이 대거 진출하여 치열한 시장 쟁탈전을 벌임으로써 지금은 외국 브랜드와 국내 브랜드의 각축전이 벌어지고 있다.

그런가 하면, 다른 일각에서는 대기업이 중심이 되어 자본력과 마케팅을 바탕 삼아 체계적이고 효율적으로 외식산업계에 진출하는 국내 중소형 프랜차이즈 외식 기업의 성공과 실패로 인해 생계형 외식점포들이 많은 어려움을 겪고 있다.

이처럼 외식산업은 더 이상 만만한 사업이 아니다. 그것은 별다른 기술이나 자본 없이 서둘러 개점한 점포의 50% 가량이 1년 이내에 폐업했고, 80% 이상이 5년 이내에 폐업했다는 한 통계자료가 잘 설명해 주고 있다. 따라서 외식산업에서 성공하려면, 우리나라 식당의 역사를 통한 미래 예측이 반드시 필요하다고 하겠다.

문헌상에 나타나 있는 우리나라 음식업의 기원은 간이음식점을 겸한 사교의 장소로 사용된 고려시대의 주막이 시초이며, 그 후 사신이나 여행자들을 위한 역정과 사원이 생겼다고 기록되어 있다. 조선시대를 거치면서 주막의 명맥은 유지되었지만, 특별히 영리를 목적으로 운영된 것은 아니었다.

20세기에 들어서면서 규모가 큰 음식점이 생겼으나, 식량자원 부족과 가내 주도형의 식사관습 때문에 전반적인 외식업은 침체의 늪을 벗어나지 못한 상태였다.

1945년 해방 이후에 외식업은 비로소 많은 변화와 발전을 추구하였으나 여전히 어려운 경제적 여건 때문에 식당이라는 개념은 '식사를 하는 곳'으로만 여겨졌을 뿐이었다. 그 후 1970년대에 들어선 다음에야 경제개발계획에 따른 식생활 수준 향상으로 외식산업의 기초가 마련되었다.

1977년에 림스 치킨이 튀김통닭을 국내 최초의 프랜차이즈 형식으로 도입하여 개점하였으나, 현대적인 의미의 프랜차이즈 시스템(franchise system)은 1979년에 일본의 롯데리아(Lotteria)와 합작한 국내 롯데리아가 개점한 이후라고 그 발생 시기를 규정할 수 있다. 하지만 학계나 관계 업계에서는 그 시기를 1986년 아시안게임 이후라고 보고 있다. 그러나 한국의 외식산업은 1988년 서울올림픽을 계기로 본격적인 태동을 하게 되었다고 말할 수 있다.

물론, 과거의 주막 혹은 주점에서부터 현재의 식당에 이르기까지 외식업이 계승 · 발전해 오고 있으나, 그 모두를 외식산업이라는 산업체의 한 부류로 규정하기 어렵다. 그 이유는 너무 영세하기 때문이다. 따라서 외식산업의 본격적인 태동은 1988년 이후로 보지만, 기업의 첫 출현은 1979년에 '롯데리아 체인점' 을 개설한 것이 시초라고 하겠다.

패스트푸드의 대명사인 햄버거를 주 메뉴로 하는 롯데리아의 뒤를 이어 한국시장에 상륙한 브랜드는 (주)아메리카나인데, 1980년에 미국 프랜차이즈 회사인 빅보이 사와 제휴하여 햄버거를 주 메뉴로 하는 체인점을 전국적으로 확장해 나갔다.

1982년에는 미국 햄버거 체인점인 버거킹이 첫 발을 디뎠고, 1984년에는 역시 미국 햄버거 체인점인 웬디스가 (주)웬디스 코리아에 의해 들어왔으며, 미국시장 3위의 켄터키 후라이드치킨(KFC)이 (주)두산식품에 의해 상륙하는 등, 한국시장에서 세계 유명 브랜드가 영업을 전개하기 시작했다.

1986년 아시안게임이 열리기 전해인 1985년에 세계 유명 피자회사가 한국시장에 상륙했고, 피자인이 (주)조영물산에 의해, 피자헛은 (주)진식품에 의해, 쉐이키스피자는 골든벨 상사에 의해 각각 문을 열었다.

이어 서울올림픽이 개최된 1988년에 미국시장과 일본시장에서 매출외형 1위를 차지하고 있던 맥도날드가 진출하였고, 1991년에는 미국 샌드위치 업계에 돌풍을 일으키고 있던 서브웨이가 (주)지언유통에 의해 영업을 개시하게 되었다.

그 밖에 하디스와 라운드테이블피자가 각각 국내 외식시장에 등장하였다. 특히 제3의 패스트푸드로 불리는 멕시코 음식인 타코의 출현은 건강식을 지향하는 현대 식생활과 부합하여 업계의 많은 관심을 모으고 있다.

켄터키후라이드치킨 이후에 한국의 치킨 체인점도 많은 변화를 일으켜서 1988년을 전후로 크고 작은 체인점들이 많이 속출하였는데, 기존의 프라이드치킨을 주요 취급품목으로 다루던 것에서 탈피하여 양념치킨과 구이치킨을 선보이기 시작했다.

한편, 이러한 외국 외식브랜드에 맞서서 1980년대 후반에는 (주)놀부 같은 한식업소들도 고유의 음식인 보쌈 및 족발 등의 메뉴를 시스템화해서 체인점 형태로 고유음식의 고품질화에 힘쓰기 시작하였다.

국내 외식산업은 1980년대의 성장기를 지나 1990년대로 접어들면서 그동안 시장을 주도해 왔던 햄버거, 피자, 치킨 등과 같은 패스트푸드에서 탈피하기 시작했다.

그 결과, 최근 전국적으로 확산되고 있는 편의점의 등장과 함께 체인 경영기법을 도입한 양식당 체인인 코코스(Coco´s), T.G.I. 프라이데이스, 베니건스, 칠리스, 시즐러, 우노 등 패밀리 레스토랑이 본격적으로 진출하였다. 그러나 영업 부진으로 인하여 많은 외국계 브랜드들이 폐점과 영업축소를 단행하기도 하였다.

이제 외식업계는 새로운 국면에 접어들었다. 패밀리 레스토랑은 외국에서 부각되고 있는 외식산업의 하나로, 미국과 일본에서는 활동영역이 넓은 유망업종이지만,

우리나라의 패밀리 레스토랑의 점유율은 아직 낮은 수준이다. 또 하나의 외식업계 변화는 차 문화인 다방업이 쇠퇴하고, 위생적인 시설과 건전한 차 문화의 형성에 앞장서는 커피전문점으로 '난다랑'이 1979년부터 체인화 사업을 시작했다는 것이다.

그 후 1989년 본격적인 커피전문점으로 '쟈뎅'이 출현했고, 뒤를 이어서 도토루, 나이스데이, 헤르겐, 브레머 등이 성공과 실패를 반복하고 있다.

1999년에 스타벅스 이대1호점을 오픈하였으며, 커피빈이나 투썸플레이스는 CJ의 과감한 투자로 지속적인 성장을 이루고 있다. 이러한 커피전문점은 커피 외에도 간단한 식사류나 스낵류를 곁들여서 판매함으로써 객단가 상승효과도 함께 거두고 있다.

최근의 특이할 만한 사항은 삼성, 한화, CJ, 두산, 롯데, 대상, 삼양사, LG, 신세계, 동원 등과 같은 대기업들의 외식업계 진출이다. 그 때문에 외식산업은 지속적인 성장을 이룩할 것으로 전망되고 있다.

## 5. 우리나라 식생활의 변천과정

외식산업은 국민 식생활의 변화에 따라 빠른 속도로 변화·발전하고 있는데, 국내 외식산업은 1985년까지의 태동기, 1986년 아시안게임과 1988년 서울올림픽을 기점으로 1986~2001년까지의 성장기, 그리고 2002년을 정점으로 현재 성숙기로 접어들었다. 우리나라의 식생활 변천과정을 살펴보면 표 1-3과 같다.

표 1-3 우리나라 식생활의 변천과정

| 연대별 구분 | 특 징 |
|---|---|
| 고조선~삼국시대 | • 주·부식 분리형의 식문화<br>(주식 : 쌀, 보리, 조 등)<br>(부식 : 장류, 장아찌, 생선포, 구이 등) |
| 통일신라~고려시대 | • 숭불사상에 의한 다류, 한과류, 채소음식 발달<br>• 고기 숭상과 요리법 재현<br>• 일상식과 다른 상용 필수 식품화 |
| 조선시대 | • 유교사상을 근본으로 한 공동체 의식<br>• 대가족제도와 식생활의 규범정착<br>• 김치의 발달과 상용 필수 식품화 |
| 해방 이전 | • 전통 음식점 중심의 요식업 태동<br>• 식량부족과 빈곤으로 인한 식문화 침체<br>(1945년 166점포)<br>• 식품 소비형태의 침체화 |
| 해방 후<br>1960년대<br>(GNP US$ 100~210) | • 전통 음시전 중신이 요시업 태동<br>• 식량부족과 빈곤으로 인한 식문화 침체<br>(1945년 166점포)<br>• 식품 소비형태의 침체화 |
| 1970년대<br>(GNP US$ 248~1,644) | • 영세성 요식업의 출현<br>• 경제발전과 핵가족화로 인한 식생활 수준 향상<br>• 해외 브랜드 도입 및 프랜차이즈의 태동<br>(난다랑 1979년 서구식 외식 시스템의 도입, 롯데리아 1979년 외식산업 시발점)<br>• 영양가와 맛의 추구 |

(계속)

| 연대별 구분 | 특 징 |
|---|---|
| 1980년대 초반<br>(GNP US$ 1,590~2,158) | • 음식에 대한 가치관의 변화<br>• 외식산업의 태동기(요식업 → 외식산업)<br>• 영세 체인의 난립(햄버거, 국수, 치킨, 생맥주 등)<br>• 해외 유명 브랜드 진출 가속화<br>(아메리카나 1980년, 웬디스 1982년, K.F.C 1984년, 피자헛 1984년, 장터국수 1983년 등)<br>• 1986년 아시안게임을 기점으로 성장기에 접어듦. |
| 1980년대 후반<br>(GNP US$ 2,194~4,127) | • 외식산업의 성장기(중소기업, 영세업체 난립)<br>• 식생활의 서구화, 국제화, 레저화, 가공식품화<br>• 건강식에 대한 관심 고조, 다이어트식 증대<br>• 패스트푸드 및 프랜차이즈 중심의 시장 확대<br>• 패밀리 레스토랑의 도입, 커피숍, 호프점, 양념치킨 약진<br>(맥도날드 1986년, 피자인 1988년, 코코스 1988년, 쟈뎅 1989년, 크라운베이커리 1988년, 놀부보쌈 1987년 등)<br>• 1988년 서울올림픽 |
| 1990년대 초반<br>(GNP US$ 5,883~10,000) | • 외식산업의 전환기(산업으로서의 정착 : 1995년)<br>• 중·대기업의 신규진출 가속화 및 해외 유명 브랜드 도입<br>• 프랜차이즈의 급성장 및 도태, 시스템 출현(외식 근대화)<br>(씨즐러 1993년, 스카이락 1994년, T.G.I 1992년, 하디스 1990년, 파파이스 1993년, 판다로사 1992년 등) |
| 1990년대 후반<br>(GNP US$ 6,823~15,000) | • IMF 시대 외식산업의 최대 위기 돌출<br>• 외식산업의 혼돈의 시대<br>• 중산층의 붕괴<br>• 가격 파괴점 속출, 고단가 음식의 신장세 지속<br>• 이탈리안 음식의 신장세 지속<br>• 퓨전푸드 출현으로 음식의 무국적 시대<br>(베니건스 1995년, 마르쉐 1996년, 우노 1996년, 아웃백 1999년, 스타벅스 1999년, 하드락 1999년 등) |
| 2000년~ 2010전반<br>(GNP US$ 15,000~30,000) | • 이탈리안 음식의 전성시대<br>• 한국 고유음식의 재등장<br>• 베트남이나 태국 등 동남아음식 시장성 확대<br>• 건강지향 다이어트 음식 가속화<br>• 허브 향신료 등 신선한 재료를 이용한 음식의 소비량 증가<br>• 업종, 업태 파괴 → 무국적 시대<br>• 테이크아웃 커피 전문점의 신장<br>• 웰빙 음식의 지속적 상승<br>• 씨 푸드의 전성시대<br>• 친환경 농산물 –유기농 시대<br>• 자연 음식<br>• 로컬푸드(Locally Food) 시대 도입 |

| 연대별 구분 | 특 징 |
|---|---|
| 2010년 ~ 2020년 | • 가정 간편식 시장 확대<br>• HMR 지속적인 확대<br>• 혼밥 · 혼술 시장 급속 상승<br>• 다국적 음식 국내시장 확대 |

외식산업은 농림축산업, 문화, 관광산업 등과 동반성장이 가능한 6차산업으로 생산/유통/가공/외식/관광 등이 연계되는 아주 중요한 산업이므로 파급효과가 매우 크다.

특히 외식업체의 국내산 식재료 소비확대 유도와 농촌과 도시를 연결시켜주는 교량 역할을 하는데, 최근 급부상하고 있는 농촌체험활동이 6차산업의 좋은 사례라고 할 수 있다.

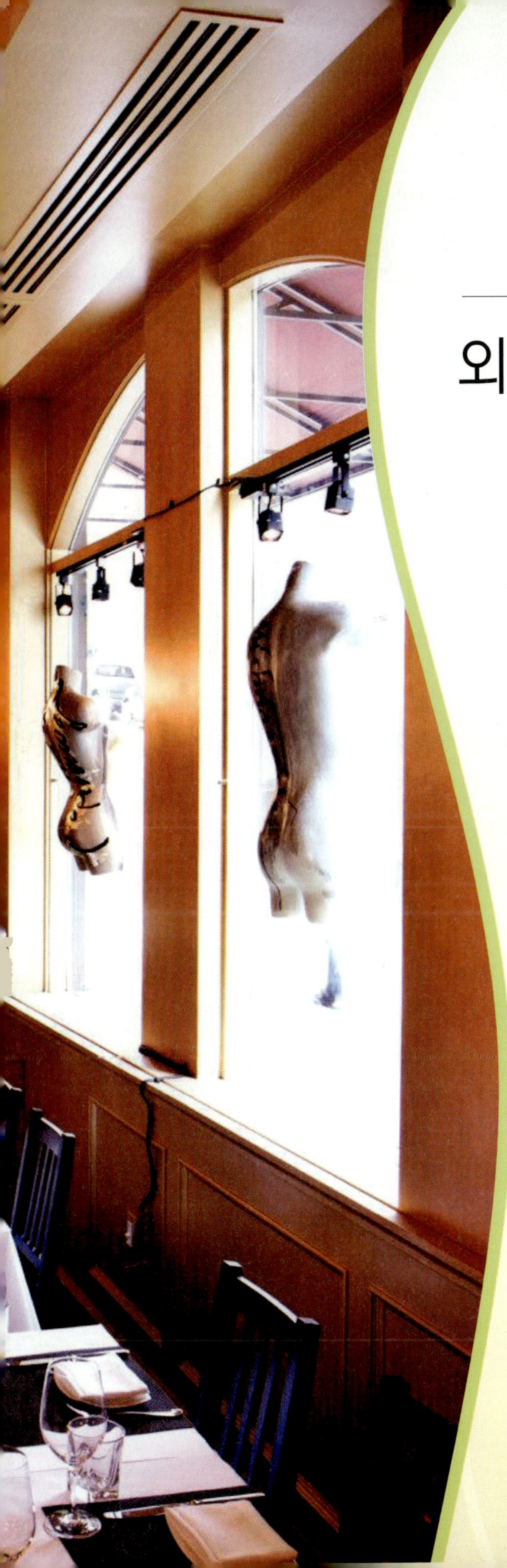

# Chapter 02

# 외식산업의 발전배경

1. 외식산업의 성장
2. 외식산업의 특징
3. 외식산업의 분류
4. 외식산업의 국가별 성장도
5. 전체 시장규모의 추이
6. 외식비 지출의 실태

"하룻밤만에 거둔 성공의 표면을 들추어 보면
여러 해에 걸친 노력을 볼 수 있다."

## 1. 외식산업의 성장

외식산업이 미래의 유망산업으로 각광받고 있는 이유는 국민소득의 증가와 식생활 패턴의 변화 및 가치관의 변화에 따른 외식인구의 증가와 여성의 경제활동 증가 등 여러 요인이 있다.

최근에는 CJ제일제당, ㈜ 농심, ㈜ 파리크라상, ㈜ 롯데, ㈜ 오뚜기, ㈜ 대상, ㈜ 오리온, 삼성에버푸드, LG아워홈 등 국내 굴지의 대기업이 외식시장에 직접 참여하고 있다.

또한, 농촌경제연구원이 2012년 연말에 공개한 '식품 수급의 최근 동향과 시사전'에서도 가계의 식료품비 지출에서 외식비가 차지하는 비중이 46.6%로 나타나 그 비중이 높아지고 있음을 확인할 수 있다. 외식부문 소비는 다양한 형태로 전문화 · 세분화되었고 문화 및 레저와 결합되는 등 가정 내 일반적인 소비 형태와 구별되는 특징을 보인다.

외식산업은 국민소득과 여성의 사회활동 증가에 따라 지속적인 성장이 예측되는 분야로, 지난 10년 동안 연평균 6.8% 수준으로 성장하고 있는 유망한 산업분야이다. 외식시장 개방 · 업종 다양화 · 원료조달방식의 다변화 등 질적인 변화가 빠르게 진행되어 왔다.

외식산업 성장은 해외 외식업체의 성장과 수입 농산물 이용 확대 등을 기반으로 하기 때문에, 국내 농업과의 연계성이 점차 약화되고 있는 것으로 평가되고 있다.

1979년에 한국관광공사가 주관하는 경주호텔학교를 시발로 해서 많은 대학들이 호텔조리과를 비롯하여 외식산업과를 신설하고 있으며, 지금 현재 2년제 대학 81개, 4년제 42개, 조리고 22개, 중앙대학교, 연세대학교 및 서울대학교 등 많은 대학에서 외식산업 고위자 과정을 운영하고 있다. 이처럼 양 위주의 성장에서 탈피하여 질적 변화를 꾀하고 있는 시점에서 국내 외식산업 성장요인을 알아보면, 다음과 같은 것들이 지적될 수 있다.

### 첫째, 경제적 요인

국민소득의 증가에 따라 가처분 소득이 늘어나고, 이에 따라 외식의 동기가 강하게 작용할 것이다. 최근에는 시장개방의 여파에 의해 외국의 유명 브랜드가 국내에 상륙하고 있다. 앞으로는 그것이 큰 변화요인으로 작용되리라고 예상된다.

### 둘째, 사회적 여건의 변화

대량생산 · 대량판매에 이어 대중소비사회가 정착되고 있으며, 생활방식의 변화 등 가치관의 변화가 일고 있다. 여성의 사회진출이 늘어남에 따라 맞벌이 부부가 늘어나고, 〈핵가족화 또는 독신자〉 가정의 1인 가구의 증가 등 가정의 개념이 변하고 있다. 또한 자동차의 보급, 신세대의 출현, 레저 패턴의 보급, 고객이 지향하고 있는 욕구개념의 변화, 건강식에 대한 관심의 고조 등이 외식의 동기유발을 촉진시키는 요인으로 나타나고 있다.

### 셋째, 문화적 요인

간편식 위주의 패스트푸드 증가에 따라 식생활 패턴이 서구화되어 가고 있다. 이와 같은 변화는 전통적인 식습관이 점차 사라지고 서구식 식문화가 우리 사회에 뿌리내리고 있음을 짐작하게 한다. 또한, 식당이 단지 먹는 장소가 아니라 대화와 여가의 장소로 그 의미가 변해 가고 있다.

### 넷째, 공급측면에서 기술적 환경변화

전통적인 주방개념이 과학기술에 의하여 밀려나고, 컴퓨터 시스템이 일반화되어 가는 추세에 있다. 이에 따라 첨단산업과의 기술적인 접목이 가능해짐으로써 주방 시스템이 자동화되고, 인력절감 등 효율적인 업소 경영방식의 도입이 가능해지고 있으며, 자동화된 조리기술·조리설비 등 주방 기기의 보급이 원가절감에 기여하고 있다. 이런 측면에서 최근 주방을 함께 사용하는 공유 주방에 대하여 관심이 많아지고 있다.

### 다섯째, 외식기회가 점차 확대

가처분 소득의 증가에 따라 외식의 빈도가 증가하고, 여성의 사회진출과 핵가족화 추세에 따라 식생활 패턴이 가정의 내식 위주에서 가정 밖의 외식 행위로 변화되고 있다. 그 밖에 도시화·국제화의 추세에 따라 가정 밖에서 생활하는 시간이 늘어나게 되고, 교통수단의 발달에 따른 레저 문화의 정착과 레저인구의 증가도 큰 요인으로 지적되고 있다.

### 여섯째, 고객의 변화

요즘 고객들은 과거처럼 허기를 때우기 위해서가 아니라, 음식 이상의 문화적 요인들을 찾아 식당을 방문한다. 다시 말해 업계 주변의 물리적 환경 이외에 고객 자체가 변화하고 있는 것이다. 즉, 고객의 취향과 생활 스타일의 변화는 미래 외식시장의 환경을 변화시키는 주요인으로 작용할 것이 분명하다.

따라서 앞으로의 외식산업 경영은 고객의 변화추이를 주시하지 않으면 안된다. 그 밖에 식당이라는 의미 자체가 바뀌고 있다는 사실을 주목해야 한다. 이제는 식당의 개념은 먹고 즐길 수 있는 대화와 여가의 장소로 변화하고 있으며, 다시 말해서 레저 문화의 개념이 식당이라는 기존개념에 부가되고 있는 것이다.

점점 세분화되는 시장 환경, 점점 다양화되는 고객의 욕구변화, 식당개념의 변화는 미래의 외식시장을 형성해 나가는 큰 요인으로 지적되고 있다. 이에 따라 업소의 경영자에게는 업계의 주변 환경에 능동적으로 대처하고, 다양해지는 고객의 욕구를 충족시키기 위한 세련된 업소 경영기술이 요구되고 있다. 따라서 주방시설을 현대화하여 인건비를 절감하고, 효율적인 업소의 운영 기술을 터득해야 할 것이다.

서비스의 질 개선은 물론이려니와, 부단한 맛과 멋의 개발을 이루어 나가야 한다. 또한, 고객의 생리적 욕구충족이 아니라, 외식에서 누릴 수 있는 주변 환경의 정비를 비롯하여 실내 분위기에도 신경을 써서 안락하고 쾌적한 분위기 연출도 게을리해서는 안 된다.

## 2. 각광받는 외식산업

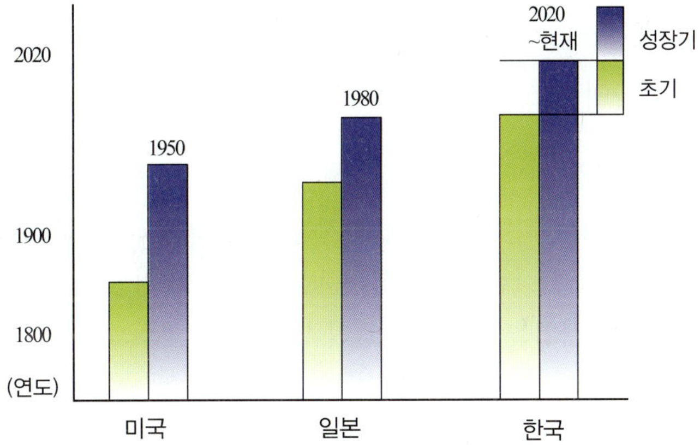


그림 2-1 외식산업의 발전시기

오늘날의 외식산업은 경제성장과 소득 증대로 성숙기에 접어들었지만 최근에 소비의 양극화현상과 사상최고의 고유가 및 국제 원자재 가격의 급등 등으로 인하여 침체의 늪에서 벗어나지 못하고 있다. 이러한 저성장 시대에 외식산업은 새로운 돌파구를 모색하여야 한다.

이제까지 소비 패턴의 다양화가 식생활의 질적인 성장을 가져왔던 것도 사실이다. 특히 고객중심의 사고가 확산되면서 고객만족과 가치제공을 위해 차별적인 전문화, 틈새 업태 등이 출현하여 시대적인 환경변화에 적응하기 위해 많은 변화와 발전을 추구해 왔다.

또 여성의 사회진출 증가, 1인가구의 증가, 혼밥, 혼술, 건강지향, 그리고 레저 인구의 급증 등에 대한 관심고조는 노동의 균등화 효과와 신세대 및 뉴패밀리층의 등장, 농촌의 도시형 생활의 확대, 새로운 가치관의 대두, 자동차의 증가 등의 경제·사회·기술·문화적인 여러 배경을 토대로 급격하게 소비성향을 변화시키고 있다.

이러한 변화무쌍한 환경 속에서 신규창업이나 기존영위 업태의 확장은 경험유무를 떠나서 항상 사업적으로 성공해야 한다는 대명제를 안고 있다. 외식산업의 사업특성을 크게 나누어 보면 입지, 인재(people), 매뉴얼, 프랜차이즈, 종합예술성 첨단사업 등이라고 할 수 있다.

### (1) 입지사업

외식산업 경영은 첫째도, 둘째도, 셋째도 점포입지를 최우선으로 하는 입지사업이다. 사업성패를 좌우하는 입지는 출점전략과 상권분석을 통해 효율성에 역점을 둔다. 출점입지는 경쟁력뿐만 아니라, 수익성 재고와 매출로 직결되기 때문에 외식사업을 입지 의존적인 사업이라고 해도 과언이 아닐 것이다.

### (2) 인재(people)사업

외식산업은 고객 · 종업원 · 오너(경영인)가 삼위일체가 되어 고감도 연출을 하는 사업이다. 다시 말해 인간과 인간관계를 중심으로 고감도 연출이 필요하고, 노동집약적이면서 고도의 숙련도가 요구되는 사람사업임을 결코 부인할 수 없으며, 나아가서 인재산업이라고 정의할 수 있다.

### (3) 매뉴얼사업

외식산업은 표준화(standardization) · 단순화(simplification) · 전문화(speciali-zation)의 3S시스템을 추구하는 사업이다. 그렇기 때문에 체인본사(본부)나 점포의 각 부분별 시스템 구축이 필요하고, 시스템 중심의 매뉴얼 사업이 곧 경제성이라는 의미가 된다. 특히 점포 주방이나 중앙집중식 주방인 센트럴 키친(central kitchen)은 생산이나 제조기능인 것에 반해, 점포의 홀(hall)은 판매와 소비라는 동시성을 가지고 있다. 경쟁력 제고와 효율적인 경영을 위해서는 매뉴얼을 구축하여 시스템화를 정착시켜야 한다.

### (4) 프랜차이즈사업

프랜차이즈사업은 외식사업에 대한 운영관리를 통해서 축적된 경험이나 노하우(know-how)를 바탕으로 차후에 다점포 전개나 관련사업과 연계해서 진출하는 사업이다. 즉, 고도로 숙련된 운영기법(프랜차이즈 패키지)을 가지고, 동일 업태나 관련사업의 다양화가 가능하다.

최근 프랜차이즈 본부와 프랜차이즈 가맹점에 대한 상생차원의 법안이 국회를 통과하였다. 프랜차이즈에 대한 가맹점을 보호하기 위한 취지로 가맹점사업자가 단체를 설립해 가맹본부와 직접 협의할 수 있도록 한 조항이다.

협의 범위는 영업품목 선정 등 해당 브랜드의 가맹사업의 본질을 훼손할 수 있는 부분은 제외됐지만, 가맹본부의 제품 발주 부분 등과 같은 가맹점 운영방식 등에 대한 협의를 진행할 수 있다.

### (5) 종합예술성 첨단사업

서비스 · 식재 · 급식 · 유통 · 식품 · 부동산 · 패션 · 호텔이나 관광사업 등과 연계하여 사업할 수 있으며, 다른 사업과 복합적으로 얽혀 있어서 경영다각화가 가능한 사업이다.

## 3. 외식산업의 분류

미국과 일본의 근대적인 외식산업이 패스트푸드를 중심으로 발전해 왔듯이 우리나라의 외식산업 발전도 패스트푸드가 원동력이 되었다고 할 수 있다. 우리나라 외식산업 발전의 시작은 경제성장과 소득증대에서 찾을 수 있다.

식생활의 국제화 지향과 식품산업 등 가공식품의 발전, 그리고 레저화 지향과 외식화 현상으로 인해 우리의 식생활 영역이 확대되었다. 나아가 경제 · 사회 · 문화 · 기술적인 여러 환경과 서구식 브랜드 도입으로 짧은 기간에도 불구하고 급속하게 성장해 온 반면, 실용학문적인 체계화나 연구는 거의 부족한 실정이다. 그리하여 우리나라 외식산업의 일반적인 분류는 일본 분류표를 기준으로 인용하여 응용하고 있다.

한편 표 2-1과 같이 '통계청 통계분류 포털'에 의하면 대분류의 경우에는 '도소매 및 음식숙박업', 중분류의 경우에는 '음식 및 숙박업', 소분류의 경우에는 '음식점업 및 숙박업'으로 구분하고 있다.

그 가운데 '외식업(restaurants & conteens)'은 소분류에 속해 있으며, 식당업 · 주점 및 비알코올 음료점업으로 분류하고 있다.

또 **식당업**은 한식점업, 중국음식점업, 일본음식점업, 서양음식점업, 음식 출장 및 이동음식점업, 기관구내식당업, 간이음식점업, 달리 분류되지 않는 식당업으로 세세분류한다. 주점업은 일반 유흥주점업, 무도 유흥주점업, 생맥주 전문점 및 기타 주점업으로 분류하여, 비알코올 음료점업은 커피 전문점과 기타 비알코올 음료점업으로 분류하고 있다.

표 2-1 한국 표준산업 분류(10차 개정, 2017)

| 대분류 | 중분류 | 소분류 | 세분류 | 세세분류 |
|---|---|---|---|---|
| 1 숙박 및 음식 점업 | 56 음식점 및 주점업 | 561 음식점업 | 5611 한식 음식점업 | 56111 한식 일반 음식점업 |
| | | | | 56112 한식 면요리 전문점 |
| | | | | 56113 한식 육류요리 전문점 |
| | | | | 56114 한식 해산물요리 전문점 |
| | | | 5612 외국식 음식점업 | 56121 중식 음식점업 |
| | | | | 56122 일식 음식점업 |
| | | | | 56123 서양식 음식점업 |
| | | | | 56129 기타 외국식 음식점업 |
| | | | 5613 기관 구내식당업 | 56130 기관 구내식당업 |
| | | | 5614 출장 및 이동 음식점업 | 56141 출장음식 서비스업 |
| | | | | 56142 이동음식점업 |
| | | | 5619 기타 간이 음식점업 | 56191 제과점업 |
| | | | | 56192 피자, 햄버거, 샌드위치 및 유사 음식점업 |
| | | | | 56193 치킨 전문점 |
| | | | | 56194 김밥 및 기타 간이 음식점업 |
| | | | | 56199 간이음식 포장 판매 전문점 |
| | | 562 주점 및 비 알코올 음료점업 | 5621 주점업 | 56211 일반유흥 주점업 |
| | | | | 56212 무도유흥 주점업 |
| | | | | 56213 생맥주 전문점 |
| | | | | 56219 기타 주점업 |
| | | | 5622 비알코올 음료점업 | 56221 커피 전문점 |
| | | | | 56229 기타 비알코올 음료점업 |

*자료 : 통계청 통계분류포털(http://kssc.kostat.go.kr)

## 표준산업분류에 의한 분류

### (1) 식당업 (Restaurants:561)

① 한식음식점업(Korean style restaurants:5611)

일반대중을 상대로 하는 한국식 음식점을 말한다. 한정식류, 찌개류, 고기류, 보쌈 및 족발류, 탕류 등 우리의 전통음식이나 오랫동안 습관화된 음식을 취급하고 있는 일반대중음식점을 의미한다. 특히 한정식의 경우는 독립된 객실을 갖추고 한정식을 제공하는 음식점이다.

② 중식음식점업(Chinese style restaurants:56121)

중국식 음식으로 일반 중국음식과 요리전문 중국음식으로 구분되고, 자장 · 우동 · 짬뽕 등을 취급하고 있는 음식점을 말한다.

③ 일식음식점업(Japanese style restaurants:56122)

일본식 음식으로 일반일식과 독립된 객실 또는 객실성격의 칸막이가 설치되어 있는 고급일식으로 구분한다. 초밥, 오니기리(삼각김밥), 일본식 우동, 야끼도리, 일본식 회 등을 취급하는 음식점이다.

④ 서양식음식점업(Western style restaurants : 56123)

서구식 음식으로 미국이나 유럽 중심의 해외 브랜드를 도입한 패스트푸드나 패밀리 레스토랑, 피자점, 스파게티점 등을 의미하며, 일반양식과 뷔페식으로 구분한다. 주로 햄버거 · 샌드위치 · 스테이크 · 커틀릿 · 그라탱 등을 취급하는 음식점으로 프랑스, 이태리, 멕시칸, 아메리칸 등의 음식도 여기에 속한다.

⑤ 이동음식점업(Mobile food services activities : 56142)

특정 장소에 고정된 식당을 개설하지 않고 이동식 음식점을 운영하는 업소를 말한다.

⑥ 기관 구내식당업(Industrial restaurants : 56130)

회사, 학교, 공공기관 등의 기관과 계약하여 구내식당을 설치하고 음식을 조리하여 제공하는 업소를 의미한다.

⑦ 피자, 햄버거, 샌드위치 및 유사 음식점업(56192)

피자 · 햄버거 · 샌드위치 및 유사 음식을 직접 조리하여 판매하는 곳을 말한다.

⑧ 김밥 및 기타 간이 음식점업(56194)

소규모형태의 체인으로 스낵 · 분식 · 만두 · 튀김 등 간편하고 간단한 음식점으로 체인화된 종목을 취급하는 업소이다.

⑨ 치킨 전문점(Restaurants n.e.c.: 56193)

양념치킨 · 프라이드 치킨 등 치킨전문 업소를 말한다.

### (2) 주점업(Drinking places: 5621)

① 일반유흥주점업(Greneral amusement drinking places:56211)

소주 · 탁주 · 맥주 등 주류를 취급하고 있는 일반유흥술집을 의미한다.

② 무도유흥주점업(Amusement drinking places-dancing:56212)

카바레, 바, 나이트클럽 등 춤을 추면서 유흥을 즐길 수 있는 무도유흥술집이다.

③ 생맥주 전문점(Taphouses:56123)

접객시설을 갖추고 주로 생맥주를 전문적으로 판매하는 주점을 말한다.

④ 기타 주점업(Other drinking places:56219)

생맥주 전문점을 제외한 대폿집, 선술집 등과 같이 접객시설을 갖추고 술을 판매하는 기타의 주점을 말한다.

### (3) 비알코올 음료점업 (Non-alcoholic beverages places: 5622)

① 커피 전문점(Coffee shops : 56221)

접객시설을 갖추고 볶은 원두, 가공 커피류 등을 이용하여 생산한 커피 음료를 전문적으로 제공하는 업소를 말한다.

접객시설 없이 커피 포장 판매를 전문적으로 하는 음료점도 포함한다.

② 기타 비알코올 음료점업(Other non-alcoholic beverages places : 56229)

접객시설을 갖추고 주스, 인스턴트 커피, 홍차, 생각차, 쌍화차 등을 만들어 제공하는 업소를 말한다. 접객시설 없이 비알코올 음료 포장 판매를 전문적으로 하는 음료점도 포함한다.

## 식품 위생법 분류

우리나라 식품위생법에 의한 식품영업의 분류 중 식품접객업의 종류에는 음식점 영업과 주점 영업으로 구분되며, 구체적인 내용은 다음과 같다.

### (1) 음식업 영업

① 휴게음식점 영업

휴게음식점 영업이란 음식류를 조리 · 판매하는 영업으로서 음주행위가 허용되지 아니하는 영업을 말한다. 주로 다류를 조리 · 판매하는 다방이나 주로 빵, 떡, 과자, 아이스크림류를 조리 · 판매하는 과자점 형태의 영업을 포함한다.

② 일반음식점 영업

일반음식점 영업이란 음식류를 조리 · 판매하는 영업으로서 식사와 함께 부수적으로 음주행위가 허용되는 영업을 말한다.

### (2) 주점 영업

#### ① 단란주점 영업

단란주점 영업이란 주로 주류를 조리 · 판매하는 영업으로서 손님이 노래를 부르는 행위가 허용되는 영업을 말한다.

#### ② 유흥주점 영업

주로 주류를 조리 · 판매하는 영업으로서 유흥종사자를 두거나 유흥시설을 설치할 수 있고, 손님이 노래를 부르거나 춤을 추는 행위가 허용되는 영업을 말한다. 이와 같은 분류기준을 가지고 식품접객업을 분류한 특징을 정리하면, 다음과 같다.

- 주 상품(식료 또는 음료)이 무엇인가?
- 고객에게 주류 판매가 가능한가?
- 고객이 노래하는 행위가 가능한가?
- 유흥종사자를 두고 가무행위가 가능한가?
- 유흥시설 유치가 가능한가?

## 식품위생법상 영업의 종류에 의한 분류

식품위생법 제21조제2항의 규정에 의하면, 영업의 세부 종류에 있어서 우리가 칭하는 외식산업을 식품접객업이라고 하여 다음과 같이 분류하고 있다. 먼저, 음식점 영업과 주점 영업으로 2분류하고, 종전과는 달리 그 영업의 종류를 휴게음식점 영업, 일반음식점 영업, 단란주점 영업, 유흥주점 영업으로 나눈다.

## 업종 및 업태 분류

업종별 분류는 여러 가지 형태인 새로운 콘셉트(concept)의 등장으로 업종(type of business, type of operation)과 업태(type of service)의 구분이 모호한 경우가 많다. 업종이라 함은 한식, 양식, 중식, 일식 등의 대분류를 말한다.

최근에는 업종 중심에서 업태 중심으로 고객의 입맛이 변해 가고 있다. 또 업태는 특정의 영업방식, 서비스 형태, 금액 지불방식 등의 차이로 구분하기도 한다. 일반적으로는 상품이나 메뉴의 소분류상의 영업형태를 의미한다.

대체로 한 개 업종이 세분화되는 것을 말한다. 양식을 업종에 따라 분류한다면 패스트푸드(Fast Food), 패밀리 레스토랑(Family Restaurant), 패밀리 다이닝 레스토랑(Family dining restaurant), 디너 하우스(Dinner House) 등으로 구분할 수 있다.

접객 서비스 방식, 제공시간, 가격 및 객단가, 메뉴 작성, 식사형태, 이용시간대, 대상 타깃(target), 출점입지형태, 점포규모, 투자규모, 운영 시스템 등의 차이로 구분된다.

표 2-2 식품위생법 시행령 상 분류

| 구분 | 영업내용 | 행정절차 |
|---|---|---|
| 휴게음식점영업 | 주로 다류(茶類), 아이스크림류 등을 조리 · 판매하거나 패스트푸드점, 분식점 형태의 영업 등 음식류를 조리 · 판매하는 영업으로서 음주행위가 허용되지 아니하는 영업. 다만, 편의점, 슈퍼마켓, 휴게소, 그 밖에 음식류를 판매하는 장소(만화가게 및 「게임산업진흥에 관한 법률」 제2조 제7호에 따른 인터넷 컴퓨터게임시설제공업을 하는 영업소 등 음식류를 부수적으로 판매하는 장소를 포함한다)에서 컵라면, 일회용 다류 또는 그 밖의 음식류에 물을 부어 주는 경우는 제외 | 신고 |
| 일반음식점영업 | 음식류를 조리 · 판매하는 영업으로서 식사와 함께 부수적으로 음주행위가 허용되는 영업 | 신고 |
| 단란주점영업 | 주로 주류를 조리 · 판매하는 영업으로서 손님이 노래를 부르는 행위가 허용되는 영업 | 허가 |
| 유흥주점영업 | 주로 주류를 조리 · 판매하는 영업으로서 유흥종사자를 두거나 유흥시설을 설치할 수 있고 손님이 노래 를 부르거나 춤을 추는 행위가 허용되는 영업 | 허가 |
| 위탁급식영업 | 집단급식소를 설치 · 운영하는 자와의 계약에 따라 그 집단급식소에서 음식류를 조리하여 제공하는 영업 | 신고 |
| 제과점영업 | 주로 빵, 떡, 과자 등을 제조 · 판매하는 영업으로서 음주행위가 허용되지 아니하는 영업 | 신고 |

표 2-3 관광진흥법 시행령 상 분류

| 관광진흥법상 업종 | 음식점 종류 |
|---|---|
| 관광객 이용시설업 | 휴게음식점영업 |
| | 일반음식점영업 |
| | 제과점영업 |
| 관광객 편의시설업 | 관광유흥음식점업 |
| | 외국인전용 유흥음식점업 |
| | 관광식당업 |

표 2-4 한국음식점의 업종 · 업태별 분류

| 업태 / 업종 | 패스트푸드<br>객단가 :<br>5,000~10,000원<br>서비스 : 셀프 및 카운터 업무<br><br>메뉴 : 한정<br><br>제공시간 :<br>3분 이내 | 패밀리 레스토랑<br>객단가 :<br>10,000 ~ 20,000원<br>서비스 : 정형화된 풀 서비스<br><br>메뉴 : 폭넓은 상품 구성<br><br>제공시간 :<br>15분 이내 | 패밀리 다이닝<br>객단가 :<br>20,000~ 50,000원<br>서비스 : 풀 서비스<br><br>메뉴 : 선택의 폭이 있는 상품 구성<br><br>제공시간 :<br>15분 이내 | 디너 하우스<br>객단가 :<br>5만 원 이상<br>서비스 : 풀 서비스<br><br>메뉴 : 한정된 상품 구성<br><br>제공시간 :<br>30분 이내 |
|---|---|---|---|---|
| 한식 | 비빔밥전문점<br>분식집 등의<br>간편식<br>푸드코트<br>죽전문점<br>깐쿨 | 평창장터국밥<br>놀부보쌈,<br>신선설렁탕<br>두부마을 등의<br>대중 한식점 | 경복궁,<br>벽제갈비, 평창갈비, 삼원가든, 한국관, 늘봄농원,<br>배나무골오리집 등의 일반 한식과<br>불고기브라더스<br>등의 대중 한정식 | 용수산, 석파랑, 미소정원 등의고급한 정식과 호텔 한식 |
| 일식 | 장터국수<br>민속마당<br>일본생라면집 | 돈카, 기소야<br>관서옥, 미소야 | 군산횟집,<br>부산횟집 등의<br>스시&씨푸드 | 코오라<br>고급 씨푸드<br>호텔 일식당 |
| 중식 | 취영루<br>만두 전문점 | 일반 대중 중식당 | 선궁<br>남경 | 팔선, 만리장성<br>연경 |
| 양식 및 이태리 | K.F.C/<br>롯데리아<br>맥도날드<br>파파이스 | 스카이락, 스파게티아, 일마레, 쏘렌토 | T.G.I. 프라이데이, 빕스, 아웃백스테이크하우스 | 호텔 양식당<br>안나비니<br>일 비로스<br>카후나 빌 |
| 선술집 | 투다리<br>포장마차 | 칸, 소주방, 이자까야 | 기린비어 패스타<br>부로이 하우스 | 요정<br>호텔의 클럽 |

## 외식산업의 업종별 분류

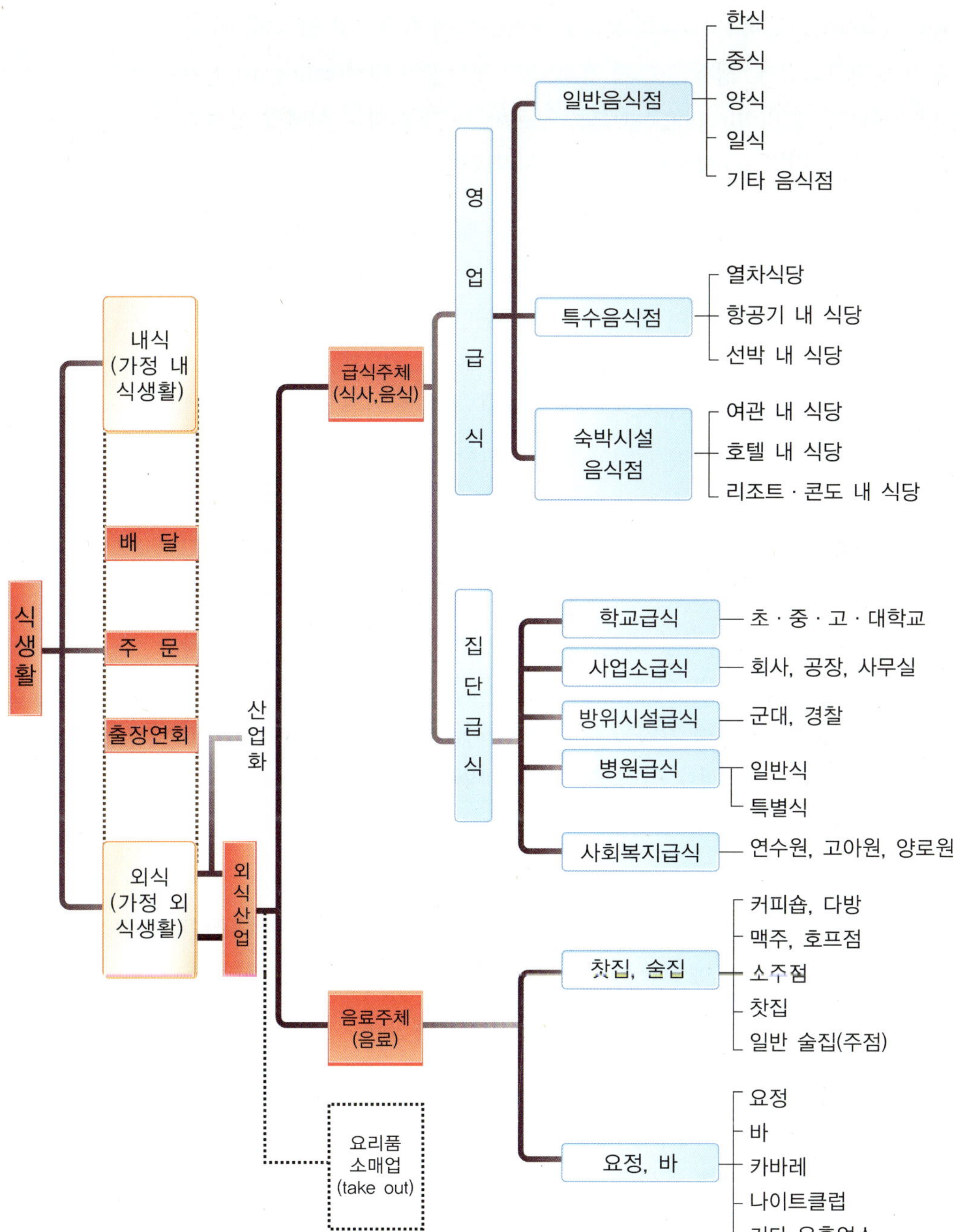
식생활
내식 (가정 내 식생활)
배 달
주 문
출장연회
외식 (가정 외 식생활)
산업화
외식산업
급식주체 (식사,음식)
음료주체 (음료)
요리품 소매업 (take out)
영업급식
일반음식점
한식
중식
양식
일식
기타 음식점
특수음식점
열차식당
항공기 내 식당
선박 내 식당
숙박시설 음식점
여관 내 식당
호텔 내 식당
리조트 · 콘도 내 식당
집단급식
학교급식
초 · 중 · 고 · 대학교
사업소급식
회사, 공장, 사무실
방위시설급식
군대, 경찰
병원급식
일반식
특별식
사회복지급식
연수원, 고아원, 양로원
찻집, 술집
커피숍, 다방
맥주, 호프점
소주점
찻집
일반 술집(주점)
요정, 바
요정
바
카바레
나이트클럽
기타 유흥업소

### 유형별 분류

국내외식산업의 분류는 일본의 분류표를 응용하여 활용하고 있으며, 이 분류표가 보편화되었다. 생활은 크게 가정 내의 식생활인 내식(eating in)과 가정 밖의 식생활인 외식(eating out)으로 구분하고, 가정 밖의 식생활 전체를 총칭하여 외식산업(food service industry)이라고 한다.

일본의 경우에 과거에는 외식산업을 급식주체(식료)와 음료주체(음료)로 구분하며, 급식주체를 다시 영업급식과 집단급식으로 양분하고, 영업급식은 일반식당과 특수타입식당, 여관, 호텔로 분류했다. 그러나 최근에는 기존의 급식주체와 음료주체에서 점포 음식과 무점포 음식, 그리고 급식과 연회로 새롭게 분류하였다. 특히 무점포 음식 중 택배음식의 추가는 외식산업의 다양한 업태를 시의성 있게 받아들이고 있음을 나타낸다.

## 4. 외식산업의 국가별 성장도

외식시장은 시대별 · 국가별 또는 지역별로 식생활문화와 더불어 변화와 발전을 거듭해 왔으며, 다음의 미국 외식산업 매출추이표에서 보는 바와 같이 미국은 세계적인 다국적 기업을 탄생시키면서 안정성숙기에 접어들고 있다. 일본의 경우는 1980년대 안정성장기에서 1990년대 초반의 침체국면을 벗어나 2020년 회복기에 있다.

우리나라의 경우는 1980년대 해외 브랜드의 진출에 힘입어 도입 적응기에서 1990년대 적응성장기를 맞이하고 있다. 그러나 외식근대화를 향한 전환기의 시점인 1997년 후반에 IMF사태를 맞게 되어 침체의 국면을 맞이하였다.

2002~2007년 고도 성장기 글로벌 금유위기 침체기 2008~2009년 저성장기 2010~2013년, 성숙기 2014~현재까지 성장 추세에 있다.

외식업체의 구조조정과 새로운 변신을 통하여 경쟁력 있는 업체들이 출현하여 2020년 외식산업이 또다시 성숙기에 접어들었다. 한국 · 일본 · 미국의 연도별 매출 추이를 분석해 보면, 외식산업체의 매출 상황은 국내 경기 상황에 절대적인 영향을 받고 있다는 사실을 알 수 있다.

국내 외식산업 규모를 살펴보면, 2017년을 기준으로 사업체 수는 약 69만 개, 종사자 수는 약 204만 명, 연간 매출액은 약 128조 원 수준으로 지난 2010년 이후 지속적인 성장세를 보이고 있다. 외식업 세부 업종별로는 '한식 음식점이 전체 외식업체(음식점 및 주점) 중 약 44.9%, 전체 음식점 중 약 62.5%로 가장 높은 비중을 차지하고 있다(사업체수 기준).

규모별로 살펴보자면 종사자 규모별로는 '종사 자수 4인 이하' 사업체가 전체의 약 86.4%. 매출액 규모별로는 '1억 원 이상 5억 원 미만' 사업체가 전체의 약 46.9%, 사업장 면적 규모별로는 '50m³ 이상 100m³ 미만' 사업체가 전체의 약 40.0%로 가 장 많은 비중을 차지하여 국내 외식업체의 상당수는 영세 자영업자임을 알 수 있다. 광역시도별로 는 경기(20.5%), 서울(17.8%), 경남(7.8%)순으로 나타났으며 인천(4.8%) 을 포함한 수도권에 절반에 가까운 약 43.0%가 밀집되어 있는 것으로 나타났다.(사업체수 기준)

다음으로 창 · 폐업 현황 중 창업 현황을 먼저 살펴보면 2017년 한 해 동안 외식업에 진입한 신규 사업자 수는 약 18만 1천여 명이며, 창업자들의 특성을 살펴보면(2017년 기준) 연령은 숙박 및 음식점업 산업 기준 50대가 35.5%, 성별은 여성이 57.2%. 최종학력은 고졸 이하가 39.8%로 가장 많은 것으로 나타났다. 한편 1인당 평균 창업비용은 약 4억여만 원인 것으로 나타났다.

① 1980년대부터 1990년대 초반까지 경기 상황이 좋았던 한국의 외식산업은 20~30%대의 높은 성장을 하다가, 1990년대 이후에는 10% 미만의 성장을 하고 있다. 2000년대 들어서 성장속도가 느려졌지만 지속적인 상승을 하고 있는 추세였으나 2012년대는 성장속도가 둔화되고 있다. 현재까지 저성장시기에 접어 들었다.

② 일본 외식업계 역시 1970년대부터 1990년도까지 가파르게 성장했지만 거품경제가 무너진 1990년 초부터 소폭의 성장 또는 감소를 거듭하다가 1997년을 기점으로 4년 연속 0.5 ~ 0.7%의 감소세를 기록하고 있다. 최근 들어 장기불황에서 다소 회복세를 보이고 있으나 미국발 외환위기로 성장과 불황을 반복하고 있다. 2012년 22.2조억엔, 2015년 25조억엔으로 회복세에 있다.

③ 미국의 경우, 최근 몇 년 동안 경기 호황에 힘입어 외식업계는 성숙기에 들어섰으면서도 최근까지(1997~2007년도) 꾸준한 성장세를 보였고, 2008년 금융위기를 거치면서 지금은 회복세를 보이고 있다. 2019년 사상최대의 경제 호황에 힘입어 회복세를 보이고 있다.

## (1) 매출규모

### ① 한국 외식산업 매출(1985년부터 2017년까지)

(단위 : 조 원)

| 연도 | 1985 | 1990 | 1992 | 1997 | 2000 | 2001 | 2002 | 2003 | 2004 | 2005 | 2007 | 2012 |
|---|---|---|---|---|---|---|---|---|---|---|---|---|
| 매출액 | 4.1 | 10.7 | 15.8 | 30.2 | 33.6 | 33 | 38 | 40.4 | 48.3 | 52 | 55 | 70 |

*자료 : 통계청 서비스업 통계조사 중 산업소 분류 및매출 규모별 현황

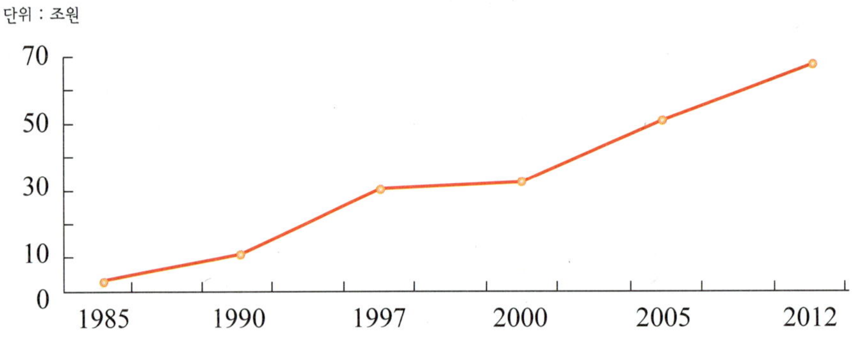


표 2-5 연도별 음식점 및 주점업 매출액

(단위 : 백만 원)

| 구분 | | 2013 | 2014 | 2015 | 2016 | 2017 |
|---|---|---|---|---|---|---|
| 업종별 | 음식점업 | 65,032,977 | 68,401,860 | 89,803,534 | 99,311,876 | 107,483.06 |
| | 한식 일반 음식점업 | – | – | – | 31,968,094 | 34,152,478 |
| | 한식 면 요리 전문점 | – | – | – | 2,934,406 | 3,134,635 |
| | 한식 육류 요리 전문점 | – | – | – | 15,333,801 | 16,155,222 |
| | 한식 해산물 요리 전문점 | – | – | – | 5,873,314 | 6,704,006 |
| | 중식 음식점업 | – | – | – | 4,509,029 | 5,272,970 |
| | 일식 음식점업 | – | – | – | 3,469,456 | 3,968,345 |
| | 서양식 음식점업 | – | – | – | 4,590,310 | 4,753,961 |
| | 기타 외국식 음식점업 | – | – | – | 706,603 | 983,711 |
| | 기관 구내식당업 | – | – | – | 8,897,189 | 9,509,326 |

계속

| 구분 | 2013 | 2014 | 2015 | 2016 | 2017 |
|---|---|---|---|---|---|
| 출장 음식 서비스업 | – | – | – | 162,964 | 176,455 |
| 제과점업 | – | – | – | 5,404,490 | 5,381,570 |
| 피자, 햄버거, 샌드위치 및 유사음식점업 | – | – | – | 5,281,846 | 5,684,654 |
| 치킨 전문점 | – | – | – | 4,261,766 | 4,994,363 |
| 김밥 및 기타 간이 음식점업 | – | – | – | 4,214,176 | 4,644,593 |
| 간이 음식 포장 판매 전문점 | – | – | – | 1,704,432 | 1,966,774 |
| 주점 및 비알코올 음료점업 | 14,516,622 | 15,418,071 | 18,209,469 | 19,541,386 | 20,816,730 |
| 일반 유흥 주점업 | – | – | – | 3,125,000 | 3,340,703 |
| 무도 유흥 주점업 | – | – | – | 354,181 | 375,669 |
| 생맥주 전문점 | – | – | – | 791,567 | 823,635 |
| 기타 주점업 | – | – | – | 7,123,695 | 7,356,962 |
| 커피 전문점 | – | – | – | 7,131,077 | 7,850,364 |
| 기타 비알코올 음료점업 | – | – | – | 1,015,866 | 1,069,397 |

### ② 미국 외식산업 매출추이

(단위 : 십억 불)

| 연도 | 1970 | 1980 | 1990 | 1997 | 1998 | 2000 | 2003 | 2004 | 2005 | 2010 |
|---|---|---|---|---|---|---|---|---|---|---|
| 매출액 | 42.8 | 119.6 | 239.3 | 330.5 | 354 | 376 | 426 | 440 | 475.8 | 577 |

* 자료 : NRA (National Restaurant Association)

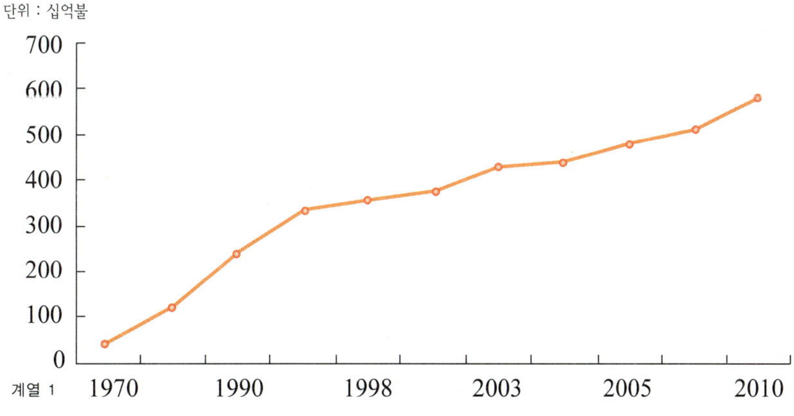


그림 2-2 미국의 연간 매출 현황

③ 일본 외식산업 매출 (단위 : 억 엔)

| 연도 | 1985 | 1990 | 1995 | 2000 | 2002 | 2003 | 2005 | 2010 | 2015 |
|---|---|---|---|---|---|---|---|---|---|
| 매출액 | 193 | 257 | 279 | 270 | 254 | 246 | 243 | 244 | 251 |

*자료 : 외식산업 통계 자료실 2012(외식산업총합조사연구센터 발행)

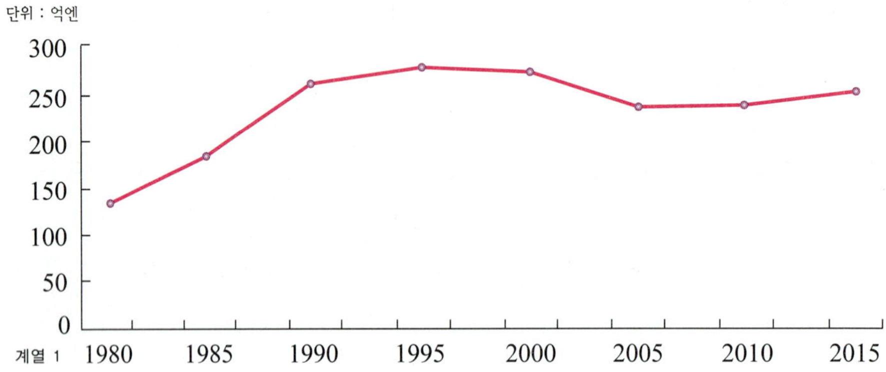


그림 2-3 일본 외식산업 매출 추이

## (2) 경영수지

후쿠시마 대지진과 원전사고, 육회 식중독사건, 그리고 호전되지 않는 경기 여파로 인해 지난해 일본외식업계는 그 어느 때보다 어려운 시기였다. 경기가 어려울 때일수록 시대 변화에 맞는 전략과 트렌드에 편승하기보다 기존 사업의 매출구조를 확실히 다져 온 기업이 좋은 성적을 거두고 있다.

최근 일본 내 페이스 북 가입자가 500만 명을 넘어서는 등 SNS를 활용한 마케팅 수단의 변화가 향후 더욱 뚜렷해질 것으로 전문가들은 내다보고 있다. 소비자들 사이에서는 대지진 이후 '안전 · 안심'에 대한 관심이 한층 높아진 것으로 보인다.

가장 주목되는 부분은 역시 방사능 오염에 대한 우려. 이에 대비해 한 이탈리안 레스토랑에서는 주요 식재료를 전문 업체에 의뢰해 방사능 검사를 실시하여 아무 이상이 없음을 입구에 게시했다. 이어 소비자들이 페이스 북과 트위터를 통해 이 레스토랑 소식을 전하자 어린이를 데리고 방문하는 고객이 눈에 띄게 늘었다는 사실이 업계에 한동안 화제가 되기도 했다.

외식업 경영자들의 의견을 모아 분석한 결과 패스트푸드는 호조, 우동과 소바는 반신반의, 패밀리레스토랑과 이자까야 및 스시는 약간 기대되는 정도, 반면 야끼니꾸와 카페 및 디너레스토랑은 고전할 것으로 나타났다.

우동 · 소바는 저가격, 셀프서비스 형태의 점포가 특히 호조이지만 경기가 나쁠수록 국민식은 매출이 꾸준한 법이므로 도심에서는 점포수가 몰리게 됨으로써 경쟁이 심화될 우려가 있다.

패스트푸드와 같이 '가격이 싸고 가볍게 먹을 수 있는 식사'에 대한 인기는 지난해에 이어 올해도 호조를 보일 듯하다. 그러나 일본 맥도날드와 같이 점포수를 일정수준으로 정리하는 작업이 타 패스트푸드 업체에서도 이뤄지지 않으면 과다경쟁을 통한 경쟁력 약화가 우려된다.

패밀리레스토랑은 신규업태에 밀려 식상한 이미지를 어떻게 탈피하는가가 관건이므로 메뉴 개발과 가격정책의 균형을 어떻게 맞춰 가는지가 승패를 가를 것으로 판단된다.

이자까야는 와인 바와 같은 인기업태가 등장함으로써 영향을 많이 받고 있는 상황이다. 지역특산물을 활용한 차별화된 메뉴와 특별서비스를 콘셉트로 하는 새로운 브랜드들이 주목받게 된다.

교외에 위치한 회전 스시 전문점의 인기는 여전하다. 그러나 방사능 오염 문제가 생선류에도 영향을 미치지 않을까 우려된다. 최근 엔저현상으로 수입 식자재의 가격인상이 불가피하여 이에 대한 대책이 필요한 시점이다.

식중독과 방사능 문제 등 올해 야끼니꾸 업태에는 악재가 겹치고 있으며 전반적으로 침체된 분위기가 가장 큰 문제로 지적된다. 그러나 야끼니꾸 경기가 바닥을 쳤으니 이제부터는 다시 상승할 것이라는 기대도 나타나며 카페는 점포 수가 포화상태에 이른 현상이 쉽게 해소되지 않는 한 소모전이 반복될 수밖에 없다.

디너레스토랑은 잘 되는 브랜드와 안 되는 브랜드로 양극화가 극대화 될 것이다. 경기불황으로 접대 등이 줄어든 것도 이 업태가 고전하는 주요인인데, 올해도 상황은 비슷할 것으로 전망된다.

일본의 음식점 10개 업체 중 7개 업체가 경영수지에서 적자를 내고 있다. 그러면 국내의 외식업체는 어떠한가? 일본의 경우처럼 정확한 통계는 없지만 대략 적자 업체의 비율은 일본의 외식업체보다 높게 나타날 것으로 보인다. 국내 외식업계의 혹독한 시련 속에 많은 업체들이 도산하기도 하였지만, 착실히 성장한 업체들은 양적 팽창뿐만 아니라 질적인 성장을 거듭하고 있다.

① 외식업체는 양적 성장에서 질적 성장

- 외식업체 수의 증가
- 기업형 외식업체의 성장
- 매출의 양극화 현상

② 향후 일본 외식업계의 현상을 답습할 가능성이 높다.

- 업체 수의 감소
- 점포당 매출은 물론 전체 매출의 감소 현상
- 단, 현재 일본에서 나타나고 있는 저가격 전략은 국내에서는 크게 파급되고 있다.

## 5. 전체 시장규모의 추이

국내 외식산업은 급변하는 사회 · 경제 환경에도 불구하고 업종 · 업태별 성장과 도태를 심화시키면서 신 감각형 콘셉트(concept)와 분위기의 퓨전 음식 및 무국적 음식이 인기를 끌고 있다.

그리고 분위기를 중심으로 한 점포의 참여 등으로 급변하는 상황에서 우리나라의 외식산업은 IMF 금융위기 속에서도 지속적으로 성장하고 있으며, 질과 전문성을 높임으로써 변화의 역동성이 가속화되는 가운데 향후 10년 동안 꾸준히 성장할 것으로 예상된다.

외식산업은 국민소득 1인당 GNP가 $10,000~30,000을 넘어서는 시점에서 특화되거나 전문화된 업체가 자금력 · 조직력 · 차별성을 지향하는 업체만이 외식시장을 주도할 것으로 예측된다.

## 6. 외식비 지출의 실태

외식산업의 성장척도는 경제적 · 사회적 · 문화적 · 기술적인 환경요인을 배경으로 가구당 소득원천과 소비지출, 1인당 GNP에 있어서 도소매 물가지수 등과 상호불가분의 관계에 놓여 있다. 그 가운데 도시근로자 가구당 소비지출과 1인당 GNP 추이를 살펴보면 최근 3년 동안 평균 성장률은 소비지출 8.8%, 식료품비 6.4%, 외식비 9.4%로 외식비 신장 폭이 가장 높게 나타났다.

특히 10년 동안 소비지출의 경우에 식료품비가 차지하는 구성비인 엥겔 계수가 계속적으로 감소 추세임에도 불구하고, 전체소비지출 중 외식비의 비중은 꾸준히 증가하고 있음을 보여주고 있다.

즉, 1988년 소비지출에서 식료품비의 비중은 35.5%였으나 1997년 27.2%를 차지하여 8.3%가 감소하였다.

반면에 외식비의 비중은 1988년 4.6%에서 1997년 8.6%로 4%가 증가하였고, 식료품비 중 외식비는 12.9%에서 31.6%로 높게 증가하여 전체 식료품비 중 ⅓을 상회하고 있다.

특히 1988년 서울올림픽 이후부터 2012년 현재까지 외식비의 비중은 지속적으로 상승하고 있다. 이는 식생활 패턴의 다양화와 세계화 추세, 젊은 층을 중심으로 한 식생활의 서구화, 1인 가구, 맞벌이 부부의 증가, 그리고 자가용 증가 등의 경제 · 사회적인 배경에 기인하고 있음을 알 수 있다.

결과적으로 외식비의 상대적인 증가는 외식산업의 성장을 가져오게 되는데, 이로써 신규창업의 최우선 순위는 성장산업인 외식산업이 차지하고 있다는 사실을 시사하고 있는 셈이다.

2018년 성장에 따른 경기침체로 HMR 시장이 크게 확대되고 1인 가구의 증가와 배달앱 등 발전으로 인하여 포장 판매 시장이 급등하기 시작하였다.

## (1) 소비자 외식 횟수 추이

표 2-6 방문시 주 취식 메뉴별 외식비용 동반(2018)

(단위 : 원)

| 구분 | | 한식 | 중식 | 일식 | 서양식 | 기타 외국 음식 | 구내 식당 | 제과 · 제빵류 | 패스트 푸드 | 치킨 전문점 | 분식/ 김밥 전문점 | 주점 | 비알콜 음료점 |
|---|---|---|---|---|---|---|---|---|---|---|---|---|---|
| 전체 | 평균 | 12,015 | 10,158 | 16,644 | 18,916 | 9,853 | 4,718 | 4,518 | 7,649 | 13,884 | 4,200 | 13,438 | 5,844 |
| 성별 | 남성 | 11,251 | 10,385 | 16,340 | 19,082 | 8,952 | 4,446 | 3,274 | 7,499 | 14,537 | 4,017 | 12,643 | 6,173 |
| | 여성 | 12,871 | 9,856 | 16,899 | 18,802 | 10,116 | 5,098 | 4,966 | 7,884 | 13,142 | 4,310 | 14,383 | 5,716 |
| 연령 | 20 대 | 8,714 | 9,795 | 10,610 | 16,258 | 8,990 | 4,338 | 3,623 | 6.626 | – | 4,294 | 11,646 | 5,579 |
| | 30 대 | 10,827 | 9,174 | 14,095 | 19,506 | 8,985 | 4,716 | 4,844 | 7,665 | – | 4,534 | – | 6,093 |
| | 40 대 | 12,531 | 11,381 | 16,972 | 18,725 | 8,914 | 5,365 | – | 8,095 | – | 4,027 | – | – |
| | 50 대 | 13,011 | 11,154 | 17,540 | – | – | 4,784 | – | 8,261 | – | 3,895 | – | – |
| | 60 대 | 12,958 | 8,000 | 26,862 | – | – | – | – | – | – | 4,370 | – | – |
| 거주 지역 | 서울 | 10,974 | 10,856 | 16,485 | 21,434 | 11,595 | 4,587 | | 8,004 | – | 4,438 | – | 5,360 |
| | 6대광역시 | 11,923 | 11,154 | 15,295 | 15,926 | – | 4,514 | 4,158 | 7,847 | – | 4,174 | – | 5,829 |
| | 경기도 | 12,488 | 9,286 | 18,368 | 18,898 | 10,676 | 5,298 | – | 7,954 | 14,641 | 3,948 | 12,033 | 5,254 |
| | 기타 | 12,396 | 9,728 | 16,912 | 18,110 | 9,155 | 4,274 | 4,377 | 6,852 | – | 4,264 | 13,521 | 6,530 |
| 결혼 여부 | 기혼 | 12,941 | 10,279 | 19,006 | 19,606 | 10,547 | 4,914 | 5,071 | 8,305 | 13,252 | 3,948 | 16,000 | 5,646 |
| | 미혼 | 9,449 | 9,777 | 12,481 | 17,816 | 8,800 | 4,596 | 3,975 | 7,132 | – | 4,605 | 12,140 | 6,026 |
| 맞벌이 여부 | 맞벌이 | 12,906 | 10,706 | 18,814 | 19,142 | 11,327 | 5,242 | – | 8,669 | 13,024 | 4,112 | 16,567 | 5,853 |
| | 맞벌이 안함 | 12,979 | 9,741 | 19,246 | 20,022 | 9,766 | 4,459 | 4,723 | 8,040 | – | 3.801 | – | 5,471 |
| 월평균 가구 소득 | 300만원 미만 | 10,319 | 8,738 | 14,241 | 19,156 | 7,425 | 4,222 | – | 7,625 | – | 4,438 | 11,577 | 5,719 |
| | 300~500 만원 미만 | 11,805 | 10,234 | 13,905 | 19,919 | 9,740 | 4,520 | 4,314 | 7,742 | – | 3,909 | 12,632 | 5,885 |
| | 500만원 이상 | 12,893 | 10,815 | 19,072 | 18,375 | 11,491 | 5,302 | 4,936 | 7,582 | – | 4,311 | 16,085 | 5,869 |
| 외식 빈도* | Light | 12,890 | 9,682 | 19,736 | 21,824 | 10,167 | 4,328 | – | 7,653 | – | 4,181 | 15,182 | 6,419 |
| | Medium | 12,496 | 9,785 | 17,199 | 17,365 | 10,246 | 4,769 | 4,538 | 7,814 | 13,520 | 4,020 | 13,211 | 6,299 |
| | Heavy | 10,419 | 12,043 | 13,099 | 17,819 | – | 4,859 | 4,032 | 7,306 | – | 4,508 | – | 5,091 |
| 음주 빈도 | 0 회 | 12,224 | 8,539 | 18,363 | 15,991 | – | 4,511 | – | 6,776 | – | 4,125 | – | 5,764 |
| | 1회~3회 | 11,828 | 10,414 | 15,352 | 20,051 | 9,334 | 4,646 | 3,889 | 8,015 | 12,239 | 4,296 | 12,840 | 6,199 |
| | 4회 이상 | 12,103 | 10,897 | 16,992 | 18,670 | 11,054 | 4,927 | – | 7,639 | – | 4,167 | 13,777 | 5,305 |

*자료 : 한국농수산식품유통공사, 국내외식트렌드조사(2017)

*외식 빈도의 경우 전체 응답자를 일정 비율로 구분함(Heavy : Medium : Light = 3: 4 : 3)
Heavy : 월 25회 이상 / Medium : 월 12회 이상~25회 미만 / Light : 월 12회 미만)

## (2) 외식시의 지출금액 추이

표 2-7 외식 이용 형태별 평균 외식가격 동반(2016-2018)

(단위 : 원)

| 구분 | 2016 | | | 2017 | | | 2018 | | |
|---|---|---|---|---|---|---|---|---|---|
| | 음식점 방문 | 주문 배달 | 포장/테이크아웃 | 음식점 방문 | 주문 배달 | 포장/테이크아웃 | 음식점 방문 | 주문 배달 | 포장/테이크아웃 |
| 전체 | 11,235 | 14,983 | 9,075 | 10,679 | 15,026 | 8,928 | 11,066 | 14,709 | 9,945 |
| 한식 | 12,128 | 20,563 | 15,426 | 11,624 | 20,078 | 16,695 | 12,015 | 16,846 | 18,310 |
| 중식 | 8,854 | 9,684 | 10,288 | 8,915 | 9,735 | 9,802 | 10,158 | 9,578 | 9,643 |
| 일식 | 15,352 | 17,750 | 16,912 | 18,423 | 12,702 | 18,264 | 16,644 | 18,803 | 19,222 |
| 서양식 | 18,202 | – | – | 16,941 | – | – | 18,916 | – | 12,934 |
| 기타 외국음식 | 12,633 | – | – | 11,284 | – | – | 9,853 | – | – |
| 구내식당 | 4,189 | – | – | 4,702 | – | – | 4,718 | – | – |
| 제과 · 제빵류 | 4,765 | – | 6,287 | 3,808 | – | 6,192 | 4,518 | – | 6,055 |
| 패스트푸드 | 9,770 | 17,413 | 9,793 | 7,653 | 17,793 | 9,075 | 7,649 | 18,367 | 8,939 |
| 치킨전문점 | 15,299 | 17,137 | 13,594 | 14,526 | 17,476 | 14,116 | 13,884 | 17,309 | 15,042 |
| 분식 및 김밥전문점 | 4,140 | 6,670 | 3,789 | 4,250 | 7,712 | 4,089 | 4,200 | 8,663 | 4,393 |
| 주점업 | 15,360 | – | – | 13,236 | – | – | 13,438 | – | – |
| 비알콜음료점 | 5,352 | – | 4,146 | 5,495 | – | 4,315 | 5,844 | – | 4,442 |

표 2-8 지출목적별(음식서비스) 소비자 물가지수 추이(2008~2018)

(단위 : 지수(2015=100.00%))

| 구분 | | 2,008 | 2,009 | 2,010 | 2,011 | 2,012 | 2,013 | 2,014 | 2,015 | 2,016 | 2,017 | 2,018 |
|---|---|---|---|---|---|---|---|---|---|---|---|---|
| 총지수 | | 86.079 | 88.452 | 91.051 | 94.717 | 96.789 | 98.048 | 99.298 | 100.00 | 100.97 | 102.93 | 104.45 |
| 음식 및 숙박 | 음식 서비스 | 84.712 | 87.969 | 89.987 | 93.833 | 94.875 | 96.328 | 97.715 | 100.00 | 102.54 | 105.02 | 108.22 |

**음식점 방문시 참고정보**

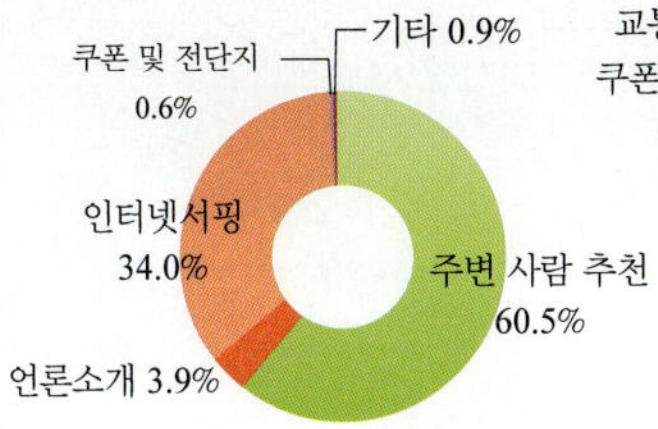


**재방문 이유**

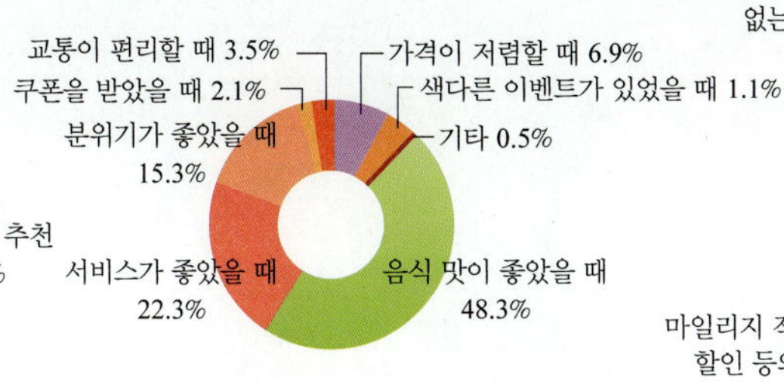


**재방문하지 않는 이유**

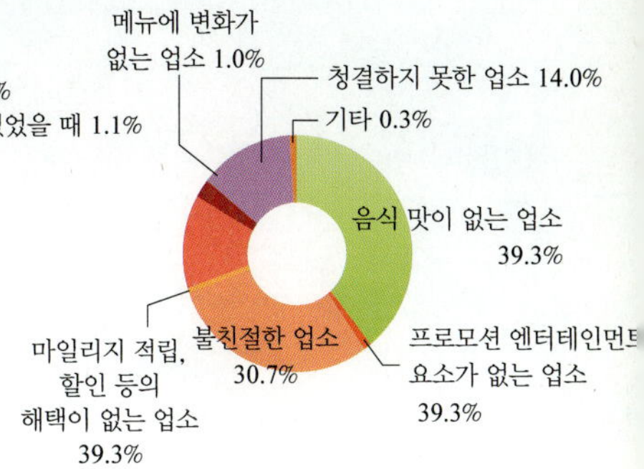


■ 외식시 주로 찾는 음식점

- 고깃집(갈비, 삼겹살 등) 35.3%
- 일식집(횟집 등) 5.8%
- 패밀리레스토랑 12.4%
- 중식당 2.6%
- 패스트푸드(피자, 햄버거) 2.6%
- 이탈리안 레스토랑 11.6%
- 건강음식점(유기농 등) 1.6%
- 요리주점 3.3%
- 한정식/향토음식/한식 전문점(설렁탕, 감자탕 등) 16.5%
- 뷔페(씨푸드 뷔페 등) 3.1%
- 에스닉 푸드 1.5%
- 기타 1.2%

■ 유망 아이템

- 건강 음식점(유기농 음식점 등) 26.5%
- 뷔페 레스토랑(씨푸드 뷔페 등) 9.8%
- 이색 외국음식 전문점 2.8%
- 와인 전문 레스토랑(와인 비스트로) 5.8%
- 한정식 및 향토음식 전문점 11.4%
- 퓨전 레스토랑 9.4%
- 이탈리안 레스토랑 3.8%
- 디저트 전문점 7.8%
- 요리주점 2.7%
- 고기구이 전문점 5.8%
- 분식점 2.1%
- 기타 2.1%

■ 선호 메뉴

- 쇠고기 요리 11.4%
- 돼지고기 요리 25.4%
- 닭고기 요리 13.0%
- 생선/해물 요리 15.4%
- 면류 11.6%
- 한정식 7.3%
- 국물요리(찌개, 탕류) 8.7%
- 유기농 등 건강요리 1.9%
- 에스닉푸드 2.9%
- 기타 2.4%

■ 외식 횟수

- 1주일에 1회 이상 57.2%
- 한 달에 2~3회 정도 36.1%
- 한 달에 1회 정도 4.5%
- 1년에 3~5회 정도 1.2%
- 거의 하지 않는다 0.9%

■ 외식 동반자

- 가족 39.8%
- 친구 34.0%
- 직장동료 6.6%
- 비즈니스 상대 2.1%
- 연인 16.9%
- 기타 0.6%

■ 1인당 평균 외식비용

- 5천 원 미만 2.4%
- 5천 원 이상~1만 원 미만 11.1%
- 1만 원 이상~2만 원 미만 38.9%
- 2만 원 이상~3만 원 미만 27.1%
- 3만 원 이상~4만 원 미만 11.4%
- 4만 원 이상 9.0%

■ 외식비 증가 이유

- 음식 가격이 올라서 61.1%
- 외식횟수가 늘어서 34.1%
- 이전보다 고단가의 메뉴를 선택해서 4.7%

■ 외식비 감소 이유

- 외식횟수가 줄어서 78.1%
- 이전보다 저단가의 메뉴를 선택해서 17.2%
- 할인, 쿠폰 등의 이용을 늘려서 4.7%

■ 올해 외식 횟수 계획

- 횟수를 줄일 것이다 41.8%
- 지금과 마찬가지로 유지할 것이다 55.8%
- 횟수를 늘릴 것이다 2.4%

통계분석 : 시울칭 인던기자(통계프로그램) : spss 12.0

그림 2-4 외식비 지출 조사 설문지(예)

Chapter 03

# 외식산업의 전망

"정확한 정보와 분석만이 미래를 볼 수 있으며,
그것은 곧 성공의 지름길이다."

## 1. 21세기 세계 외식산업의 변화

주방장들은 낙후된 직업에서 높은 산업으로 긍지와 자부심을 갖도록 세계 각처의 음식에 대한 다양한 연구를 통해 그 나라 음식의 장점을 새롭게 접목시켜 발전시키고 있다. 그러나 조리분야는 모방만으로는 안 된다. 특징이 있는 것을 창출해야 한다.

세계화가 급속도로 퍼져 가고 있는 가운데 조리분야와 외식분야가 모든 경제분야에서 차지하는 비중이 높아지고 있다. 세계화에서 가장 중요한 것은 산학협동이다. 지금의 CIA(Culinary Institute American)는 산학, 힐튼, 메리어트 등 미국 기업을 비롯한 일본 기업인들로부터 막대한 후원을 받고 있다.

조리분야의 세계화는 세계적인 수준의 좋은 교육 산업체의 도움으로 가능할 수 있다. 산업체에 연구 자료를 제공하고, 인재를 조건에 따라서 앞으로 지도자 또는 전문가 역량을 발휘할 수 있도록 육성하여 산업체에 진출시킴으로써 산학이 윈윈전략을 세워 가고 있는 것이다.

앞으로는 세계 모든 국가 산학이 뭉쳐야 한다. 지금 미국은 엄청난 속도로 변화하고 있다. 제조업 중 외식산업은 54년 전만 해도 그 규모가 매우 영세했고 차지하는 비중도 작았으나, 21세기 정보화 사회에서는 서비스 산업의 규모가 점점 커지고 있다.

외식산업의 규모가 우리 돈 500조 원에 육박하고 있으며 미국에서 자동차 산업 다음으로 큰 위치를 차지하고 있다. 또한 전체 종사자 수에서 14%를 차지하는 거대산업이다. 2020년에는 자동차 산업을 앞지르고 1위를 차지할 것으로 예측되며 이에 따라서 막대한 인력이 필요할 것으로 예상된다.

앞으로 몇 년동안 100만 명의 주방장이 필요하고, 주방장의 역할과 중요성이 달라질 수밖에 없다. 주방장은 기능적인 면과 전문성을 가진 지식을 지녀야만 한다.

2020년에는 외식분야의 종업원 수가 전체 종업업 수에서 25%를 차지할 것으로 예상되며, 미국은 조리대학 관련학과가 급속도로 발전하고 있다.

대학의 정규과정만 하더라도 1954년에 154개 3만 명에 불과했으나 2020년대에는 328개 5만 명의 학생이 미래 지향적인 교육으로 오늘과 내일을 향한 최고 · 최상의 교육에 몰두하고 있다.

그림 3-1 미국 CIA 조리시연과정

그림 3-2 미국 CIA 강의

① 미국의 경우에 가정에서 식사하는 비중이 점점 낮아지고 있으며, 반드시 한 끼의 식사는 외식을 할 수밖에 없다.

그 이유는 무엇일까?

첫째, 시간이 없다.

둘째, 전문 직업을 가진 여성이 50% 이상이므로 가정을 돌볼 시간이 없다.

셋째, 35%는 주말에도 근무하고 있으며 62%는 집까지 가지고 가서 일을 하고 있다.

넷째, 점심시간은 평균 26분으로 19% 이상은 자동차 안에서 식사를 한다.

다섯째, 50%는 자동차 안에서 주문 식사를 하고 있다니 시간을 얼마나 중요하게 생각하겠는가.

현재는 로봇과 기계를 투입하는 단계를 연구하고 있으며, 식품위생 분야에서 바이오테크놀로지 기계에서 음식이 익은 정도를 열로 분석하는 방법에 대해 깊은 연구를 계속하고 있다.

디지털 분야는 컴퓨터 사이버 분야에 외식산업을 접목시켜 컴퓨터가 직접 음식의 냄새를 맡고 인식할 수 있도록 시도하고 있다.

② 앞으로의 음식 추세는 변화무쌍한 퓨전음식과 고유한 전통음식이 치열하게 경쟁하게 될 것이다.

한국음식에서 이제는 그 지역의 음식으로 발전될 것이다.

식재의 비중이 지금의 케첩 정도에서 살사소스로, 버터에서 간장으로 맛의 전쟁이 진행 중이다. 이에 따라서 양념을 1인당 연간 1.34kg을 소비하고 있고, 2000년대는 2,300여 종의 양념을 수입하여 사용하고 있을 만큼 스파이스에 대한 관심이 높다.

미국에서는 무공해 자연 음식이 인기를 끌고 있다. 또한 가능한 한 살찌지 않고 날씬한 몸매를 유지할 수 있으며 건강에 좋은 음식을 선호하고 있다. 그러므로 메뉴에는 가능한 한 저칼로리에 맛있는 음식을 만들 수 있는 스파이스를 사용해야 한다.

### ③ 우리나라에서도 각종 식품과 관련된 심각한 문제들이 파동을 일으키고 있다.

'구제역', '광우병 쇠고기 파동', '만두 파동', '분유 파동', '김치 파동', '급식 파동', '신종코로나19' 등은 과거처럼 식품의 절대량이 부족해서 일어나는 파동이라기보다는 식품의 위해성이 일으키는 정치 · 사회적 충격인 것이다. 이러한 파동이 일어나는 원인에 대한 근본적인 해결책은 도외시하며, 그동안은 다양한 미봉책이 제시되어 왔다. 이러한 가운데, 하나의 대안으로 부상하고 있는 것이 로컬푸드 운동이다.

종자에서 식탁까지(from seed to table) 거대자본이 지배하는 현상은 일상적으로는 가계가 지불하는 단위비용을 낮추는 효과가 있지만, 위기가 발생하면 결국 축적된 이익을 모두 건강의 상실과 돈으로 지불할 수밖에 없다. 한국도 농가와 유통망의 대부분이 소규모여서 거대자본의 위기구조와 불합리성에 저항하기 어려운 구조이다.

미국과 유럽에서 로컬푸드 운동이 일어난 배경도 이와 유사하다. 농업의 위기와 식품안전성의 위기가 만나는 곳에서 로컬푸드 운동은 시작되었다. 농업은 전통적인 인구감소와 농촌경제의 빈곤화 및 토양오염에 세계화 현상이 더하여져 위기가 커지고, 식품 안전성 역시 토양의 오염과 농약의 과다 사용 등으로 먹거리 전체에 대한 신뢰를 상실케 하였다.

이러한 상황 속에서 농업과 식품이 결합함으로써 농촌과 도시 및 생산자와 소비자의 결합이 자연스럽게 가능케 된다.

그림 3-3 로컬푸드

이는 다시 대안적 시장 확보를 가능케 하고, 유기농산물 생산과 소비를 안정화하며, 식재료의 질을 향상시키고 지역사회에 신뢰와 공동체를 강화하게 된다.

이러한 요소가 선순환될 가능성을 증진시키는 것이다. 앞으로 기술, 과학, 첨단 IT정보의 토대 위에 친환경 농산물, 유기농, 자연음식 등이 새로운 21세기를 이끌어 나갈 수 있을 것이다.

## 2. 21세기 시장환경과 고객의 욕구

외식산업의 변화 방향을 설정하기 위해서는 2010년대를 살아가는 소비자들의 생존환경은 어떤가, 주어진 여건이 외식에 어떻게 영향을 미칠 것인가 등을 연구해야 한다. 그러면 우선 21세기의 시장 환경이 어떠한지를 알아보자.

### (1) 시장여건

① 고유가로 인한 에너지 비용 상승
② 고용 없는 성장, 실업률 증가
③ 부동산 불확실성
④ 경제의 양극화 현상
⑤ 수입 원자재의 가격 상승
⑥ 주5일 근무제에 따른 시장의 변화

### (2) 시장전망

① 여성의 사회진출 증가로 맞벌이 부부가 계속 증가한다.
② 고객수요가 세계화 · 전문화 · 다양화된다.
③ 고령화 사회의 대두로 실버산업이 발달하게 된다.
④ **여가시장의 증가** : 일상에서 벗어나기 위하여 여행이나 오락산업이 발전한다.
⑤ 1인 기업 : 급속적인 소자본 창업
⑥ **소비자 참여 현상** : 시민단체(시민의 모임) 등 소비자가 주체가 되는 사회가 된다.
⑦ 위생, 환경, 논리, 정의를 추구한다.
⑧ **자기중심적** : 코쿠닝(Cocooning) 현상, 집안에서의 생활이 점차 늘어난다(재택근무 등).
⑨ **건강 지향** : 헬스 식품 증가, 장수추구
⑩ **환상 모험** : 스카이다이빙, 환상체험, 가상체험 등 모험을 즐긴다.
⑪ 인터넷 산업사회를 지배한다. 공간의 개념이 사라진다. 10년 내에 현재 100명이 하는 일을 단 1명이 할 수 있게 된다.
⑫ 국가의 개념이 사라진다. 자기중심적 사고
⑬ 각 영역마다 경쟁 점차 격화
⑭ SNS(소셜네트워크서비스)의 실질적인 활용으로 외식업계의 매출 증대
⑮ 최근 인공지능을 활용한 서비스시장이 확대될 것으로 기대된다.

## 3. 우리나라 외식산업의 전망

### 업계를 둘러싼 상황의 변화

1980년대 태동한 이후, 미미하게 발전해 오던 외식업은 GNP의 상승과 그에 따른 경제구조의 변화, 소비자의 라이프스타일과 욕구의 변화로 지금은 급성장기를 맞이하였다. 이러한 업계의 변화를 정확하게 예측하는 것은 어렵지만, 감히 열거하면 다음과 같은 항목을 생각할 수 있다.

### (1) 대형 체인점의 시장 점유율이 더욱 증가한다.

1980년대 말 패스트푸드 및 대형 체인점의 시장 점유율은 미미했다. 그러나 1990년대 들어서 스카이락, 코코스, T.G.I. 프라이데이스, 토니로마스, 베니건스 등의 자금력 및 인재력이 압도적 우위에 있는 패밀리 레스토랑이나 패밀리 다이닝 중심의 대기업이 등장하면서 외식업은 크게 성장하기 시작했다.

그리고 전국에 이르는 지역 중소 음식점 경합이 시작되었다. 게다가 이러한 대기업 체인은 지금까지와 같이 단일 콘셉트가 아닌 여러 종류의 콘셉트로 다양한 고객과 그들의 욕구에 대응해 나갈 전망이다.

표 3-1 연도별 음식점 및 주점업 사업체 수(2013-2017)

(단위 : 개)

| 구분 | | 2013 | 2014 | 2015 | 2016 | 2017 |
|---|---|---|---|---|---|---|
| 업종별* | 음식점업 | 459,252 | 467,229 | 473,614 | 485,038 | 496,915 |
| | 한식 일반 음식점업 | – | – | – | 191,952 | 192,124 |
| | 한식 면 요리 전문점 | – | – | – | 21,117 | 21,455 |
| | 한식 육류 요리 전문점 | – | – | – | 66,408 | 67,733 |
| | 한식 해산물 요리 전문점 | – | – | – | 28,833 | 29,380 |
| | 중식음식점업 | – | – | – | 23,404 | 24,839 |
| | 일식음식점업 | – | – | – | 10,549 | 11,714 |
| | 서양식음식점업 | – | – | – | 11,489 | 11,831 |
| | 기타외국식음식점업 | – | – | – | 2,881 | 3,854 |
| | 기관 구내식당업 | – | – | – | 11,237 | 11,178 |
| | 출장 음식 서비스업 | – | – | – | 584 | 598 |
| | 제과점업 | – | – | – | 16,883 | 17,075 |
| | 피자, 햄버거, 샌드위치 및 유사음식점업 | – | – | – | 16,741 | 17,785 |
| | 치킨 전문점 | – | – | – | 35,107 | 38,099 |
| | 김밥 및 기타 간이 음식점업 | – | – | – | 41,726 | 41,933 |
| | 간이 음식 포장 판매 전문점 | – | – | – | 6,127 | 7,317 |
| | 주점 및 비알코올 음료점업 | 176,488 | 183,661 | 183,472 | 190,018 | 194,836 |
| | 일반 유흥주점업 | – | – | – | 30,582 | 32,319 |
| | 무도 유흥주점업 | – | – | – | 1,659 | 1,814 |
| | 생맥주 전문점 | – | – | – | 6,741 | 7,194 |
| | 기타 주점업 | – | – | – | 83,617 | 79,691 |
| | 커피 전문점 | – | – | – | 51,551 | 56,928 |
| | 기타 비알코올 음료점업 | – | – | – | 15,868 | 16,890 |

### (2) 다른 산업의 외식업계 참여가 본격화된다.

산업구조의 중심이 제2차 산업에서 제3차 산업으로 옮겨감에 따라 기간산업인 제철산업, 자동차산업, 전기, 가스, 조선, 반도체, IT, 원자력 등이 외식업계와 함께 지속적으로 발전하게 될 것이다.

앞으로 신규 참여하는 업계는 결코 음식업과 관계 깊은 유통업과 식품가공업뿐만이 아닐 것이다. 외식산업의 파급효과는 농림축산업, 문화, 관광산업 등과 동반성장이 가능한 6차산업으로 생산/유통/가공/외식/관광 등이 연계되는 아주 중요한 산업이다.

외식업체의 국내산 식재료 소비확대 유도와 농촌과 도시를 연결시켜 주는 교량 역할을 하고 최근 급부상하고 있는 농촌체험활동이 6차산업의 좋은 사례라 할 수 있다.

최근 외식업체들이 식재 경쟁력을 높이기 위한 대안으로 활용하고 있는 것이 바로 산지 직거래 시스템이다. 평균 4~5단계의 중간유통을 거치는 식재 공급 시스템 대신 외식업체와 산지가 직접 거래를 하거나 영농조합법인 또는 농협 등 관련 단체와의 거래, 그리고 식재 생산 및 공급에 대한 MOU를 통해 연중 양질의 식재를 안정적인 조건으로 공급받는 것이다. 이를 통해 외식업체에는 안정적인 식재 수급을, 그리고 산지는 판매망 확보를 통한 지역경제 활성화를 도모하는 상호 윈윈효과를 창출할 수 있다.

### (3) 업계가 대폭적으로 재편성된다.

대형 체인은 실제로 실력을 갖춘 업체와 실력이 따르지 않아 후반에 앞지르기 당하는 업체로 뚜렷이 구별된다. 그리고 외식기업 사이나 다른 업계 사이의 합작형태도 많아지고, 기업합작 또는 흡수 및 매수가 활발해질 것이다.

표 3-2 산업별 신규사업자 수(2013-2017)

(단위 : 명)

| 산업별 | 2013 | 2014 | 2015 | 2016 | 2017 |
|---|---|---|---|---|---|
| 농 · 임 · 어업 | 7,987 | 8,348 | 9,720 | 10,525 | 10,980 |
| 광업 | 173 | 131 | 174 | 156 | 156 |
| 제조업 | 64,908 | 67,529 | 68,320 | 65,466 | 62,601 |
| 전기가스 · 수도업 | 3,721 | 10,173 | 6,792 | 6,818 | 25,945 |
| 도매업 | 90,548 | 93,590 | 90,355 | 89,218 | 85,126 |
| 소매업 | 186,424 | 194,263 | 198,124 | 197,187 | 199,855 |
| 부동산매매업 | 4,938 | 6,434 | 8,141 | 8,114 | 8,527 |
| 건설업 | 57,452 | 62,089 | 69,987 | 73,407 | 73,107 |
| 음식업 | 176,408 | 189,682 | 186,922 | 187,837 | 181,304 |
| 숙박업 | 7,608 | 8,406 | 9,183 | 9,743 | 9,783 |
| 운수 · 창고 · 통신업 | 68,640 | 68,294 | 67,883 | 63,520 | 60,993 |
| 부동산임대업 | 123,292 | 160,028 | 210,891 | 227,927 | 266,887 |
| 대리 · 중개 · 도급업 | 17,849 | 18,151 | 19,726 | 20,950 | 21,957 |
| 서비스업 | 217,959 | 240,128 | 244,791 | 265,575 | 277,368 |
| 전체산업 | 1,027,907 | 1,127,246 | 1,191,009 | 1,226,443 | 1,284,589 |

※ 자료:국세청 국세통계(2013-2017)

이러한 재편성은 대형기업뿐만 아니라 지방 중소음식기업 사이에서도 진행되고 있다.

표 3-3 업소 규모별 현황

| 연 도 | 계 | 10평 미만 | 10~20평 | 21~30평 | 31~50평 | 51~100평 | 100~200평 | 201~300평 | 300평이상 |
|---|---|---|---|---|---|---|---|---|---|
| 총계(%) | 402,174<br>(100) | 164,850<br>(41.0) | 120,846<br>(30.0) | 62,609<br>(15.6) | 35,896<br>(8.9) | 14,428<br>(3.6) | 2,701<br>(0.7) | 579<br>(0.1) | 265<br>(0.1) |

※ 자료:(사)한국음식업중앙회, 2019

### (4) 음식점 출점전략이 변화한다.

지가상승이 계속되는 한, 지금처럼 도심지 패밀리 레스토랑이나 패밀리 다이닝점의 출점 등은 점포 손익계산상 일부 대기업 이외에는 불가능하다.

따라서 2등급 입지, 지방 소도시, 빌딩 재활용 등의 출점 방식을 재고하지 않으면 안 된다. 음식점이 도심지에서 교외지로 옮겨가고 있는 현상이 바로 그것이다.

표 3-4 산업별 창업자 연령대(2018)

(단위 : 개, %)

| 산업별 | 조사업체수 | 20 대 | 30 대 | 40 대 | 50 대 | 60대 이상 |
|---|---|---|---|---|---|---|
| 농업, 임업 및 어업 | 1,228 | 0.0 | 10.7 | 33.7 | 43.5 | 12.2 |
| 광업 | 500 | 0.0 | 4.2 | 18.5 | 32.0 | 45.3 |
| 제조업 | 181,572 | 1.7 | 13.4 | 30.3 | 38.1 | 16.4 |
| 전기, 가스, 증기 및 수도사업 | 537,498 | 1.3 | 15.0 | 34.9 | 31.4 | 17.4 |
| 건설업 | 68,683 | 0.9 | 8.2 | 34.4 | 42.8 | 13.7 |
| 운수업 | 132,304 | 1.0 | 8.1 | 22.4 | 32.7 | 35.8 |
| 출판, 영상, 방송통신 및 정보서비스업 | 23,165 | 0.6 | 15.5 | 53.0 | 21.1 | 9.7 |
| 사업시설관리 및 사업지원서비스업 | 27,665 | 0.2 | 10.6 | 30.5 | 35.7 | 23.0 |
| 전문, 과학 및 기술 서비스업 | 49,301 | 0.9 | 16.8 | 46.1 | 24.9 | 11.3 |
| 보건업 및 사회복지 서비스업 | 51,057 | 0.0 | 15.9 | 42.4 | 31.5 | 10.2 |
| 도매 및 소매업 | 537,498 | 1.3 | 15.0 | 34.9 | 31.4 | 17.4 |
| 숙박 및 음식점업 | 523,869 | 1.5 | 13.4 | 29.0 | 35.5 | 20.6 |
| 금융 및 보험업* | 6,394 | 0.1 | 15.6 | 37.1 | 30.1 | 17.1 |
| 예술, 스포츠 및 여가관련 서비스업 | 78,098 | 1.5 | 14.2 | 33.0 | 36.4 | 15.0 |
| 하수 · 폐기물처리, 원료재생 및 환경복원업 | 3,002 | 0.0 | 13.1 | 22.9 | 39.1 | 25.0 |
| 교육서비스업 | 105,753 | 2.5 | 26.4 | 43.0 | 23.9 | 4.2 |
| 수리 및 기타 개인 서비스업 | 158,552 | 2.1 | 19.9 | 36.7 | 27.3 | 14.0 |
| 부동산 및 임대업 | 81,813 | 0.0 | 6.0 | 26.4 | 49.0 | 18.6 |

※ 자료:중소벤처기업부, 창업기업실태조사(2019)

### (5) 음식점의 기술혁신이 진행된다.

조리기기가 점점 진보해 가고 있어서 지금까지의 주방기기는 일반 가정의 전자레인지나 냉장고 등에 비해서 뒤떨어졌지만, 경쟁이 심화되면 될수록 주방기기를 비롯하여 점포 하드면의 기술혁명이 진행된다. 기술혁명으로 점포뿐만 아니라 식재 생산 · 가공에서도 똑같이 비약적인 변화가 진행될 것이다.

### (6) 식재의 유통경로가 짧아진다.

식품 · 외식업체들이 보다 좋은 식재, 보다 경쟁력 있는 식재를 확보하기 위해 전국 8도, 더 나아가 해외로까지 정보망을 확대하는 것 역시 이러한 이유에서다. 경쟁력 있는 식재료를 통해 음식의 품질향상을 위하여 식재별 스토리를 담아 메뉴 스토리텔링을 만들고, 원산지와 생산자 등을 공개함으로써 건강을 넘어 안전 · 안심에 대한 고객 니즈를 충족시켜 주고 있다.

오늘날 교통기관의 발달과 외국 유통시장 개방으로 인해 점점 외국에서의 음식재료 조달 비율이 높아지고 있다. 식재 흐름은 생산지에서 음식점까지 단계를 상당히 단순화하여, 재료비 상승을 억제하는 경향이 점점 강해지고, 그에 따른 식재 공급업계의 재편이 되어가고 있다.

### (7) 일하는 사람의 의식이 변한다.

지금까지는 물질과 돈을 위해서 일해 왔으나, 선진국 대열에 참여하려는 오늘날에는 단지 돈만을 위해 악착같이 일하는 경우는 줄어들게 되었다. 돈도 좋지만 그보다는 여가시간을 추구하기 시작했다.

앞으로 기업은 종업원들에게 어느 정도의 시간을 줄 수 있느냐로 그 기업의 실력을 판정하게 될 것이다.

이상으로 7개 항목에 걸쳐서 업계를 둘러싼 상황의 변화를 서술했는데, 그 이상으로 음식점 경영에서 주의해야 할 것이 바로 소비자의 욕구변화이다. 사회가 변화하면 그에 따르는 소비자의 라이프스타일이 변하기 때문에, 당연히 이용하는 음식점에 대한 고객의 욕구도 변화한다. 이 변화의 조류를 간단히 설명하면 다음과 같다.

### (1) 건강지향

인간은 돈을 벌어 소유하고 싶은 것을 충족함으로써 생활 자체에 만족하게 되면, 건강하게 오래 살고 싶어 한다. 그것이 인지상정이며, 인간에게는 다음과 같은 욕망의 5단계가 있다.

① 살기 위해 먹는다.

**편리함의 추구**

- 언제 어디서나 음식점 이용이 가능
- 다양한 방법(자판기, 배달, 포장 등)
- 저렴한 가격
- 외식은 시간절약, 돈 절약 : 또 하나의 경제활동
- 편리성은 또 하나의 상품이자 경쟁력!!

② 안전한 장소에서 쉬고 싶다.
③ 사람들이 갖고 있는 물건을 자신도 갖고 싶다.
④ 재미있고 쾌적하게 레저를 향락하고 싶다.
⑤ 언제까지나 건강하게 오래 살고 싶다.

미국은 이미 5단계에 있고, 우리나라는 제3에서 제4단계로, 일부 계층에서는 제4단계에서 5단계로 넘어가려는 상황이라고 할 수 있다. 그 나라가 풍요로워질수록 건강에 대한 관심도 높아진다.

미국을 예로 들면, 1975년 무렵까지 쇠고기, 돼지고기, 양고기 같은 레드미트(Red meat)를 선호했으나, 그 이후에는 송아지 고기, 새끼돼지 고기, 새끼양고기, 닭고기 같은 화이트 미트(White meat)를 선호했고, 1980년경에는 씨푸드(sea-food)로, 그리고 최근에는 야채 같은 그린푸드로 그린으로 고객의 관심이 바뀌고 있다. 이에 따라 2020년 유기농 농산물의 급속한 시장 확대가 다가오고 있다.

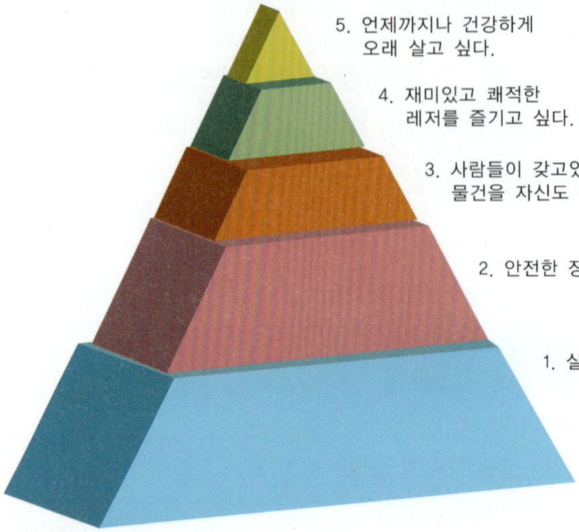


그림 3-4 인간의 욕망 5단계

그 증거로 지금 미국의 패스트푸드와 커피숍에서는 샐러드 바가 인기를 끌고 있다. 따라서 앞으로 음식점은 무거운 식사나 지방이 많은 고기를 취급하는 레스토랑보다 건강에 신경을 쓰는 건강요리 쪽이 보다 선호될 것이다. 최근에는 우리나라도 씨푸드 열풍과 자연 친환경 무공해 채소류가 새로운 트렌드로 떠오르고 있다.

### (2) 무국적 음식 지향

우리나라는 전쟁을 겪으면서 미국을 통하여 생활 방식과 문화에 있어 많은 영향을 받았고, 서구문명에의 동경, 특히 전후에는 아메리칸 드림의 열병을 앓기도 했다.

미국식 생활방식이야말로 풍요로움의 상징이라고 믿었던 것이다. 그러나 지금 미국에서는 이불에서 자는 것이 침대에서 자는 것보다 새롭고, 초밥집에서 초밥을 먹거나 한식점에서 불고기를 먹는 것이 더욱 현대적이라고 느낀다. 이제 오리엔탈(동양적)이 미국에 자리 잡기 시작한 것이다.

미국의 무국적화, 즉 크로스오버(cross over) 경향이 강하면 강할수록 미국 스타일을 신봉하는 사람들도 무국적화(크로스오버) 경향을 띠게 된다. 나라와 나라 사이의 교류가 깊어질수록 앞으로는 크로스오버화가 더욱 활발하게 진행될 것이다.

### (3) 양적 → 질적 → 예술적 단계

우리나라는 지속적인 경제발전으로 사람들의 생활이 풍요로워졌고 행복을 추구하게 되었다. 평범한 생활을 원하던 것이 어느새 평범함을 싫어하는 개성의 시대로 접어들고 있는 것이다.

돈과 물질을 갖는 것이 행복이라 생각하고 있던 사람들이 돈이나 물질도 중요하지만, 자신의 라이프스타일과 건강에 신경을 쓰기 시작하게 되는 등 사회의 가치관이 크게 변화하였다.

그러나 아무리 소득이 늘고 라이프스타일이 크게 변했다고 해서 하루에 세 번 하는 식사를 아홉 번 할 수는 없다. 따라서 한 번 하는 식사에 대한 관심이 대단히 높아지고 있는 것이다. 즉, 식사의 양보다 질을 따지게 된 것이다. 이는 곧 요리의 내용과 연출, 용기의 감성, 점포의 구조, 분위기 그리고 종업원의 서비스 수준을 다시 살펴보아야 한다는 뜻이다.

그리고 항상 보다 높은 수준과 질을 추구하는데, 이것을 업 스케일 또는 업그레이드라고 한다. 이것은 디너 하우스와 패밀리 다이닝에 한하지 않고 패스트푸드에서도 마찬가지로 질의 충실이 요구될 것이다. 그만큼 점포에서 일하는 종업원, 특히 경영자와 간부는 보다 높은 감성과 품성이 요구되는 것이다.

이상과 같이 고객의 요구는 건강지향과 크로스오버, 그리고 업 스케일이나 업그레이드 쪽으로 바뀌어 가고 있다. 이러한 고객의 요구에 대응하여 서서히 음식업계가 변화해 가고 있다.

따라서 소비자의 변화를 포함해서 업계 주변의 환경변화를 항상 명확하게 파악하여 정확하게 대응하는 것이 음식점 경영의 중요한 과제라고 할 수 있다.

지금까지 외식시장에 대해 서술해 왔는데, 한국의 외식업계는 오늘날 50조 원을 넘는 시장 규모를 가지고 있으며, 외식시장은 매년 5%의 성장을 거듭하는 거대 시장임은 틀림없다. 이는 필연적으로 치열한 생존경쟁에서 살아남아야 하는 환경으로 변모하고 있다는 것을 의미한다.

이렇듯 앞으로의 음식점 경영은 지금까지처럼 변화 없는 단조롭고 평범한 방법으로는 다른 기업과의 경쟁에서 이길 수 없다.

이제 이러한 외식사업의 환경의 토대에서 진정한 음식점의 번성 조건에 대하여 생각해 보기로 하자.

## 4. 외식산업의 소비변화

표 3-5 주요 국가별 인구 대비 외식업체수(2019년 기준)

| 내역 / 국명 | 인 구 수 | 외식업체 수 | 인 구 대 비 |
|---|---|---|---|
| 한 국 | 45,985 | 672,000 | 68.4명당 1개 업체 |
| 일 본 | 126,680 | 805,000 | 157.4명당 1개 업체 |
| 미 국 | 285,309 | 831,000 | 343.3명당 1개 업체 |
| 중 국 | 1,300,000 | 3,100,000 | 435.5명당 1개 업체 |

* 국내 외식산업체 수가 일본이나 미국 등 주요 국가에 비해 현저히 많다.

외식산업도 유통산업과 마찬가지로 소비환경의 변화에 따라 식품 소비패턴이 변해가고 있다.

식품 소비패턴의 변화는 크게 식품 소비구조의 변화와 소비성향의 변화로 구분하여 생각할 수 있다. 20여 년 동안 우리 국민의 식품 소비구조는 크게 변화하여 곡류나 서류 등 전분질 식품의 소비는 정체 내지 감소한 반면에 어류, 과채류 · 해조류 · 식용유지의 소비가 크게 증가하였다.

이러한 소비구조와 함께 식품 소비성향도 변해 가고 있는데, 그 중 가장 많이 언급되는 변화 중 중요한 키워드만을 다음과 같이 정리할 수 있다.

### (1) 편의와 간편성 추구

시간에 쫓기는 현대인들은 보다 간편하고 편리하면서도 안전하고 위생적인 고품질의 식품을 선호한다. 즉, 조리가 복잡하고 시간이 소요되는 식품보다는 편리한 방법으로 식사를 해결하려는 경향이 높아질 것이다.

표 3-6 소비자의 외식업체 선택 기준 평가

(단위 : %)

| 구 분 / 연 도 | 한 국 | | | 일 본 |
|---|---|---|---|---|
| | 2010 | 2013 | 2018 | 2012 |
| 맛 | 77.0 | 63.7 | 40.6 | 40.5 |
| 서비스 | 7.8 | 37.4 | 40.2 | 41.9 |
| 적당한 가격 | 19.8 | 24.1 | 9.5 | 30.8 |
| 메뉴의 요인<br>(양, 영양, 고급스러움) | | | | 10.0 |
| 편리성, 분위기 등<br>시설 관련 | 9.9 | 32.7 | 20.5 | 19.7 |
| 청 결 | | | 5.8 | |
| 기 타 | 16.0 | 16.0 | 3.1 | 2.5 |

※ 한국외식산업연구소 서비스 전문인 양성교육자료(2019.11)

그림 3-5 편의성이 증대된 즉석 식품

## (2) 차별화와 다양화 추구

1인 10색인 소비자는 계속적으로 다양하고 독특하고 이색적인 음식과 분위기를 요구하게 될 것이다.

## (3) 그레이징화 (Grazing)

시간에 쫓기는 도시인들이 전통적인 하루 세 끼의 식사패턴을 무시하고 언제든지 원할 때에 소량의 음식을 일하면서나 걸어가면서 먹는 현상을 말한다. 또한 이것저것 새로운 것을 조금씩 맛보는 것을 의미하기도 한다.

핵가족 확산

- 맞벌이 부부
- 만혼 현상
- Dink(Double Income, No Kids)족
- Dewk(Dual Employed With Kids)족
- 가족 외식 횟수 증가 추세
- 경제적 여유가 있는 맞벌이 부부를 잡아라!!

이것은 레스토랑의 업종과 업태, 규모와 수준에 관계없이 요구되는 현상이다. 예를 들어 피자 1조각, 초밥 몇 개, 꼬치구이 등을 코스별로 제공받기를 원한다. 고급 레스토랑의 경우 80년대 초에 프랑스에서 유행했던 '데귀스따시용(degustation, 여러 가지 요리를 소량씩 차례로 제공)' 이 좋은 일례이다.

한국의 경우 고급 레스토랑에서 '랍스터와 휠레 미뇽' 과 2~3가지의 소스를 함께 제공하는 메뉴를 예로 들 수 있고 '푸드코트' 도 그레이징화에 대응하는 좋은 일례이다.

이런 변화는 소비자의 욕구가 맛 중심에서 서비스 중심으로 변화하고 있음을 반영하고 있다.

## (4) 동시다행 (同時多行)성 성향

현대의 소비자들은 기다림을 견디는 인내보다는 오히려, 더 빨리, 더 많이 즐기고 소비하려는 모습으로 변화하고 있다. 따라서 동일 공간 내에서 다양한 체험을 원하는 경향이 높아지고 있다.

그래서 종래의 상품이나 서비스가 소비자의 다양한 욕구에 맞추어 세분화의 길을 걷던 것과는 반대로 요즘에는 나뉘어 있던 부분들이 결합되는가 하면 한 공간에서 여러 가지 기능을 동시에 수행할 수 있는 다기능 공간이 출현하는 등 새로운 통합화의 흐름이 나타나고 있다.

### (5) 복고주의

먹고 마시는 것, 입고 지니는 것, 그리고 실내장식 등에서도 인공적으로 가공되지 않은 상태의 야성적인 분위기와 자연미를 추구하는 행동양식이 최근 들어 새로운 흐름으로 나타나고 있다. 이러한 세기말 혹은 밀레니엄 현상의 영향으로 복고주의가 한층 주목받고 있다.

### (6) 이국취향

최근 이국으로부터 많은 상품과 정보가 밀려오고 있다. 이제 국내에서 외국 문물을 접하는 것은 낯선 일이 아니다. 외식업체의 경우에도 먹고 마시는 것, 실내장식과 서비스 스타일 등에 특정 나라의 특정 분위기를 그대로 옮겨서 영업을 하는 곳이 많다.

### (7) 건강, 안정성, 질의 추구

종래의 열량만을 중시하던 식습관에서 탈피하여 맛이나 영양 등을 고려한 고급식품에 대한 선호도가 증가하였다. 또한 건강과 위생에 대한 관심이 고조되어 식품선택에 있어서 식품의 성분, 보관 상태와 기간, 그리고 유해물질의 잔류에 대한 것 등을 중시하게 될 것이다.

### (8) 건강지향식품의 선호

건강지향식품에도 다양한 형태가 있다. 내용별로 보면 다이어트 지향식품(단맛지향, 저칼로리 등), 건강증진식품(칼슘 첨가, 식품섬유 첨가, 비타민 배합), 자연무공해식품(무농약, 유기재배, 바이오 식품 등), 건강 관리식품(저염, 미네랄 밸런스 식품 등)으로 분류할 수 있다.

### (9) 감각적인 맛과 멋, 그리고 질의 추구

오늘날과 같이 생산력이 향상되어 다품종 소량생산이 가능하게 되면서부터 소비자의 다양한 개성에 따라 상품이 취사선택되는 새로운 소비형태가 나타나게 되었다. 소비자는 물건자체가 아닌 디자인과 브랜드에서 풍기는 어떤 이미지, 특히 상품이 사용되는 씬(Scence)을 구성하는 시간, 장소, 그리고 상황(TPO; time, place, occasion)을 선택하는 것이다.

## (10) 환경 친화 레스토랑 지향

최근 들어 기업에서는 그린 마케팅(Green marketing)에 대한 관심이 높아지고 있다. 이것은 소비자들의 환경보호에 대한 의식이 높아진 것에 대한 대응이며, 환경보호는 인류의 소망이라는 점에서도 당연한 결과이다.

이러한 소비자 의식의 증대는 생산자로 하여금 기존의 생산제품을 변화시켜야 하는 결과를 낳았다. 즉, 생산자들은 소비자들의 환경보호 의식에 대비하여 재활용 제품이나 포장단계의 축소 등을 통하여 환경보호에 해가 되지 않는 것을 생산하고 있다.

중간 유통업체들도 이러한 소비자들의 욕구를 반영하여 불필요한 포장을 가능한 한 줄이고 포장지도 재생용지를 사용한다든가 썩는 비닐을 포장지로 이용하는 등 소비자들의 욕구에 대응하고 있다. 이 뿐만 아니라 소비자 단체를 주부 환경교육의 장소로, 또는 재활용품 수집의 장소로 이용하는 등 소극적인 전략에서 적극적인 그린 마케팅으로 전환하고 있다.

그리고 환경을 강조하는 기업 이미지를 구축하기 위해 수익의 일부를 환경보존에 투자하기도 한다.

## 5. 외식산업의 추이

국내 외식산업은 괄목할 만한 성장을 거듭하고 있어서 사회경제적으로 차지하는 비중이 점차 증대되고 있다.

외식산업은 인간의 기본적인 욕구를 충족시켜 주는 대표적인 서비스 산업으로 경제발전과 더불어 국민경제에 차지하는 비중이 증가하는 성장산업이다.

외식시장을 분석할 때, 일반적으로 국민소득 5,000불 시대는 패스트푸드(fast food) 시장이 활황을 누리는 시장이라고 평가한다. 10,000불 시대는 패밀리 레스토랑(family restaurant), 20,000불 시대엔 스시&씨푸드 시대라고 한다. 30,000불 시대에는 유기농, 자연음식, 푸드 테라피 시대를 맞이하고 있다.

이것은 외식산업의 선진국이라고 할 수 있는 미국 · 일본 등도 이미 이러한 과정을 거쳤으며, 우리나라의 현실에서도 쉽게 찾아볼 수 있다.

IMF 이전은 패밀리 레스토랑이 급성장하다가 IMF 때에 가장 큰 불황을 겪었으며, 최근에 뚜렷한 회복세를 보이고 있다. 그것은 외식산업의 한 발전단계로서 자연스러운 현상이라고 말할 수 있다.

표 3-7 국내 외식기업의 해외 진출 현황(2013-2018)

| 구분 | 2013(A) | 2014 | 2015 | 2016 | 2017(B) | 2018(C) | 증가율(%) | |
|---|---|---|---|---|---|---|---|---|
| | | | | | | | (C-A)/A | (C-B)/B |
| 업체수 | 95 | 120 | 139 | 188 | 193 | 166 | 74.7 | -14.0 |
| 매장수 | 2,717 | 3,726 | 4,656 | 5,476 | 6,001 | 4,721 | 73.8 | -21.3 |

표 3-8 국내 외식기업의 해외진출 국가별 매장수(2016~2018)

| 연도별 | 미국 | 아시아 | | | | | | 기타 | 계 |
|---|---|---|---|---|---|---|---|---|---|
| | | 중국 | 베트남 | 필리핀 | 인도네시아 | 태국 | 말레이시아 | | |
| 2016 | 1,188 | 2,786 | 306 | 253 | 182 | 152 | 71 | 538 | 5,476 |
| 2017 | 1,279 | 2,942 | 322 | 308 | 220 | 205 | 95 | 630 | 6,001 |
| 2018 | 597 | 2,313 | 360 | 308 | 184 | 195 | 101 | 663 | 4,721 |
| 증감수 | -682 | -629 | 38 | - | -36 | -10 | 6 | 33 | -1,280 |

*자료 : 한국농수산식품유통공사, 외식기업 해외진출 실태조사(2018)

표 3-9 국내의 해외 브랜드 진출현황

| 종류 | 브랜드명 | 국내업체 | 제휴업체 | 내용 | 기간 | 도입년도 | 점포 수 | | 2005년 매출액 | 비고 |
|---|---|---|---|---|---|---|---|---|---|---|
| | | | | | | | 직영 | 가맹 | | |
| 햄버거 | 롯데리아 | 롯데리아 | 롯데리아(일) | 51:49 합작 | | 1979.10 | 78 | 489 | 4,640 | |
| | 버거킹 | SRS 코리아 | 버거킹(미) | 3~4% | 10 | 1982 (1993) | 82 | | 861 | 일경물산 → 두산 |
| | 맥도날드 | 한국 맥도날드 | 맥도날드(미) | 30:70 합작<br>51:49 합작 | | 1988<br>1991 | 191 | 9 | 2,640 | |
| | 하디스 | 세진푸드시스템 | 하디스푸드시스템(미) | 3.5% | 20 | 1990 | 19 | 4 | 200 | 2003 철수 |
| 치킨 | KFC | 두산생활산업 BG | 트라이콘레스토랑(미) | 3.2% | 10 | 1984 (1994) | 200 | 1,400 | 1,860 | |
| | 파파이스 | TS 해마로 | AFC 파파이스(미) | 3.6% | 10 | 1994 | 25 | 165 | 1,390 | |
| 피자 | 피자헛 | 한국 피자헛 | 트라이콘 레스토랑(미) | 직영 (미) | | 1984 (1993) | 146 | 1,800 | 2,000 | |
| | 시카고피자 | 토로나 코리아 | 토로나(일) | 70:30 | | 1988 | | | | |
| | 도미노피자 | D.P.K 인터내셔널 | 도미노피자(미) | 3% | | 1989 | 40 | 54 | 500 | |
| | 미스터피자 | 한국미스터피자 | 미스터피자(일) | 기술제휴 (단독운영) | | 1990 | 15 | 55 | 103 (직영점만) | |
| | 수바로 | 세진푸드시스템 | 스바로(미) | 3.5% | | 1996 | 2 | | 25 | |
| | 리틀시저스 | 태흥 | 리틀시저스(미) | 3.5% | | | 4 | | | |
| 아이스크림 | 베스킨라빈스 | 비알 코리아 | 베스킨 라빈스(미) | 33 : 67 합작 | 20 | 1985 | 32 | 430 | 370 | |
| | 하겐다즈 | SRS 코리아 | 버거킹(미) | 3~4% | 10 | 1982 (1993) | 82 | | 861 | 일경물산 → 두산 |
| | TCBY | 한국TCBY | TCBY(미) | | | 1994 | 4 | 65 | 20 | |
| | 데이리퀸 | 한국 데이리퀸 | 데어리퀸(미) | 3.5% | | 1994 | 9 | 16 | 40 | |

| 종류 | 브랜드명 | 국내업체 | 제휴업체 | 내용 | 기간 | 도입년도 | 점포 수 | | 2005년 매출액 | 비 고 |
|---|---|---|---|---|---|---|---|---|---|---|
| | | | | | | | 직영 | 가맹 | | |
| 패밀리레스토랑 | 코코스 | 코코스 | 코코스(일) | 3% | 10 | 1988 | 32 | | 300 | 2004 파산 |
| | TGI F | 아시안 스타 | TGI F.(미) | 3% | 10 | 1992 | 18 | | 600 | |
| | 판다로사 | 신동방 | 판다로사(미) | 3% | 10 | 1992 | | | | 2002 철수 |
| | 스카이락 | CJ | 스카이락(일) | 2% | 10 | 1993 | 18 | | 300 | |
| | 씨즐러 | (주)바론즈 인터내셔날 | 씨즐러(미) | 3.5% | 10 | 1995 | 3 | 80 | | |
| | 토니로마스 | (주)썬앳푸드 | 토니로마스(일) | 3.5% | 10 | 1995 | 4 | | 115 | |
| 단체급식 | 신세계푸드 | (주)신세계푸드 | 메포스사 | 기술제휴 | | 2000.11 | | | | |
| | 고매푸드 | (주)고매푸드 | 아벨라(영) | 30 : 70 합작 | | 1999 | | | 115 | 2005년 100% 국내자본 |
| 면류 | 기소야 | (주)공여식품 | 하마사코그룹(일) | 53 : 47 | | 1990 | | | | |
| | 기조암 | 고송식품 | 대화제작소(일) | 기술제휴 | | 1991 | | | | |
| | 피에트로 | (주)불스원 | 피에트로(일) | | | 2004 | 5 | | 25 | |
| | 리틀시저스 | 태흥 | 리틀시저스(미) | 3.5% | | 1996 | 4 | | | |
| | 토니로마스 | (주)썬앳푸드 | 토니로마스(일) | 3.5% | 10 | 1995 | 4 | | 115 | |

자료 : 외식연감, 2006, 필자 재구성.

## 6. 시대별 외식 선호 메뉴

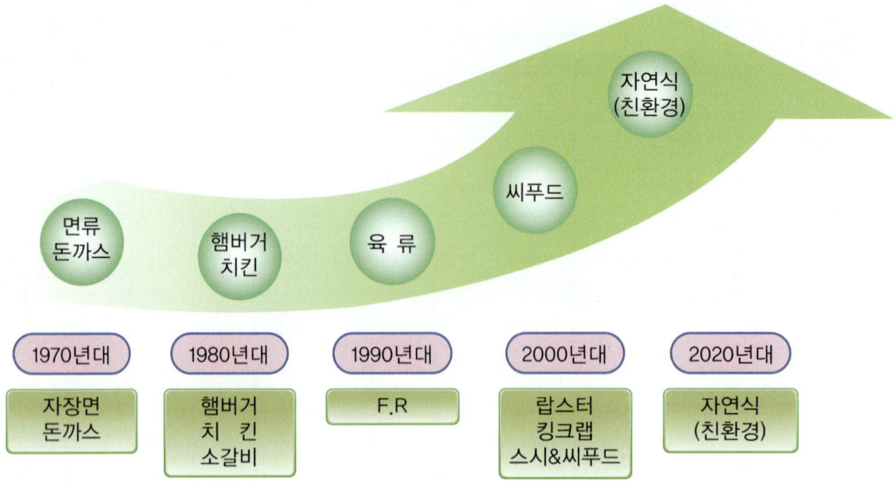


자료 : (주) 한국외식정보, 2018

그림 3-6 시대별 외식 선호 메뉴 변화

1980년대는 중소업체를 중심으로 패스트푸드 업태가 외식시장을 주도하면서 비약적인 성장을 했다면, 1990년대는 중대기업을 중심으로 패밀리 레스토랑 업태가 선도했다고 할 수 있다.

그러나 대부분의 시장 리드 브랜드는 주로 서구의 해외 브랜드였으며, 최근에 단체급식분야가 활발하게 확산되고 있지만, 1980년대와 1990년대의 신규진출이나 기존업체의 영업력 확대는, 외식시장의 양적인 팽창과 질적인 변화를 가져왔던 것이 사실이다. 특히 우리나라 외식산업의 주된 발전계기는 1986년 아시안게임, 1988년 서울올림픽, 1993년 대전엑스포, 2002년 월드컵 등으로 지속적인 발전이 이루어졌다. 또한 최근에 정부가 주도적으로 한국 음식을 세계 5대 음식으로 발전하기 위하여 지속적인 투자와 함께 구체적인 프로그램을 진행 중에 있다.

이제는 음식이 그 나라의 문화를 대표하고 관광 수익으로 이어지는 아주 중요한 시점이다. 이러한 시대적인 배경을 바탕으로 외식산업은 성장했고, 불황과 침체가 거듭되면서도 활발하게 진행되고 있다.

하지만 자료 및 통계의 부족, 인재 및 교육기관의 부재, 전문성 결여, 무분별한 해외 브랜드 도입과 로열티(royalty)의 지급, 시스템화와 정보화의 미구축, 그리고 법적 · 제도적인 문제점 등 근대화와 효율화를 위한 경영상의 구조적인 취약과 해결과제가 산재해 있다.

한편, 최근의 경제나 경영환경 추이는 IMF로 인해 우리의 소비수준을 격하시키면서 모든 산업을 마비시키고 있을 뿐만 아니라, 외식산업에도 큰 영향을 미쳤다. 특히 1990년대에 불어 닥친 세계경제나 경영환경은 우루과이라운드(UR), 그린라운드(GR), 유럽공동체(EC), 북미자유무역협정(NAFTA), 경제협력개발기구(OECD) 등 개방과 블록(bloc)경제가 고조되고 있으며, 우리의 국가경제는 세계화전략에서 좌초되었다.

우리의 기업경제는 리엔지니어링(reengineering), 벤치마킹(benchmar king)에서 심지어 빅딜(bigdeal)과 인수 · 합병(M · A)에 이르기까지 그야말로 생존전략에 직면하고 있다.

또 IMF 전부터 심각하게 누적된 거품경제의 붕괴, 경기불황의 가속화, 기업경영여건의 악화, 무역수지 적자폭의 가중, 부익부 빈익빈(富益富 貧益貧) 등이 어려움을 주고 있다.

자본주의 체제는 현실적으로 양극화의 근본원인이 부익부 빈익빈에 있다. 능력 있는 자가 부자가 되는 사회가 자본주의체제이므로, 능력은 곧 재산형성과 직결되는 것이다. 외식산업도 이와 같은 현상이 일어나고 있다.

즉, 잘 되는 음식점과 안 되는 음식점, 규모가 작은 음식점과 규모가 대형인 음식점, 수익이 많은 음식점과 수익은 커녕 적자에 허덕이는 음식점, 그야말로 양극화가 가장 심한 업종이 바로 외식산업이라고 할 수 있다.

표 3-7은 국내 해외도입 브랜드 현황을 나타낸 것이며, 표 3-8은 국내 중대기업의 외식시장 진출을 나타내고 있다.

표 3-10 국내 외식기업(업체)별 해외진출 현황

| No | 업체명 | 브랜드명 | 주요메뉴 | 구분 | 진출국가 | 17년 매장수 | 18년 매장수 | Gap (18-17) |
|---|---|---|---|---|---|---|---|---|
| 1 | (유)디딤푸드 | 신마포갈매기 | 갈매기살 | 한식 | 대만(2), 마카오(1), 말레이시아(5), 베트남(1), 싱가포르(1), 인도네시아(15), 필리핀(1), 홍콩(4), 미국(4) | 16 | 34 | 18 |
| 2 | ㈜김가네 | 김가네김밥 | 분식 | 한식 | 중국(8) | 5 | 8 | 3 |
| 3 | ㈜놀부 | 놀부부대찌개&철판구이 | 부대찌개 | 한식 | 중국(19), 일본(1) | 24 | 20 | -4 |
|  |  | 놀부항아리갈비 | 갈비 | 한식 | 중국(2) | 15 | 2 | -13 |
| 4 | ㈜농협목우촌 | 또래오래 | 치킨 | 비한식 | 미국(8) | 8 | 8 | 동일 |
|  |  | 헌터스문 | 구이류 | 비한식 | 미국(8) | 8 | 8 | 동일 |
| 5 | ㈜다온 에프앤씨 | 바비박스 | 도시락 | 한식/비한식 | 홍콩(1), 대만(1) | 5 | 2 | -3 |
| 6 | ㈜대대 | 꿀닭 | 닭강정 | 한식 | 인도네시아(26), 말레이시아(1) , 싱가포르(3), 베트남(1), 중국(2) | 23 | 33 | 10 |
| 7 | ㈜대호가 | 죽이야기 | 죽 | 한식 | 베트남(2), 싱가포르(2), 중국(36), 미국(4) | 44 | 44 | 동일 |
| 8 | ㈜더본 코리아 | 백스비빔밥 | 비빔밥 | 한식 | 말레이시아(1), 싱가포르(7), 중국(1) | 10 | 9 | -1 |
|  |  | 본가 | 우삼겹 | 한식 | 호주(1), 중국(20), 인도네시아(10), 싱가포르(2), 일본(2), 말레이시아(1), 필리핀(1), 베트남(4) | 72 | 41 | -31 |
|  |  | 새마을식당 | 삼겹살 | 한식 | 호주(1), 미국(1), 중국(1), 일본(2) | 3 | 5 | 2 |
|  |  | 홍콩반점 0410 플러스 | 중식 | 비한식 | 미국(13), 일본(1) | 12 | 14 | 2 |
|  |  | 빽다방 | 커피 | 비한식 | 중국(3), 상가포르(3) | 4 | 6 | 2 |
| 9 | ㈜띠아모 코리아 | 카페띠아모 | 젤라또, 커피 | 비한식 | 중국(2), 필리핀(1), 몽골(1), 캄보디아(5) | 4 | 9 | 5 |
| 10 | ㈜로띠번 코리아 | 로띠번 | 로띠번 | 비한식 | 중국(9) | 8 | 9 | 1 |
| 11 | ㈜롯데리아 | 롯데리아 | 버거 | 비한식 | 베트남(228), 인도네시아(25), 몽골(1), 캄보디아(5), 미안마(21), 라오스(2), 중국(9) | 257 | 291 | 34 |
|  |  | 엔제리너스 | 커피 | 비한식 | 베트남(6), 인도네시아(3), 중국(4), 카자흐스탄(6) | 17 | 19 | 2 |
| 12 | ㈜맛깔 | 맛깔참죽 | 죽 | 한식 | 미국(2) | 2 | 2 | 동일 |
| 13 | ㈜미라지식품 | 남가네설악추어탕 | 추어탕 | 한식 | 인도네시아(1) | 2 | 1 | -1 |
| 14 | 바이올푸드 글로벌 | 유가네닭갈비 | 닭갈비 | 한식 | 베트남(3), 중국(4), 싱가포르(5). 태국(1), 홍콩(1) | 24 | 14 | -10 |
| 15 | ㈜바인에프씨 | 세프의국수전 | 국수 | 한식 | 필리핀(4), 싱가포르(2), 홍콩(1) | 7 | 7 | 동일 |
| 16 | ㈜샤마 | 코코호도 | 제과 | 비한식 | 미국(15) | 10 | 15 | 5 |
| 17 | 서래스터 | 서래갈매기 | 육류 구이 | 한식 | 마카오(1), 싱가포르(2), 인도네시아(5), 일본(1), 캄보디아(1), 홍콩(4), 호주(1),중국(53), 캐나다(1) | 70 | 69 | -1 |
|  |  | 서래판 | 구이류 | 한식 | 중국(2) | 2 | 2 | 동일 |
| 18 | ㈜스마일에프씨 | 아봉 | 제과 | 비한식 | 중국(5), 일본(1), 홍콩(4), 대만(1), 베트남(1), 알레이시아(1) | 10 | 13 | 3 |

(계속)

| No | 업체명 | 브랜드명 | 주요메뉴 | 구분 | 진출국가 | 17년 매장수 | 18년 매장수 | Gap (18-17) |
|---|---|---|---|---|---|---|---|---|
| 19 | ㈜썬더치킨 | 썬더치킨 | 치킨 | 비한식 | 미국(2) | 3 | 2 | -1 |
| 20 | ㈜씨엠씨 에프씨 | 종로상회 | 삼겹살 | 한식 | 중국(1), 미국(2) | 3 | 3 | 동일 |
| 21 | ㈜압구정 | 돈치킨 | 치킨 | 비한식 | 중국(10), 베트남(15), 태국(1) | 12 | 26 | 14 |
| 22 | ㈜야들리애 에프앤씨 | 야들리애치킨 | 치킨 | 한식/비한식 | 중국(5), 홍콩(1) | 2 | 6 | 4 |
| 23 | ㈜에스앤큐 플러스 | 토프레소 | 커피 | 비한식 | 중국(4) | 4 | 4 | 동일 |
| 24 | ㈜에스에프 이노베이션 | 스쿨푸드 | 분식 | 한식 | 베트남(1), 미국(1), 홍콩(9), 인도네시아(1) | 12 | 12 | 동일 |
| 25 | ㈜에스엔 인더스트리 | 꿀뼈닭강정 | 닭강정 | 한식 | 중국(5), 필리핀(6) | 1 | 11 | 10 |
| 26 | ㈜엔케이 로지스틱스 | 임실N치즈피자 | 피자 | 비한식 | 중국(4) | 3 | 4 | 1 |
| 27 | ㈜엠피그룹 | 미스터피자 | 피자 | 비한식 | 중국(132), 태국(2) | 138 | 134 | -4 |
| 28 | ㈜올어바웃 | 올어바웃차 | 전통차 | 비한식 | 미국(13) | 19 | 13 | -6 |
|  |  | 올어바웃카페 | 커피 | 비한식 | 중국(2) | 4 | 2 | -2 |
| 29 | ㈜와플반트 | 와플반트 | 와플 | 비한식 | 캐나다(1), 중국(1), 호주(1) | 6 | 3 | -3 |
| 30 | ㈜웰빙을 만드는 사람들 | 뽕뜨락피자 | 피자 | 비한식 | 중국(4) | 4 | 4 | 동일 |
| 31 | ㈜육대장 | 육대장 | 냉면, 육개장 | 한식 | 베트남(2), 미국(4), 필리핀(3), 일본(1) | 11 | 10 | -1 |
| 32 | ㈜육칠팔 | 백정 | 삼겹살 | 한식 | 베트남(1), 대만(3), 미국(9) | 13 | 13 | 동일 |
|  |  | 치킨678 | 치킨 | 비한식 | 필리핀(1) | 6 | 1 | -5 |
| 33 | ㈜이삭 | 이삭토스트 | 토스트 | 비한식 | 대만(1), 마카오(2) | 4 | 3 | -1 |
| 34 | ㈜이원 | 투다리 | 닭꼬치, 닭갈비 등 | 한식/비한식 | 중국(130), 태국(17) | 147 | 147 | 동일 |
| 35 | 대상 | 불고기브라더스 | 육류구이 | 한식 | 필리핀(7), 미안마(1), 태국(1) | 13 | 9 | -4 |
| 36 | ㈜제너시스 비비큐 | 비비큐 (BBQ), 비비큐치킨앤비어 | 치킨 | 비한식 | 말레이시아(16), 몽골(5), 베트남(17), 인도네시아(3), 일본(2), 중국(50), 캄보디아(4), 태국(2), 필리핀(11), 홍콩(3), 방글라데시(3), 사우디아라비아(2), 이란(2), 스페인(1), 터키(3), 미국(10), 브라질(1), 피지(2) | 137 | 137 | 동일 |
| 37 | ㈜제이비 에스디 | 엘에이 북창동순두부 (LA 북창동 순두부) | 순두부 | 한식 | 대만(15) | 24 | 15 | -9 |
| 38 | ㈜제이앤티 | 더컵 | 컵밥 | 한식 | 싱가포르(1), 인도네시아(2), 홍콩(1), 프랑스(2) | 7 | 6 | -1 |

(계속)

| No | 업체명 | 브랜드명 | 주요메뉴 | 구분 | 진출국가 | 17년 매장수 | 18년 매장수 | Gap (18–17) |
|---|---|---|---|---|---|---|---|---|
| 39 | ㈜지핸즈 | 핸즈커피 | 커피 | 비한식 | 중국(20) | 20 | 20 | 동일 |
| 39 | ㈜참에프앤디 | 크레이지떡 | 분식 | 한식 | | 9 | – | 해외철수 |
| 40 | ㈜참이맛 | 참이맛감자탕 | 감자탕 | 한식 | 중국(14) | 25 | 14 | –11 |
| 41 | ㈜카페베네 | 카페베네 | 커피 | 비한식 | 몽골(25), 사우디아라비아(25), 말레이시아(15), 인도네시아(5), 태국(19), 필리핀(5), 브루나이(1), 싱가포르(1), 아랍에미리트(1), 미국(23) | 489 | 120 | –369 |

### (1) 패스트푸드

햄버거와 프라이드치킨을 중심으로 셀프서비스 방식을 지향하고 있는 패스트푸드(fast food)는 맥도날드, 버거킹, 웬디스, 하디스 타코벨이다. 이 세계 5대 브랜드와 롯데리아가 햄버거 시장을 장악하고 있다.

멕시칸 음식을 주 메뉴로 하고 있는 타코벨은 1990년대 초반에 출점했으나 철수한 상태이다. 대부분 1급지 상권을 지향하고 있으며, 표 3–7과 같이 국내 외식업계의 효시인 롯데리아가 지금까지 계속 업계 수위를 달리고 있다.

프라이드치킨은 KFC와 파파이스, 그리고 BBQ(제너시스), 교촌치킨 등 각 브랜드마다 특색을 가지고 활발하게 점포를 전개하고 점포전개를 하고 있다.

패스트푸드 업계는 다양화 · 고급화 및 지속적인 판촉 전략과 브랜드 인지도를 통하여 조류독감이나 광우병 등의 위기에서 벗어나고 있지만, '정크푸드', '비만의 주범' 이라고 불릴 정도로 많은 위험요소를 가지고 있다. 그러므로 웰빙과 로하스 시대에 맞는 새로운 메뉴로 지속적인 발전을 거듭하여야 한다.

표 3-11 국내 중 대기업 외식시장 진출현황

| 브랜드명 | 회사명 | 매출액(억 원) | | | 증가율(%) | | 점포 수(개소) | | |
|---|---|---|---|---|---|---|---|---|---|
| | | 2009 | 2010 | 2011 | 09vs10 | 10vs11 | 2009 | 2010 | 2011 |
| 롯데리아 | 롯데리아 | 4,148 | 5,600 | 6,720 | 35.1 | 20.0 | 797 | 890 | 990 |
| 한국맥도날드 | 맥도날드 | 3,320 | 2,933 | 4,500 | -11.7 | 53.4 | 239 | 240 | 250 |
| 두산 SRS코리아 | KFC | 1,142 | 1,243 | 1,270 | 8.8 | 2.2 | 140 | 140 | 143 |
| 보고제이 호펀드 | 버거킹 | 1,094 | 1,200 | 1,300 | 9.7 | 5.3 | 102 | 113 | 119 |

## (2) 피 자

젊은 고객층의 지속적인 피자에 대한 선호에 힘입어 지속적인 상승을 하고 있다. 최근에는 치즈에 대한 비만 우려로 상승속도가 다소 둔화되고 있으나 업체 측의 지속적인 상품개발로 인하여 그 폭을 좁혀 가고 있다. 그러나 아직도 피자 업계는 줄곧 피자헛의 아성을 뚫지 못하고 있다.

이러한 피자 시장의 성장에 따라 웰빙피자가 등장하고, 중소 체인업체나 개인 업소에서 신규출점하게 됨에 따라 근래에는 대중화되어 가는 추세이다.

그리고 가격의 일반화를 비롯하여 품목 및 제품개발의 다양화 등으로 다른 업태와 대비하여 신장추세이지만, 종래와 같은 고성장은 불가능할 것으로 보인다.

요즘에는 가정배달이 확산되고 있으며, 치즈 가격의 상승으로 인하여 원가에 대한 압력을 받고 있다. 특히 재료의 80% 이상을 수입에 의지하고 있어서 채산성이 큰 폭으로 하락하자 국산식 재료로 대체를 시도하고 있으며, 피자헛과 일부업체를 제외하고는 대부분이 프랜차이즈 체인 형태로 전개되고 있다.

표 3-9는 주요 피자업체의 현황을 나타낸 것이다.

피자 업종은 품목의 다양화 · 가격의 일반화가 이루어지면서 다른 업종에 비해 가격이 상대적으로 높기 때문에 경제성이 높은 업종으로 인식되고 있다.

하지만 라이프 사이클에 대해서는 미국의 피자 시장이 하강 국면을 보이고 일본 피자 시장은 성장이 둔화되는 상황을 감안할 때, 우리나라의 경우에도 피자 시장이 계속 성장하리라고 속단하기 어렵다. 그러나 새롭게 도전하는 파파존스, 피자에땅, 임실피자 등은 활발하게 점포 전개를 계속하고 있다.

표 3-12 국내 주요 피자 업체 매출현황

| 회사명 | 브랜드명 | 매출액(억 원) | | | 매출증감률(%) | | 점포수(개소) | | |
|---|---|---|---|---|---|---|---|---|---|
| | | 2009 | 2010 | 2011 | 09vs10 | 10vs11 | 2009 | 2010 | 2011 |
| MPK그룹 | 미스터피자 | 4,900 | 5,200 | (5,522) | 6.1 | 6.2 | 373 | 385 | 409 |
| 한국피자헛 | 피자헛 | 4,800 | (4,967) | (5,141) | (16) | (16.58) | 310 | 310 | 310 |
| 한국도미노피자 | 도미노피자 | 980 | 1,087 | 1,139 | 10.9 | 4.8 | 330 | 346 | 358 |
| 에땅 | 피자에땅 | 600 | 900 | 1,000 | 50 | 11.1 | 320 | 331 | 334 |
| 한국파파존스 | 파파존스 | 350 | 316 | 250 | -9.7 | -20.9 | 63 | (55) | 42 |

* 자료 : 2013. 한국외식연감

## (3) 패밀리 레스토랑

일반적으로 패밀리 레스토랑(family restaurant)은 약 203개 점포에서 6,300억 원의 매출을 기록하고 있다. 최근에는 급속성장에서 저성장으로 변화하여, 많은 기업들이 구조조정을 통한 새로운 활력을 모색하고 있다. 그러나 최근에 시장의 점유율을 높여 가고 있는 씨푸드 레스토랑에 상권을 많이 빼앗기고 있는 실정이다.

앞으로 씨푸드 레스토랑(sea-food restaurant), 재즈 카페, 테마형 레스토랑 등의 다양한 출현이 예상되고 있다.

한편, 대부분의 업체가 부실점포를 철수하거나 인원의 축소, 그리고 조직의 슬림화, 내실경영 등의 점포확산보다는 경영구조 개선과 마케팅 전략에 힘을 쏟고 있다. 표 3-11은 주요 패밀리 레스토랑 업체의 현황을 나타낸 것이다.

표 3-13 국내 주요 패밀리 레스토랑 업체 매출현황

| 회사명 | 브랜드명 | 매 출 액(억 원) | | | 매출증감률(%) | | 점포수(개소) | | | |
|---|---|---|---|---|---|---|---|---|---|---|
| | | 2009 | 2010 | 2011 | 09vs10 | 10vs11 | 2009 | 2010 | 2011 | 2012 |
| ㈜이랜드월드 | 애슐리 | 1020 | 2140 | 2424 | 109.8 | 13.3 | 59 | 93 | 105 | 121 |
| 아웃백 스테이크 하우스코리아 | 아웃백 스테이크하우스 | 2750 | 2830 | 3300 | 2.9 | 16.6 | 102 | 103 | 103 | 106 |
| CJ푸드빌(주) | 빕스 | 2800 | 2920 | 3200 | 4.3 | 9.6 | 74 | 72 | 76 | 84 |
| ㈜카페베네 | 블랙스미스 | - | - | - | - | - | - | - | 2 | 75 |
| 롯데리아(주) | T.G.I.F | 630 | 635 | 740 | 0.8 | 16.5 | 26 | 34 | 37 | 41 |
| ㈜바른손 | 베니건스 | 757 | - | - | - | - | 26 | 19 | 24 | 26 |
| ㈜삼양사 | 세븐스프링스 | 223 | 270 | 330 | 21.1 | 22.2 | 12 | 12 | 16 | 19 |

* 자료 : 2013, 한국외식연감

## (4) 아이스크림

아이스크림은 소득 수준과 밀접한 관계가 있으며, 경기의 호전에 따라 성장과 불황을 쉽게 예측할 수 있다. 1995년 이후 급속도로 발전한 프리미엄 아이스크림 업계는 천억 원대의 시장을 형성하면서 국내 빙과업계를 위협할 정도였으나, 리스테리아균 파동과 환율 폭등, 그리고 IMF로 인한 소비심리위축 등으로 폐업사태가 잦았다.

특히 아이스크림 점포는 소자본 · 소규모 · 단순운영 등의 특성 때문에 주부, 젊은 여성층, 실직자 등에 의해 증가 일로에 있다가 경쟁력 악화와 과포화 상태에서 주저앉고 말았다.

고급화를 지향해 온 아이스크림(icecream) 업계의 매출현황(1999년 2월)은 표 3-12과 같다.

표 3-13 국내 아이스크림 업체 매출현황

| 브랜드명 | 회사명 | 매출액(억 원) | | 매출목표 | 점포수(개) | | 목표점포수 |
|---|---|---|---|---|---|---|---|
| | | 1997 | 1998 | 1999 | 1997 | 1998 | 1999 |
| 배스킨라빈스 | 비알코리아 | 436 | 408 | 450 | 402 | 420 | 450 |
| 하겐다즈 | 한국하겐다즈 | 150 | 120 | 150 | 10 | 8 | — |
| 돌로미티 | 한국프리젤 | 114 | 60 | 100 | 88 | 62 | 100 |
| 코니아일랜드 | 코니아일랜드 | 50 | 30 | 100 | 165 | 80 | — |
| TCBY | 한국TCBY | 24 | 26 | 35 | 56 | 65 | 90 |
| 나뚜르 | 롯데제과 | — | 20 | 80 | — | 4 | 30 |
| 프랜들리 | 한성 | 15 | — | — | 32 | 5 | — |
| 디핀다트 | AP트레이딩 | 21 | 25 | 35 | 75 | 90 | 120 |
| 미니멜츠 | 동학식품 | 5 | 40 | 80 | 20 | 80 | 120 |
| 데이리퀸 | 한국데이리퀸 | — | 25 | 40 | — | 25 | — |
| 잭앤질 | 한길 | — | 5 | 15 | 25 | 11 | — |

자료 : 한국외식연감, 2006

## (5) 단체급식 시장

단체급식은 자금까지 자체적으로 운영하는 경우가 많았으나, 최근 들어서 메뉴 개발에서부터 인력 · 조직 · 물류 · 서비스 경영에 이르기까지 많은 선문적인 시스템을 갖춘 내기업의 전문업체가 늘어나고, 위탁운영의 효율성에 대한 인식이 높아짐에 따라 위탁운영률이 크게 높아지고 있다.

모든 외식업체가 경영난 속에서 헤어나지 못할 때, 단체급식시장은 전년대비 30~50% 가량 성장했다. 최근 초 · 중 · 고 · 대학까지 학교급식의 직영급식과 전문 업체 위탁급식으로 복리후생을 위한 기업체의 투자로 구내식당을 찾는 샐러리맨이 크게 늘어났다. 또한 그 동안 단체급식을 해 오던 각 기업체 및 관공서 중에서는 경영합리화 차원에서 인건비를 절감하려는 방편의 하나로 위탁급식으로 바꾸려는 곳이 늘고 있다.

이에 따라 단체급식업체들은 이를 시장 확대를 위한 절호의 기회로 삼고, 기업체 및 관공서 · 병원 · 군대 등을 대상으로 판촉활동을 크게 강화하고 있다.

특히 아워홈, CJ푸드빌, 삼성 에버푸드, 신세계푸드서비스, 현대 그린푸드, 풀무원, 동원 등 대규모 전문업체들은 전문브랜드 개발, 국외지점 진출, 오픈 경영제 도입, HACCP시스템 도입, 종합전산 시스템 개발, ISO9002인정획득 등을 통해 업체 간의 경쟁에서 우위를 확보하기 위한 다각적인 전략 마련에 적극 나서고 있다.

표 3-15 국내 주요 단체급식업체 매출 현황

| 회사명 | 매 출 액(억 원) | | | 매출증감률(%) | |
|---|---|---|---|---|---|
| | 2009 | 2010 | 2011 | 09vs10 | 10vs11 |
| ㈜아워홈 | 10,110 | 11,247 | 12,400 | 31 | 19.8 |
| CJ프레시웨이(주) | 7,422 | 9,439 | 15,227 | 27.2 | 61.3 |
| 삼성에버랜드(주) | 7,500 | 9,152 | 10,880 | 22 | 18.9 |
| 신세계푸드(주) | 4,958 | 6,186 | 6,982 | 24.8 | 12.9 |
| ㈜현대그린푸드 | 2,945 | 3,949 | 7,955 | 34.1 | 101.1 |
| 한화호텔앤드리조트 | 4,888 | 7,110 | 9,110 | 45.5 | 28.1 |
| 아라코(주) | 1,194 | 1,024 | 933 | −14.2 | −8.9 |

* 자료 : 2013. 한국외식연감

## (6) 커피 시장

선진국형 원두커피 문화가 확산되면서 한때는 양념치킨 · 국수업태 등과 함께 체인 본부가 우후죽순처럼 출현했다가 시장의 과포화와 경영관리 부재로 대부분 없어지거나 개인업소 중심으로 운영되고 있다.

일부 업종전환이 이루어지고 고급화 · 고투자 · 믹스형 새 업태가 태동하고 있다. 다른 업태에 비해 투자가 적고, 마진폭이 높으며, 점포운영관리가 용이하여 주부나 젊은 여성층이 선호하고 있다.

스타벅스, 이디야, 커피빈, 파스쿠찌, 자바커피, 할리스, 도토루 등을 비롯하여 최근에 급부상하고 있는 엔젤리너스 등이 브랜드 파워를 내세워 시장 지배를 확실하게 다져가고 있다. 또한 최근 소득증가에 힘입어 원두커피 시장과 고객들의 기호에 따른 엑소프레시의 선호도가 높아지고 있다.

표 3-14은 국가별 원두커피와 인스턴트커피의 시장점유율로 대부분 선진국의 경우에 원두커피문화가 정착되어 있음을 보여 주고 있다.

표 3-16 커피업계 연도별 매출액 및 점포수

| 회사명 | 브랜드명 | 매 출 액(억 원) | | | 매출증감률(%) | | 점포수(개소) | | |
|---|---|---|---|---|---|---|---|---|---|
| | | 2009 | 2010 | 2011 | 09vs10 | 10vs11 | 2009 | 2010 | 2011 |
| ㈜스타벅스코리아 | 스타벅스 | 2,040 | 2,400 | 2,982 | 17.6 | 24.3 | 316 | 322 | 395 |
| ㈜카페베네 | 카페베네 | 233 | 1,010 | 1,675 | 352.9 | 65.8 | 105 | 450 | 735 |
| ㈜커피빈코리아 | 커피빈 | 1,112 | 1,267 | 1,338 | 13.9 | 5.6 | 190 | 208 | 252 |
| ㈜탐앤탐스 | 탐앤탐스 | | 540 | 625 | 61.2 | 15.7 | 154 | 208 | 314 |
| ㈜할리스F&B | 할리스 | 873 | 1,082 | 277 | 23.9 | −46.7 | 218 | 248 | 366 |
| ㈜커핀그루나루 | 커핀그루나루 | − | 184 | 231 | − | 25.5 | − | − | 106 |

* 자료 : 2013. 한국외식연감

## (7) 베이커리 시장

베이커리는 주로 식품업계와 호텔업계 그리고 외식업계의 체인본부를 중심으로 전개하여 오고 있지만, 개인 업소가 많은 편이다. 그러나 최근에 밀가루의 가격폭등으로 많은 어려움을 겪고 있다.

고려당과 뉴욕제과를 필두로 신라명과, 독일빵집, 크라운베이커리, 파리바게뜨, 성심당, 뚜레쥬르 등 대부분이 국내 자생 브랜드다. 이들은 직영점보다는 가맹점 위주로 전개하고 있다.

특히 대기업 중심의 고급화 · 다양화 추세와 프랜차이즈로 확실한 시장우위를 접하고 있으며 이에 따른 개인 업소의 도산이 늘어나고 있다.

식품위생법 개정으로 원두커피와 병행하여 운영하는 등, 새로운 업태가 다양하게 등장하고 있다.

표 3-17 베이커리업계 연도별 매출액 및 점포 수

| 회사명 | 브랜드명 | 매 출 액(억 원) | | | 매출증감률(%) | | 점포 수(개소) | | |
|---|---|---|---|---|---|---|---|---|---|
| | | 2009 | 2010 | 2011 | 09vs10 | 10vs11 | 2009 | 2010 | 2011 |
| ㈜파리크라상 | 파리바게뜨 | 1조16 | 1조3,126 | 1조5,734 | 31 | 19.8 | 2,222 | 2,716 | 3,141 |
| 씨제이푸드빌㈜ | 뚜레쥬르 | 6,490 | 7,365 | 7,900 | 13.5 | 7.3 | 1,294 | 1,425 | 1,303 |
| 비알코리아㈜ | 던킨도너츠 | 4,062 | 4,260 | 4,524 | 4.9 | 6.2 | 765 | 865 | 856 |
| ㈜크라운베이커리 | 크라운 베이커리 | 718 | 585 | 428 | -18.5 | -26.8 | 408 | 298 | 200 |
| ㈜신라명과 | 신라명과 | 394 | 381 | 386 | -3.3 | 1.3 | 133 | 106 | 88 |

* 자료 : 2013. 한국외식연감

## (8) 주 점

주류를 판매하는 식품대기업에서 직 · 간접적으로 점포를 전개하고 있다. OB호프 · OB 1번지 · 하이트 광장 · 카스타운 등 다양한 브랜드를 출점하고 있으며, 개인 업소도 많다. 중소형 투자로 특별한 운영 시스템 없이 사업이 가능하다. 칵테일 바나 와인 레스토랑 등이 출현하고 있다. 그리고 분위기의 차별화, 고품질 안주, 수입맥주 등을 토대로 한 복합성 점포와 최근에는 직접 맥주를 만드는 마이크로 브로이하우스의 등장으로 우리나라에서도 맥주를 직접 제조하여 판매하는 점포가 늘어나고 있다.

이국적인 일본풍의 이자카야(선술집)나 중식주점 객잔 등이 젊은층 사이에서 시장 점유율을 높여 가고 있다.

표 3-18 주점업계 연도별 매출액 및 점포 수

| 회사명 | 브랜드명 | 매 출 액(억 원) | | | 매출증감률(%) | | 점포 수(개소) | | |
|---|---|---|---|---|---|---|---|---|---|
| | | 2009 | 2010 | 2011 | 09vs10 | 10vs11 | 2009 | 2010 | 2011 |
| ㈜인토외식산업 | 와바 | 155 | 200 | 245 | 29.0 | 22.5 | 236 | 246 | 270 |
| ㈜에프앤디파트너 | 와라와라 | 144 | 172 | 208 | 19.4 | 20.9 | 56 | 76 | 89 |
| ㈜치어스 | 치어스 | 140 | 161 | 173 | 15.0 | 7.5 | 163 | 209 | 242 |
| 리치푸드㈜ | 피쉬앤그릴 | 282 | 286 | 317 | 1.4 | 10.8 | 472 | 450 | 400 |
| ㈜가르텐 | 가르텐호프 앤레스트 | 23 | 62 | 37 | 169.6 | −40.3 | 207 | 239 | 254 |

* 자료 : 2013. 한국외식연감

## (9) 일 식

고급 이미지로 인식되어 온 일식전문점이 1990년 초반까지 활황이었으나 근래에는 회 전문점으로 발 빠르게 변신하고 있다.

조리사의 전문성과 숙련도, 고인건비, 고객단가에서 일반 대중화되어 가는 추세이다. 최근에는 스시&씨푸드 전문점이 초대형 점포로 시장을 선도하고 있다.

## (10) 도시락

일본은 식생활문화로 인해 도시락 문화가 정착되어 있지만, 국내도시락 업체는 아직도 영세난립 상태에서 운영되고 있다. 다른 외식 업태에 비해 성장속도나 잠재력이 크지만 노동집약적이며, 도시락 식사의 특수성으로 인해 주로 개인 업소나 소규모업체에서 전개하고 있다.

한솥도시락과 미가도시락이 대표적이며, 주문판매 및 테이크아웃에 집중하면서 반찬사업과 출장연회를 병행하고, 나아가서 식재 및 급식사업과도 연계하고 있다.

### (11) 한식업태

국내 한식업태의 선봉장은 놀부이다. 놀부는 보쌈을 중심으로 기업형 체인화에 성공을 거둔 다음에 생등심, 부대찌개, 솥뚜껑 삼겹살, 시골상차림 등 에스닉 요리 쪽으로 집중적이고 독창적인 사업영역을 구축하였다.

그 밖에 닭갈비 · 냉면 · 족발 등 다양한 형태의 한식 체인이 표 3-16와 같이 사업전개를 하고 있다.

특히 한식의 경우에 일부업체를 제외하고 개인 업소나 체인점 모두 영세성을 벗어나지 못하고 있지만, 특별하고 차별화된 메뉴와 맛으로 승부하면서 체인화가 차츰 증가추세에 있다.

한식은 식자재 공급 및 매뉴얼화가 어려우나, 우리 전통음식의 세계화를 위해서는 경쟁력 제고의 연구개발이 필요하다.

삼계탕 · 전통죽 · 해물탕 등은 체인화를 통해 전국적인 출점이 가능하다. 한식의 근대화를 위해서는 놀부와 같이 시스템 개발을 바탕으로 해야 하며, 해외진출이 과제이다. 한식은 성장잠재력이 가장 큰 업종이라고 볼 수 있다.

표 3-19 한식업계 연도별 매출액 및 점포 수

| 회사명 | 브랜드명 | 매 출 액(억 원) | | | 매출증감률(%) | | 점포 수(개소) | | |
|---|---|---|---|---|---|---|---|---|---|
| | | 2009 | 2010 | 2011 | 09vs10 | 10vs11 | 2009 | 2010 | 2011 |
| 본아이에프(주) | 본죽 | 643 | 909 | 1,130 | 41 | 24 | 1,018 | 1,151 | 1,268 |
| ㈜놀부 | 놀부보쌈 | 1,047 | 1,113 | 1,084 | 6 | -3 | 276 | 295 | 267 |
| 원앤원(주) | 원할머니보쌈 | 604 | 645 | 625 | 7 | -3 | 280 | 288 | 285 |
| ㈜채선당 | 채선당 | 259 | 388 | 542 | 50 | 39.7 | 135 | 201 | 267 |
| ㈜더본코리아 | 새마을식당 | 215 | 430 | 628 | 100 | 46 | 95 | 138 | 170 |

* 자료 : 2013. 한국외식연감

표 3-20 국내 주요 한식 체인 현황

| 보쌈 및 갈비류 | 설렁탕&냉면 | 족발 및 비빔밥 |
|---|---|---|
| 놀부생등심(놀부) | 신선설렁탕 | 장충동왕족발(영일식품) |
| 이동갈비(이동갈비) | 한촌설렁탕 | 종로빈대떡(종로빈대떡) |
| 솥뚜껑삼겹살(놀부) | 봉희설렁탕 | 신당떡볶기(영안식품) |
| 놀부보쌈(놀부) | 고박사 냉면 | 전주비빔밥(고궁) |
| 송추가마골 | 함흥냉면 | 본비빔밥 |
| 벽제갈비 | 명가 | 부대찌개놀부(놀부) |
| 원 할머니(원유통) | 이남장 | 오발탄 |
| 삼원가든 | 명동옥 | 명동교자 |

## (12) 기타 업태

국내 외식업계는 해외 브랜드 도입과 환경변화에 힘입어 전업종 및 업태에 걸쳐서 시스템의 도입이 활발하고, 신기법이나 창의적인 아이디어 또는 새로운 콘셉트 등이 속출하고 있다.

그리고 콘셉트가 불분명한 업태나 믹스형 점포형태가 등장하는 반면에, 셀프 호프, 카레, 스파게티, 샤브샤브, 멕시칸, 씨푸드, 유럽 스타일 등 복잡다양하게 태동되면서 한편으로는 기존 한식에도 이러한 변화추이를 요구하고 있다.

즉, 국내 외식시장은 변화와 발전을 위한 역동성이 가속화되고 있는 가운데 예술에 가까운 퓨전 음식이 특화되어 틈새시장을 파고들고 있다.

음식의 상식파괴를 통해 고객층에 침투하고 있는 퓨전음식은 동서양의 음식을 조화롭게 접목하고 있으며, 고객단가를 바탕으로 급속도로 확산될 조짐을 보이고 있다. 퓨전음식은 서양풍과 동양풍으로 구분할 수 있는데, 주로 빵과 김치의 조화를 이용하여 피자나 햄버거에 김치를 접목하거나 하는 절충요리의 한 패턴이라고 볼 수 있다.

이와 같이 국내 외식시장은 21세기 초반부터는 이미 선진국에서 유행하는 에스닉 요리, 절충요리, 감성형 요리 등이 격식과 가격에 구애됨이 없이 다양하게 출현할 것으로 예상된다.

표 3-21 분식업계 연도별 매출액 및 점포 수

| 회사명 | 브랜드명 | 매 출 액(억 원) | | | 매출증감률(%) | | 점포 수(개소) | | |
|---|---|---|---|---|---|---|---|---|---|
| | | 2009 | 2010 | 2011 | 09vs10 | 10vs11 | 2009 | 2010 | 2011 |
| ㈜김가네 | 김가네김밥 | 196 | 218 | 257 | 11.2 | 17.9 | 341 | 356 | 391 |
| ㈜오투스페이스 | 아딸 | 83 | 92 | 116 | 10.8 | 26.0 | 560 | 707 | 745 |
| ㈜호경에프씨 | 코바코 | 78 | 80 | 86 | 2.6 | 7.5 | 147 | 140 | 139 |
| ㈜에버리치에프앤비 | 생생돈까스 | 36 | 63 | 80 | 75.0 | 27.0 | 100 | 110 | 117 |

* 자료 : 2013, 한국외식연감

# Chapter 04

# 외식산업 각종 인·허가 사항

"외식산업도 면밀한 기획과 행정처리로 정정당당하게 경영해 나아갈 때이다."

## 1. 창업 기본 절차

창업을 하기 전 창업 환경은 어떠하고 창업자의 자질과 적성은 맞는지, 창업 자금의 규모는 얼마로 할 것이며 어떤 업종으로 사업을 할 것인지, 사업성은 있는지, 인허가 사항과 회사 설립 절차는 어떻게 하는지 등 창업 전반에 대한 절차를 이해해야 창업을 효율적으로 할 수 있다.

이러한 절차를 이해하지 못한 경우에는 창업기간이 지연되고, 창업과정에서 엄청난 고생을 해야 한다. 따라서 창업자는 철저한 사업 준비와 더불어 효율적인 창업과정을 이해하고 숙지하며 성공창업으로 이끌어야 한다.

### 일반적인 창업 절차

창업 환경 검토 ➔ 창업자 적성검사 ➔ 투자규모 결정 ➔ 아이템 탐색 및 검토 ➔ 사업의 형태결정 ➔ 사업타당성 분석 ➔ 사업계획서작성 ➔ 인허가사항 검토 ➔ 개업준비 ➔ 오픈

## 2. 창업의 단계별 검토 내용

### 창업 환경 검토

창업자는 창업 전 창업 환경을 파악할 필요가 있다. 창업을 왜 하는가에 대한 방향설정과 창업을 하기에 적합한 여건이 조성되어 있는지, 그리고 창업 및 경영에 대한 이론이 학습되어 있는지를 점검해야 한다. 창업은 마치 자전거를 타고 달리는 것과 같다. 자전거에 올라타면 계속 앞으로 달려야 한다. 달리지 않으면 쓰러지듯 창업도 이와 마찬가지이다.

## 창업자 적성검사

바보는 천재를 이길 수 없고 천재는 노력하는 사람을 이길 수 없으며 노력하는 사람은 즐기면서 일하는 사람을 이길 수 없다고 한다. 즉, 자기 적성에 맞는 아이템 선택이 성공창업을 가져온다는 이야기다. 성공적인 창업은 주어지는 것이 아니라 만드는 것이다.

많은 전문가들은 창업의 성공여부가 개인의 기질과 밀접한 관계가 있다고 한다. 그렇다면 나에게는 창업의 기질이 있는가? 사람은 누구나 스스로 내리는 결정에 따라 성장해 나간다. 그  결정이 자기 곁에 있는 기회를 잡을 수도 있고 놓칠 수도 있다.

자기의 잠재력을 발휘해 나감으로써 매일매일 즐거움을 찾아낼 수 있을 것이다. 그러기 위해서는 우선 나의 적성을 검사할 필요가 있다. 인간의 직업적성을 탐색하기 위한 방법은 크게 3가지로 나눌 수 있다.

① 능력을 중심으로 측정하는 직업적성검사
② 흥미 중심의 직업적성검사
③ MBTI (성격유형검사)

MBTI는 일반인(정상인)들이 개인의 심리적 선호에 관한 문항들에 스스로 응답하게 하여 자신의 검사결과를 통해 성격유형을 분류하는 설문형식의 지필검사로 자신과 타인의 심리적 선호의 차이를 이해하고, 그 차이가 영향을 미치는 삶의 다양한 부문에 대해 효과적으로 이해하고 적응할 수 있도록 돕는 유용한 도구이다.

## 투자규모의 결정

창업을 추진하기 위해서는 동원 가능한 자금의 규모와 실제 투자할 자금규모를 결정하여야 한다. 도소매업이나 서비스업에 비해 제조업이 더 많은 자금을 필요로 한다. 또한, 도소매업의 경우에도 취급 상품이나 점포규모 등에 따라 자금규모는 많은 차이가 있다. 서비스업에 경우에도 서비스업의 종류와 유형에 따라서 적은 자본이 필요한 경우가 있는가 하면 도소매업에 비해 많은 자금이 소요되는 경우도 흔히 있다.

## 아이템 탐색 및 검토

중소기업청에서 창업 실패사례를 조사한 결과 1위가 바로 아이템 선정이 잘못되었다는 것이다. 즉, 아이템 선정은 '어떤 제품을 팔 것인가' 하는 실질적인 사업내용을 결정하는 것이므로 창업의 가장 중요한 요소이다. 창업을 하려는 사람의 전공과 적성, 취미, 자금, 능력, 주변 여건 등을 충분히 고려한 후 업종 및 아이템을 선택하여야 한다.

## 사업타당성 분석

사업타당성 분석이란 추진하려는 사업을 체계적으로 점검하여 성공 가능성이 없는 사업은 포기하고 실패요인을 사전에 제거하여 추후 발생할 손실을 예방하기 위한 분석을 말한다. 사업타당성 분석은 신규 사업에 있어서는 필수적인 작업이다.

즉, 사업타당성 분석은 창업을 하기 위해서는 반드시 거쳐야 하는 과정이다. 중소기업은 물론이고 소규모 개인 사업이라도 필수적으로 작성해야 한다. 추진하고자 하는 사업이 객관적이고 체계적이라는 것을 검증하기 위한 것이기 때문이고 본인이 할 수 없으면 비용이 들더라도 외부전문가와 제 3자의 최종 검토를 의뢰하는 것이 바람직하다.

## 사업계획서 작성

사업계획서는 추진할 구체적인 사업내용과 세부 일정 계획 등을 기록해 놓은 것으로 창업과정에 있어서 계획사업에 관련된 제반사항을 담고 있다. 사업계획서는 창업자 자신을 위해서는 사업성공의 가능성을 높여 주는 동시에 계획적인 창업을 가능케 하며 창업기간을 단축시켜 주고 창업에 도움을 줄 제 3자, 즉 출자자, 금융기관, 매입처, 더 나아가 일반고객에 이르기까지 투자의 관심유도와 설득 자료로 활용도가 매우 높다.

최근 정부에서도 각종 금융기관이나 투자기관들을 통해 중소기업을 위한 금융지원의 폭을 넓히고 있다.

창업을 준비할 때는 반드시 소상공인진흥원 (www.seda.or.kr) 상권정보시스템과 각 지역에 위치한 소상공인지원센터에서 전문가와의 상담을 통해 창업에 대한 컨설팅을 받는 것이 바람직하다.

## 인허가 사항 검토

창업자는 창업 전 추진사업에 대한 인허가 사항이 필요한지를 확인해야 한다. 허가를 받지 않고 사업을 하는 경우 각종 행정규제를 받게 됨은 물론, 법을 어기는 결과를 초래하게 된다.

## 개업준비 및 오픈

상기 과정을 거친 후 사업계획서의 추진 일정에 따라 개업을 해야 한다.

① **창업 적성 테스트** : 창업 적성, 업종 적성검사 및 상담 등을 통해 창업결정
② **창업 아이템/규모 결정** : 유망업종, 창업환경, 체인정보, 자금능력 감안
③ **점포선정** : 입지, 상권 분석을 통해 점포물색
④ **창업계획수립** : 세부사업계획서 작성, 수익성 분석 등 창업계획 입안
⑤ **상호결정** : 상호, 간판BI, 인테리어 콘셉트 개발
⑥ **원료/자재 개발** : 원료, 자재 공급 채널 방안 결정
⑦ **메뉴/ 서비스 개발** : 메뉴 개발 및 요리법, 서비스 개발 및 교육
⑧ **인테리어 내부장식** : 업체선정 및 계약, 시공, 검수, 하자확인
⑨ **주방장/인력채용** : 주방장 등 종업원 채용 및 사전 교육
⑩ **인허가/세무관련 사항** : 인허가 등 관련법규, 세무업무
⑪ **판촉계획** : 개업전, 개업 시, 개업 이후 광고 홍보계획 수립
⑫ **개업행사/ 사업자등록** : 개업 이벤트 기획 및 알선

## 점포 레이아웃 설계

운영하고자 하는 점포 콘셉트, 메뉴 등을 감안하여 설계 포인트를 정하여 기능성, 분위기 등을 고려하여 객석의 넓이, 주방 높이, 입하장소의 넓이, 창고의 넓이, 사무용 공간의 넓이, 화장실의 넓이, 좌석의 배치, 주방 가구의 배치, 카운터의 배치, 식기 등의 보관 장소 배치 계획 등을 설계한다.

## 인테리어 디자인

인테리어 디자인은 인간의 활동과 휴식이 쾌적한 상태에서 이루어지도록 공간에 물리적인 요소를 적절하게 배치하는 것으로, 고객에게 볼거리를 제

공함으로써 가장 강력한 마케팅 수단이 될 수 있기 때문에 인테리어 디자인은 주  고객층의 연령대에 맞추어 색상이나 디자인을 선택하는 것이 바람직할 것이다.

음식점 개점과 필요한 각종 인 · 허가 사항은 ① 영업허가 ② 소방검열 ③ 사업자등록증 ④ 보건증 작성 ⑤ 금전등록기 설치 등이 있다. 그 밖에 ⑥ 신용카드 사용신청 및 이지 체크(easy check)기 사용신청 등이 있다.

이 중에서 **소방검열** 등은 건축업자나 인테리어 업체에서 건축주와 식당경영주를 대신해서 관계기관과 협의하여 처리해 주기 때문에 큰 문제는 없다. 경영주는 소화기 설치와 수량을 확인하여 일정한 장소에 비치하면 되고, 이를 인테리어 투자비에 포함시켜도 된다.

**보건증**은 식품접객업소 근무자라면 누구나 소지해야 하므로 영업개시 4~5일 전에 해당지역의 보건소에 가서 필요한 절차에 따라 위생검사를 받고, 이상이 없으면 간단히 교부받을 수 있다. 그러나 결핵과 파상풍 등 조리 및 접객 시에 대중에게 전염될 소지가 있는 병을 갖고 있으면 접객업체 종사 불가로 판정되므로, 이러한 사람은 식당에 근무시킬 수 없다. 보건증이 없는 사람을 부당하게 근무시키면 영업정지 등의 처벌을 받게 되므로 법에서 정한 규정을 준수하여야 한다.

**POS기기 및 카드 조회**는 기기판매회사에 문의하면 세무서 등록 절차와 은행 수속절차를 쉽게 알 수 있다.

**POS기기 등록신청**은 기계번호, 설치예정일, 영업개시 예정일, 영업허가 및 사업자등록번호 등 간단한 필요사항만 기재하면 되고, 수속기간이 경과하면 바로 사용할 수 있다.

카드조회기는 사업자등록증 사본, 영업허가증 사본, 대표자 주민등록등본(법인인 경우에는 법인등기부등본), 대표자 주민등록증 앞뒷면 복사본을 준비하여 희망하는 거래은행에 신청하면 된다. 따라서 중요한 인 · 허가사항은 어디까지나 영업허가 신청절차일 뿐이다. 이에 대한 내용을 살펴보면 다음과 같다.

## 3. 영업허가

식당업 영업허가는 식품위생법과 그 시행령, 그리고 시행규칙에서 정한 바에 따라 취득할 수 있다.

표 4-1 식품접객업소의 공통시설기준

| 구 분 | 시 설 기 준 |
|---|---|
| 영업장 | 영업소의 안팎은 환경이 깨끗하고 음식물을 위생적으로 취급할 수 있어야 하며, 다른 용도로 이용되는 장소와 구별될 수 있어야 한다. |
| 급수 시설 | 급수는 수돗물 또는 공중위생법 시행규칙 제49조 2의 규정에 의하여 지정된 수질검사기관에서 마시기에 적합하다고 인정한 것이어야 한다. 다만, 시 · 도지사가 지정하는 지역에서는 통상 마시는 우물물을 사용할 수 있다. |
| 조명 시설 | 조명도는 객석의 경우에 30룩스 이상(유흥주점영업의 경우 10룩스 이상), 조리장은 50룩스 이상이어야 하며, 영업장소 안에서 30룩스(유흥주점 영업의 경우 10룩스) 미만으로 낮출 수 있는 촉광 조절장치를 설치하여서는 안 된다. |
| 조리장 | ① 조리장은 손님이 이용장소에서 그 내부를 볼 수 있는 구조로 되어 있어야 한다. 다만, 관광진흥법 시행령 제2조에 의한 관광호텔 조리장의 경우에는 그러하지 아니하다.<br>② 조리장 바닥에 배수구가 있는 경우에는 덮개를 설치하여야 한다.<br>③ 조리자에는 취급하는 음식을 위생적으로 조리하기 위하여 필요한 시설, 즉 세척시설, 폐기물 용기, 종업원의 손 씻는 시설을 설치하여야 하며, 폐기물 용기는 내수성 자재로 된 것으로 뚜껑이 있고 오물이나 악취 등이 누출되지 아니하도록 설비하여야 한다.<br>④ 1인의 영업자가 동일건물 내에 인접한 장소에서 2종 이상의 식품접객업을 하는 경우에는 하나의 조리장을 공동으로 사용할 수 있다.<br>⑤ 조리장에는 주방용 식기류의 살균 소독기 또는 열탕 세척 소독시설(65℃에서 30분 이상 또는 이와 동등의 살균효과가 있는 시설이어야 한다)을 설비하여야 한다.<br>⑥ 충분한 환기를 시킬 수 있는 시설을 갖추어야 한다. 다만, 자연 환기가 가능한 구조의 경우에는 따로 시설을 갖추지 아니할 수 있다.<br>⑦ 손님에게 제공하기 위한 음식기, 조리된 음식물 및 그 원료, 조리에 사용되는 기구류를 바닥으로부터 20cm 이상의 위치에 보관할 수 있는 구조여야 한다.<br>⑧ 내장 시설을 갖추어야 한다. |

(계속)

| 구분 | 시 설 기 준 |
|---|---|
| 화장실 | ① 화장실은 남녀용으로 구분되어 사용하는 데 불편이 없는 구조로서 그 수가 충분하여야 한다. 다만, 공중화장실이 설치되어 있는 업소 및 영업장 면적이 33제곱미터 미만의 업소로서 인근에 사용이 편리한 화장실이 있는 경우에는 따로 화장실을 설치하지 아니할 수 있다.<br>② 화장실은 세정 및 청소가 용이한 구조로서 작업장에 영향을 미치지 아니하는 장소에 설치하여야 하며, 소독약 및 청소용구 등을 청결하게 비치하여야 한다.<br>③ 상하수도가 설치된 지역에서는 정화조를 갖춘 수세식이어야 하며, 수세식이 아닌 화장실에는 반드시 변기의 뚜껑과 환기시설을 갖추어야 한다.<br>④ 화장실은 타일 또는 콘크리트 등 내수성 자재로 시설하여야 하고, 손 씻는 시설과 시 · 도지사가 정하는 지역에서는 손을 씻은 후 말리거나 닦는 시설을 갖추어야 한다. |
| 탈의실 | 영업소 내에는 종업원이 불편 없이 사용할 수 있는 탈의실 또는 옷장을 갖추어야 한다. 다만, 영업장 면적이 100제곱미터 미만의 식품접객업의 경우에는 그러하지 아니하다. |
| 공동시설 | 해수욕장 등에서 계절적으로 영업을 하는 음식점과 농림축산식품부 장관이 인정한 농어민 단체 등에서 농수산물의 판매촉진 및 소비홍보 등을 위하여 적용재배 일정기간(14일 이내) 동안 특정 장소에서 판매 행위를 하고자 할 때에는 이 기준에 불구하고 시장, 군수, 구청장이 따로 정할 수 있다. |

일반적으로 업소의 조리장소를 주방이라고 하나, 현행 식품위생법에서는 조리장으로 사용하고 있다.

표 4-2 식품 접객업의 업종별 시설기준

| 구 분 | 시 설 기 준 |
|---|---|
| 휴게음식점 영업과<br><br>일반음식점 영업 | ① 일반음식점에 객실을 두는 경우, 객실에는 촉광조절장치 및 잠금 장치를 설치할 수 없다.<br>② 휴게음식점에는 객실을 둘 수 없으며, 휴게음식점의 객석에 칸막이(이동식 또는 고정식)를 설치하고자 할 때에는 칸막이 밑 부분부터 0.5m 이하 부분과 1.5m 이상 윗부분은 공간으로 남겨 두어야 하고 측면은 2면 이상을 완전 차단하지 아니하며, 다른 객석 내부가 서로 보이는 구조여야 한다.<br>③ 기차, 자동차, 선박을 이용하는 경우는 다음 시설을 갖추어야 한다.<br>• 1일 간 영업시간에 사용할 수 있는 충분한 양의 물을 저장할 수 있는 내구성이 있는 식수탱크<br>• 1일 간 영업시간에 발생할 수 있는 음식물 찌꺼기 등을 처리하기에 충분한 크기의 오물통 및 폐수 탱크 |

| | |
|---|---|
| 단란주점 영업 | ① 노랫소리 등이 영업장소의 외부로 들리지 아니하도록 생활소음기준인 45 데시빌 이하를 유지할 수 있는 방음장치를 하여야 한다.<br>② 영업장 내에 객실이나 칸막이를 설치하여서는 안 된다.<br>③ 손님이 노래를 부를 수 있도록 하기 위한 음향 및 반주 시설은 다음의 것에 한한다.<br>• 마이크 장치<br>• 자막용 영상장치(노래 가사와 관계없는 퇴폐, 음란화면시설을 하지 아니한 것에 한한다.<br>• 자동 반주 장치<br>• 반주용 악기<br>④ 우주 볼(사인볼) 등 특수 조명시설을 설치하여서는 안 되며, 객석조도는 30 룩스 이상이어야 한다.<br>⑤ 네온사인 간판을 설치하여서는 안 된다. |
| 유흥주점 영업 | ① 영업장소의 내부로부터의 노랫소리가 외부에 들리지 아니하도록 방음장치를 하여야 한다.<br>② 객실에는 잠금장치나 촉광조절장치를 할 수 없다.<br>③ 유흥주점영업의 영업장소 내에는 유흥종사자의 공연을 위한 공연장(무대)과 특수 조명 시설을 설치할 수 있다. |

## 영업허가신청 및 처리절차

### (1) 신청 시의 필요서류

① 신청서(별지양식)

② 교육필증(음식업중앙회 중앙교육원 및 각 지원) : 각 시도 지회 분원에서 교부하는데, 반드시 대표자가 교육을 이수하여야 한다(대리교육은 불가). 체인점이라도 1999년부터는 각 점포별로 점포 책임자가 반드시 교육을 받아야 하며(종전에는 체인본부 대표만 교육을 받았음), 조리사 및 영양사 자격증 소지자는 교육을 받지 않아도 된다.

③ 건강진단증(대표자 또는 점포책임자)

④ 신원증명서(대표자, 법인인 경우는 법인등기부등본)

⑤ 건축물 관리대장등본(시 · 군 · 구)

⑥ 도시계획확인원(시 · 읍 · 면 · 구청)

⑦ 신청서 양식에 첨부된 영업설비 개요에는 점포 평면도(자체작성)

• 면허세 납부 : 업소면적 10평 이상 지하철 공채 15만 원, 도시가스 · 액화석유가스 사용신고필증 등이 첨부

이러한 제반서류는 미리 준비하여 두었다가 개점 10일 전까지는 신청하여 허가증을 발급 받아 개점하는 데에 지장이 없도록 해야 한다. 이때 한 가지 유의할 것은 한국음식업중앙회의 중앙교육원 및 지역분회교육은 월 4~8회 정도 실시하므로, 이 시기를 놓치지 말고 미리 교육을 받아 두어야 한다.

중앙교육원 및 지방분회의 위치 및 전화번호를 기록해 둔다. 신청서 양식의 기재사항은 간단한 내용이므로, 여기서는 기재요령 설명은 생략한다.

(별지 제13호 서식) (앞 면)

<table>
<tr><td colspan="5">식품( ) 영업허가 신청서</td><td>처리기간 뒷 면</td></tr>
<tr><td rowspan="2">신청인</td><td>성 명</td><td></td><td>주민등록번호</td><td colspan="2">–</td></tr>
<tr><td>주 소</td><td colspan="2"></td><td>전 화 번 호</td><td></td></tr>
<tr><td colspan="2">영 업 소</td><td colspan="4"></td></tr>
<tr><td colspan="2">소 재 지</td><td colspan="2"></td><td>전 화 번 호</td><td></td></tr>
<tr><td colspan="2">영업종류 및 품목</td><td colspan="4"></td></tr>
<tr><td colspan="2">운반차량번호</td><td colspan="4"></td></tr>
<tr><td colspan="6">식품위생법 제22조 및 동법시행규칙 제2조의 규정에 의하여 식품( )영업허가를 신청합니다.<br>년 월 일<br>신청인 (서명 또는 인)<br>구청장 귀하 대장 및 공부확인</td></tr>
<tr><td>본 적</td><td colspan="5"></td></tr>
<tr><td>호 주</td><td colspan="2"></td><td>관 계</td><td colspan="2"></td></tr>
</table>

■ 구비서류

- 교육필증(법 제28조 제2항의 규정에 의하여 미리 교육을 받는 경우에 한한다)
- 건축물관리대장등본
- 도시계획확인원
- 영업시설의 개요 및 평면도
- 제조방법설명서(제조 · 가공이 필요한 경우에 한한다)
- 원료수급계획서(유가공품제조업, 식육제품제조, 가공업에 한한다)
- 시설사용계약서(식품운반업에 있어서 차고 또는 세차장을 임대할 경우에 한한다)
- 액화석유가스사용신고서(영 제7조 제8호의 식품접객업 중 액화석유가스의 안전 및 사업관리법 제29조 제1항의 규정에 의하여 액화석유가스사용신고를 하고자 하는 경우에 한한다)

① 구비서류 중 허가관청에서 내부확인으로 가능한 경우 당해 서류를 제출하지 아니할 수 있음 (구비소류 중 제1호, 제2호, 제3호, 제4호)

② 식품운반업은 운반차량번호란에 보유차량 전부를 기재하여야 함.

■ 수수료 : 식품위생법 시행규칙 제59조 참조

<table>
<tr><td rowspan="4">처 리 기 간</td><td>보건복지부</td><td>20일</td></tr>
<tr><td>서 울 특 별 시</td><td>8일</td></tr>
<tr><td>광역시 · 도</td><td>10일</td></tr>
<tr><td>시 · 군 · 구</td><td>7일</td></tr>
</table>

※ 식품접객업 : 시 · 군 · 구 －3일

<table>
<tr><td rowspan="2">신 청 인</td><td>처 리 기 관</td></tr>
<tr><td>보건복지부장관 · 서울특별시장 · 광역시장 · 도지사 · 시장 · 군수 · 구청장</td></tr>
<tr><td>신청인작성</td><td>접수<br>↓<br>시설조사<br>↓<br>결재<br>↓<br>허가증 교부</td></tr>
</table>

<table>
<tr><td colspan="6">영업설비개요</td></tr>
<tr><td>영 업 장 소</td><td colspan="2">구 동 번지 호</td><td>업 소 명</td><td colspan="2"></td></tr>
<tr><td>업 주</td><td colspan="2"></td><td>전화번호</td><td colspan="2"></td></tr>
<tr><td>도시계획지역</td><td colspan="2"></td><td>건물용도</td><td colspan="2"></td></tr>
<tr><td>영업장 면적</td><td></td><td>조리장</td><td>유 무</td><td>화장실</td><td>유 무</td></tr>
<tr><td>수도사용여부</td><td>상수도 사용</td><td></td><td>지하수 사용</td><td colspan="2"></td></tr>
<tr><td colspan="6">주요설비 개요(배치도)</td></tr>
<tr><td colspan="6">약 도 (위치도)</td></tr>
</table>

## (2) 영업허가 수속절차

① 신청 관청 : 시 · 군 · 구 식품위생과

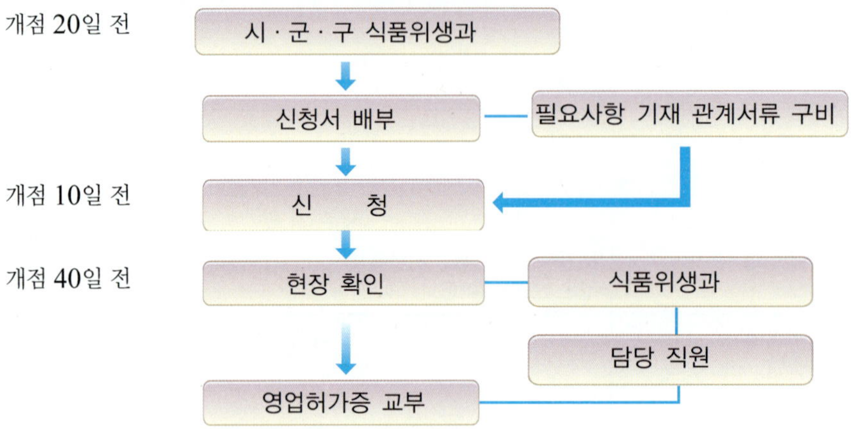


표 4-3 한국외식업중앙회 중앙교육원 및 분원

| | 주 소 | 전 화 번 호 |
|---|---|---|
| 중앙교육원 | 서울 중구 신당 2동 410-1<br>(사)한국음식업중앙회 | 1688-7707 |
| 부산교육원 | 부산 동구 초량 3동 1169-12 | 051) 863-0300 |
| 대구교육원 | 대구 북구 침산동 447-20 | 053) 353-9603 |
| 인천교육원 | 인천 남동구 구월 1동 1128-9 | 032) 429-5111 |
| 광주교육원 | 광주 서구 치평동 1176-8 | 062) 374-8434 |
| 대전교육원 | 대전 서구 둔산동 1237 | 042) 488-0985 |
| 경기교육원 | 수원 팔달구 우만동 472-8 | 031) 246-6060 |
| 강원교육원 | 춘천 조양동 6-68 | 033) 253-1838 |
| 충북교육원 | 청주 상당구 우암동 294-8 | 043) 256-6442 |
| 충남교육원 | 천안 원성동 579-6 | 041) 563-4416 |
| 전북교육원 | 전주 완산구 태평동 1가 14-4 | 063) 254-5980 |
| 전남교육원 | 목포시 상동 1137-21 | 061) 284-0361 |
| 경북교육원 | 대구시 동구 효목 2동 278-1 | 054) 742-6591 |
| 경남교육원 | 경남 창원시 팔용동 149-3 | 055) 292-8432 |
| 제주교육원 | 제주시 이도 1동 1245-26 | 064) 722-2124 |

## 전문 관광식당 영업허가

### (1) 구비서류

① 신청인(법인의 경우에는 임원)의 신원증명서(외국인 경우에는 외국인 등록표등본) 1부

② 법인의 등기부등본(법인의 경우에 한한다) 1부

③ 시설의 배치도(사진 및 평면도) 1부

④ 업종별 면허증, 허가증 또는 사업자등록증 사본 1부

⑤ 부동산의 소유권 또는 사용권을 증명할 수 있는 서류 1부

⑥ 사진 각 1매 : 건물 전경, 홀 내부, 주방내부, 주차장, 화장실의 양변기

⑦ 메뉴판 사본(국 · 영문) 1부

⑧ 조리사 자격증 사본 및 관광호텔 경력증명서 사본 1부

⑨ 대표자 이력서 1부

### (2) 관할기관 : 한국관광협회 및 각 지부

### (3) 관광편의시설업 지정신청서

관광식당 허가신청사항은 특수한 경우에 해당되므로 설명은 생략하겠다. 특기할 것은 조리부문 종사원 중 관광호텔 근무경력을 필요로 한다는 점이며, 그 밖에 관광협회나 각 지부에 문의하면 자세히 설명해 준다.

관광 전문식당으로 승인 받으면 원자재 등을 관광업체 지정 용품센터 공급처로부터 공급받을 수 있는 이점이 있으나, 사후관리 의무이행도 하여야 하기 때문에 담당기관으로부터 충분한 설명을 들어 두는 것이 좋다. 관광편의시설업 지정신청서(별지 제12호 서식 참조)는 다음과 같다.

<table>
<tr><td colspan="4">관광편의시설업 지정신청서</td><td>처리기간</td><td>17일</td></tr>
<tr><td rowspan="3">신<br>청<br>인</td><td>(1) 성 명(대표자)</td><td></td><td>(2) 주민등록번호</td><td colspan="2"></td></tr>
<tr><td>(3) 주 소</td><td colspan="4"></td></tr>
<tr><td>(4) 본 적</td><td colspan="4"></td></tr>
<tr><td colspan="2">(5) 상 호(명칭)</td><td colspan="4"></td></tr>
<tr><td colspan="2">(6) 업 종</td><td colspan="4"></td></tr>
<tr><td colspan="2">(7) 영업소의 소재지</td><td colspan="4">(전화번호)</td></tr>
<tr><td colspan="2">(8) 자 본 금</td><td colspan="4"></td></tr>
<tr><td colspan="2">(9) 영업개시예정 년월일</td><td colspan="4"></td></tr>
<tr><td colspan="6">광공진흥법 제4조 제2항의 규제에 의하여 관광편의시설의 지정을 신청합니다.<br><br>년 월 일<br><br>신청인 서명 또는 인<br>서울특별시 관광협회장 귀하</td></tr>
<tr><td colspan="6">• 구비서류<br>1. 신청인(법인인 경우에는 임원)의 성명, 주민등록번호, 본적 및 호주와의 관계를 기재한 서류(외국인의 경우에는 외국인 등록표등본) 1부<br>2. 법인의 등기부등본(법인의 경우에 한한다) 1부<br>3. 시설의 배치도 또는 사진 및 평면도 1부<br>4. 업종별 면허증, 허가증 또는 사업자등록증 사본 1부<br>5. 사업내용 설명서 1부<br><br>• 수수료<br>1. 신규지정 20,000원<br>2. 변경지정 10,000원</td></tr>
</table>

## 사업자등록증 허가

**(1) 신청 및 허가 기관** : 점포 관할지역의 세무서

**(2) 구비서류**

① 사업자등록 허가신청서

② 영업허가증 사본

③ 주민등록등본 1부(법인인 경우 법인등기부등본)

④ 주민등록증 사본

⑤ 임대차계약서 사본(임대차 계약을 한 경우) 한국관광협회 중앙회 <http://www.koreatravel.or.kr/>

### (3) 사업자등록증 교부 처리절차

사업자등록은 신청하면 특별한 사유가 없는 한, 신청 수일 내에 법규에 따라 사업자등록증을 교부받을 수 있다.

#### 한국관광협회 현황(관광외식업 신청하는 곳)

| 지역 | 주 소 | 전화번호 |
|---|---|---|
| 서울특별시 | 서울시 중구 다동 10 | (02) 757-7482 |
| 부산광역시 | 부산광역시 동구 초량 1동 569-2 | (051) 463-3111 |
| 대구광역시 | 대구광역시 달서구 두류 3동 588 | (053) 746-6407 |
| 인천광역시 | 인천광역시 남구 주안 7동 1305-4 | (032) 432-4590~1 |
| 광주광역시 | 광주광역시 동구 금남로 5가 90 | (062) 233-6400 |
| 대전광역시 | 대전광역시 중구 선화동 280-3 | (042) 226-8413 |
| 경기도 | 수원시 장안구 조원동 775 | (031) 255-8424 |
| 강원도 | 강원도 춘천시 퇴계동 770-3 | (033) 242-0089 |
| 충청북도 | 청주시 흥덕구 가경동 1449 | (043) 231-5563~4 |
| 충청남도 | 대전광역시 중구 선화동 361-3 | (042) 254-5465 |
| 전라북도 | 전주시 덕진구 서노송동 568-134 | (063) 287-6292 |
| 전라남도 | 무안군 삼향면 남악리 1000 | (061) 285-0832 |
| 경상북도 | 경주시 신평동 375-6 | (054) 745-0750 |
| 경상남도 | 경남 창원시 상남동 78-1 | (055) 283-2500 |
| 제주도 | 제주시 선덕로 29 | (064) 742-8861 |

# Chapter 05

# 외식산업의 실제

1. 외식산업의 경영이념
2. 외식산업 점장의 역할과 의무
3. 레스토랑 고객의 기본적인 욕구

"고객만족의 경영철학은
외식산업의 가장 기본이다"

## 1. 외식산업의 경영이념

### (1) 경영이념

목적 : 회사의 발전과 풍요로운 생활

목표 : 최고의 번성점포

신조 : 1. Q.S.C.의 철저
2. 맛과 즐거움의 창조
3. 지역사회에 공헌
4. 풍요로운 생활과 꿈의 추구

고객에게 만족을 주는 것이 외식업 종사자들의 사명이고 기쁨이기도 하다. 그렇게 하기 위해서

Q. 〈Quality〉 = 품질, 상품
S. 〈Service〉 = 봉사, 접객
C. 〈Cleanliness〉 = 청결함

의 레벨 업을 철저히 하고,

H. 〈Hospitality〉 = 친절한 접대

를 중요하게 하며,

A. 〈Amenity〉 = 쾌적한
A. 〈Atmosphere〉 = 분위기를 만드는 것으로

'고객에게 지지받는 점포 만들기' 를 목표로 하고 있다.

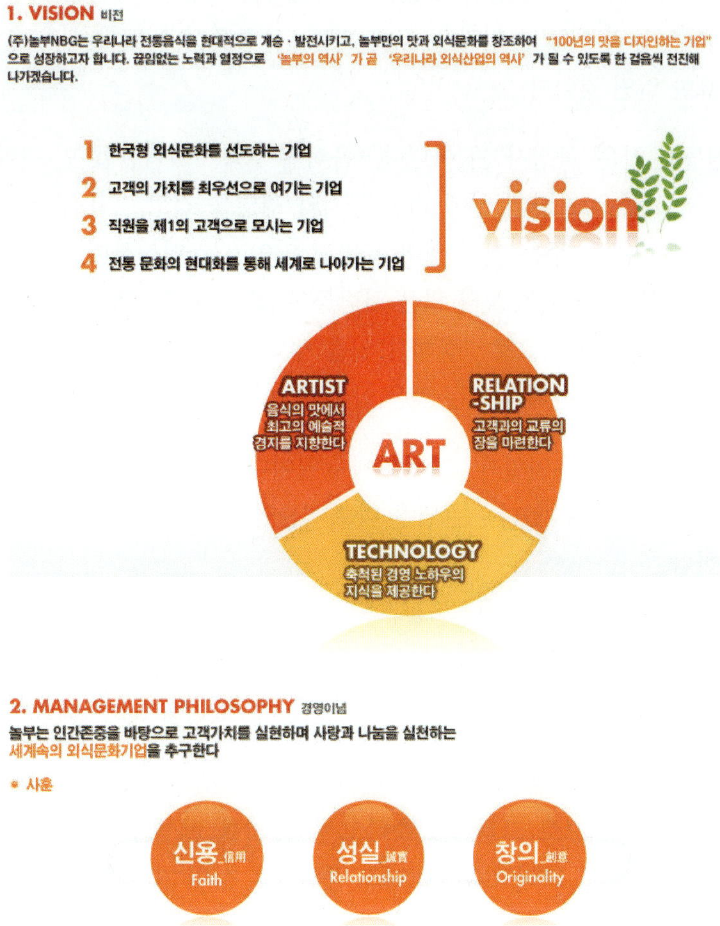


*자료 : 놀부(www.nolboo.co. kr)

그림 5-1 외식업체의 경영이념 예

Q+S+C+H+2A의 요소가 갈고 닦여져서, '맛과 즐거움' 이 넘치는 점포야말로 '지역에서 없어서는 안 되는 점포' 로 존속하게 되는 것이다. 지역과 고객들에게 계속해서 만족을 줌으로써, 비로소 종업원의 생활도 풍요롭게 되며, 살아가는 보람(꿈의 추구)도 발견해 낼 수 있는 것이다.

### (2) 종업원의 역할

종업원들은 인간이 살아가는 데에 있어서 없어서는 안 되는 '음식' 을 통하여 종업원, 그 가족, 거래업자가 지역의 고객을 만족시키고 '행복' 해지기 위하여 일하고 있는 것이다.

종업원들이 회사에서 담당하고 있는 음식이라는 역할은 의 · 주 · 정보 · 금융 · 유통 등의 어느 산업과 비교해 봐도 그 중요성에 있어서는 뒤지지 않는 중요한 일인 것이다.

종업원들의 일은 '물장사' 가 아니다. '음식업' , 즉 '외식산업' 인 것이다. 따라서 종업원들은 자신의 일에 대한 긍지와 정열을 갖고, '음식' 을 통하여 고객에게 만족을 주는 것이 얼마나 멋진 일인가를 인식하며, '점포' · '상품' · '접객' 을 통하여 보다 많은 사람들이 '음식의 중요함' 을 이해하도록 하기 위해서 기본적으로 '정해진 일을 정해진 대로' 한다. 말하기에는 간단하지만, 이를 계속해 나가는 것은 아주 어려운 일이다.

'정해진 것' 이란 무엇일까? 그것은 매뉴얼이다.

'정해진 대로 할 수 있다.' 는 말은 바로 '산업' 의 대열에 참가하게 되는 것을 뜻한다.

## (3) 일에 임하는 마음가짐

종업원들은 무엇을 위하여 일하고 있는 것일까? 그것은 말할 필요도 없이 자기 스스로를 위하여 일하고 있는 것이다. '정해진 것은 정한 대로 해 나간다.' 에 의해 결과적으로 고객이 만족하고, 거래처를 번성시키고 경영자 주주에게 이익을 주며, 그리고 무엇보다도 종업원의 삶의 가치와 풍요로운 생활을 창조하는 것이다.

점포는 종업원들 자신의 행복을 달성할 수 있는 장소이고, 음식업은 종업원들 자신의 행복을 달성하기 위한 수단이다.

그래서 종업원들은 음식업의 중요성과 일의 가치를 이해하고, 고객도 그것을 이해할 수 있도록 노력하는 것이 첫 번째 일이다.

고객에게 외식업은 '편안함' 의 장소이고, '단란함' 과 '화려함' 의 장소이며, 즐거운 시간의 장소인 것이다. 고객에게 요리는 단지 공복을 채우기 위한 것이 아니고, 대화와도 같은 즐거움을 위한 하나의 수단이다. 따라서 청결하고 쾌적하며, 즐거운 분위기 속에서 항상 균일하고 맛있는 요리를 때맞추어 정성을 다해 제공해야만 한다.

고객을 위한 외식업인 것이다.
고객이 최우선의 일인 것이다.

**고객의 만족 = 종업원 자신의 행복**

## 2. 외식산업 점장의 역할과 의무

### 점장(店長)이란?

점장이란 회사에서 사람(人), 물건(物), 돈(金)을 맡아서 그것을 최대한으로 활용하여, 최대의 이익을 올리는 임무를 가진 점포의 최고 책임자이다.

관리하는 사람, 즉 매니지먼트는 '목표 이익달성을 위해 필요하며, 또한 최저의 인건비로 균형을 잡는 사람' 이다.

목표 이익달성을 위해서는 ① 매상을 올린다(목표매상을 클리어한다) ② 기준원재료 비율을 지킨다는 두 가지 원칙이 필요하다.

필요한 최저의 인건비로 목표매상을 달성하고, 기준 원재료비율을 지키기 위해서는 교육, 매뉴얼, 판매기획 등이 필요하다. 또 목표를 세워서 지시하고 실적을 올려야만 한다. 또 무엇보다도 Q. S. C.의 레벨 업을 하는 것이 목표 달성의 대원칙이다.

점장은 본부 및 점포와 파이프 역할을 하고, 본부의 연락사항을 종업원에게 전달하며, 점포의 상황을 본부에 보고한다. 그리고 또 본부의 지시 및 원조를 받아서 그런 지속적인 상황 속에서 본점 점포의 운영관리를 하는 가장 중요한 역할을 담당하는 사람이다.

음식점은 '지역사회에 없어서는 안 되는 점포' 로 지속되도록, 또 점장 자신도, 그리고 점장의 종업원도 '풍요로운 생활과 가치 있는 인생' 을 구축할 수 있게 되기 위해서 매뉴얼을 준수한 정확한 점포운영 및 점포관리가 무엇보다 중요하다.

## 점장의 직무

점장의 직무는 크게 나누어 아래의 10항목이다.

① 계수관리 ············ 점장 매뉴얼, '이익관리'
② 계획 ················ 점장 매뉴얼, '점장의 일'
③ 지시, 실천 ··········· 교육 커리큘럼, 점장 매뉴얼, 작업할당
④ 보고점장 ············· 매뉴얼, '보고, 상담, 연락'
⑤ 교육점장 ············· 매뉴얼, '종업원 교육'
⑥ 상품관리 ············· 상품 매뉴얼
⑦ 서비스의 향상 ········· 서비스 매뉴얼
⑧ 청결의 유지 ··········· 청결 매뉴얼
⑨ 판매촉진 ·············· 점장 매뉴얼, '판매관리'
⑩ 자기개발

각 항목의 매뉴얼대로 직무를 해 나가는 데 있어서 중요한 것은 리더십과 인간성이다. 점포는 점장의 레벨을 초월하지 않는다. 점장이 성장하면 점포도 성장한다.

종업원에게 받는 신뢰도, 고객에게 받는 지지도 점장이 하는 만큼 결정된다. 자신감과 긍지가 넘치는 점장의 모습을 보고 종업원은 생동감 있게 일하고, 점내는 활기가 넘치며, 고객은 만족한다.

점장은 우선 본사에서 지시하는 작업(일)의 기준을 계속하여 파악하고, 종업원에게 지시하고, 기준을 갖춘 작업습관을 창출하는 것으로 직무의 효율화를 이루고, 고객에게 우리 점포만의 참맛을 볼 수 있도록 책임을 다하는 것이라고 할 수 있다.

## 점장의 역할

1) 고객에게 만족을 제공한다.

2) 목표수치를 달성한다.

우선 점장은 고객에게 만족을 제공하기 위하여 '요리' 에 관한 지식, 상품 · 메뉴에 관한 지식, 서비스 매뉴얼의 이해, 청결의 기준 숙지 및 스스로 기준을 달성하기 위해 일의 대한 실천력을 가져야만 한다.

그 기준을 기본으로 종업원과 함께 고객의 만족을 창출하는 것이므로 종업원에 대한 지도 육성력이 필요하나, 점장 자신이 점포에서 해야만 하는 일에 정통하지 않으면 종업원의 능력육성은 의심스럽게 된다.

종업원 교육에서 특히 중요한 것은 '서비스 교육 훈련' 이다. 점포에서의 만족은 맛있는 요리와 성의있는 따뜻한 접대가 제공되어야 비로소 실현되는 것이다. 왜냐하면, 점포에 오는 고객은 단지 공복을 채우는 것뿐만 아니라 대화나 요리를 즐기고 천천히 여유를 누리며, 쾌적한 분위기에서 조금 윤택한 기분을 맛보고, 즐거운 시간을 지내고 싶어하기 때문이다.

서비스는 재빨리 한 사람 한 사람의 고객에 대한 심리를 관찰하고, 내점, 안내, 주문 받기, 요리의 제공, 식사 중의 응대 등등 하나하나의 장면에서 성의가 담긴 접대를 하는 것이 중요하다.

서비스의 레벨은 고객의 감정에 의해 평가 또는 결정된다. 따라서 서비스에 관한 교육훈련이 고객에게 만족을 제공하는 것 이상으로 중요한 것이다.

또한 점장의 역할로써 중요한 것은 목표수치의 달성이다.

목표수치로 주요한 것은 다음의 5항목이다.

① 매상고 ② 원가율 ③ 인건비 ④ 제경비 ⑤ 이익

매출 = 고객 수 x 객단가 (매출액/고객 수)

= 좌석 수 x 회전율 x 객단가

고객수 = 이용자 수 x 내점빈도 x 동반자 수

객단가 = 일품평균단가 x 판매 수

인지요인(존재, 이용동기) ➡ 이용자 수

운영요인(점포, 상품, 가격) ➡ 내점빈도, 동반자 수, 판매 수

설정요인(Q.S.C. 수준) ➡ 일품평균단가

*자료 : RGM컨설팅 자료

## 점장의 행동규범 31항목

| | 있어서는 안 되는 점장 | | 점포에서 꼭 필요한 점장 |
|---|---|---|---|
| 1. | 종업원을 진심으로 교육할 마음이 없는 점장 | 1. | 종업원을 진심으로 교육하는 점장 |
| 2. | 종업원의 행동을 파악할 수 없는 점장 | 2. | 종업원의 행동을 파악할 수 있는 점장 |
| 3. | 종업원의 실수를 전혀 알아채지 못하는 점장 | 3. | 종업원의 실수를 장악할 수 있는 점장 |
| 4. | 종업원의 실수를 보고도 못 본 척하는 점장 | 4. | 실수를 발견하여 주의 및 지도할 수 있는 점장 |
| 5. | 칭찬하는 방법이 서투른 점장 | 5. | 칭찬하는 방법이 능숙한 점장 |
| 6. | 종업원과 함께 회사의 험담을 하는 점장 | 6. | 결코 푸념을 하지 않는 점장 |
| 7. | 종업원을 욕하는 점장 | 7. | 험담을 하지 않는 점장 |
| 8. | 편애를 하는 점장 | 8. | 종업원을 공평하게 다루는 점장 |
| 9 | 자신의 실수를 종업원에게 떠넘기는 점장 | 9. | 실수를 솔직히 인정하는 점장 |
| 10. | 단지 사람이 착하기만 한 점장 | 10. | 실로 리더십이 강한 점장 |
| 11. | 계획, 실행, 확인에 대한 일의 진행을 할 수 없는 점장 | 11. | 계획, 실행, 확인을 할 수 있는 점장 |
| 12. | 무엇이 문제점인지 파악하지 못하는 점장 | 12. | 문제점을 파악하여 해결할 수 있는 점장 |
| 13. | 곧 인원을 늘리는 것을 생각하는 점장 | 13. | 인건비 관리를 할 수 있는 점장 |
| 14. | 작업 스케줄 작성이 서투른 점장 | 14. | 작업행정의 조립을 할 수 있는 점장 |
| 15. | 문장 표현력이 없는 점장 | 15. | 정확한 보고서, 설득력 있는 의견서를 만들 수 있는 점장 |
| 16. | 수치에 전혀 약한 점장 | 16. | 수치적 책임을 질 수 있는 점장 |
| 17. | 솔선수범을 할 수 없는 점장 | 17. | 행동력이 있는 점장 |
| 18. | 어떤 일에 불평만 하고, 실행하지 않는 점장 | 18. | 실행력이 있는 점장 |
| 19. | 비판은 하나, 의견은 내지 않는 점장 | 19. | 자신의 의견을 확실히 말하는 점장 |
| 20. | 고충처리를 할 수 없는 점장 | 20. | 침착 냉정한 판단으로 진두지휘를 할 수 있는 점장 |
| 21. | 일에 쫓기는 점장 | 21. | 사전에 문제 예측이 가능한 점장 |
| 22. | 거래업자에게 금품을 요구하는 점장 | 22. | 공명정대한 점장 |
| 23. | 주간지, 스포츠지밖에 읽지 않는 점장 | 23. | 업계지, 경제지에도 흥미가 있는 점장 |
| 24. | 유머를 전혀 이해하지 못하는 점장 | 24. | 폭넓은 인간성을 지닌 점장 |
| 25. | 시간에서 시간까지밖에 일하지 않는 점장 | 25. | 바른 상황 판단을 할 수 있는 점장 |

(계속)

| 있어서는 안 되는 점장 | | 점포에서 꼭 필요한 점장 | |
|---|---|---|---|
| 26. | 경비를 낭비하는 점장 | 26. | 적정한 경제관리를 할 수 있는 점장 |
| 27. | 단정하지 못한 점장 | 27. | 청결감이 있는 점장 |
| 28. | 공사를 구별하지 못하는 점장 | 28. | 공사를 혼동하지 않는 점장 |
| 29. | 병약하여 건강하지 못한 점장 | 29. | 활달하고 명쾌한 점장 |
| 30. | "안 됩니다. 무리입니다. 할 수 없습니다." 라고 변명을 하는 점장 | 30. | 플러스 발상을 할 수 있는 점장 |
| 31. | 미래를 예측하지 못하는 점장 | 31. | 미리 예측하고 사전에 준비된 점장 |

## 점장의 업무

### (1) 점장의 행동

**점장의 일 〈타임 스케줄〉**

| | 출근 전 | • 날씨, 신문, 전단 ⇒ 오늘의 작전, 조례 내용에 대하여 생각한다. |
|---|---|---|
| AM 10:00 | 출 근 | • 사원에게 인사를 건다.<br>• 본부에서 온 연락사항을 확인한다.<br>• 오늘의 예약확인<br>• POP의 점검, 장식품의 체크<br>• 청결 체크(주차장, 입구, 샘플케이스, 의자, 화장실, 테이블, 바닥)<br>• 냉난방의 체크<br>• 잔돈확인(금전등록기에 넣는다.)<br>• 비품 체크(젓가락, 성냥, 냅킨, 이쑤시개)<br>• 각 책임자와의 회의<br>• 영업(종업원의 근무상황) 체크 |
| 11:00 | 조 례 | • 종업원 시프트 지시<br>• 어제의 문제점<br>• 오늘의 목표<br>• 오늘 예약에 대한 지시<br>• 종업원의 건강 체크<br>• 몸가짐 체크<br>• 접객 6대 용어<br>• 점내 각 부분 조명 ON 음향 스위치 ON<br>• 작업 할당 청결 체크 |

| | | |
|---|---|---|
| 11 : 30 | 개 점 | • 조리장, 홀에 개점의 지시를 한다.<br>• 진두지휘<br>• 냉난방 조절<br>• 유도, 접객(주문받는 타이밍 체크, 식후의 차 제공은 완전히 이루어지고 있는가 등의 서비스 체크) |
| PM 2 : 00 | 런치 종료 아이들 타임 | • 런치 정리 지시<br>• 종업원 교대 식사 지시<br>• 런치 매상 체크<br>• 비품발주 업무 (성냥, 젓가락, 소모품)<br>• 보고서 작성<br>• 예약인원, 송영 등의 예약처에 전화 확인<br>• 사무처리(작업스케쥴 〈일계인건비율표〉 전표, 보고서 정리 등)<br>• 청결 체크 (주간 청결 지시, 필요개소 청결 지시)<br>• 미팅, 카운슬링<br>• 회의(메뉴, 이벤트) 연구회<br>• 런치 매상정산(현금 체크)<br>• 디너 타임에 대한 예약지시, 시프트 지시 |
| PM 5 : 00 | 디너 타임 | • 진두지휘<br>• 유도, 접객, 레지스터<br>• Q.S 체크(소정대로 운영되고 있는가)<br>• 냉난방 조절<br>• 고객과 접촉하여 의견의 수집 |
| 9 : 30 | 오더 스톱 | • 영업종료 표지를 건다<br>• 샘플 케이스의 조명 OFF<br>• 각 테이블의 오더 스톱 지시(조리장에 오더 스톱을 건다)<br>• 각 책임자의 협의(내일의 예정 확인)<br>• 내일의 예약기입 지시(조리장, 1층 홀, 2층 홀) |
| 10 : 30 | 폐 점 | • 필요개소 조명 OFF<br>• 레지스터 잠그기, 일계매상 정산<br>• 영업일보작성(FAX 작업)<br>• 발주 작업(음료류, 조리관계는 요리장)<br>• 청결 최종 체크<br>• 불씨확인(담배꽁초 확인)<br>• 전기, 가스, 수도 체크 |
| 11 : 00 | 퇴 점 | • 창문 점검<br>• 야간 금고에 입금<br>• 귀가 |

*출근해서 퇴근할 때까지 계획성 있게 미리 계획을 세워서 실천한다.

## 점장의 주간 업무계획

### ① 정기적 작업

- 본부 제출서류 작성
- 책임자 미팅 주제 결정
- 지난주의 매상실적 확인
- 금주의 매상목표 점검
- 종업원의 교육 훈련

### ② 임시적 작업

- 세미나, 연수회 등의 출석
- 선전 계획 검토
- 기타

### ③ 요원 계획

- 금주의 결근, 휴가 예정자의 확인과 대책
- 인원모집, 면접, 채용

### ④ 점포 청결 체크

- 정기적 청소, 정리정돈
- POP 장식 체크
- 유지보수개소 체크

## 점장의 월간 업무계획

### ① 예산과 실적

- 제경비와 상품별 매상의 전월과 전년 동기의 비교
- 우리 점포와 타점포의 비교
- 대 책

### ② 상품 계획

- 월간 ABC분석
- 맛의 점검

### ③ 회 의

- 월간 사업부 회의
- Q.S.C. 문제점 회의
- 점내 미팅

④ 장부관계 제출물 작성
- 영업보고서
- 월말 재고조사표(음료류)
- 신입 및 퇴사자 보고서

⑤ 인사관리
- 작업 할당
- 직무 수행상황 체크
- 교육훈련 효과 체크
- 근무상황 체크
- 근무도 체크
- 병 · 결근 상황 체크
- 파트, 아르바이트의 활용
- 직장 사기의 고양
- 불평불만의 청취와 처리

⑥ 접객방
- 접객태도 방법에 대하여 체크
- 고충처리 방법의 체크

⑦ 후방 점검
- 비품, 집기, 기타 설비의 점검 및 정비
- 종업원 시설의 점검 및 정비
- 방재 또는 방범시설의 점검 및 정비

⑧ 기 타
- 사무처리 점검
- 전표처리, 자료 파일 점점
- 경쟁점포 및 상권의 동향 조사
- 방침 또는 전략의 재고 및 검토

## 점장의 월간 업무계획

① 기본방침
- 기본방침의 실행
- 점포운영의 주제 설정, 구제책 결정
- 종업원에게 전달 철저

② 전년도 실적의 검토
- 전년도의 계획의 분석과 반성
- 외부요인의 분석
- 금년도 계획의 검토

③ 계 획

- 제경비, 이익계획
- 선전 및 광고 계획
- POP, 장식, 간판 계획
- 종업원의 교육 계획
- 요원 계획

* 커뮤니케이션 · 리더십 · 작업할당 부분은 '조리장 매뉴얼' 참고

## 점포운영의 분기별 테마

### (1) QSC레벨의 궤도 수정

| 4/4분기 운영 테마 | 월차 | 운영 테마 | 활동내용 |
|---|---|---|---|
| 「품질관리 강화의 달」<br>(맛의 추구) | 1월 | 상품을 확인하자 | 모양 · 색채 · 중량감 · 맛 · 향 · 선도 · 담기 · 배치를 확인 |
| | 2월 | 품질을 이해하자 | 계량하자. 세자. 조사하자<br>(균일 · 균질 · 균량) |
| | 3월 | 온도관리를 철저히 하자 | 저장고 · 조리설비 · 식기 · 상품 · 온도계 · 시감온도 · 촉감온도 확인 |
| 「서비스 강화의 달」<br>(활기 있고<br>명랑함의 추구) | 4월 | 서비스의 기본을 되돌아보자 | 훈련 · 예의범절(규칙을 준수) · 태도 · 복장 · 몸가짐 · 말씨 |
| | 5월 | 활기 넘치는 서비스를 목표로 하자 | 싱글벙글, 하하하, 미소짓기 운동 |
| | 6월 | 눈과 마음의 배려! | 상냥하게, 사랑스럽게, 주의깊게 |
| 「청결 · 위생 강화의 달」<br>(아름다움의 추구) | 7월 | 고객의 시점에서 점포를 보자 | 입점~체재~퇴점까지의 흐름속에서 청결도 확인 |
| | 8월 | 청결함에 대한 체크를 관행으로 하자 | 1시간마다 클린패트롤을 철저하게 실시 |
| | 9월 | 위생관리를 철저하게 하자 | 손씻기 · 소독 · 세정 · 선입선출 · 납품일자 · 온도관리 확인 |
| 「노동생산성<br>800만 원 달성」<br>(수치목표 착지점) | 10월 | 객단가 1,000원 증대 달성! | 「추가 1품」을 철저히 권유 |
| | 11월 | 원재료, 상품-1%로스 퇴치 달성 | 매출 예측과 출수 예측의 확인 |
| | 12월 | 노동시간 100시간 삭감 달성! | 「하나 더 할 것이 없습니까?」 운동 |

* 도중 경과에 있어서의 QSC레벨 향상은 지점 수칙에 착실하게 접근하여 최종 4사분기에 달성도를 확인한다.

### (2) 1개월 단위의 오퍼레이션 매뉴얼 예

| 일 | 자 | 행 사 | 관 리 일 반 |
|---|---|---|---|
| 1 | 일 | (영업 제1주 첫날) | |
| 2 | 월 | | 전월분 외상작성 및 청구서 발송일 |
| 3 | 화 | | |
| 4 | 수 | | 매입, 제경비 지불 열람표 작성 |
| 5 | 목 | 어린이날 특별 이벤트 | 풍선 달아주기, 어린이 동행 시 10% 할인 |
| 6 | 금 | | |
| 7 | 토 | (제1주 최종일) | 청소점검일 수치 주간표 관리 작성 |
| 8 | 일 | (영업 제2주 첫날) 어버이날 | 변경 유무 |
| 9 | 월 | | |
| 10 | 화 | 지불일 | 구매, 제경비 지불일 |
| 11 | 수 | | |
| 12 | 목 | | 전월 손익계산일(전월영업성적 검토일) |
| 13 | 금 | | |
| 14 | 토 | (제2주 최종일) | 청소점검일 수치 주간표 관리 작성 |
| 15 | 일 | (영업 제3주 첫날) 스승의 날 | 변경 유무 |
| 16 | 월 | | |
| 17 | 화 | | |
| 18 | 수 | | |
| 19 | 목 | 석가탄신일 | |
| 20 | 금 | 성년의 날 | 사원 타임코드 마감일 |
| 21 | 토 | (제3주 최종일) | 청소점검일 수치 주간표 관리 작성 |
| 22 | 일 | (영업 제4주 첫날) | 변경 유무 |
| 23 | 월 | | 사원급료 지불명세서 작성 |
| 24 | 화 | 여름휴가 시작 | |
| 25 | 수 | 급여날 | 사원급여 지불일 |
| 26 | 목 | | |
| 27 | 금 | | |
| 28 | 토 | (제4주 최종일) | 청소점검일 수치 주간표 관리 작성 |
| 29 | 일 | (당월 마지막주 첫날) | 변경 유무 |
| 30 | 월 | | |
| 31 | 화 | (당월 최종일) | 매입, 제경비거래처 청구서 제출일, 기말 재고조사일 |

| 일 | 자 | 사 원 | 판 매 촉 진 | 공휴 예정일 |
|---|---|---|---|---|
| 1 | 일 | 조례(제1주 목표확인, 월간목표발표, 확인) | 어린이날 데코레이션(1주간) | |
| 2 | 월 | 바깥청소 중점 작업일 | | |
| 3 | 화 | 객석, 홀 청소 중점 작업일 | POP공고를 붙인다(5월 25일 까지) 축제 전단지 발주 | |
| 4 | 수 | 주방 청소 중점 작업일 | | |
| 5 | 목 | 후방설비 청소 중점작업일 | 여름문안 DM직접 쓰기 시작 (19일까지) | |
| 6 | 금 | 집기, 기기정비일 | 가정의 달 축제 | |
| 7 | 토 | | 날씨 마케팅 실시 우천시, 무더위 | |
| 8 | 일 | 조례(제1주 반성과 2주 목표 확인) | 어버이날 특별 이벤트 | |
| 9 | 월 | 바깥 청소 중점 작업일 | | |
| 10 | 화 | 객석, 홀 청소 중점 작업일 | | |
| 11 | 수 | 주방 청소 중점 작업일 | | |
| 12 | 목 | 후방설비 청소 중점작업일 | 성년의 날 축제개최예고 POP를 점내 게시 | |
| 13 | 금 | 연수회(전월 실전발표와 반성, 기기정비일) | | |
| 14 | 토 | | | |
| 15 | 일 | 조례(제2주 반성과 3주 목표 확인) | 다음 달 계획의 확인 | |
| 16 | 월 | 바깥청소 중점 작업일 | | |
| 17 | 화 | 객석, 홀 청소 중점 작업일 | | |
| 18 | 수 | 주방 청소 중점 작업일 | | |
| 19 | 목 | 후방설비 청소 중점작업일 | | |
| 20 | 금 | 연수회(전월 실전발표와 반성, 기기정비일) | 어린이축제 전단지 신문보급소에 반입 | |
| 21 | 토 | | | |
| 22 | 일 | 조례(제3주 반성과 4주 목표 확인) | 축제 맞이 세일 전단지 배포 | |
| 23 | 월 | 바깥청소 중점 작업일 | 여름문안 DM발송 개시 (약 1주일 동안 모두 보낸다) | |
| 24 | 화 | 객석, 홀 청소 중점 작업일 | | |
| 25 | 수 | 주방 청소 중점 작업일 | 여름휴가 어린이 세일 개시(휴가 기간 중) | |
| 26 | 목 | 후방설비 청소 중점작업일 | | |
| 27 | 금 | 연수회(당월 반성과 다음 달 목표설정, 기기정비일) | | |
| 28 | 토 | | 협찬 세일 | |
| 29 | 일 | 조례(제4주 반성과 월말 목표 확인) | | |
| 30 | 월 | 바깥청소 중점 작업일 | | |
| 31 | 화 | 객석, 홀 청소 중점 작업일 | 이번 달 계획의 검증과 반성 | |

## (3) 1주 단위 오퍼레이션 매뉴얼

| | 홀 | 주　방 | 종　합 | 비 고 |
|---|---|---|---|---|
| 월 | • QSC에 관하여 :<br>지난주 → 반성<br>금주 → 목표설정<br>• 식기 재고조사 : 보충이 필요할 때는 토요일까지 보충한다.<br>• 메뉴의 부수 확인<br>• 점내 · 외 조명 청소<br>• 풀뽑기 작업 | • QSC에 관하여 :<br>지난주 → 반성<br>금주 → 목표설정<br>• 식기 재고조사 : 보충이 필요할 때는 토요일까지 보충한다.<br>• 배수관 트렌치 청소<br>• 식기 선반 청소, 정리정돈 | • 아르바이트 비디오 교육(제2주 16 : 00~17 : 30)<br>• 데일리체크표를 기본으로 한 수치의 반성과 대책 | • 바닥은 항상 쓰는 버릇을 들인다.<br>• 드라이 키친을 유지<br>• 스텐인리스 · 로렌지 · 철판 · 히터 · 폴리벨 등은 매일 청소한다.<br>• 더러움은 달라붙기 전에 청소<br>• 청결감 넘치는 드라이키친 점포 만들기를 목표로 한다.<br>• 바닥은 항상 걸레를 닦는 버릇을 들인다.<br>• 휴지 하나도 떨어지지 않도록 신경을 쓴다.<br>• 의자 · 테이블 · 유리창문 · 기둥 등은 매일 청소한다.<br>• 비온 다음날은 특히 유리창문을 청소<br>• 먼지 하나 떨어지지 않은 점포 주변과 유리창이 깨끗한 점포 |
| 화 | • 2주 후의 워크스케줄을 점장에게 제출<br>• 기기점검, 메인터넌스<br>• 제빙기 필터<br>• 환기팬 청소 | • 2주 후의 워크스케줄을 점장에게 제출<br>• 기기의 점검, 메인터넌스<br>• 닥트(필터)청소<br>• 바닥(타일)청소<br>• 음식물쓰레기처리기 청소 | • 워크스케줄 작성 | |
| 수 | • 주간 회의(점장 · 홀장)<br>• 음료카운터 선반 청소, 정리정돈<br>• 스토커 청소 | • 주간 회의(요리장)<br>• 세정실 청소<br>• 환기팬 청소 | • 다음주 워크스케줄 제출<br>• 아르바이트 훈련<br>• 면접(15 : 00~16 : 30) | |
| 목 | • 공중전화요금 회수<br>• 천정 필터 청소<br>• 의자 청소 | • 콜드테이블(냉장 · 냉동고)<br>• 냄비, 프라이팬 닦기 | • 탈의실 정리정돈, 청소 | |
| 금 | • 유리창 청소<br>• 손이 잘 닿지 않는 곳의 청소 실시 | • 토, 일, 월(점심까지)사전준비 개시<br>• 창고 정리정돈<br>• 워크인 냉장, 냉동고 청소<br>• 유리잔 손으로 닦기 | 아르바이트 개별 면접<br>(제3주 16 : 00~17 : 30) | |
| 토 | • 바닥 청소 | • 토, 일, 월(점심까지)의 사전준비를 디너타임이 되기까지 마친다.(야채관계는 별도)<br>• 냉장 · 냉동고 안 청소 | • 일요일의 인원 확인 | |
| 일 | • 판매에 힘쓴다.<br>• 웨이팅룸의 정리정돈<br>(의자, 전단지 등) | • 판매에 힘쓴다. | • 판매에 힘쓴다. | |

## (4) 오퍼레이션 매뉴얼의 예

〈근무시작 점검〉

<table>
<tr><td rowspan="4">AM 9 : 00<br>입점<br><br>시업점검<br><br>AM 10 : 00</td><td>종합</td><td>(입점 전)<br>① 오늘 SNS, 신문을 한 번 훑어본다(신문의 지식이 고객, 종업원과의 인간관계를 풍요롭게 해준다. 신문전단지도 확인).<br>② 오늘의 날씨 체크. 점포 근처에서 행사 등이 있는지를 조사한다(오늘의 매출예측이 벗어나지 않는가를 확인한다).<br>(입점 후)<br>③ 금고나 점포의 상태에 이상이 없는지 확인. 잔돈을 레지스터에 넣는다.</td></tr>
<tr><td>종업원서비스</td><td>① 종업원의 출근상태를 파악(결근자는 없는가?)<br>② 종업원의 건강상태를 파악(밝고 건강한가? 환자는 없는가?)<br>③ 종업원의 복장점검(정해진 대로의 복장인가?)<br>④ 종업원의 몸가짐을 점검(올바른 몸가짐인가?)<br>⑤ 개점 전의 작업분담을 지시한다.<br>⑥ 조례를 실시(예약, 권장요리 등을 철저하게 주지)</td></tr>
<tr><td>조리</td><td>① 냉동 · 냉장고, 가스레인지 등의 기계류 작동 개시<br>② 냉동 · 냉장고내의 보관상황 점검<br>③ 원재료 보충상황 확인(특히, 납품 받은 것은 발주한 대로인가를 점검한다)<br>④ 오늘의 대량 주문 및 예약 확인<br>⑤ 오늘의 권장요리 결정<br>⑥ 사전준비 작업의 분담을 지시한다.<br>⑦ 작업개시 전에 반드시 위생 상태를 체크한다(특히, 도마, 칼, 행주, 조리대 등을 체크).</td></tr>
<tr><td>점포청소</td><td>① 각자 맡은 곳을 청소한다(바깥주변, 점내객석, 주방 내, 후방설비 등의 각 부분을 분담하여 청소 작업을 실시)<br>② 간판 등을 소정의 위치에 내놓는다.<br>③ 객석 테이블 위의 양념세트를 점검한다.<br>④ 음료, 물수건, 냅킨 등의 보충 점검</td></tr>
</table>

<table>
<tr><td rowspan="3">점심전점검<br>AM 10 : 30</td><td>종업원</td><td>① 할당된 작업을 완벽하게 소화했는가?<br>② 메뉴는 준비되어 있는가?<br>③ 차, 냉수 등의 서비스는 곧바로 할 수 있는 상태인가?<br>④ 젓가락, 냅킨, 나이프, 포크는 준비되어 있는가?<br>⑤ 기타, 서비스카운터 안의 비품은 보충되었는가?<br>⑥ 직원들의 몸가짐, 복장을 재점검한다.<br>⑦ 오늘의 추천요리를 다시 한 번 확인한다.<br>⑧ 소정의 위치에서 대기시킨다.</td></tr>
<tr><td>조리</td><td>① 예정대로, 사전 준비 작업이 완료되었는가?<br>② 원재료의 보충은 완전하게 되어 있는가?<br>③ 조리를 위하여 사전 준비된 원료는 소정의 장소에 두었는가?<br>④ 그릇은 소정의 장소에 두었고, 또한 깨끗하고 적당한 수량인가?<br>⑤ 가스레인지를 비롯한 조리기기는 정상적으로 작동되는가?<br>⑥ 잔 밥이나 음식물 쓰레기를 반출하여 주방을 청결하게 만들어 놓았는가?</td></tr>
<tr><td>점포청소</td><td>① 바깥주변, 점내 객석을 완벽하게 청소는 하였는가?<br>② 현관, 홀에 먼지가 나지 않도록 물은 뿌려 놓았는가?<br>③ 샘플케이스는 예쁘고 깨끗하며 적정하게 배치되어 있는가?<br>④ 냉 온방은 적정 온도를 유지하고 있는가?<br>⑤ BGM은 적당한 음량으로 흐르고 있는가?<br>⑥ 화장실은 청결한가? 종이타월은 있는가?(특히, 화장실 점검에 신경을 쓸 것)<br>⑦ 점내 조명은 적절한가?</td></tr>
</table>

| 점심피크점검 | 구분 | 점검 항목 |
|---|---|---|
| 점심피크점검 | 서비스 | ① 접객계의 배치는 적절한가?<br>② 고객 유도, 착석은 적절한가? 한쪽으로 치우치지는 않았는가?<br>③ 요리는 늦지 않게 제공되고 있는가?<br>④ 접객태도는 만족을 드리겠다는 마음이 담겨 있는가?<br>⑤ 고객은 만족하여 즐겁게 식사를 하고 있는가?<br>⑥ 서비스는 공평하게 이루어지고 있는가?<br>⑦ 클레임은 없는가?<br>⑧ 고객이 돌아간 후의 재배치는 완전한가? 식기는 깨끗이 정리했는가? 테이블 위에 음식물이 떨어져 있지는 않았는가? 재떨이는 교환했는가? 양념세트는 보충했는가? 의자나 방석은 깨끗한가?(점장은 바쁠 때에는 가능한 한 현관에서 비어 있는 테이블번호, 좌석번호를 기억해 둔다) |
| | 조리 | ① 조리작업은 자연스럽게 이루어지고 있는가?<br>② 담기는 기준대로 맛있게 보기 좋게 담고 있는가?<br>③ 사전 준비 해 놓은 재료는 충분한가?<br>④ 그릇 보충은 자연스럽게 이루어지고 있는가?<br>⑤ 주방과 홀의 팀워크는 좋은가?<br>⑥ 무엇이 잘 나가고 있는가? |
| PM 1 : 30 | 점포청소 | ① 홀에 휴지 등이 떨어져 있지는 않은가?<br>② 의자는 정연하게 정리되어 있는가?<br>③ 좌식이라면 방석은 깨끗한가?<br>④ 좌식의 경우, 고객의 신발이나 소지품, 옷 등을 정리해 놓았는가?<br>⑤ 점내의 실온은 쾌적하게 유지되고 있는가? |

## (5) 아이들 타임, 저녁 피크 전 점검

〈근무시작 점검〉

<table>
<tr><td rowspan="3">PM 1 : 30<br>입점<br><br>아이들타임점검<br><br>PM 4 : 30</td><td>종업원</td><td>① 피크타임을 반성한다(무엇이 잘못되었는지를 체크한다).<br>② 오늘의 권장요리를 정하고 요리에 관한 고객의 반응을 주방으로 전달한다.<br>③ 나이프, 포크, 냅킨, 젓가락을 비롯 서비스 카운터의 비품을 보충한다.<br>④ 오늘의 종업원 트레이닝, 연수, 교육 등을 실시<br>⑤ 내일 휴무 예정자 확인</td></tr>
<tr><td>조리</td><td>① 고객이 음식을 남기지는 않았는가?(만일 남겼다면 원인을 조사할 것)<br>② 무엇이 많이 나갔는가? 권장요리는 목표만큼 나갔는가?<br>③ 사전준비, 원료의 재고 체크(만일 부족한 경우는 보충한다.)<br>④ 조미료, 기타 일반 원재료를 보충한다.<br>⑤ 주방내의 기기를 손질한다.<br>⑥ 잔 밥이나 음식물 쓰레기 반출 등 주방 위생을 체크한다.<br>⑦ 점심식사를 준비한다.</td></tr>
<tr><td>점포청소</td><td>① 바깥주변, 홀, 주방, 후방설비에 대한 청소상태를 점검한다.<br>(특히, 화장실에 유념한다.)<br>② 중요 청소구역을 다시 청소한다.<br>(사전에 요일별 중점 청소구역을 정해 놓는다.)<br>③ 음식물쓰레기를 비롯한 빈병 등의 처분과 정리정돈을 한다.<br>④ 차량 점검과 손질을 한다.</td></tr>
<tr><td>PM 5 : 30</td><td colspan="2">(저녁 피크 전 점검) 점심피크 전 점검과 동일<br>① 저녁 연회, 디너의 확인과 준비<br>② 네온, 간판 조명 점검 등, 기타</td></tr>
<tr><td>PM 8 : 00</td><td colspan="2">(저녁 피크 점검)<br>점심피크 점검과 동일</td></tr>
</table>

〈종업 점검〉

| 종업 점검 | | |
|---|---|---|
| | 종업원 | ① 피크 타임을 반성한다(무엇을 잘 했고 못했는지 체크한다.<br>② 오늘의 추천요리를 비롯한 고객의 요리에 관한 반응을 검토한다.<br>③ 오늘 하루 서비스는 생각대로 되었는가?<br>④ 오늘의 고객경향은 어떠했는지 검토한다.<br>⑤ 홀은 물론이고 주방과의 팀워크는 잘 이루어졌는가? |
| | 조리 | ① 남은 음식은 없는가? (그 원인을 추구)<br>② 무엇이 많이 나갔는가, 권장요리는 어떠한가?<br>③ 만들어 놓은 원재료를 냉동냉장고에 넣는다(다음날은 이것부터 쓴다).<br>④ 주방 안 청소, 손질을 하자.<br>⑤ 행주, 쓰레기통 세정<br>⑥ 잔반이나 음식물 쓰레기를 소정의 장소에 반출한다.<br>⑦ 내일의 원재료 구매 검토 및 발주<br>⑧ 가스, 수도꼭지를 잠근다. |
| | 조리 | ① 바깥주변(특히, 쓰레기, 잔 밥류의 정돈), 홀, 주방, 후방설비의 청소를 분담하여 한다.<br>② 검토와 확인(특히 화장실, 쓰레기, 음식물, 빈병 등에 주의)<br>③ 객석의 재떨이 및 방석 등을 체크하고 화기가 없는지를 조사한다.<br>④ 간판이나 외등의 스위치를 끈다.<br>⑤ 냉온방기 스위치를 끈다.<br>⑥ 화장실은 청결한가? 종이타월은 적절한가?<br>⑦ 점내 조명은 적절한가? |
| PM 9 : 30 | 종합 | ① 레지에서 현금을 꺼내 센다.<br>② 오늘의 매출을 계산한다(매출, 그룹 수, 객수).<br>③ 오늘의 영업일보에 기장한다(데일리 4표 작성).<br>④ 야간금고 입금과 점포 금고 보관분 구분<br>⑤ 전달 및 지시항목 확인 |

## (6) 교육의 전체도

| | | 항　　목 |
|---|---|---|
| 전체교육 | 1 | 외식산업개론(업계 현황) |
| | 2 | 외식산업인론(종사하는 사람의 마음가짐) |
| | 3 | 음식점 번성의 이론(번성의 5대 요소) |
| | 4 | 음식점 실천론(5대 요소의 실천방법) |
| | 5 | 외식인으로서의 일반 지식 |
| 교육이념 | 1 | 우리 회사의 경영이념 |
| | 2 | 우리 회사의 사명 |
| | 3 | 우리 회사의 미래 |
| | 4 | 우리 회사의 조직 |
| | 5 | 조직 안에서의 자신의 역할 |
| 기준교육 | 1 | 이념에서 기준으로 |
| | 2 | 기준은 지켜야 하는 것 |
| | 3 | 우리 회사의 기준 |
| | 4 | 점포의 기준 |
| | 5 | 우리들의 기준 |
| 기술교육 | 1 | 음식점의 상식(고객) |
| | 2 | 주방 작업 |
| | 3 | 홀 작업 |
| | 4 | 주방과 홀의 팀워크 |
| | 5 | 우리 회사는 고객만족을 이렇게 생각한다. |

## (7) 교육 커리큘럼

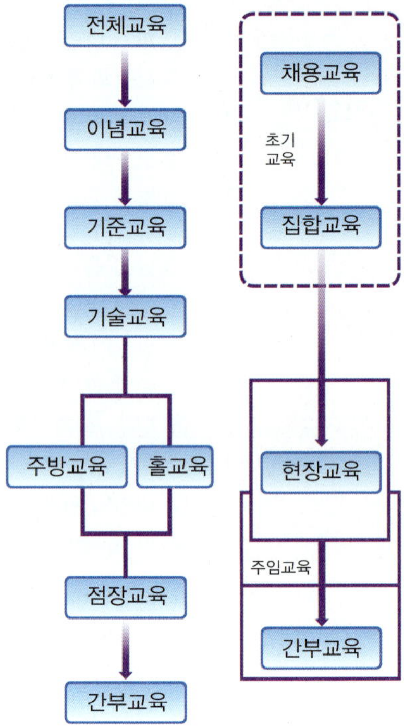


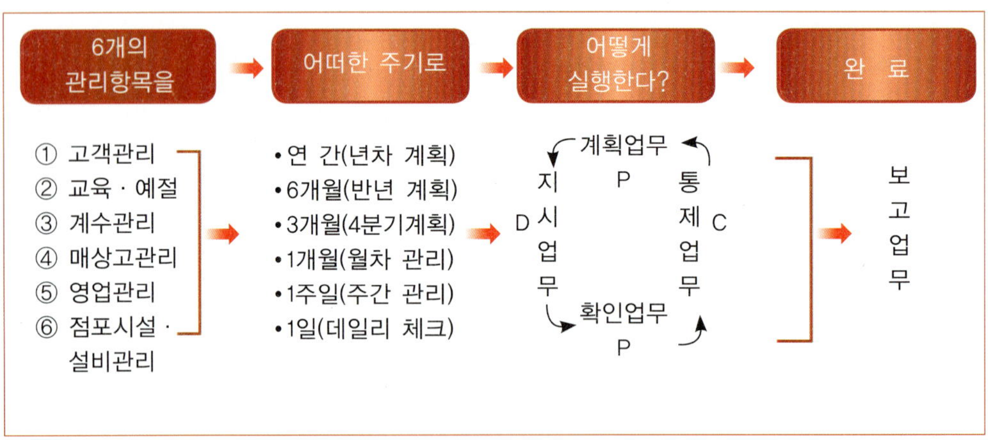

### (9) 점장의 관리 전체도

**관리 I**

(1) 계획(PLAN) 〈정확한 계획입안〉
↓
(2) 실행(DO) 〈확실한 지시 · 명령 · 실행〉
↓
(3) 확인(CHECK) 〈현상 파악〉
*↓계획과 실적의 차이가 발생
(4) 통제(CONTROL)
〈차이를 수정〉
(1) ~ (4)를 반복할 것

**관리 II** 스탠다드를 확인, 확실하게 그 형태를 만들어 간다.

## 전화응대 및 예약 받는 방법

### (1) 전화응대의 특징

① 마음가짐

전화응대는 내점하는 고객을 직접 맞이할 때와 같이 한다. 전화의 응대방법으로 그 사람의 인격, 가정, 교양을 알 수 있듯이, 전화응대의 방법에 따라 점포의 이미지가 결정되는 것이므로, 환대(hospitality)의 마음을 잊어서는 안 된다.

② 전화 받는 요령

- "네, 감사합니다. ○○○본점입니다." 라고 명쾌한 목소리로 대답한다.
- 벨이 4회 이상 계속해서 울렸을 때는 : "오래 기다리셨습니다. ○○○본점입니다." 라고 응대한다.

③ 상대에 따른 응대

- 상대가 고객인 경우 : "감사합니다."
- 상대가 거래처인 경우 : "항상 신세를 지고 있습니다."
- 상대가 본부 및 타 점포 : "수고하십니다. ○○입니다."

• 중개하는 전화인 경우 : "○○를 찾으십니까? 지금 부르고 있습니다. 실례입니다만, 누구십니까?"

"알았습니다. 잠시 기다려 주십시오."

• 부재인 경우 : "죄송합니다만, ○○는 지금 외출 중이오니, 전화번호를 말씀해 주시지 않겠습니까?" 응대하며 주 메모에는 성명, 전화번호 기입

④ 전화를 바꿔주는 요령

•"○○에서 오신 ○○씨이시군요. 전해 드릴 테니 잠시만 기다려주십시오."

• 부재의 경우 : "찾아보았지만, 안 계신 것 같습니다."

⑤ 마지막으로 수화기는 상대가 끊고 나서 내려놓는다.

• 점내 방송은 원칙적으로 여성 담당자에게 맡긴다.

• 음량은 일정하게 조정해 둔다(피크 타임 시는 조금 높인다).

⑥ 전화의 부르는 방법

"오늘도 ○○○본점을 이용해 주셔서 대단히 감사합니다."

• ⑦, ⑧ 모두 처음에 반드시 해야 하는 말이다.

"고객의 전화 호출을 말씀드리겠습니다. ○○에서 오신 ○○○씨, 전화가 걸려와 있습니다. 자리에 계시면 카운터로 오시기 바랍니다."

⑦ 승용차의 라이트 점멸 잊은 분

"오늘도 고객에게 말씀드리겠습니다. 〈차종〉, 〈차번호〉의 차로 오신 분은 라이트가 점등하여 있으므로 안내드립니다."

⑧ 대기 고객 호출

"오늘도 고객의 호출을 말씀드리겠습니다. ○○에서 오신 ○○○씨, △△△씨가 기다리고 계십니다. 계시면 1층 대기석으로 오시기 바랍니다."

이상이 기본 유형이다.

### (2) 예약받는 방법

| 예약 접수표 ① 5월 1일(日) | | | | | | | | | |
|---|---|---|---|---|---|---|---|---|---|
| NO. | 시간 | 인원 수 | 요리 | 성 명 | 전화번호 | 방(룸) | 교통편 · 비고 | 접수 | 확인인 |
| | | | | | | | | | |

〈기입법 및 주의점〉

1) **월, 일요일** (일, 공휴일인 경우에는 빨간색으로 기입)

2) **연회개시시간** (반드시 시간을 결정)

① 6:00 ~ 6:30과 같이 같은 시간에 걸친 시간접수는 하지 않는다. 평일 등 다른 예약이 거의 없는 경우에는 별도

② 1연회 1시간이 원칙(예외 아이들 타임, 7시 이후의 예약)

3) **요리제한**

① ○○○○ 이상의 요리로 결정한다(런치 제외).

② 5 ~ 6명인 경우는 내점 주문도 상관없으나(가능한 한 받도록 한다) 그 이상인 경우는 요리를 결정하게 한다.

③ 점포 측에서는 비싸면 비쌀수록 좋으나, 고객의 예산에 맞추는 것이므로, 고객이 허락하는 범위에서 최상급 상품을 권하는 것이 비결이다.

예 요리에 대한 설명은 대단히 호평을 받고 있고, 먹을 만한 가치가 있음을 강조한다.

4) **성명, 회사명**

① 개인명인 경우에는 그대로 기입, 흔한 이름은 이름을 정확하게 물을 것. 예 영동의 김철수, 김영수

② 연회(기업)의 경우에는 회사명, 부서명, 간사명도 기입

5) **전화번호** : 핸드폰, 일반 전화를 함께 반드시 물어 보고, 회사인 경우는 내선도 기입

6) 룸 넘버

① 인원수에 맞춰서 적정한 룸을 사용한다.

② 특히, 토 · 일 · 공휴일 등은 예약이 그다지 없을 것이라 예상하고 여유 있게 룸 할당을 하면, 당일 예약에 대응할 수 없는 경우가 생기므로 주의할 것

③ 예약에 여유가 있는 경우, 고객이 좌석을 지정할 때에는 가능한 따르도록 한다(고정객화로 연결된다).

7) 교통편의 유무기입란

① 없는 경우는 기입하지 않는다.

• 교통편의 제한

② 10명 이상이 버스를 타고 오는 것(어른의 경우)

③ 편도 약 30분 정도의 거리일 것

④ 요리가 ○○○○○ 이상일 것

• 환송의 시간(현지시간), 장소를 명확히 해 둘 것

• 확정되면 도장을 찍는다.

8) 접수자 명 : 반드시 기입할 것

9) 확인인 난

전일까지 점포에서 확인전화를 하고, 기재사항을 확인한 후 확인인을 찍는다.

10) 약혼 등 연회목적이나 점포의 서비스품 등도 기입한다.

## (3) 예약객의 대응

### 1) 내점하여 예약하는 경우

• **마음가짐** : 내점하여 예약을 하시는 고객에게는, 우선 감사의 마음을 잊지 않도록 하고, 수많은 음식점 중에서 우리 점포를 선택해 주신 것에 대한 감사의 마음을 갖고 있을 것

• **말 씨** : "어서 오세요, 예약하셨습니까? 일부러 여기까지 와 주셔서 감사합니다.", "지금 예약 장부를 가지고 오겠으니, 잠시만 기다려 주십시오." (홀 담당자에게 차를 낼 것을 지시한다.)

예약 장부, 메뉴 북, 팸플릿을 가지고, 고객의 희망에 따른 일시, 인원수, 요리, 예약 고객의 성함을 장부에 기록하고 다시 한 번 재확인한다.

2) 전화예약의 경우

① "감사합니다. ○○ 본점입니다", "예약하셨습니까? 잠시 기다려 주십시오." 예약 장부를 준비한다.

② "잠시 기다려 주십시오.", "예약은 ○○일입니까?", "예, ○○일이군요."

③ "시간과 인원 수는 결정되셨습니까?" "네, ○○시에 ○○명입니다."

- 이 시점에서 자리가 없는 경우는 거절한다.

"정말로 죄송합니다. ○○일은 자리가 중복되므로, 예약을 받을 수 없는 상태입니다. 다른 날이라면 빈자리가 있는데 어떠십니까?"

- 방이 가득 찬 경우는 객석도 좋은가를 확인한다.
- 방이 비어 있는 경우에는 그대로 예약을 받고, 아울러 예약상황에 따라 2시간 이내로 끝내도록 하는 확인을 받는다.

④ "요리는 결정하셨습니까?" 〈요리가 결정되지 않은 경우〉

- 예산이 결정된 경우는 예산에 맞춰 요리를 설명한다.
- 아무 것도 결정되지 않은 경우는 4~5명이면 내점하고 나서 결정해도 되며, 그 이상인 경우는 메인 요리만이라도 결정하도록 한다.
- 전화설명으로 알기 힘든 경우에는 팸플릿을 송부하거나, 한 번 내점하도록 또는 영업담당을 방문하도록 하는 방법 등을 취한다.

⑤ "성함과 연락처 전화번호를 가르쳐 주십시오."

⑥ "네, 감사합니다. 그럼 재확인하겠습니다."

"○○씨, ○○월 ○○일 ○○시부터 ○○명으로 전화는 (○○)의 ○○이지요."

"만일 인원수 등에 변경이 있으시면, 2~3일 전에 연락해 주십시오."

"감사합니다. 성의를 다해 준비하여 기다리고 있겠습니다."

## 종업원 교육

점포의 점장이 하는 트레이닝 :

• 점장 보좌 (홀 주임) • 트레이너 • 홀 담당자 • 주차관리원

• 청소 담당자를 대상으로 함.

조리장이 하는 트레이닝 :

• 조리사 • 세척 담당자의 트레이닝

그러나 넓은 의미에서 교육은 점장이 본부의 슈퍼바이저 교육담당자와 함께 조리사 또는 조리장에 대해서도 실시한다.

① **구인에서 오리엔테이션까지** : 구인, 면접, 채용, 오리엔테이션에 대해서는 사무관리 매뉴얼 참조

② **점장의 하고자 하는 의욕이 종업원을 이끈다.**

점장이 매일 "아 힘들다. 아 괴롭다." 라고 입버릇처럼 말하면, 종업원에게 "힘내라!" 라고 해도 그리 될 리가 없다. 그렇지 않고, 점장이 매일 일을 즐겁게 하면, 종업원도 거기에 따라온다. 이런 점포의 분위기는 종업원이 활발하게 일하는 직장이 된다. 또, 즐거운 자세뿐만 아니라, 일에 임하는 자세도 중요하다. 즉, 일을 하고, 일을 할 수 있는, 실적이 올라가는 점장이어야 한다.

그리고 진정 그러한 일이 즐거운 점장이어야 한다. 단지 부드러운 분위기만이 즐거운 것이 아닌, 일의 엄격함을 동반한, 그리고 그 결과를 동반한 즐거움이야말로 점장의 진정한 즐거움이다.

점장은 일에 엄격하고, 일을 떠나서 부드러우며, 종업원의 자존심을 상하게 하지 않고 팀워크를 소중히 하는 마음자세로 점장은 종업원 교육에 임해야 한다.

③ **우선 정형**

모든 기본적 작업은 정형이다. 언제, 어떤 고객이 와도, 누가 응대해도, 같은 접객이어야만 하고, 신입사원에게는 우선으로 정형을 가르친다. '이런 것까지' 라는 생각이 드는 내용까지도 처음에 교육한다. 그러기 위한 매뉴얼이다.

④ 교육 담당계

점포의 점장은 많은 업무를 하고, 신입사원이 입사할 때마다 직접 처음부터 마지막까지 점장이 교육할 수 있는 것은 아니다. 홀 주임이나 트레이너에 맡겨서 행해지는 것도 있으나, 보고를 받고 확인하는 일은 반드시 점장이 해야 한다.

⑤ OFF JT

하우스 룰(핸드북), 서비스 매뉴얼, 교육관련 비디오를 이용, 영업장소 이외의 장소에서 교육한다. OJT라 함은 "On the Job Training" 의 준말로서 굳이 번역한다면 "직장 교육" 정도라고 할 수 있다. 이것은 신규 입사자에 대하여 당해 직장에서 업무의 효율적인 수행에 필요한 지식, 기술, 태도 등을 체계적으로 상급자가 실시하는 교육훈련을 말한다.

OJT와 더불어 Off JT도 활용되고 있는데 OFT가 직접 자신이 일을 하는 현장에서 교육을 받는 반면에, 후자는 "Off the Job Training" 의 준말로서 자신의 직무현장이 아닌 별도의 훈련 장소에서 교육을 받는 것이다. 따라서 OJT보다는 직무와의 관련성이 떨어지는 경우도 있으며 이처럼 직무와 다소 무관한 Off JT의 교육일 경우에는 조직원으로서의 교양교육이나 애사심 고취 교육 등이 목적이 된다.

⑥ 견　습 : 다음에 현장에서 홀 주임 또는 트레이너가 항상 옆에 붙어서 가르친다.

⑦ 시킨다 : 일단 외웠으면 홀 주임, 트레이너가 옆에서 시켜 보고, 외운 것을 완전히 할 수 있을 때까지 계속한다.

⑧ 혼자서 하게 한다 : 홀 주임이나 트레이너는 좀 떨어진 곳에서 보고 혼자서 하게 한다.

⑨ 확　인 : 홀 주임 또는 트레이너는 점장과 함께 가르친 것을 신입사원이 실행하고 있는지를 확인한다.

⑩ 다음으로 진행한다 : 정형대로 실행하고 있으면, 다음으로 진행. 실행하고 있지 않으면, 정정하거나 포인트를 다시 반복하여 가르친다.

⑪ 또 확인 : 다음 단계로 나아가 잠시 후, 전 단계를 잊지 않고 그대로 하고 있는지를 확인한다.

⑫ 평가, 사정 : 단계가 나아갈 때마다 급여면을 재고한다.

⑬ 각 직종별 교육 커리큘럼 작성

# 점포 관리

## (1) 설비, 기기관리

- 점장은 점포를 청결히 유지하고, 설비나 기기를 소중히 취급하여 보다 좋은 노동환경을 만들고, 효율향상을 꾀하기 위해 노력하지 않으면 안 된다. 설비 및 기기는 취급방법에 따라 그 수명이 달라진다.
- 비품의 구입은 본부의 허가를 받는다.
- 고객이 장식품을 손상한 경우에 우선, 고객의 상처를 확인한다. 고객 측에서 고의이거나 중대한 과실이 있으면 본부를 통하여 손해배상청구를 하는 일도 있다.
- 고객의 분실물은 소중히 보관해 둔다.
- 주방 기기의 취급은 상품 매뉴얼, 점포청결은 청결 매뉴얼을 참조

## (2) 위생관리

누구나 신경을 쓰고, 당연한 것이지만, 대단히 중요한 것이 이 위생관리이다. 위생관리가 확실히 되어야 비로소 우리점포의 생명도 있고, 기능적으로도 진가를 발휘하며, 고객에게 마음으로 사랑 받는 점포로 성장해 나갈 수 있다. (위생관리의 상세한 체크 항목과 대처방법은 청결 매뉴얼 참조)

## (3) 방화방재관리

① 본점은 방화방재 관리자를 두어야 한다.
② 가스 밸브 확인
③ 담배꽁초의 확인
④ 소화기의 장소, 사용법
⑤ 자물쇠 잠금장치 확인
⑥ 점포에 현금을 두지 않는다.
⑦ 의뢰
⑧ 화재, 도난에 대한 한 사람 한 사람의 의식 고취

### (4) 자료관리

중요한 서류는 레지 카운터 또는 서비스 선반에 자물쇠가 있는 서랍에 보관한다.

## 상품관리

점포에서는 조리부문과 접객부문이 명확히 구분되어 있으며, 점장의 상품에 관한 관리 항목은 다음과 같다.

① 고객을 기다리지 않게 하고, 빨리 제공할 수 있는가(스피드)?
② 항상, 같은 맛, 같은 질, 같은 양인가(균일성)?
③ 맛있는 맛, 프로의 맛인가?

기타 식재 관리라든가 발주, 검품, 조리, 재고조사 등은 조리장의 수비범위이고, 또 신상품의 개발이나 메뉴 구성은 점포의 일이다. 점장은 스피드, 균일성, 맛에 대한 고객의 의견을 조리장에 반영시킴으로써 고객이 만족할 수 있는 상품으로 제공되도록 노력해야 한다.

점장은 요리를 제공한 순간, 고객이 요리를 입에 옮겨 간 순간, 레지 카운터에서 정산한 순간, 그 순간마다 고객의 표정에 세심한 주의를 기울여서 우리 점포의 '맛' 이 고객에게 납득되고 있는가를 확인해야 한다.

### (1) 스피드

- 트레이닝과 스탠바이 두 가지가 있다.
- 우선 일일 출고예측을 확인

  지역에 따라 출고 메뉴도 상당히 차이가 있으므로, ABC분석표를 정확히 만들어서, 또 예약상황을 고려하면서, 점장은 일일 매상예측에 의거한 주방 내의 인원배치 및 구입량, 준비량이 확보되어 있는지 요리장에게 확인한다.

- 그 다음은 조리의 트레이닝

  기본적으로 런치 8분 이내, 디너 15분 이내이다.

### (2) 균일성

- 기본적으로 체인 점포는 전국 어디를 가도 같은 상품이다. 그러나 당연히 그 지역에 따라 고객에게 환영받는 맛을 우선으로 하고 있으므로, 다소의 지역성을 갖게 된다.
- 여기서 말하는 균일성이란 '하루하루가 달라서는 안 된다.' 라는 것이며, 매일 같은 맛, 같은 질, 같은 양이어야 한다.

### (3) 맛

① **첫 맛** : 고객이 요리를 입에 넣기 전에 느끼는 맛.

샐러드 용기는 차가운가.
담아내는 센스는 있는가.
쾌적한 장소를 제공하고 있는가.

② **중간 맛** : 메뉴의 참 맛이 중간 맛을 결정한다.

적절히 숙성하였는가?
익히는 정도는 잘 익혔는가?
사용하고 있지는 않는가?
적절하게 소금기를 제거했는가?
주방장이 휴일이라도 같은 상품을 내고 있는가?
따뜻한 것은 따뜻하게, 찬 것은 차게 제공하고 있는가?

③ **끝 맛** : 다시 내점을 하도록 결정짓는 끝 맛.

고객이 카운터에서 계산하는 단계로, 예상했던 금액과의 격차에 따라 끝맛의 좋고 나쁨이 결정된다. '다음에 한 번 더 올까', '이제 다시는 오고 싶지 않다.' 라고 생각하는 갈림길이다.

이상과 같이 고객은 요리뿐만이 아니라 접객계의 성의가 담긴 응대, 점포의 분위기, 청결감 등을 종합적으로 보아서 오늘의 식사는 이 가격으로 가치가 있었는지 여부를 결정한다. 즉, 조리 서비스, 접객 서비스, 점포 서비스가 균형 있게 제공되어야 비로소 '맛있다' 라고 느끼는 것이다.

### (4) 기 타

드링크류의 발주, 검품, 보관, 냉장고에 보충 및 재고조사 등은 모두 점장의 업무이다.

## 이익관리

① 점포의 영업체질(기본 패턴)

| 매 상 | 100% |
|---|---|
| 원 재료비 | 37% |
| 인 건 비 | 22% |
| 제 경 비 | 13% |
| 임 대 료<br>상 각 비<br>금 비<br>본부관리비 | 20% |
| 영업이익 | 8% |

② 월별매상(기본 패턴)

| | 매 상 | 지 수 | | 매 상 | 지 수 |
|---|---|---|---|---|---|
| 1월 | 3,700만 원 | 168.2 | 7월 | 2,700 | 122.7 |
| 2월 | 2,600 | 118.2 | 8월 | 3,100 | 140.9 |
| 3월 | 3,100 | 140.9 | 9월 | 2,300 | 104.5 |
| 4월 | 2,200 | 100.0 | 10월 | 3,000 | 136.4 |
| 5월 | 2,600 | 118.2 | 11월 | 3,200 | 145.5 |
| 6월 | 2,500 | 113.6 | 12월 | 5,000 | 227.3 |
| 합계 | | 36,000만 원 | | | |

③ 매상 내용

• 요일

평 일 100%
토요일 170%
일 · 공휴일 230%

• 연회 셰어(점유율)

연회 월 30~35% (11월, 12월, 1월, 3월)
기타의 월 25~30%

• 런치 타임

객수 110인~120인(평일평균)
객 단가 3,000원~3,300원

• 요리 및 음료 셰어(점유율)

요리 92~93%
음료 7~8%

• 테이크 아웃 (평일 1일당 평균)

25,000원~30,000원

• 남녀별 셰어(점유율)

남성고객 35~40%
여성고객 60~65%

- 점장은 본부사무원과 협력하여 상기 내용을 매일 집계해야 하며, 그것을 1개월분으로 정리하여 '매상 집계표'로써 본점에 매월 5일까지 꼭 보고해야 한다.

④ 원재료비의 내용

| | | 점유율(셰어) | 교차치 |
|---|---|---|---|
| 요리원가율 | 36.5% | 93% | 33.95% |
| 음료원가율 | 40.4% | 7% | 2.8% |
| | | | 36.75% |

토탈(전체) 기준원가율 37%

음료원가의 관리는 점장이, 요리원가의 관리는 요리장이, 그리고 토탈 원가의 관리는 점장이 한다.

⑤ 인건비의 내용

| | | | | 기본직접인건비 |
|---|---|---|---|---|
| 사 원 | 홀 | 2명 | 점장주임 | |
| | 조 리 사 | 9명 | | |
| 파 트 · 아르바이트 | 웨이터 · 웨이트리스 | 25~30명 | | |
| | 세 척 | 8~10명 | | |
| | 청 소 | 4명 | | |
| 합 계 | | | | |
| 간접인건비 | | | | |
| 총 인건비 | | | | |

⑥ 제경비

| | |
|---|---|
| 수도광열비 | 4 ~ 5% |
| 소모품비 | 2 ~ 3% |
| 광고 선전비 | 3 ~ 4% |
| 잡　　비 | 2 ~ 3% |
| 합계 평균 | 11 ~ 15% (평균 13%) |

## 3. 레스토랑 고객의 기본적인 욕구

① 기억되기를 바라고
② 환영받고 싶어하고
③ 관심을 가져 주기를 바라고
④ 중요한 사람으로 인식되기를 바라고
⑤ 편안한 마음으로 식사하기를 바라고
⑥ 존경받기를 원하고
⑦ 칭찬받기를 원하고
⑧ 기대와 욕구가 충족되기를 바란다.

또한 고객들은

① 웃음으로 맞이하기를
② 음식이 빨리 제공되기를
③ 즉시 좌석에 안내되기를
④ 음식이 괜찮았냐고 물어봐 주기를
등과 같이 세심한 배려를 보여주기를 원하고 있다.

또한 고객들은 레스토랑에서

① 배고픔과 목마름을 해결하고 싶어하고
② 저렴하게 지불하고 싶어하고
③ 맛있는 것을 먹고 싶어하고
④ 빨리 먹고 싶어하고
⑤ 진기한 것을 먹고 싶어 하고

⑥ 좋은 대접을 받고 싶어하고
⑦ 레스토랑을 대화의 자리로 활용하고 싶어하고
⑧ 분위기를 즐기고 싶어하고
⑨ 건강식품을 먹고 싶어하고
⑩ 전통(향수)음식을 먹고 싶어하며
⑪ 편의지향적인 음식을 먹고 싶어하며
⑫ 청결한 분위기에서 음식을 먹고 싶어한다.

이와 같이 외식을 하는 고객은 원하는 것도 바라는 것도 많다. 그러나 불가능한 것을 바라지는 않는다. 고객들이 바라는 것들을 종합적으로 정리하면 좋은 서비스를 제공하는 굿(Good)의 사상에서는 고객의 만족을 기대할 수 없다는 것을 알 수 있다.

그렇기 때문에 보다 좋은 서비스를 제공하는 베터(better) 사상과 고객에게 최고의 만족을 제공한다는 베스트(best) 사상을 가진 서비스를 제공하여야만 고객만족 또는 고객감동 서비스가 가능하다.

여기서 말하는 베스트 서비스란 단순히 최고급의 상품을 제공하는 일만은 아니다. 상품의 품질을 엄격하게 살피고, 고객의 반응에 온 신경을 집중시켜 고객에게 최고의 상태를 확보 · 제공하는 것이 베스트 서비스라고 할 수 있다. 즉, 자기가 생각지도 않았던 자상한 배려를 받고 다른 데서 볼 수 없는 적극적인 서비스 자세를 보았을 때 고객은 베스트 서비스라고 말한다.

최상의 서비스는 예약단계부터 식사를 마치고 레스토랑을 떠날 때까지의 전 과정에서 종업원과 고객 간의 접촉이 이루어지는 수많은 진실의 순간을 통해서만 가능하다.

그러므로 일선 종업원이 수행하는 서비스에 대한 책임은 무한하다고 볼 수 있다. 일반적으로 일선 종업원이 수행하는 무형의 서비스는 신뢰성(reliability), 보장(assurance), 정확성(accuracy), 반응(responsiveness), 그리고 감정이입(empathy)을 고려하여 제공될 때만이 진실의 순간순간마다 마음이 통하는 최상의 서비스로 이어질 수 있다.

여기서 **신뢰**는 제공되는 서비스가 고객의 신뢰를 얻을 수 있고, 지속적이어야만 한다는 것을 말하며, **보장**은 예측하지 못하는 상황에서 고객을 안심하고 편안하게 느끼도록 만드는 것이다. 그리고 **정확성**은 세심한 주의를 기울임과 동시에 서비스 절차를 정확하게 따르는 것이다.

마지막으로 **반응**은 신속하고 신뢰성 있는 서비스를 말하며, 감정이 느껴질 수 있는 미소와 밝은 인사, 그리고 정중한 말씨로 고객을 환영의 마음으로 응대하고, 정확 · 신속한 응대를 하며, 언제나 고객의 관점에서 서비스를 고려하고 세심한 주의를 기울이며 조심하는 행동, 친절, 배려 등을 말한다.

이와 같이 고객의 바람은 저차원의 욕구에서 고차원의 욕구로, 기능적인 서비스에서 인간적인 서비스로, 그리고 물질적인 만족으로부터 느낌에서 오는 만족으로 차츰 변해 가고 있음을 알 수 있다.

# Chapter 06

# 외식산업 업무 및 직원 교육

1. 주방장
2. 주방장의 업무
3. 종업원의 교육

"주방장의 손끝에서 맛과 이윤이,
주방장의 통솔로 분위기가 만들어진다."

## 1. 주 방 장

### 주방장이란?

1. 종업원의 손을 통해
2. 위생관리에 주의를 기울이고
3. 안정된 원가율을 지키면서
4. 맛있는 요리를 만들어
5. 고객을 만족시키는 사람을 말한다.

점포본점의 주방장은 자기 자신의 수준 높은 조리기술을 발휘할 뿐만 아니라 조리장 전체의 팀워크가 발휘될 수 있도록 노력해야 한다. 그러기 위해서 주방장은 우선 능숙하게 종업원을 다루고 지도하는 방법을 파악해야 한다. 종업원 한 사람 한 사람이 위생에 주의하고, 정해진 분량 · 시간대로 요리를 만들어 손실을 내지 않으며, 맛있는 요리를 만들어서 고객에게 만족을 줄 수 있도록 해야 한다.

점포본점의 주방에는 7명의 포지션이 있고, 평일에는 7인 체제, 토 · 일 · 공휴일 등 바쁠 때는 9인 체제로 조리작업을 하는 것이 바람직하다. 조리장 한 사람이 아무리 열심히 한다고 해도 종업원의 협력이 있어야만 고객이 만족하는 요리를 제공할 수 있다.

## 주방장의 직무

주방장 직무는 크게 7항목이다.

① 종업원 교육　② 상품 관리　③ 원가 관리
④ 위생 관리　⑤ 기기 · 비품 관리　⑥ 보고
⑦ 자기 계발

직무를 해 나감에 있어서 중요한 것은 리더십과 인간성이다. 자신과 긍지에 차 있는 주방장의 모습에서 종업원들은 힘을 내고, 주방 내에서는 활기가 넘쳐 언제나 맛있는 요리를 제공하게 되어 고객이 만족하게 된다.

주방장은 우선 점포에서 제공되어야만 하는 작업(조리, 매입)의 기준을 알고, 종업원에게 지시하여 기준에 만족한 작업습관을 만들어 가는 것이 첫 번째의 직무인 것이다.

## 주방장의 역할

① 점포의 기본상품을 맛있게 제공하는 것
② 그 결과로서 고객에게 만족을 주는 것

점포의 주방장은 조리에 정통하고, 주 메뉴를 맛있게 제공하는 것이 첫 번째의 역할이다. 언제 누가 조리를 하더라도 고객의 기대에 어긋나지 않고, 고객이 안심하고 즐겁게 먹을 수 있는 요리를 제공하도록 종업원들을 지도해야 한다.

이를 위해 조리기준표를 만들어야 식재사용량도 안정되고, 원재료비율도 정량되며, 요리의 균일화가 이루어져서 고객도 안심한다. 또한 원재료의 분량뿐만 아니라 시간에 대해서도 지도할 필요가 있다. 즉, 보관시간, 준비작업시간, 조리가공시간, 요리제공시간 등을 지도한다.

준비작업, 조리방법 외에 원재료의 분량과 시간 컨트롤을 자세하게 지도함에 따라서 맛있는 주 요리를 항상 고객에게 제공할 수 있게 된다. 언제 누가 만들더라도 조리기준표대로 빠르고 정확하게 만들 수 있도록 하는 것이 주방장에게 있어 중요한 임무이다.

## 주방장의 행동규범 30항목

| | 있어서는 안 되는 주방장 | | 점포에서 꼭 필요한 주방장 |
|---|---|---|---|
| 1. | 종업원을 진심으로 교육할 마음이 없는 주방장 | 1. | 종업원을 진심으로 교육하는 주방장 |
| 2. | 종업원의 행동을 파악할 수 없는 주방장 | 2. | 종업원의 행동을 파악할 수 있는 주방장 |
| 3. | 종업원의 실수를 전혀 알아채지 못하는 주방장 | 3. | 종업원의 실수를 장악할 수 있는 주방장 |
| 4. | 종업원의 실수를 보고도 못 본 척하는 주방장 | 4. | 실수를 발견하여 주의 및 지도할 수 있는 주방장 |
| 5. | 칭찬하는 방법이 서투른 주방장 | 5. | 칭찬하는 방법이 능숙한 주방장 |
| 6. | 종업원과 함께 회사의 험담을 하는 주방장 | 6. | 결코 푸념을 하지 않는 주방장 |
| 7. | 종업원을 욕하는 주방장 | 7. | 험담을 하지 않는 주방장 |
| 8. | 편애를 하는 주방장 | 8. | 종업원을 공평하게 다루는 주방장 |
| 9. | 자신의 실수를 종업원에게 떠넘기는 주방장 | 9. | 실수를 솔직히 인정하는 주방장 |
| 10. | 단지 사람이 착하기만 한 주방장 | 10. | 실로 리더십이 강한 주방장 |
| 11. | PDC의 일을 진행할 수 없는 주방장 | 11. | 계획, 실행, 확인을 할 수 있는 주방장 |
| 12. | 무엇이 문제점인지 파악하지 못하는 주방장 | 12. | 문제점을 파악하여 해결할 수 있는 주방장 |
| 13. | 곧 인원을 늘리는 것을 생각하는 주방장 | 13. | 인건비 관리를 할 수 있는 주방장 |
| 14. | 작업 스케줄 작성이 서투른 주방장 | 14. | 작업행정의 조립을 할 수 있는 주방장 |
| 15. | 문장 표현력이 없는 주방장 | 15. | 정확한 보고서, 설득력 있는 의견서를 만들 수 있는 주방장 |
| 16. | 수치에 전혀 약한 주방장 | 16. | 수치 책임을 질 수 있는 주방장 |
| 17. | 솔선수범을 할 수 없는 주방장 | 17. | 행동력이 있는 주방장 |
| 18. | 어떤 일에 불만만 하고, 실행하지 않는 주방장 | 18. | 실행력이 있는 주방장 |
| 19. | 비판은 하나, 의견은 내지 않는 주방장 | 19. | 자신의 의견을 확실히 말하는 주방장 |
| 20. | 고충처리를 할 수 없는 주방장 | 20. | 침착 냉정한 판단으로 진두지휘를 할 수 있는 주방장 |
| 21. | 일에 쫓기는 주방장 | 21. | 사전에 문제 예측이 가능한 주방장 |
| 22. | 거래업자에게 금품을 요구하는 주방장 | 22. | 공명정대한 주방장 |

| 있어서는 안 되는 주방장 | | 점포에서 꼭 필요한 주방장 | |
|---|---|---|---|
| 23. | 주간지, 스포츠지밖에 읽지 않는 주방장 | 23. | 업계지, 경제지에도 흥미가 있는 주방장 |
| 24. | 유머를 전혀 이해하지 못하는 주방장 | 24. | 폭넓은 인간성을 지닌 주방장 |
| 25. | 시간에서 시간까지밖에 일하지 않는 주방장 | 25. | 바른 상황 판단을 할 수 있는 주방장 |
| 26. | 경비를 낭비하는 주방장 | 26. | 적정한 수익관리를 할 수 있는 주방장 |
| 27. | 단정하지 못한 주방장 | 27. | 청결감이 있는 주방장 |
| 28. | 공사를 구별하지 못하는 주방장 | 28. | 공사를 혼동하지 않는 주방장 |
| 29. | 병약하여 건강하지 못한 주방장 | 29. | 활달하고 명쾌한 주방장 |
| 30. | "안됩니다. 무리입니다. 할수없습니다."라고 하거나 변명을 하는 주방장 | 30. | 플러스 발상을 할 수 있는 주방장 |

## 2. 주방장의 업무

### 주방장의 행동

#### (1) 주방장의 하루(타임 스케줄)

| | 출근전 | 날씨, 신문, 전단지 - 오늘의 매입, 예측, 조례내용에 대해 생각한다. |
|---|---|---|
| AM 9:30 | 출 근 | • 사원, 파트 종업원에게 인사한다.<br>• 본부에서의 연락사항 확인<br>• 오늘의 예약확인(요리내용, 명수, 시간)<br>• 준비지시(포지션마다)<br>• 포지션의 냉장고 온도 확인<br>• 매입(검품, 체크)<br>• 영업체제(종업원의 근무상황) 체크<br>• 오늘의 주문 내용에 대한 점장과의 확인 |

(계속)

| | | |
|---|---|---|
| 11:00<br>~<br>11:25 | 조 례 | • 오늘의 시프트 지시<br>• 아이들 타임의 청소 구역 지시<br>• 전날의 문제점 지시와 확인<br>• 본부에서의 연락사항 연결<br>• 오늘의 예약확인(요리내용, 명수, 시간)<br>• 인사<br>• 종업원의 건강과 복장상태 체크 |
| 11:30 | 개 점 | • 포지션마다 런치타임에 있어서의 최종적 지시(기기, 비품, 상품)<br>• 지시와 지휘(주문이 늦는 포지션에 대한 지시 및 도움)<br>• 주문의 제공시간 체크<br>• 오늘의 주력 상품에 대한 인지 |
| PM<br>4:00 | 런치<br>종료<br>(식사)<br>아이들<br>타임 | • 런치 상품 치우기 지시<br>• 식사, 교체 휴식(1시간~1시간 30분)<br>• 비품, 부족분 상품 발주 지시<br>• 청소구역의 체크(주간 청결 표에 기초하여 필요구역 청소)<br>• 사무(보고서 작성, 필요서류, 재고표 등)<br>• 본부에 미팅, 카운슬링, 연구회<br>• 디너 타임에 대한 예약확인 지시(요리내용, 명수, 시간) |
| 5:00 | 디너<br>타임 | • 지시와 지휘(주문이 늦는 포지션의 지시 및 도움)<br>• 예약객에 대한 요리제공 시간 및 시프트상의 문제점 발견<br>• 자유객의 주문 제공시간 체크<br>• 식사, 교체 휴식(1시간~1시간 30분)<br>• 세터에게의 지시 |
| 11:00 | 주문<br>스톱 | • 각 포지션에게 치우기 지시<br>• 내일의 매입, 준비 지시<br>• 홀, 점장과 오늘의 문제점에 대한 미팅<br>• 일보의 작성<br>• 청결의 최종 체크<br>• 내일의 예약확인<br>• 종료(오늘의 문제점, 내일의 시프트 지시 및 공휴자의 확인) |
| | 퇴 점 | • 화재의 요인이 될 만한 것의 체크(재떨이, 가스, 기구류)<br>• 수도 체크<br>• 냉장고 온도 확인<br>• 자물쇠 체크(주방 출입구)<br>• 귀가 |

## (2) 주방장의 일(타임 스케줄)

### 1) 정기적 작업

① 본부 제출 서류작성
② 점장, 홀과의 미팅
③ 원가율의 확인
④ 지난주 조리매상고 검토
⑤ 금주의 목표, 조리매상고 검토

### 2) 임시적 작업

① 세미나 및 연수회 등의 출석
② 종업원의 교육, 카운슬링, 미팅
③ 신상품 개발(계절 메뉴, 프로모션 메뉴)
④ 기타

### 3) 요원 계획

① 금주의 결근, 휴가 예정자의 확인과 대책
② 인원모집(본부와 연락)

### 4) 주방 내의 계획

① 정기적 청소
② 주간 청결의 실행 및 확인과 지시
③ 포지션의 변경
④ 설비의 유지, 보수할 곳의 체크

## (3) 주방장의 월간 행동계획

### 1) 예산과 실적

① 상품별 매상의 전월과 전년 동기 비교
② 우리점포와 다른 점포의 비교
③ 대책

### 2) 상품 계획

① 월간 ABC분석
② 계절상품 대책, 신상품 개발

3) 회 의

① 월간 사업부 회의　　② QSC의 문제점 회의

③ 점내 미팅

4) 장부관계 제출물 작성

① 업무보고서　　② 월말 재고표(조리부문)

5) 인사관리

① 포지션 (시프트 할당)　　② 교육훈련효과 체크

③ 근무상황 체크　　④ 근면도 체크

⑤ 질병, 결근상황 체크　　⑥ 종업원과의 커뮤니케이션

⑦ 불평불만의 청취와 처리　　⑧ 직장의 사기 고양

6) 후방 점검 : 비품, 기타 설비의 점검, 설비, 보충

7) 기 타

① 사무처리 점검

② 전표처리, 자료화일 점검

③ 경쟁점의 조사

## (4) 주방장의 연간 행동계획표

1) 기본 방침

① 기본 방침의 실행

② 점포운영의 테마 검토, 구체적 대책 결정

③ 종업원에의 전달 철저

2) 전년도 실적의 검토

① 전년도의 계획의 분석과 반성

② 외부요인의 분석

③ 금년도 계획의 검토

3) 계 획

① 종업원의 교육 계획

② 요원계획 (본부와 협의)

## 커뮤니케이션

커뮤니케이션이란 인간의 의사소통 기술로서 멋진 의견과 생각을 하나의 의지로 능숙하게 전할 수 없다면 별 의미가 없다. 또 각자가 전체의 목표를 향해 행동하는 데 있어서 중요한 윤활유가 된다.

매일 점내에서 똑같은 일을 하고 있으면, '이것은 이미 알고 있을 것이다.' 라든가, '말하지 않아도 알고 있을 테니까.' 라고 일방적으로 생각하여 정보가 전달되지 않는 일이 있다. 완전히 이해한 것을 전원이 알기 쉽도록 하는 공통 인식에서 시작하여 납득으로, 또 그것이 행동으로 연결되어 가도록 해야 한다.

### (1) 점포 운영상 주방장의 커뮤니케이션

주로 일상의 업무에 관한 전달사항으로 시작되고, 본부와 종업원의 파이프 역할로써 본부의 방침 · 지시를 점포에서 철저히 지켜 나가야 하며, 반대로 종업원의 요구사항을 본부에 전달해야만 한다. 거기에는 주방장의 커뮤니케이션이 중요한 요소가 된다.

또 주방장은 다양한 업무를 갖고 있으므로, 자칫하면 업무 향상을 위한 업무에 비중을 두기 때문에 미팅 등은 경시하게 되기 쉽다. 그러나 바쁘면 바쁠수록 미팅 및 카운슬링 등을 통하여 커뮤니케이션 형성이 필요하다. 커뮤니케이션이 원활해짐으로써 인간관계에 상호의 신뢰가 싹트고 일에 대한 비전이 생기는 것이다.

### (2) 커뮤니케이션을 원활하게 하기 위한 포인트

1) 커뮤니케이션의 수단

① 조례, 종례 ② 전체 미팅 ③ 카운슬링
④ 게시판, 알림판 ⑤ 기타

### 2) 전달의 왜곡

전달 내용은 A에서 B, B에서 C로 전달될 때 왜곡되어 오해나 실수가 발생한다. 이를 예방하는 방법으로는 아래와 같은 예를 들 수 있다.

예 ① 정확하게 천천히 이야기한다.
② 순서를 세워서 이야기한다.
③ 복창하고, 확인한다.
④ 요점을 메모한다.
⑤ 때때로 질문을 넣는다.
⑥ 간접적으로 전해 듣는 것을 피한다.
⑦ 사실과 추측을 혼동하지 않는다.
⑧ 시각으로 호소하는 것을 고안한다.

### 3) 말과 마음

실제로 말은 말의 표현일 뿐, 기분이나 의도는 말로 다 표현되지 않는다. 말속에는 큰마음이 숨겨져 있으므로, 그 마음을 잘 이해하도록 마음을 기울여야 한다.

### 4) 지시 · 명령

좋은 지시 · 명령이란, 권력으로 사람을 움직이는 것이 아니고, 종업원의 의욕이 환기되도록 동기부여를 하는 것이다. 지시 · 명령에 있어서 유의점 세 가지는 다음과 같다.

① 목표를 명시하고, 납득시킨다.
② 정확하고 알기 쉽게 전한다.
③ 하고자 하는 마음을 일으킨다.

[방법] A명령 ·········· 해주세요.
B의뢰 ·········· 해주지 않겠는가?
C상담 ·········· 하고 싶다. 자네는 어떻게 생각하나?
D암시 ·········· 하면 좋을 것이다.

### (3) 주방장의 커뮤니케이션

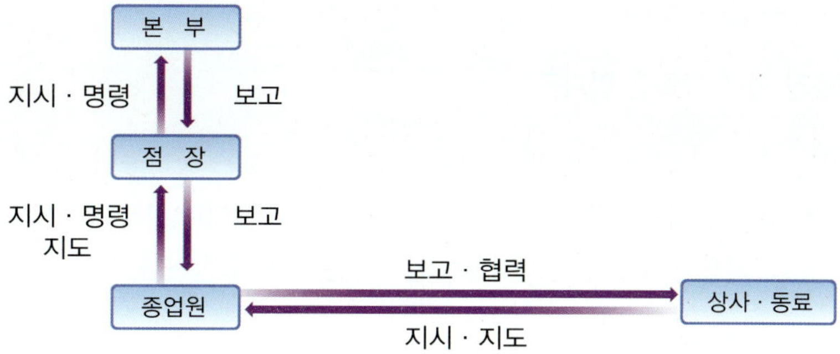


[참고]

#### 욕구의 분석

인간 심리의 탐구에 의하여, 그 심리에 편승한 동기체는 효과가 크다. 점장으로서 종업원을 파악하고, 지도하는 데 있어서 알고 있으면 도움이 되는 욕구의 5단계는 다음과 같다.

① 생리적 욕구
② 안정, 안전의 욕구
③ 사회적 욕구
④ 자존의 욕구
⑤ 자기실현의 욕구

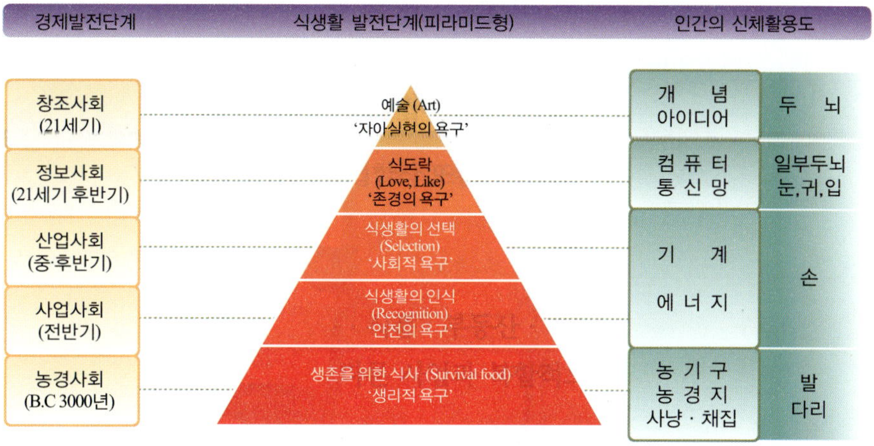


그림 6-1 경제활동 발전단계별 식생활의 변천과 인간의 신체활용도

## 리더십

### (1) 리더십의 정의

"용장 아래 약졸은 없다."

뛰어난 리더십 없이 주방장이 직무를 완수하는 것은 불가능하다. 왜냐하면, 주방장은 종업원을 통하여 직무를 완수하기 때문이다. 또, 주방장은 권위가 있고, 타인에게 존경을 받으며, 신뢰받는 것이 조건이다.

주방장은 종업원을 이끌어 원가율의 안정과 상품관리를 철저히 행한다. 리더십은 집단을 리드해 나가는 사람에게 불가결한 요인이나, 리더십은 결코 권위를 행사하여 발휘되는 것이 아니다. 점포운영에 있어서는, 전문적인 지식과 경험이 풍부한 사람만이 종업원을 통솔할 수가 있다.

진실한 리더십은 인품과 지식이 겸비되어야 확립된다. 그 사람이 말하는 대로 일을 진행해 가면, 확실히 예정된 대로의 결과가 나온다는 실적이 무엇보다도 중요하다. 그런 실적이 그 사람에게 권력을 주고, 신뢰를 얻게 한다.

또 리더십은 모두 결과만으로 이루어진 것은 아니다. 인간성도 아주 중요한 것이다. 서비스의 정신과 배려가 깃든 따뜻한 마음이 리더에게 요구된다. 리더십을 확립하기 위해서는 오랜 세월의 실적이 필요하다. 일에 대한 몇 가지 성공의 실증이 리더로서의 지위를 견고하게 하는 것이다.

리더십을 진실로 갖기 위해서는 오랫동안 쌓아 올리는 노력이 필요하다. 리더십은 연공이나 연령으로 얻어지는 것은 아니다. 경험의 축적인 것이다.

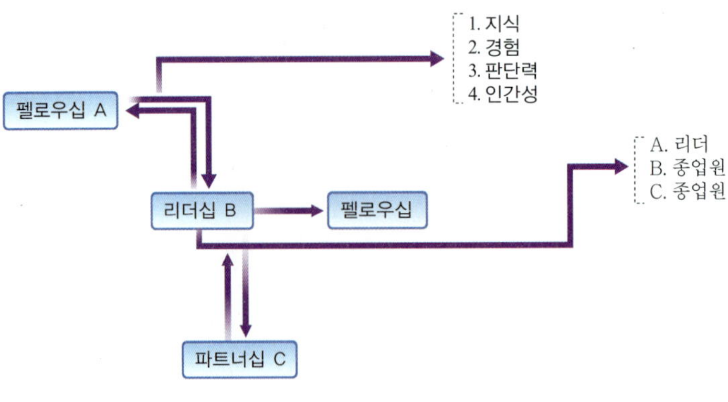

### (2) 리더십의 5대 조건

① 솔선수범
② 공명정대
③ 방침 명료
④ 미래지향적 자세
⑤ 신상필벌

이상 다섯 가지를 점장이 명쾌하게 실행함으로써 종업원의 하고자 하는 마음, 사기의 고양으로 연결된다.

### (3) 팀워크 만들기

① 미팅, 카운슬링, 커뮤니케이션
② 종업원에 대한 배려(예 : 생일 · 결혼기념일, 종업원은 무엇에 관심이 있는가 등등)

### (4) 리더에게 필요한 요소

① 사람에 대한 흥미(사람을 좋아할 것)
② 감정의 안정
③ 자신(신념)
④ 감수성
⑤ 종업원이 협조하게 하는 능력
- 종업원에게 일의 흥미를 불러일으키게 하는 것
- 일하기 쉬운 환경을 만들 것

⑥ 개인과 그룹에 관한 정보를 수집하는 능력
⑦ 지식과 기술

## 자기계발

인간의 본질에는 자신이 어떻게 되고 싶다고 습관적으로 생각한 대로 되는 경향이 강하다. 그러므로 스스로의 힘으로 자기 자신을 단련해 나가는 의욕이 제일이다.

우선 처음에 어떻게 되고자 생각하는 것과 일의 방법 또는 자신의 장래성을 구체적으로 확실히 마음속에 그려내어 항상 자신을 격려하고, 하루에 한 번은 자신의 목적을 위해 공부하는 시간을 갖도록 하는 것이 중요하다.

그렇게 하기 위해서는 매일 신문의 경제란을 읽거나, 업계 전문지를 읽는 것도 좋은 방법이다. 또 타점 견학을 되도록 많이 하고, 많은 점포를 아는 것이 자신의 감성을 닦고 자신의 성장을 촉진시켜 준다. 동시에 번성하고 있는 점포가 있으면, 다른 업종의 점포일지라도 가서 보는 것이 중요하다. 그리고 고객의 자세에도 주목해야 한다.

그것이 항상 향상하고자 하는 자신의 의욕을 북돋우는 근간이 된다. 매일의 업무에 치이거나 묻히지 않기 위해서도, 생활인으로서의 자신과 사회의 풍부한 상관관계가 무엇보다 필요하다.

그리고 경영진과의 대화, 세미나, 사내 공부회 등에 적극적으로 참가하여 폭넓은 지식을 익히는 동시에, 잡문을 몇 가지 병행하여 체험을 쌓고, 항상 높은 목표로 향할 수 있도록 자기 노력을 게을리 하지 않는 것이 점장에게 필요 불가결한 조건이다.

## 작업할당

### (1) 작업 파악

점포의 작업을 파악하기 위해서는 아래의 매뉴얼을 완전히 익히고, 작업 내용을 숙지할 것.

① 점포운영 매뉴얼
- 년, 월, 주, 일, 시간대별 점포 운영
- 장소별 개점 전의 작업
- 장소별 폐점 후의 작업
- 조리 작업
- 발주 작업
- 재고조사 작업

② 상품 매뉴얼 (상품관리)

③ 서비스 매뉴얼 (접객작업)

④ 청결 작업 매뉴얼

### (2) 작업 할당

높은 인건비 효율을 실현하기 위해서는 적정하면서도 최저로 필요한 인원에 의한 점포운영이 기본 요인이고, 상황에 따른 정확한 작업할당과 지시 및 명령이 필요 불가결하다.

사무관리 매뉴얼 → 작업일정표 근무표 참조

### (3) 조정

보다 효율적으로 사람을 움직이는 것이 점장의 직무이고, 보다 빨리 작업을 처리할 수 있도록 하는 것이 트레이닝, 교육이다. 그러나 효율화를 생각한 나머지 '고객의 만족' 을 희생하는 점장은 실격이다.

### (4) 업무량과 요원배치도

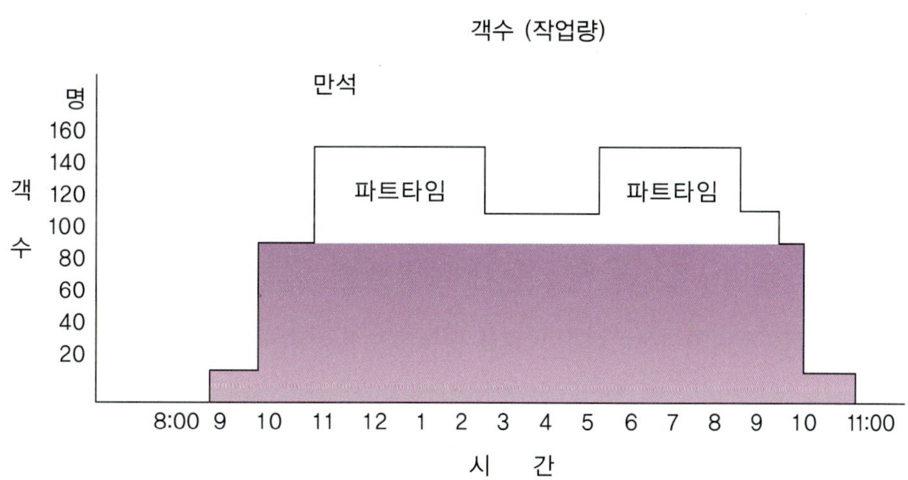

## 3. 종업원의 교육

### (1) 조리사(사원)의 교육

| | |
|---|---|
| 면접 · 채용 | 본부, 조리장 |
| 근무 자세 | 본부에서 오리엔테이션 |

### (2) 조리사로서의 마음가짐

① 언제나 조리사로서 어울리는 청결한 몸가짐

② 직장(조리장)의 청결감에 주의하여 정리정돈, 청소에 주의를 기울일 것

③ '조리하는 마음' 을 가지고 기기 및 재료를 중요하게 다룰 것

④ 언제나 연구심을 잃지 말고, 상품지식을 가지고 조리사로서의 의식을 높이며, 스스로 프로로서의 노력을 다할 것

⑤ 창조하는(조리하는) 기쁨을 가지고 고객을 대하며, 고객이 충분히 만족할 수 있는 조리 및 서비스에 주의를 기울인다.

⑥ 고객의 기쁨이 조리사의 기쁨이다.

⑦ 직장에서는 '구분' 있는 태도로 선배의 지시에 따르고, 동료와는 서로 '배려해 주는 마음' 을 가지도록 한다.

⑧ 근무시간에는 공과 사의 '구분' 을 언제나 잊지 말고, 사적인 일은 삼가하며, 자신의 양심에 부끄럽지 않는 태도일 것.

⑨ 착용하고 있는 흰옷은 음식점의 간판을 걸고 있다는 것을 언제나 상기할 것

⑩ 언제나 조리사로서 자부심을 가지고 사회에 임하고, 사회인으로서 사회에 공헌한다.

## (3) 위생, 발주 및 사용량 체크 포인트

| | 체크 포인트 | 체크일 | | 체크 포인트 | 체크일 |
|---|---|---|---|---|---|
| 청결 | 1. 냉장고(냉동고) | | 메뉴 | 1. 런치용 샐러드 | |
| | 2. 콜드 테이블 | | | 2. 찹 스테이크 | |
| | 3. 식기선반 | | | 3. 립아이 스테이크 | |
| | 4. 벽 | | | 4. 뉴욕 스테이크 | |
| | 5. 냄비류 | | | 5. 티본 스테이크 | |
| | 6. 싱크 | | | 6. 햄버거 스테이크 | |
| | 7. 하수구, 바닥 | | | 7. 등심 스테이크 | |
| 발주·사용량 | 1. 샐러드용 야채 | | | 8. 안심 스테이크 | |
| | 2. 스테이크용 육류 | | | 9. 바비큐치킨 스테이크 | |
| | 3. 스테이크용 생선 | | | 10. 닭 안심 스테이크 | |
| | 4. 스테이크용 킹크랩 | | | 11. 왕새우 스테이크 | |
| | 5. 감자 | | | 12. 믹시드 씨푸드 | |
| | 6. 뜨거운 야채 | | | 13. 스테이크와 새우튀김 | |
| | 7. 레몬 | | | 14. 스테이크와 닭안심 | |
| | 8. 소스용 재료 | | | 15. 스테이크와 킹크랩 | |
| | 9. 마요네즈 | | | 16. 연어스테이크와 새우튀김 | |
| | 10. 바비큐 소스 | | | 17. 바비큐 폭찹과 새우튀김 | |
| 준비작업 | 1. 샐러드, 야채 썰기 | | | 18. 어린이 미국식 플레이트 1 | |
| | 2. 감자(뜨거운) | | | 19. 어린이 미국식 플레이트 2 | |
| | 3. 뜨거운 야채 | | | 20. 어린이 샐러드바 | |
| | 4. 라이스 | | | 21. 샐러드바 | |
| | 5. 레몬 자르기 | | | 22. 스페셜 커피 | |
| | 6. 육류준비 및 그램 수 체크 | | | 23. 카푸치노 | |
| | 7. 생선 손질 | | | 24. 아이스커피 | |
| | 8. 킹그랩 체크 | | | 25. 홍차 | |
| | 9. 드레싱 | | | | |
| | 10. 오이초 | | | | |
| | 11. 소스 만들기 | | | | |

### (4) 종업원을 교육시킬 때의 체크 포인트

① QSC에 대해서
② 튀김 섹션
③ 식품 위생
④ 스시 섹션
⑤ 언어사용, 태도
⑥ 사시미 섹션
⑦ 매일의 청소
⑧ 발주, 검품, 재고조사
⑨ 개점준비와 폐점작업
⑩ 샐러드 섹션
⑪ 상품에 대한 지식
⑫ 담아내기 섹션
⑬ 기구비품의 명칭, 취급
⑭ 구이 섹션
⑮ 야채의 세척방법
⑯ 찜 섹션
⑰ 칼, 도마

이상의 내용을 '외식점포 근무수칙과 서비스 요령', '점장 매뉴얼', '기타 교육 커리큘럼'을 참조하면서 교육해야 한다.

# Chapter 07

# 식자재 관리요령

1. 기본조리법
2. 식품저장지식
3. 요리의 실무지식
4. 상품관리
5. 원가관리

"식품을 깨끗이 하는 것은
고객들에게 깊은 신뢰를 받는 길이다."

## 1. 기본조리법

### 습식열 조리방법(moist-heat cooking methods)

습식열 조리방법은 습기를 가진 열을 재료에 가하여 대류(Convection) 또는 전도(Conduction) 방식으로 조리하는 것이다. 직접적으로 물속에서 조리하기도 하지만, 수증기를 일정한 공간 속에 투입하여 그 속에서 압력과 함께 조리하는 방식도 포함된다.

#### (1) 데치기(Blanching)

액체를 이용한 조리법으로 채소 등을 끓는물에 순간적으로 넣었다가 건져서 흐르는 찬물에 식히는 조리방법으로 삶는 조리법과 비슷하다.

데치기는 채소나 고기류의 좋지 못한 냄새를 제거하거나 조직을 연화시켜 연하게 하는 데 이용된다. 그리고 시금치의 경우는 색을 강렬하게 나타내거나 단백질을 응고시켜 급격히 부패되는 것을 방지하고 식품의 독소를 빼내기 위한 방법으로도 이용된다.

#### (2) 삶기(Poaching)

액체를 이용한 조리법으로 70~80℃의 온도에서 서서히 익히는 것을 말한다. 중탕할 경우는 뚜껑을 덮지 않고 익힌다.
뚜껑을 덮지 않는 이유는 물이 생기는 것을 막기 위함이다. 크림소스나 홀란다이즈소스를 만들 경우 65~80℃의 온도가 좋으며 이러한 조리법을 포세(Pocher)라고 한다.

액체는 되도록 적게 사용하며 음식이 건조되지 않도록 주의해야 하고 중탕에서 익힐 경우는 중탕한 물이 끓어 넘치면 안 된다. 달걀은 온도를 올려 삶는 것보다 온도를 내려 서서히 익히는 것이 좋다.

### (3) 끓이기(Boiling)

끓이는 방법은 100℃의 액체 중에서 가열하는 조리법을 말하며 가열 중 식품을 연하게 하고 맛이 배어 들게 한다. 식품의 변화는 수용성 성분의 용출, 액즙의 조미료가 끓이는 시간에 따라 침투하고, 액즙이 항상 증발된다.

생선과 야채는 다량의 수분을 함유하므로 국물을 적게 넣어 끓인다. 그리고 건조한 것이나 수분이 적은 것은 국물을 많이 한다. 재료의 종류에 따라서 찬물이나 더운물에 끓이는 방법이 있다.

찬물에서부터 재료를 넣어 끓일 경우 세포가 열리므로 맛을 손실할 우려가 있으나, 뜨거운 물에 데칠 경우는 세포막이 열리지 않으므로 맛을 보존할 수 있다.

### (4) 은근히 끓이기(Simmering)

은근히 끓이기는, 낮은불에서 대류현상은 유지하되, 조리하는 재료가 흐트러지지 않도록 조심스럽게 끓이는 것을 의미한다. 온도는 85~96℃ 사이의 비교적 높은 열을 유지하면서 내용물이 계속적으로 조리되도록 하여야 한다.

이 조리법에 사용되는 매개체인 액체도 삶기에 사용되는 것과 동일하다. 은근히 끓이기의 목적은 요리될 재료를 습식열로 부드럽게 하고 국물을 우려내기 위함이다.

## 기름을 이용한 조리방법

### (1) 볶기 (Saute)

기름을 이용한 조리법인데 대부분 소테 팬을 이용한 볶기를 의미한다.

소테 요리법은 요리가 생기기 시작하면서부터 나온 조리법으로, 쉽고 맛있는 요리를 만드는 조리법 중 하나이다. 소테는 세 가지의 맛이 합쳐지는 것인데 팬의 기름맛, 철판의 맛, 식품에서 나온 즙맛이 조화있게 어우러져야 한다.

채소를 볶을 때 사용하는 소테 팬은 홈이 있으며 기다란 손잡이에 구멍이 있으므로 벽에 걸 수 있다.

### (2) 튀기기 (deepfat fring)

튀김 조리법은 고온의 기름 속에서 식품을 가열하는 조작이며 열전도는 기름의 대류열에 의한 것이다. 식품을 고온의 기름 속에서 단시간에 처리하므로 영양소나 열량이 증가되고 기름의 풍미가 첨가된다. 수분과 단맛의 유출을 막고 기름을 흡수함으로써 풍미를 더해 준다. 쇼트닝, 버터, 기름을 이용하여 튀기는 조리방법으로 140~190℃가 좋고 주로 육류, 가금류, 채소, 생선조리에 이용한다.

특히 채소는 영양성분이나 그 외의 다른 수용성 물질이 용출되어 손실되는 일도 적어 채소조리법으로는 이상적이다. 기름으로 튀기는 방법, 즉 튀김기를 이요하는 것은 조리속도가 매우 빠르다.

기름의 열전도율은 공기의 열전도율의 6배 정도로 매우 높기 때문이다. 기름이 오래 되면 산패가 높아 거품만 많이 나고 기름색이 검어 튀김 자체가 검으며 먹으면 설사할 우려가 있다.

## 직접열을 이용한 조리법

건식열에 의한 조리방법은 조리하고자 하는 재료의 특성에 따라서 재료에 직 · 간접적으로 열을 가하거나 불꽃을 이용하기도 한다. 재료의 한쪽 부분 또는 여러 면으로 열을 가하여 요리의 색이나 모양을 살리기도 한다. 기름을 매개체로 이용할 때는 기름의 양이나 온도를 조리의 목적에 따라 조절한다.

### (1) 굽기 (Broiling)

기름이나 물 같은 것을 이용하지 않고 불에 직접 열을 가해 굽는 방법으로 주로 석쇠나 철판을 이용한다. 석쇠나 철판을 달구어 음식이 붙지 않게 구워야 하는데 육류는 줄무늬가 나도록 굽는다.

일식에서는 철판구이를 '데판야키' 라 하여 채소 · 생선 · 고기 등을 손님 앞에서 직접 요리한다. 줄무늬는 못 내지만 손님이 보는 데서 여러가지 요리를 할 수 있어 인기 있는 조리법 중 하나이다.

### (2) 석쇠구이 (Grilling)

구울 때 일반적으로 숯을 많이 이용하는데 참숯의 경우는 음식 특유의 맛을 더해 준다. 우리의 돼지갈비나 소갈비 등 바비큐 요리도 여기에 속하는 조리법이라 할 수 있다. 처음에는 220~260℃ 정도의 불 위에 석쇠를 올려 놓고 서서히 익히면서 굽는 것이 좋다. 고기가 얇으면 불이 세야 하고 두꺼우면 불이 은근해야 좋다.

### (3) 그라탱(Grating)

요리의 마무리 조리방법으로 직접열을 이용한다. 음식물의 표면이 지방이거나 지방이 함유된 버터, 베샤멜소스, 달걀 노른자 등을 뿌려 표면에 색을 내거나 조리할 필요가 있을 때 '살라만더나 오븐' 을 이용한다. 이때 불의 온도는 200~250℃가 적당하며 이러한 방법으로 감자 그라탱, 파스타, 생선요리 등을 만든다.

### (4) 로스팅(Roasting)

서양요리를 만드는 대표적인 조리법인데 간접열을 이용해 물이나 뚜껑 없이 굽는 방법이다. 불어로 '로티' 라고 하며, 우리말로는 '오븐굽기' 정도로 부르면 된다.

원래 우리는 이러한 조리법이 없기 때문에 로스팅이란 말을 한다. 다만 구이라는 조리법이 있다. 구이는 가장 오래된 조리법으로 다른 조리법보다 열효율이 나쁘고 온도 조절이 어렵다. 그러나 식품을 구움으로써 독특한 향이 생기게 되고 표면의 단백질은 응고되며 전분은 호화된다.

또한 주변의 수분이 적어지므로 수용성 성분이 용출될 우려가 적으며 겉이 타서 풍미가 생긴다. 구이는 직접 불이 닿는 석쇠구이나 철판구이 등이 있고, 간접구이는 팬, 오븐, 베이킹, 로스팅 등이 있다.

또한 로스팅의 경우는 가열온도는 맛이나 색에 영향을 미치며 생선과 고기의 경우 저온에서 장시간 구우면 지방이나 단맛 성분이 손실되고 수분도 손실되어 부피가 줄어든다. 생선을 통째로 구울 때에는 한쪽을 40% 정도 구운 뒤에 뒤집어 굽는 것이 좋다.

채소류는 직접구이가 비타민 손실이 적고 맛이 좋으므로 합리적인 조리법이라고 할 수 있다.

## 간접열을 이용한 조리법

### (1) 오븐굽기 (Baking in the oven)

오븐의 공기대류현상을 이용한 간접열 조리방법으로 170~240℃의 온도에서 이루어진다. 조리속도는 느리지만 음식물의 표면에 접촉되는 건조한 열은 그 표면을 빠르게 구워 주어서 그 맛을 높여 준다. 주로 제과에서 빵 구울 때 쓰는 조리용어로 두꺼운 틀에 반죽을 담아 오븐에 굽는다.

### (2) 브레이징 (Brasing)

찜과 비슷한 조리법으로 간접열을 이용한다. 오븐 속에서 가열하는데 소스나 채소에 육류 및 생선을 넣고 끓이는 상태로 소스가 자작자작한 것이다.

소스 온도가 너무 높으면 고기의 육질이 질겨지므로 200℃ 정도에서 소스를 계속 뿌려 주면서 익힌다. 소스는 팬에 1/4 정도 유지시키면서 스푼으로 계속 떠서 고기에 뿌리면 소스가 고기에 완전히 배어 맛이 좋다.

### (3) 글레이징 (Glazing)

글레이징 요리는 한식에는 거의 없고 서양요리 조리법 중에만 있는 특이한 것으로 살라만더나 오븐에 넣어 색을 내게 한다든지 윤기가 반짝반짝 나게 하는 조리법이다. 글라세가 불어로 얼음을 뜻하므로 얼음과 같이 윤이 나야 한다. 당근, 무, 작은 양파의 조리에 이용된다.

### (4) 푸왈레 (Poeler)

이 조리법은 140~210℃의 오븐에서 뚜껑 있는 팬을 이용하여 채소와 함께 가금류,육류를 조리하는 방법인데 반드시 뚜껑을 덮어야 한다. 소스를 계속 육류에 뿌려 주면서 익힌 고기를 꺼내 백포도주나 갈색 소스를 첨가한 후 걸러서 소스로 사용한다.

### (5) 스튜잉 (Stewing)

이 조리법도 간접열을 이용한 것인데 고기를 넣고 뚜껑을 덮은 후 낮은 온도에서 소량의 소스를 넣고 익힌다. 주로 생선 · 채소 · 과일 · 육류 등인데 120~140℃ 정도가 바람직하다. 브레이징보다 낮은 온도에서 이루어진다.

비프 스튜도 이 요리법을 응용한 것인데 약간 질긴 고기를 큰 주사위 모양으로 썰어 팬에 볶다가 밀가루를 약간 뿌리고 갈색 소스를 넣어 은근한 불에 익힌다. 채소는 중간에 넣는 것이 좋고 감자는 맨 나중에 넣어서 손님에게 제공하게 된다.

## 2. 식품저장지식

### 식품의 저장목적

주방장이 조리하는 식품은 손님의 생명과 직결된다. 식중독이나 세균에 의한 감염을 예방하고, 또한 영양가를 손상시키지 않도록 식품을 저장해야만 한다. 또 식품은 각각의 형태와 종류에 따라서 그 식품에 맞는 최적의 조건에서 저장해야 한다.

인류가 단순히 생명을 유지하기 위한 식생활을 하다가 점점 식품을 구하는 수단과 방법을 익혀서 식생활이 풍요로워졌고, 아름다운 것을 먹고자 하는 노력이 다양한 저장방법을 고안해 냈다.

- 굽 기
- 스모크한다(훈제)
- 병이나 캔에 저장해 둔다.
- 흙 속에 묻는다.
- 설탕에 담근다.
- 찬 곳에 보관한다.
- 덥히기
- 조린다.
- 소금에 절인다.
- 냉동한다.

우리들이 이런 형태로 납품된 식품이나 원재료를 올바르게 보관하는 것, 재고품은 항상 오래된 것부터 사용하여 저장품을 순환시키는 것, 깔개를 사용하는 것 등은 손해를 예방하기 위해 대단히 중요한 사항이다. 모든 식품저장 시설은 늘 청결하고 위생적으로 유지 · 보존해야 한다. 또, 저장시설은 식품을 곤충이나 쥐의 피해가 없도록 예방해야 한다.

## 식품의 분류

식품의 저장방법과 수단을 기준으로, 식품을 쉽게 부패하는 것과 그렇지 않은 것으로 나누어 생각해 보자.

① **부패성 식품** : 불과 1시간이 지나더라도 신선도를 유지하기 위해서는 특별한 취급을 해야만 한다.

② **준 부패성 식품** : 특별한 주의를 필요로 하지 않고 몇 시간 이상의 저장에 견디는 것이다. 그러나 그렇다고 해도 열기가 많은 곳, 습기가 강한 곳, 통풍이 좋지 않은 곳 등은 설령 병조림이나 통조림과 같은 것일지라도 결코 좋은 환경이라고 할 수 없다.

## 부패성 식품과 저장방법

### (1) 낙농식품

달걀이나 우유를 주원료로 한 제품은 가까이에 있는 것에서 발산하는 냄새를 쉽게 흡수하는 공통의 성질이 있다. 단백질과 유지방을 함유하고 있으므로 부패하면 심한 식중독을 일으킨다.

| No. | 품　　명 | 저장의 주의 포인트와 가능기간 | 저장 온도 |
|---|---|---|---|
| 1 | 우　유 | 빙점 이하에서 얼리지 말 것, 유지방이 분리함.<br>저장가능 기간은 제조 일에서 7일간 | 1~5℃ |
| 2 | 아이스크림 | 사용 시의 온도는 −12℃~−13.5℃ | −20℃ 이하 |
| 3 | 치　즈 | 얼려서 사용할 수 없음. 6개월 정도 | 1~5℃ |
| 4 | 버　터 | 사용 시는 2~5℃. 단, 이 온도에서는 1주간밖에 저장할 수 없음 | −20℃ |
| 5 | 달　걀 | 직접일광이나 바람을 들어오지 않는 곳에 말려서 보전함. 젖은 것은 잘 닦을 것. 다른 냄새가 강한 것과 함께 놓지 않을 것. 둥근 쪽을 위로, 뾰족한 쪽을 아래로 놓을 것. 7~10일간 | 5℃ |

### (2) 신선한 야채

| No. | 품　　명 | 저장 시 주의사항과 가능기간 | 저장 온도 |
|---|---|---|---|
| 1 | 양상추 | 잎이 손상되지 않도록 할 것. | 1~5℃ |
| 2 | 양배추 | 어두운 곳에 저장함. | 〃 |
| 3 | 당　근 | 마르지 않도록 할 것. | 〃 |
| 4 | 파슬리 | 시들었으면 물에 담가 둘 것. | 〃 |
| 5 | 셀러리 | 황색 잎은 떼어 냄. | 〃 |
| 6 | 토마토 | 바람을 쏘이지 않도록 저장할 것. (파란 토마토는 온실 에서 익힘) | 〃 |
| 7 | 오　이 | (냉장고 안에도 가능) | 〃 |
| 8 | 마　늘 | 다른 상품에 냄새가 배이므로 밀폐한 용기에 넣어 둘 것(밀폐용기로 1개월 정도) | 〃 |
| 9 | 감　자 | 습기를 싫어함. 직사광선을 닿으면 발아함. | 25℃의 실온 |
| 10 | 양　파 | 상　　동 | 〃 |

상기 야채류는 적정한 저장온도에서 약 1주간 정도 보존할 수 있다. 야채류는 건조하지 않도록 주의하고, 사용할 때 선별하여 성숙 상황에 따라 사용한다.

### (3) 신선한 과일

| No. | 품 명 | 저장 시 주의사항과 가능기간 | 저장 온도 |
|---|---|---|---|
| 1 | 사 과 | 물기가 있으면 닦아낼 것. | 1 ~ 5℃ |
| 2 | 멜 론 | 어두운 곳에 저장함. | 〃 |
| 3 | 포 도 | 포장된 종이와 함께 보관함. | 〃 |
| 4 | 자 몽 | 물기가 있으면 닦아내고 저장함. | 〃 |
| 5 | 레 몬 | 상 동 | 〃 |
| 6 | 오 렌 지 | 상 동 | 〃 |
| 7 | 배 | 상 동 | 〃 |
| 8 | 수 박 | 잘랐으면 입구를 랩으로 싸서 둘 것. | 〃 |
| 9 | 바 나 나 | 상처가 있으면 거무스름해진다. 냉장보관해서는 안 된다. | 25℃ 의 실온 |
| 10 | 딸 기 | 물기 없는 마른 곳에 둘 것. 3일간 정도가 한도. | 5℃ |

딸기를 제외하고 과일류는 신선한 적정온도로 약 1주일 동안은 보존할 수 있다. 야채와 마찬가지로 물건을 받으면 곧 선별하여 성숙 상황에 따라 사용한다.

상처가 난 자몽, 레몬, 오렌지 등은 다른 곳으로 병균을 옮기기 쉬우므로 반드시 선별하여 품질이 나쁜 것은 제외한다. 또 익지 않은 토마토는 알맞게 익을 때까지 통풍이 잘 되는 실온에 저장한다.

### (4) 냉동 과실, 냉동 야채류, 냉동 주스

사용 직전까지 포장용기 채로 −20℃ 이하에서 냉동하여 둔다.

### (5) 냉동 육류

육류는 실온에서 급속히 해동하면 육즙이 다량으로 나오므로 고기의 맛이 손상된다. 즉, 내부가 해동될 때까지 표면에 박테리아가 번식한다. 냉동고의 최저온장소에서, 마르지 않도록 완전히 랩으로 싸서 천천히 해동한다.

| No. | 품 명 | 저장 시 주의사항과 가능기간 | 저장 온도 |
|---|---|---|---|
| 1 | 쇠고기 민치 | 냉장고에서 천천히 해동한다. 해동한 고기는 용기에 넣고, 랩으로 보존한다.(24시간 이내 사용) | 보존<br>-20℃ 이하<br>해동 1~5℃ |
| 2 | 돼지고기<br>베이컨 햄 | 상 동 | 〃 |
| 3 | 송 아 지 | 상 동 | 〃 |
| 4 | 양 | 상 동 | 〃 |
| 5 | 닭 | 상 동 | 〃 |
| 6 | 칠 면 조 | 육즙이 나오지 않도록 천천히 해동 | 〃 |

### (6) 냉동 요리품

용기에 직접 봉지가 닿지 않도록 하여 100℃의 끓는물로 15 ~ 20분에 걸쳐서 급속히 해동한다. 저장온도는 −20℃ 이하이다.

### (7) 냉동 어패류

저장보관온도는 −20℃ 이하이고, 1~5℃의 냉장고 안에서 천천히 해동한다(4시간 이내에 사용할 것).

### (8) 냉동 케이크, 빵류

보관은 −20℃ 이하에서, 해동은 습기를 피하고 25℃ 정도의 미풍냉동(실온)으로 해동한다. 생크림 과자는 5~10℃에서 습기가 없어지지 않도록 하여 저장한다.

### (9) 쓰고 남은 조리품

저장온도는 1~5℃(냉장고의 최저온장실)에서 남은 요리나 카운터 제품 및 반제품은 깊이 10cm 이하의 용기에 넣고, 랩을 씌우는 등 완전히 밀폐하여 외부습기를 차단하여 저장한다.

쓰고 남은 조리품은 24시간 이내에 사용해야 한다. 또 재사용할 때는 반드시 가열하여 살균처리하여 사용한다. 마요네즈가 들어 있는 샐러드류는 4시간 이상 저장하면 안 된다.

### (10) 캔류, 건조식품

① 식품의 저장소는 항상 청결히 정리정돈되어 있을 것

② 저장된 식품은 오래된 것부터 사용할 것

③ 설탕, 커피, 곡물, 밀가루 등은 뚜껑이 있는 금속성 캔이나 플라스틱 용기에 넣어 저장한다. 용기가 비워질 때까지 위에서 쏟아 부으면 안 된다.

④ 곡류, 통조림, 판지가 들어 있는 제품, 밀가루, 설탕 등의 봉지제품과 건조식품은 높이 15cm 이상의 물건 위나 또는 선반 위에 정리정돈하여 저장하여야 한다. 바닥에 직접 저장해서는 안 된다.

⑤ 병조림이나 캔류는 같은 종류의 것을 상표를 정면으로 보이게 놓고 저장한다.

⑥ 병조림의 내용물이 새거나 팽창된 캔은 식품으로 사용할 수 없다. 곧 폐기 처분해야 한다.

⑦ 모든 식품은 부패하지 않았는지 자주 체크하고, 부패한 것은 곧 빼내어 다른 것의 부패 오염을 방지하도록 한다.

⑧ 페인트나 니스 오일 등의 냄새가 나는 것이든지, 지저분한 세탁물 및 세제류 등은 식품과 함께 보관하지 않는다.

### (11) 식품저장고 선정의 주의점

① 너무 온도가 높지 않은 곳(25℃ 이상의 온도는 부적합함.)

② 습기가 없는 곳

③ 통풍이 잘 되는 곳

④ 직접 일광이 들어오지 않는 곳(병조림 제품 등은 쉽게 변질)

⑤ 파리, 곤충, 바퀴벌레가 들어오지 않도록 방충망을 할 것.
⑥ 잠금 장치를 할 것.
⑦ 바닥에 직접 놓지 말고 반드시 팰릿(pallet) 위에 놓을 것.

### (12) 식품이 아닌 것을 보관할 때

세제, 소독액, 위생용품, 소모품이나 객석용품, 청소용품, 유니폼 등의 보관은 다음과 같다.

① 식품과 함께 놓지 않는다.
② 명확히 물품명을 기입한 라벨을 붙여서 식별해야 한다.
③ 세탁물은 사용한 것과 하지 않은 것을 구별하여 별도 수납한다.

## 냉장고와 냉동고

일정기간 안전하게 보존하는 기구로써 개발된 것으로, 살균기가 아니다. 세균이 부착되어 있어도 증식할 기회는 주지 않지만, 세균을 죽이는 능력은 없다. 이것을 잊어서는 안 된다.

① 부패성 식품의 저장에만 사용한다. 준부패성 식품도 통조림을 한 번 개봉한 것은 반드시 스테인리스나 플라스틱 용기에 옮긴 후에 뚜껑을 덮어서 냉장고에 저장한다.
② 정기적으로 체크하여 필요한 온도의 유지와 건조 상황을 확인한다.
③ 사용할 수 없는 식품은 결코 저장해서는 안 된다. 다른 곳까지 부패되기 때문이다.
④ 식품의 저장은 냉기 순환이 잘 되어야 하므로 냉동고의 벽에서 2~3cm 떨어뜨려 놓는다.
⑤ 냉장고 및 냉동고 내의 식품은 모두, 선반이나 팰릿 위에 놓는다. 바닥 해치에 놓는 것은 엄금한다.
⑥ 냉장고의 경우에는 직경과 깊이 모두 10cm를 넘지 않는 보관용기를 사용한다.
⑦ 식품은 모두 밀폐용기에 넣거나, 또는 랩으로 전체를 싸 주도록 한다.
⑧ 새로운 식품은 안쪽으로, 오래된 것은 앞쪽으로 놓으며, 신경을 쓰고 이동하도록 한다.

⑨ 필요 이상으로 문을 열어놓지 않도록 한다(냉기의 낭비, 습기혼입).

⑩ 매일 적어도 3회 이상은 냉동고와 냉장고의 내부 온도를 측정하여 기록해 둔다(개점 전, 영업 중, 폐점 후).

⑪ 자동 성에제거기능이 없는 냉장고에서는 성에두께가 5~6mm가 되기 전에 미리 냉기의 효과를 좋게 한다.

⑫ 식품은 반드시 벽에서 간격을 두고 놓는다.

⑬ 냉동고와 냉장고의 고장이나 사고는 최우선으로 처리한다.

⑭ 적어도 반년에 한 번은 전문가에게 컴프레서, 모터 점검을 받도록 한다.

⑮ 단시간의 정정이나 사고 시에는 문을 열지 말고 그대로 두거나, 드라이아이스를 사용한다(2~3시간 정도).

## 상품의 조달관리

(1) 식품 원재료, 기타 소모품의 조달은 좋은 품질을 고르되 가능한 싸고도 균등한 가격으로 구입해야 한다. 큰 기업에서는 대부분의 원재료와 소모품류를 본사에서 총괄하여 구입하고 공급하는 방법을 택하고 있기 때문에 점포에서 직접 구입하는 상품은 그다지 많지 않다.

단, 점포에서 직접 구입하는 것(예를 들면 쌀, 과일, 야채 등)에 대해서는 정해진 품질이 명확하지 않을 때는 직접 본사에 문의하도록 한다.

### (2) 재고조정(기준 최저 재고량)

① 구입한 상품에는 대금을 지불해야 한다. 원재료의 회전, 저장능력, 선도유지를 고려하여 가능한 운영에 필요한 최소한도로 품절이 되지 않는 양을 구입해야 한다.

② 점포에 따라서 다소 차이는 있지만, 재고가 비싼 재료는 그 점포의 평균 1일 재료비의 3~4일분이 상한이다.

③ 점장과 조리장은 상품과 원재료의 배송계획을 잘 조사하여, 점포의 요일별 필요량을 산출하여 기초자료를 만들고, 각 품목마다 표준재고량을 설정하여 관리해야 한다.

### (3) 조달상의 주의점

상품조달 시에는 다음 포인트에 주의해야 한다.

① 상품원가(사입 단가)
② 시장의 입하상황, 계절적 식품의 입하상황
③ 점포의 저장 설비
④ 배달의 회수(납품업자)
⑤ 재고조사서의 재고금액(회전율)
⑥ 상품의 품질기준
⑦ 판매계획

이상을 충분히 계산하여 계획을 세움으로써 조달을 너무 많이 하거나 부족하여 몇 번이나 업자를 오게 하는 일이 없도록 한다.

### (4) 점장은 상품 및 원재료를 지정된 조달처에서 구입하여 조달해야 한다.

원가를 줄일 수 있는 방법으로 사용하는 조리사가 직접 구입하면 효율성이 뛰어나다.

### (5) 점포에서 납입업자에게 구입할 때에는 특히 아래의 항목에 대하여 주의하여야 한다.

- 본사 지시 납품업자에게 구입했는가(점포사입지시서).
- 지시된 품질기준과 등급을 체크한다.
- 품질 및 평가에 대해서는 적어도 3군데 이상의 업자와 비교한다.
- 점포가 구속되는 계약을 하게 되는 특정 업자에게 구입금지.

## 수령의 관리

### (1) 수령 검사

점장 또는 조리장과, 점장의 지시를 받은 책임자는 모든 상품과 원재료를 수령할 때, 다음 사항에 주의해야 한다.

① 상품의 질, 등급, 사이즈가 기준에 맞는지 체크한다.

② 수량 또는 중량과 단가를 납입전표와 비교하여 체크한다.

③ 품질이 기준에 미치지 못하거나 수량에 차이가 있을 때는 납품전표를 정정하여 수령한다.

④ 부패성 식품, 특히 달걀, 과일, 야채류에 대해서 품질과 선도에 의문이 있는 경우에는 수령을 거절하고, 새로운 물품으로 교환시키도록 한다. 또, 냉동식품에 대하여는 특히 냉동상태를 체크해야만 한다.

⑤ 준 부패성 식품(통조림류)과 소모품은 포장상태를 유념하여 조사한다.

⑥ 어떤 경우에도 식품원재료나 소모품 등의 체크나 수령의 수속이 완전히 끝나지 않은 중에 업자가 직접 창고에 반입시키는 것은, 실수의 최대 원인이 되므로 엄금한다. 또 모든 수속을 완료하여 반입할 때는 현장 책임자가 입회하여 반입하도록 한다.

⑦ 발주표와 상이하지는 않은지 확인한다.

### (2) 계량기

점포에는 원재료의 수납에 필요한 정확한 저울을 준비해 두어야 한다. 또, 중량의 체크는 반드시, 저울로 정확하게 계량해야 한다. 저울은 연 1회 눈금이 정확한지를 체크한다.

### (3) 수령년월일과 단가

매일 배달되는 식품(채소, 과일)을 제외한 모든 식품에는, 수령년월일과 단가를 기입해 두어야 한다. 이것은 빨리 입하한 것을 먼저 사용하는 재고관리의 원칙을 용이하게 할 뿐만 아니라, 재고조사에도 도움이 된다.

## 3. 요리의 실무지식

요리 실무에 관하여는 주방장이나 선배들에게 배울 것이 많다. 누구나 읽고, 쓰고, 계산하는 법을 12년 가까이 학교에서 배우고 몸에 익혔다.

요리는 몸으로 배운다고 생각했던 시대도 있었지만, 새로운 시대의 요리인은 '책을 읽고, 메모하고, 지식을 정리하여 보다 좋은 요리기술을 어느 만큼 단시간에 자신의 것으로 숙달시키느냐' 가 중요하며, 그렇게 하기 위해서는 노력이 필요하다.

- 기재의 명칭과 사용방법
- 재료의 조리방법, 자르는 방법, 씻는 방법, 맛내는 방법, 소스류 등에 대하여 담기의 기본과 색채

등과 같은 기본적인 지식은 매일의 업무를 통해서 익혀야 할 뿐만 아니라, 스스로 시간을 내서 공부해야만 한다. 주어진 업무를 완전하게 소화해 낼 뿐만 아니라, 나아가 스스로 일에 임하여 많은 경험을 쌓아 가는 것이 중요하다.

### 냉동식품

#### (1) 냉동방법

① 에어블래스트 냉동법(급속냉동, air blast)

냉동고는 조리된 식품을 −40℃의 냉풍으로 급속히 냉동시켜야 한다. 40℃ 정도의 조리가 끝난 음식은 약 60분 후에 완전히 경화된다.

② 컨덕트 냉동법(급속냉동, conduct)

속이 비어 있는 두꺼운 알루미늄판 속에 암모니아 가스를 넣어 −50℃ 정도에서 냉각한다. 이 암모니아 가스가 들어 있는 알루미늄판 2매 사이에 식품을 끼우고, 상하의 열을 빼앗아 급속냉동시킨다. 40℃ 정도의 조리가 끝난 요리가 약 40분 후에 완전히 경화한다.

③ 니트로겐 냉동법(순간냉동, nitrogen)

−195℃의 액체질소(니트로겐)를 블래스트컨베이어에 올려놓고 지나가는 식품에 서리 상태로 뿌려 넣고, 순간적으로 냉동한다. 약 3~10분 정도면 완전히 경화되지만, 비용이 많이 든다.

## (2) 냉동식품의 보존

① 냉동식품은 수분과 여러 가지 성분을 포함한 식품을 단시간에 동결하여 만드는 것이다. 음식물의 하나 하나에 포함되어 있는 맛있는 성분(단백질이나 유기염소류)과 지방분도 수분과 함께 세포의 껍질을 손상시키지 않고 완전히 냉동된다. 천천히 냉동하면 수분이 팽창하여 세포의 피막이 파손되고, 속에 있는 맛있는 성분은 흘러나오게 된다. 또 못 같은 서리 기둥 상태의 결정이 생겨 식품의 가치가 떨어진다.

② 0℃에서 냉동식품은 표면에서 식품의 중심부까지 −20℃ 정도의 냉기를 유지하고 있다. 따라서 운반 · 보존 시 −20℃~−23℃ 정도를 유지해야만 한다. −5℃ 정도에서 보기에는 얼어 있는 것 같으나, 실제로는 수분만 얼어 있는 것이고 내용물은 녹아 있으므로 품질이 저하된다.

③ 특히 냉동식품을 수송하는 경우는 보관냉장고나 냉동고를 사용하는데, 냉동식품을 쌓거나 내릴 때는 외부의 영향으로 온도가 급격히 상승한다. 이것은 품질을 저하시키는 최대의 원인이므로, 취급을 최우선으로 하고, 신속하게 해야 한다. 파네(빵가루를 묻혀 튀겨 낸 것)는 빨리 냉동고에 넣지 않으면 빵가루가 벗겨져 상품으로서 가치가 떨어진다.

## (3) 냉동식품의 해동(중요 포인트)

냉동식품을 조리할 때 가장 중요한 단계는 해동이다. 해동이 실패하면 식품의 가치가 사라진다.

① 자연해동

- 흐르는 물속에서 : 수온을 이용하여 녹인다.
- 얼음물 속에서 : 저온에서 녹인다.
- 공기 중에서 : 실온이나 대기온도를 이용한다.
- 냉동고 안에서 : 5~10℃의 저온에서 녹인다.

② 급속해동

- 뜨거운 기름 속에서 해동하여 프라이한다.
- 열탕으로 녹인다(대형 냄비의 끓는물).
- 열기로 녹인다.
- 오븐 또는 전자 레인지로 녹인다.

③ 식품의 종류에 따라서 해동법도 큰 차이가 있으므로 확실히 기억해야 한다.

- 냉동채소 : 해동하지 말고 냉동 그대로 조리한다.
- 냉동과실 : 냉동고나 흐르는 물로 해동한다.
- 냉동과즙 : 해동할 필요가 없다(단, 농축 주스는 냉장고 안에서 해동).
- 냉동육(大) : 5℃의 냉장고 안에서 48~72시간 동안 천천히 해동한다.
- 냉동육(小) : 해동하지 않고 조리할 수도 있다.
- 냉동가축류 : 냉동육과 마찬가지로 5℃의 냉장고에서 해동한다.
- 냉동어패류 : 냉장고 내에서 해동하여 곧 조리한다.

## (4) 냉동식품의 이점과 결점

① 이 점

- 품질을 손상하지 않고 장기간 사용할 수 있다.
- 가격이 안정적이다.
- 낭비가 없고 재고조사에 편리하다.
- 조리시간이 절약되며, 한정된 공간에서 조리가 가능하다.
- 품절되지 않는다.
- 위생적이다.
- 메뉴는 계절을 불문하고 다양성을 추구할 수 있다.

② 결 점

- 품질유지가 다른 통조림이나 건조식품에 비하여 어렵다(−20℃ 이하).
- 보존이나 운반에 주의가 필요하다.
- 녹이는 데 시간이 걸리고, 신중함이 필요하다.
- 한 번 녹인 것을 다시 냉동하지 않는다.
- −20℃ 이상의 온도에서 보존하면 냉동 녹을 일으켜 품질이 떨어진다.

### (5) 재냉동

① 한 번 완전하게 해동시킨 냉동식품은 박테리아의 영향을 많이 받고, 박테리아는 37~40℃에서 가장 잘 번식하며, 또 일반적인 방법으로 재냉동하여도 식품의 맛을 보존할 수 없으므로 절대 재냉동하지 않는다.

② 단, 냉장고의 고장 등으로 일시적으로 온도가 올라가도 드라이아이스를 이용하거나 또는 물의 결정이 냉동고 내에 있는 상태라면 2~3시간 정도는 문을 밀폐하여 냉동고 내의 온도상승을 방지하고 보존한다. 이 경우 역시 품질은 약간 저하된다.

### (6) 과일 · 야채의 저장

| 품 명 | 저장가능일수 | 비 고 |
|---|---|---|
| 사 과 | 2주간 | 상자에 넣어 둔다. 매일 체크하여 상한 것은 없앤다. |
| 자 두 | 2주간 | |
| 아스파라거스 | 2주간 | 상자 바닥에는 걸레를 놓아 통풍이 잘 되도록 한다. |
| 바 나 나 | 2~3주간 | 절대로 냉장고에 넣지 않는다. |
| 완 두 콩 | 1주간 | |
| 브로콜리 | 7~8일간 | |
| 양배추(조실) | 2주간 | |
| 양배추(일반) | 3개월 | |
| 멜 론 | 3주간 | |
| 당 근 | 1주간 | 매일 2회 체크, 냉암소에 둔다. |
| 콜리플라워 | 2주간 | 실온 창공에서 3일간 |
| 셀 러 리 | 3일간 | 잎이 붙어 있어야 한다. 잎이 떨어진 것은 즉시 사용. |
| 옥수수(생) | 24시간 | |
| 오 이 | 1주간 | |
| 가 지 | 1주간 | |
| 마 늘 | 2개월간 | |
| 생 강 | 4주간 | 완전히 밀폐한 용기에 1~12℃ |
| 자 몽 | 6주간 | |
| 포 도 | 4 ~ 9주간 | 1~5℃에서 보관, 매일 체크 |
| 레 몬 | 2개월간 | |
| 양 상 추 | 3일간 | |

(계속)

| 라 임 | 2주간 | 매일 체크, 실온 창고에서 1주간 |
|---|---|---|
| 양송이 | 2일간 | |
| 대 파 | 10일간 | |
| 양 파 | 3개월 | |
| 오렌지 | 10일간 | |
| 무순이 | 3일간 | |
| 크레송 | 1주간 | |
| 복숭아 | 2~3일간 | |
| 배(여름) | 2~3일간 | 오래 두면 맛이 떨어진다. |
| 배(가을) | 10일간 | |
| 피 망 | 4주간 | |
| 파인애플 | 2주간 | |
| 건포도 | 2주간 | |
| 감 자 | 4개월 | 실온 창고에서 30일간 |
| 고구마 | | 실온 창고에서 1주간 |
| 호 박 | 1주간 | |
| 피 넛 | 1주간 | |
| 토마토 | 1주간 | 직사광선을 피한다. |
| 표고버섯 | 3~4일간 | 냄새가 쉽게 옮으므로 완전하게 포장한다. |

## 냉동식품의 취급

### (1) 납품 받기

① 담당자는 품목이 도착하면 즉시 전표와 수량을 체크한 후, 서둘러 냉동고에 보관한다.

② 제품은 결코 떨어뜨리면 안 된다. 정성껏 다루어야 한다. 외부 봉투가 찢어지면 품질이 손상되고, 해동도 되지 않는다.

※ 온도가 10℃ 상승하면, 품질악화 속도는 3배가 된다.

### (2) 보관방법

① 냉동고는 항상 −20℃ 이하로 유지하도록 한다. 매일 정해진 시각에 온도를 점검하여, 온도관리표를 냉동고 문에 붙여 두도록 한다.

**예** 10 : 00, 15 : 00, 18 : 00, 22 : 00, 2 : 00−1일에 3회 이상은 점검하여 기록해 둔다.

② 오래된 것을 먼저 사용해야 하므로, 먼저 넣은 것을 먼저 꺼내 사용한다. 창고의 원칙을 철저하게 지킨다. 그러기 위해서는 입출고할 때 제품이 바르게 회전할 수 있도록 새로 받은 상품을 전회에 받아서 남아 있는 저장품의 뒤나 아래에 격납한다.

표 7-1 냉동식품에 관한 온도, 시간, 상황

| | 보 존 | 해 동 | 해동 후 | 썰기와 넣은 후 | 비고 |
|---|---|---|---|---|---|
| 스테이크용 육 류 | −20℃~30℃ 1년 | 물로 샤워 5분~10분 | −2℃~−1℃ 얼음을 녹임 12H(얼음) | −2℃~−1℃얼음을 녹임 3H(얼음) | |
| 알래스카산 킹크랩 | 상 동 | 상 동 | 상 동 | 상 동 | |
| 왕새우 | 상 동 | 상 동 | 필요량만 해동(해동한 때가 칼집을 넣을 때) 일단 냉동 (5℃ 이하) 24H | | |
| | | | | | |
| 스테이크용 생 선 | 상 동 | 상 동 | 필요량만 해동(해동한 때가 칼집을 넣을 때) 해동 후 −2℃~1℃ 얼음을 녹임 24H | | |
| | | | | | |
| 수프 끓이기 | 상 동 | 상 동 | 필요량만 해동 | | |
| 수입 야채류 | −10℃~−20℃ 3개월 | 자연해동 | 0℃~5℃ 냉동 24H | — | |
| 수입감자류 | 상 동 | 상 동 | 상 동 | — | |
| | | | | — | |
| 캔 류 | 상온 1년 | — | — | | |
| 병 류 | 상온 1년 | — | — | | |
| | | | | | |

③ 냉동고와 냉장고 문에는 내용품을 표시하는 카드를 부착하여 누구나 잘 알 수 있게 하고, 확인 후 문을 열도록 한다.

### (3) 해동방법

① 큰 깊은 냄비에 스트레이너를 밑에 깔아 냉동식품이 직접 통 바닥에 닿아서 녹는 것을 방지한다.

② 모든 봉지에 들어있는 냉동식품은 금방 바구니에 넣고, 끓는 물에 넣는다. 뜨거운 물은 봉지에서 7cm 이상 되도록 담고, 도중에 물을 넣어 물의 온도가 내려가지 않도록 한다.

③ 가열시간은 각각의 냉동식품에 맞춘 시간표를 만들어 붙이고, 벨이 부착된 마이크를 준비하여 그 시간을 지킨다. 필요 이상으로 너무 시간을 들이면 제품에 변화가 오는 경우가 있다.

④ 손상된 봉투는 새것으로 교환한다. 만일 교환이 불가능한 경우는 제품을 냄비로 옮겨 끓는 물에 넣거나 오븐으로 열을 가한다.

⑤ 책임자는 적정한 양과 시간대를 파악하여 그날 중에, 또 그 시간대에 소화할 수 있는 범위의 양을 해동시킨다.

⑥ 단 해동한 식품을 그날 중에 소화할 수 없는 경우는 폐점 시에 충분히 익혀서 수분이 없는 용기에 옮긴 다음, 빨리 식혀서 냉장고에 보관한다.

⑦ 다음날 다시 가열하여 사용할 때는 요리장은 세심하게 품질 체크를 하고, 점장과 함께 맛과 질을 음미한 후에 서비스한다.

### (4) 품질별 바른 취급법 (모두 −20℃ 이하의 냉동고에 보관한다.)

① **햄버거 스테이크** : 5℃ 냉장고 안에서 냉장 해동한다.

- 사전에 해동된 미트를 그릴 판으로 굽는다. 차콜 브로일러가 있으면 미리 망 형태의 구이 모양을 만든다. 뚜껑을 씌워 안까지 익힌다.
- 빠른 서비스가 필요한 때는 6~7할 정도를 그릴에서 익혀서 전자레인지로 완성하나, 오버되어 육즙이 없어지지 않도록 주의해야 한다.

② **냉동감자** : 해동하지 않고 사용하는 것이 바람직하다.

냉동야채는 크기에 따라서 해동과 반 해동을 통하여 제품이 변하거나 갈라지지 않도록 해야 한다. 따라서 속까지 완전히 익었는지 반드시 확인하도록 한다.

③ **비프 스테이크** : 5℃ 냉장고 내에서 냉장해동한다.

- 하루 전, 다음날 판매될 분량을 예상하여 냉장고 내에서 해동시킨다. 실온해동, 흐르는 물에서 해동하면 조직이 손상되어 드립이 나오게 되어 맛이 떨어지고, 고기는 수축하여 딱딱해지므로 엄금한다.
- 고객의 취향으로 구이 정도를 조절한다.
- 한 번 해동한 고기는 결코 재냉동해서는 안 된다.

## 야채의 취급

① **양상추** : 양상추에는 벌레 알이나 벌레가 있으므로 꼼꼼히 체크하면서, 흐르는 물로 세제를 사용하여 한 장씩 손으로 흔들어 씻는다. 샐러드 등은 쇳내를 아주 싫어하므로 손으로 비틀어 생채로 사용한다. 시든 것은 얼음물에 담가 두면, 신선한 야채로 되살아난다.

② **레 몬** : 자르면 자른 부위에서 산화하여 신맛이 나고 레몬의 신선함을 잃게 된다. 필요에 따라 사용하고 남은 것은 랩으로 싸서 냉장고에 보관한다. 또 칼은 철이기 때문에 검게 변하므로 행주로 잘 닦아주는 것이 좋다.

③ **오 이** : 대부분 꼭지 부분이 쓴맛이 나므로 씻어서 양끝을 절단한다. 슬라이스하거나 토막낸 것은 얼음물에 담그면 아삭아삭 씹는 느낌이 좋아진다.

④ **토마토** : 보통 뜨거운 물에 담갔다가 껍질을 벗긴다. 껍질을 벗긴 토마토는 쉽게 뭉그러지므로 필요에 따라 순서를 정해서 준비한다.

⑤ **감 자** : 감자의 싹에는 솔라닌이라는 맹독이 있으므로, 씻어서 껍질을 벗길 때에는 싹 주위를 5mm 정도 깊게 파낸다. 프라이하기 위한 슬라이스나 분할 시에는 흐르는 물에 20~30분 동안 완전히 담가서 표면의 전분질을 완전히 씻어 내고, 물기를 행주로 없앤 다음 프라이해야 달라붙지 않아 바삭하게 튀겨진다.

⑥ **피 망** : 입구를 자를 때 너무 얇게 하면 꼭지가 잘라지지 않는다. 2개로 나누어, 안의 씨를 손가락으로 긁어낸다. 벌레가 있는 경우도 있으므로 주의한다.

⑦ **콩나물** : 흐르는 물로 완전히 씻어서 지저분한 수염뿌리는 손으로 뜯어내고, 소쿠리에 넣어서 물기를 완전히 뺀 후 사용한다.

⑧ **셀러리** : 뿌리 부근에 흙이나 벌레가 붙어있는 경우가 많으므로, 세제를 넣은 물로 잘 흔들어 씻고, 흐르는 물에서 손끝으로 벌레 알이나 흙 등을 없앤다. 남은 것은 뿌리 부근을 하나로 묶어서 뜨거운 물에 데쳐 둔다.

⑨ **양 파** : 싹이 난 양파는 맛도 나쁘므로 사용하지 않는 것이 좋다. 양파는 머리와 뿌리 부분을 잘라 내고 껍질을 벗긴 다음에 한참 동안 물에 담가 두면 매운 맛이 없어진다. 양파링을 만들 때는 바깥쪽의 큰 링 부분을 이용하고, 안의 부분은 가루나 다진 요리에 사용한다.

⑩ **당 근** : 주위의 흙 따위를 수세미로 문질러 닦아 내고, 머리와 꼬리를 뗀다. 중심의 황색 심지부분이 딱딱해진 것은 그대로 식용하기에 좋지 않으므로 껍질, 머리, 꼬리는 육수 등에 이용한다.

⑪ **파슬리** : 잎 끝이 누렇고, 수분이 적은 것은 좋지 않다. 싱싱한 것을 선택하여 잎 끝부분은 잘라 내고, 육수에 이용한다. 뿌리 근처의 딱딱한 부분은 세로형으로 잘라서 흙 등을 털어 낸 다음에 필요할 때는 약한 식염수에 담가서 싱싱하게 만든다.

⑫ **표고버섯** : 우산이 너무 벌어진 것, 너무 큰 것, 너무 작은 것은 떼어 낸다. 대체로 직경 3~5cm인 것을 사용한다. 딱딱한 부분은 떼어 내고, 흐르는 물로 살살 씻는다. 딱딱한 부분은 뿌리의 딱딱한 것을 떼어 내고 육수에 이용한다.

⑬ **크레송** : 셀러리와 마찬가지로 뿌리 부근의 흙과 벌레를 주의하여 씻어 뿌리 부근을 자르고 물에 담근다. 시든 크레송은 보기도 안 좋고 사용하기에 적합치 않다.

⑭ **야채 믹스(냉동품)** : 버터와 소량의 육수로 조려 낸다. 육수 양이 많으면 야채형태가 손상된다.

⑮ 프라이 포테이토(냉동품) : 포테이토 커트로 막대기형으로 자른다. 냉동한 채 필요분량만 프라이한다. 한 번에 대량으로 프라이하면 기름의 온도가 급격히 떨어져 바삭한 프라이 포테이토가 되지 않는다.

⑯ 마 늘 : 반드시 뚜껑 있는 용기에 넣고, 밀폐하여 냉장고에 넣는다. 필요에 따라, 으깨어 놓거나, 갈거나, 채치거나 하여 사용한다.

표 7-2 유명 마트의 사례

| 항 목 | 청과 선도관리 기준 | 비 고 |
|---|---|---|
| 취급 MD | 사과, 수박, 참외, 방울토마토, 복숭아, 자두, 하우스밀감 | |
| 적정온도 | 냉장상태 유지(4℃~7℃) | 기타 10℃ |
| 선도관리 | • 장마철 소생고 보관 후 상온진열은 선도유지 시간이 짧아지므로 당일완판 기준으로 적정 발주 요망<br>• 최소진열(더미 사용, 볼륨감 있는 진열) 및 손 진열<br>• CAT별 연관진열로 객단가 UP 및 소량/수시 진열<br>• 선도 저하 상품은 수시로 알뜰판매 관리<br>• 냉장 쇼케이스 작동유무 및 온도체크(일일 3회 실시) | 매장 전체 선도 유지에 주력 |
| 위생관리 | • 수분실 청결 유지 및 매대관리 | |

| 항 목 | 야채 선도관리 기준 | | 비 고 |
|---|---|---|---|
| 취급 MD | 엽채류, 버섯류, | 김장채소류, 양념채소류, 과채류, 구근류 | |
| 적정온도 | 3~7℃ | 15~22℃ | 적온관리 |
| 선도관리 | • 선도는 판매가 책정, 폐기 등 운영기준의 지표로 함.<br>• 입점선도 : 반입시점에서 매입, 물류선도 저하 및 파손 여부 확인<br>• 매대선도 : 정상선도, 처분선도, 폐기선도로 구분하여 운영<br>• 상품별 저온, 습도관리를 통한 호흡/증산작용 방지로 선도유지<br>• 최소진열(더미사용, 볼륨감 있는 진열) 및 손 진열<br>• 냉장 쇼케이스 작동유무 및 온도체크 (1일 3회 실시) | | 매장 전체 선도 유지에 주력 |
| 위생관리 | • 판매, 소분인력의 개인위생 철저(위생복 및 개인위생)<br>• 소분실 청결 유지 및 매대관리 | | |

## 육류의 취급

고기는 영양가가 대단히 높으므로, 한 번 박테리아가 붙으면 급속히 번식한다. 손은 깨끗이 씻고, 신중하게 다루어야 한다. 고가의 재료에 속한다.

① 냉동된 고기는 미리 예측하여 필요량을 24~48시간 전에 5℃의 냉장고 안에서 해동시킨다.

② 민치, 버거용 스테이크 등의 냉동육은 해동 시에 육즙이 나오므로 주의해야 한다.

③ 실온에서 해동시킨 고기는 10% 이상의 육즙이 나오고, 맛이 그만큼 없어진다. 이러한 고기를 굽거나 조리하면 수축하여 딱딱해지고, 보기도 좋지 않다.

④ 해동한 고기와 남은 고기를 다음 날까지 냉장고에 보관할 때는 반드시 깊이 10cm 이하의 파이렉스에 넣고, 랩으로 커버한다. 10cm 이상 깊으면 냉기가 충분히 공급되지 않는다.

⑤ 새 고기와 오래된 고기는 누구라도 알 수 있도록 날짜를 쓴 종이를 붙여둔다. 또 고기 종류에 따라 분류해 둔다.

## 어패류의 취급

① 새 우(냉동품) : 반드시 5℃ 냉장고에서 해동시켜서 곧 사용한다. 사용하지 않은 분량은 반드시 파이렉스에 넣어서 커버하여 냉장고에 넣어 둔다. 프라이할 때는 새우 껍질을 관절과 함께 벗긴 후, 등에 나이프를 넣어 내장을 제거한다. 꼬리 부분은 반드시 남겨 둔다. 배 쪽에 칼집을 넣어 새우를 늘리고, 꼬리 끝을 수평이 될 때까지 잘라 늘어뜨린다. 그러나 물에 담그면 단맛이 없어지므로 급하면 비닐봉지 채로 흐르는 물에서 해동시킨다.

② 조 개 : 소금물로 깨끗하게 씻고, 내장을 제거하여 수분을 행주로 닦아 낸다. 필요에 따라 슬라이스하여 사용한다.

③ **굴** : 껍질을 깨끗하게 제거하고, 소금물로 완전히 씻어낸 다음 바구니에 넣어 물기를 빼고 볼에 옮겨 놓는다. 쉽게 상처를 받으므로, 필요에 따라서 냉장고에서 꺼내 사용한다. 날것으로 서비스할 때는 특히 높은 신선도를 요한다.

④ **새 우** : 잘 씻어서 소금을 약간 넣은 끓는 물에 살짝 데친 후에 빨갛게 되면 꺼내어 머리, 꼬리, 배, 껍질을 벗겨 둔다. 바로 사용하지 않을 경우는 데친 뜨거운 물을 식혀서 벗긴 새우를 넣고 포트에 옮겨 보관한다.

## 빵의 취급

① 빵은 밀가루, 이스트(효모균), 소금, 설탕, 유지방 등으로 구성된 전분질이므로, 구운 직후, 5~6시간은 전분이 $\alpha$ 화하여 대단히 맛있다(금방 지은 밥, 금방 만들어 낸 떡도 마찬가지). 그러나 시간이 지나면 전분이 $\beta$ 화되어 맛이 떨어진다(찬밥이나 딱딱해진 떡과 같다).

② 샌드위치에 사용하는 식빵은 구운지 12시간이 경과하여, 방열과 여분의 수분이 없어진 것을 사용한다. 얇아서 수분이 부족할 때는 볼품이 없으므로 반드시 폴리비닐에 넣어 둔다.

③ 햄버거용이나 핫도그용 등은 폴리비닐에 넣어 수분이 달아나지 않도록 한다. 가능한 한 통풍이 잘 되는 20~25℃에 보관한다. 서비스할 때는 워머로 따뜻하게 하거나 그릴링 한다.

④ 빵의 유효기일은 배달된 날과 그 다음날, 이틀 동안이다. 특히 고온다습한 조리장에서는 노화도 진행된다. 그러므로 2일 이상 경과한 빵은 사용하지 않는다. 또 당분과 지방이 들어있는 빵은 눈에 보이지 않아도 쉽게 곰팡이가 핀다.

## 밥에 대하여

① 카레라이스, 프라이라이스, 요리와 함께 나오는 라이스 등은 요리의 맛을 크게 좌우한다. 밥맛은 짓는 상태로 결정된다.

② 쌀은 잘 관찰하여 부서진 쌀과 오래된 쌀은 벌레집이나 먼지가 없는 것을 고른다.

③ 취반기에 맞춰 계량하여 당분이 완전히 없어지고 물이 투명하게 될 때까지 잘 씻는다.

④ 가능하면 1시간, 적어도 40분 동안은 씻은 쌀을 소쿠리에 넣고 물이 빠지도록 한다.

⑤ 쌀의 양보다 약간 적은 96~98% 정도의 물을 사용한다(햅쌀은 수분이 많으므로 물은 약간 적게, 묵은 쌀은 수분이 적으므로 좀 더 많이 사용). 밥은 부드럽기보다 약간 딱딱한 것이 보기 좋다.

⑥ 5kg 쌀에 대하여 티스푼 1/4 정도의 소금을 넣으면 쌀의 단맛이 살아난다.

⑦ 다 지은 밥은 불을 끄고 15~20분동안 뜸을 들인다. 이때 쌀 안에 있는 수분이 골고루 퍼져서 여분의 열로 밥알이 팽창된다.

⑧ 남은 밥은 결코 다음날 손님에게 서비스하지 않는다. 가능하면 급식 등으로 사용한다.

⑨ 밥을 다 지으면 약 3배의 양으로 불어나므로, 쌀의 4배가 들어가는 용기로 뚜껑을 잘 덮을 수 있는 것을 사용한다.

⑩ 쌀이 수분을 흡수하는 속도는 최초 5분 동안 10%, 1시간에 80%, 완전히 흡수하는 데는 3시간이 걸린다고 한다. 빨리 풀어 두는 것이 중요하다.

## 4. 상품관리

### 상품관리의 중요성

점포본점의 기본상품인 '요리'의 생명은 '맛'이다. '이익은 근본에 있다.' 라는 말과 같이 점포에 있어서 이익을 내는 근본은 '요리의 맛'이다. 상품관리(컨트롤)라는 것은, 조리가공작업이 양목표(Recipe)대로 예외 없이 되도록 관리하는 것이다.

언제 누가 조리하더라도 손님의 기대에 어긋나지 않으며, 안심하고 즐겁게 먹을 수 있는 요리를 제공하는 것이 점포의 사명인 것이다. 따라서 상품관리가 손님으로부터 지지를 얻기 위한 가장 중요한 요소가 된다.

수량관리 포션 컨트롤 → 재료비의 관리 작업시간의 관리 (재료의 해동, 보존) → 요리의 균질화 (맛의 관리) → 손님의 지지

발주, 검품, 수납, 보존, 해동, 처리(작업준비), 조리

## 맛의 관리

### (1) 맛의 조건

맛=오감(五感)으로 느끼는 것

① 시 각 : 시각적으로 아름다움을 추구하는 것

- 담아내기의 아름다움(담기, 튀김요리의 완성 연출을 고안한다).
- 깨진 그릇이나 더러운 그릇 등은 사용하지 않는다.

② 촉 각 : '따뜻한 것은 따뜻하게', '찬 것은 차게'

- 식어버린 그라탱, 식어버린 스파게티, 뜨겁지 않은 국물, 냉장고에서 차게 하지 않은 샐러드 등에 특히 주의한다.

③ 후 각 : 코로 들어오는 향기, 입에서 코로 넘어가는 맛의 향기

- 적당히 구운 무당게, 숯불에 구운 바비큐
- 전골다시에 향질 좋은 다시마를 사용한다.

④ 청 각 : 실감나는 효과

⑤ 미 각 : 식재 그 자체가 가지고 있는 맛

- '제철요리'의 맛, 그 식재가 가장 맛있는 시기에 먹는다.
- 해동, 보존 시간의 엄수(특히 게)
- 선입선출을 엄수하고, 항상 신선한 재료를 사용한다.
- 전채요리, 곁들임 요리 등에도 가능한 제철요리를 사용한다.

맛있는 요리, 맛=좋은 식재료+조리기술력

### (2) 식재료에 대한 이해

식재료에 대한 선택력(점포본부가 안정된 공급루트와 일급 소재를 확보)과 양질의 식재료에 대한 자부심을 가지는 것이 중요하다.

## 제공 시간

① 기본 제공 시간

- 런치 타임— 8분 이내
- 디너 타임— 15분 이내

② 항상 매상 통계와 일일 상품별 판매방법을 정확하게 파악하고, 일일 출고예측을 세워, 작업 준비량을 정확하게 하는 것이 기본이 된다.

③ 주방기기를 바르게 사용하고, 정리정돈하는 습관이 필요하다.

## 균일성

① 점포별로 어디에 가더라도 같은 상품이어야 한다. 그러나 상품의 맛만은 지역 고객의 기호에 맞추어서 다소의 지역성이 생길 수 있다.

② 여기서 말하는 균일성이란 오늘과 내일이 달라서는 안 된다는 것이다. 매일 같은 맛과 같은 질과 같은 양으로 제공되어야 한다.

## 고객의 소리(의견)

주방장은 스피드, 균일성, 맛에 대한 고객의 의견을 점장, 홀 담당자를 통해 들으며 고객이 만족할 수 있는 상품으로서 제공되고 있는지 주의를 기울인다. 점포본점의 '맛' 을 고객이 납득하고 있는지를 확인해야만 한다.

## ABC 분석

ABC 분석은 메뉴품목별 판매량, 매출액, 이익을 집계하여 공헌도가 높은 품목부터 ABC 세 개의 그룹으로 분류하여 메뉴를 평가하는 것이다.

(1) ABC분석이란 음식매상고에 대한 메뉴별 공헌도를 파악하고, 중점적으로 관리할 필요가 있는 상품을 찾아내기 위한 계수기법이다.

(2) ABC 분석의 순서

① 상품(메뉴)을 매상고가 높은 순으로 나열한다.

② 음식 매상고를 100으로 하고, 상품별 매상고 구성비를 산출한다.

③ 매상고 구성비를 순차 누계한다.

75%까지의 상품을 A부문

75%~95%까지의 상품을 B부문

95%~100%까지의 상품을 C부문이라고 한다.

- A그룹은 주력 메뉴로서 레스토랑의 주력 메뉴이다. A그룹은 총 매출액의 70% 정도에 해당하는 메뉴이다. A그룹에 속한 메뉴 품목수가 줄었는지를 파악한다. 메뉴 품목수가 적으면 적을수록 판매효율이 좋다고 할 수 있다.

- B그룹은 구색을 맞추기 위한 메뉴로서 미래의 주력 메뉴와 과거의 주력 메뉴가 섞여 있으므로 육성 또는 관리가 필요한 메뉴이다. B그룹의 매출액 구성부분은 70~90% 정도까지이다.

- C그룹은 판매되지 않는 불필요한 메뉴로서 과감하게 삭제해야 하지만, 그 메뉴 때문에 찾아오는 고객이 있거나 미끼상품일 수 있기 때문에 신중하게 검토하여야 한다.

(3) ABC분석의 활용

(4) 잘 팔리는 상품과 판매공헌도로 파악한다.

(5) 중점관리상품(A부문)의 파악

(6) 메뉴 출하 예상의 기본으로 한다.

(7) 원가율을 산출한다(교차치).

(8) 주요상품은 계절이나 지역에 따라 차이가 있을 수 있다.

## 5. 원가관리

### 원가관리의 중요성

재료비와 인건비는 음식업의 2대 원가이다. 특히 원재료비의 비율에 따라 제1의 이익인 매상총이익이 결정되기 때문에, 원재료의 관리에 따라 최종 이익이 좌우된다고 해도 과언이 아니다.

### 상품의 기준원가율

| | | 시장 점유율 | 교차치 |
|---|---|---|---|
| 요리 원가율 | 36.5% | 93% | 33.95 |
| 음료 원가율 | 40.0% | 7% | 2.8 |
| | | 합 계 | 36.75% |

음식점의 원가비율은 36.5%이다. 지역에 따라 메뉴 출하수가 다르거나, 또는 여름과 겨울에 따라 메뉴가 다르므로 반드시 매월 같다고 할 수 없다.

### 당월 원가율 산출방법

$$\frac{\text{초기재고} + \text{당월매입} - \text{기말재고}}{\text{매　상}}$$

### 재고조사의 필요성

매월 정확한 원재류 비율을 산출하기 위해, 매월 말일에 정확하게 재고조사를 해야 한다(필요한 경우에 매주 또는 매일 할 수도 있다).

### 매입률

주방장은 매일 구입내용을 기록하여서 일별 매입률을 파악해야 한다. 1개월이 지난 후, '지난달 원가율이 40%나 되었잖아.' 라고 하면 안 된다.

10일, 15일, 20일마다 매입률을 체크한다. 이를 통해 당월 원가율이 몇 %가 되는지 추측할 수 있으므로 그 원인을 찾아서 처리할 필요가 있다.

## 원가율이 높아지는 원인

① 포션 컨트롤상의 문제　　② 로스
③ 구입단가 상승　　④ 상품구성비율의 문제
⑤ 기타

원가율이 높을 때는, 하나의 원인뿐만이 아니라 여러 요소가 복잡하게 얽혀 있는 경우가 대부분이다. 따라서 주방장은 그 원인을 찾을 수 있도록 다음 사항을 언제나 주의해 둘 필요가 있다.

① 상품 커트 수 체크　　② 상품별 그램 수 체크
③ 담기 양의 체크　　④ 로스의 기록
⑤ 구입단가의 파악　　⑥ ABC분석표에 의한 상품 구성 등

## 대 처

### (1) 포션 컨트롤상의 문제

당월 원재료 비율 = 조리기준의 엄수 / 포션 커트 / 그램 수 / 담기 양 의 기준치 철저 준수

### (2) 로 스

① **예측 로스** : 매상예측에 준한 구입을 한다.
② **발주 시 로스** : 예측매상에 대한 발주여분으로 발주하지 않는다. 여분의 재고를 갖고 있지 않는다.
③ **납품 시 로스** : 검품을 확실하게 한다.
④ **보관 시 로스** : 선입선출의 철저냉장, 냉동고 관리온도 시간관리
⑤ **조리 시 로스** : 조리 트레이닝 강화(너무 익히거나, 너무 굽지 않는다)처리의 실수 방지
⑥ **판매, 제공 시 로스** : 서비스 트레이닝 강화(주문실수, 제공 실수, 전표작성 실수, 종업원 실수)

(3) 매입단가 상승 : 납품 가격의 교섭, 대체재료

(4) 상품 구성비율의 문제 : 낮은 원가율 상품의 권장 강화

(5) 기타 : 재고조사 작업의 실수, 계산 착오

## 인건비가 높을 때

| 원 인 | 대 처 |
|---|---|
| ① 매상목표와 실적에 차이가 있다.<br>② 적성인원을 파악하지 않고 있다.<br>③ 개개인의 능력부족<br>④ P.B의 시간급 설정의 문제<br>⑤ 최대의 능력을 발휘시키고 있지 않다. | ① 매일의 목표매상의 재검토 워크 스케줄표의 재고<br>② 워크스케줄표의 재검토 / 인원배치의 재검토<br>③ 교육훈련에 의한 개개인의 능력을 인출하여 최대한으로 발휘시킨다.<br>④ P.B 시급 사정의 재고<br>⑤ 작업할당의 재검토 작업의 로테이션화 |

| 원 인 | 대 처 |
|---|---|
| ① 포션 컨트롤상의 문제<br><br>② 로스<br>예측 로스<br>발주 시 로스<br>납품 시 로스<br>보관 시 로스<br>조리 시 로스<br>(너무 굽거나, 너무 조린 것)<br>판매, 제공시의 로스<br>③ 구입 단가상승<br>④ 상품 구성비율의 문제(일부상품에 치우침)<br>⑤ 기 타<br>재고조사 작업의 실수<br>대체 재료를 모를 경우 | ① 조리기준서의 준수<br>크기, 그램 수, 담는 양 등의 기준치 준수<br>② 매상예측에 준해 적절히 준비한다.<br>매상예측에 따른 적정한 재고량을 유지한다.<br>검품, 검량을 확실히 한다.<br>선입, 서출, 온도, 시간, 상태관리, 냉장<br>냉동고관리의 엄수<br>조리 트레이닝 계속 강화<br>관리상 실수의 방지<br>서비스 트레이닝의 철저<br>③ 납품가격의 교섭<br>메뉴 개정은 1년마다, 채소 등은 대체상품 검토<br>④ 저 원가 상품의 권장 강화<br>「○○○○○」「○○○○○」 |

## 제경비가 높을 때

| | 원 인 | 대 처 |
|---|---|---|
| 전기·가스·수도 | ① 켜진 전등 방치<br><br>② 효율의 악화 | ① 아이들 타임(15 : 00 ~ 17 : 00)<br>사용하지 않는 방은 반드시 소등한다.<br>(전등, 에어컨 등).<br>계량기 체크를 교대로 시키게 하여 관심을 갖는다.<br>냉동, 냉장고 온도를 철저히 파악<br>화장실 변기에 세제 등을 넣는다.<br><br>② 고조기 필터 청소<br>냉동, 냉장고의 성에 제거<br>효율이 좋은 불꽃 부분을 사용보다<br>효율이 좋은 기기를 연구한다. |
| 자재 | ① 그릇의 파손<br><br>② 낭비 | ① 재질이 다른(철과 유리, 도기) 그릇을 함께 세척하지 않는다.<br>② 상세하게 집계한다.<br>하루 얼마만큼 사용하는가—랩, 쓰레기봉지<br>③ 전화…개인전화 금지<br>④ 물수건…객수와 비교한다(개인 사용금지)<br>⑤ 성냥…개인사용 금지<br>⑥ 수선비…매일 클린니네스 메인터넌스 지식의 강화 |

자신의 집에서 사용하는 것처럼 사용해라

## 매상이 목표에 못 미친 원인과 그 처리

| | 원 인 | 대 처 |
|---|---|---|
| 객수 | ① 점포의 존재가 알려져 있지 않다(인지도 부족). | ① 존재의 공지, 광고 선전, 소재지, 영업시간, TEL, 상품군, 가격대, 점포 이미지, 기능, 객층, 이용동기 |
| | ② 알려져 있긴 하지만 내점할 계기가 없다. | ② 「~축제」나 「런치페어」 등의 이벤트 페어로 내점동기를 유발한다.<br>인지도의 증대와 이용방법의 제공(DM, 영업활동, 택배) |
| | ③ 이용했으나 다시 오지 않는다. | ③ QSC의 레벨 업 트레이닝, 교육의 계속 강화 |
| | ④ 객석 회전수의 저하 | ④ 체류시간의 단축화<br>• 바싱, 세팅의 트레이닝<br>• 안내~오더받기까지의 스피드화<br>• 상품 제공 시간의 단축화<br>• 고객 건의 내용 확인<br>• 피크 시의 1조객수와 객수와의 관계(만석률의 증대) |
| | ⑤ 고정객의 불만 | ⑤ 고객관리<br>• 방명록의 설치(또한 명함받기)<br>• 앙케이트 실시 |
| | ① 끼워팔기, 권장요리의 부족 | ① 점장의 조례에서 지시 · 권유 방법의 롤 플레잉 |
| | ② 이벤트 기획, 판매촉진 | ② 우리점포에서 하는 연 2 ~ 3회의 페스티벌 외에 지역특성을 살린 이벤트를 기획 |
| | ③ 예약 받기 | |

매상고를 올리는 포인트

매상고 = 객수×객단가

객 수 = ①이용자수 × ②내점빈도 × ③동반자수

객단가 = ④일품 평균단가 × ⑤매상개수

인지요인 (존재, 이용 동기) → ①

설정요인 (점포,상품,가격) → ④

운영요인 (QSC 레벨) → ② ③ ⑤

# Chapter 08

# 위생관리

"몸에 배인 위생관념은 나의 건강을 지키고
고객에게 신뢰받는 첫걸음이다."

## 1. 위생관리

사람은 누구나 병에 걸리지 않고, 건강한 몸으로 가능한 한 오래 살고자 한다. 그러므로 외식업에 종사하고 있는 사람들은 취급하는 음식에 대하여 책임을 져야 한다.

음식점 종사자들은 상품을 제공함으로써 지역 사람들의 풍요로운 식생활과 건강증진에 기여할 수 있고, 사회인으로서 긍지를 느낀다. 그렇지만 자칫 소홀하면 고객의 건강을 해치고, 사망에 이르는 결과도 초래할 수 있다.

따라서 주방장은 자신이 식품위생에 관한 지식을 익혀 위생에 관한 체크를 게을리 하지 않는 것은 물론이고, 종업원에게도 위생의식을 높일 수 있도록 지도해야 한다. 종업원이 무의식 중에도 청결히 하고자 하는 습관을 들이도록 계속 교육한다. 그렇게 함으로써 고객이 즐거운 가운데 식사를 하고 종업원들에게 신뢰를 보내게 되는 것이다.

### 감염병에 대하여

콜레라
페스트
발진티푸스
두창
장티푸스
파라티푸스
디프테리아
이질
일본뇌염

[법정감염병]

공중보건학적으로 관리되어야 할 필요가 있기 때문에 법으로 규정하여 관리하는 감염병

감염방법은 일정하지 않고 공기에 의한 것, 직접 접촉하여 감염하는 것, 입을 통하여 발병하는 것 등이 있다.

위의 항목 중 주방 종업원이 특히 주의해야 하는 것은 입으로 감염되는 것으로 '경구감염병' 이다.

- 콜레라
- 이질
- 장티푸스
- 파라티푸스

→ '경구감염병' 또는 '소화기계 감염병' 이라고도 한다.

표 8-1 경구감염병의 개요

| 병 명 | 잠복기간 | 감 염 경 로 | 나타나는 증상 |
|---|---|---|---|
| 이 질 | 1 ~ 7일 | 접촉(대사, 용구 등) 경로 | 발열, 설사, 점액, 혈변 |
| 아메바 이질 | 3 ~ 6주간 | 상 동 | 상 동 |
| 콜레라 | 몇 시간 ~ 5일 | ① 접촉감염(대사, 토물)<br>② 간접감염(용구, 음식물) 경구 | 발열 없음, 쌀뜨물 같은 설사, 탈수증세 |
| 장티푸스 | 1~3주간 | ① 직접접촉(대사, 소사, 혈액)<br>② 간접접촉(파리, 식기, 생물) 경구 | 지속성 고열, 여맥, 백혈구 감소 |
| 파라티푸스 | 1~2주간 | 상 동 | 상 동 |

## 식중독의 분류

- 식중독
  - 세균성 식중독
    - 감염형(살아 있는 세균)
      : 살모넬라균, 장염비브리오균
    - 독소성(세균이 내는 독소)
      : 포도상구균, 보툴리누스균
  - 화학성 식중독
    - 자연독(동·식물에 포함하는 독에 의한 것)
      : 카드뮴
    - 화학성 식중독(중금속, 화학물질의 오염)
      : 수은, 첨가물, 노약 등

표 8-2 세균성 식중독의 개요

| 원인균 | 잠복기간 | 주요증상 | 감염원 | 감염경로 | 원인이 되기 쉬운 식품 | 예방 포인트 |
|---|---|---|---|---|---|---|
| 포도상구균 엔테로톡신 | 30분 ~ 6시간 | 구토, 복통, 설사 (물과 같은 것), 혈압저하, 마비 | 자연계에 널리 분포 특히 화농 병소 | 화농성상처, 여드름, 비듬, 먼지, 손가락, 파리 | 주먹밥, 도시락, 샐러드, 슈크림, 두부, 어묵, 우유, 떡, 과자, 고물 | ① 지문에 상처 있으면 취업 금지<br>② 조리기구, 조리멸균<br>③ 저온보존<br>④ 마스크, 모자, 의복착용<br>⑤ 신선한 곳에서 먹음.<br>⑥ 신체를 만지지 않는다.<br>⑦ 손을 항상 깨끗이 닦는다. |
| 살모넬라균 (감염형) | 6시간 ~ 72시간 보통, 10시간 ~ 24시간 | 설사, (1~10회, 복통, 발열 38 ~ 40℃ 두통, 토기 | 사람, 가축, 새집 | 닭고기, 고기, 달걀, 파리, 먼지, 쥐의 분뇨, 바퀴, 손가락 | 고기, 새, 알요리 가공품, 샐러드, 고물 | ① 중심부까지 가열<br>② 신선한 식품<br>③ 저온보존<br>④ 용기, 기구, 식재 정리정돈<br>⑤ 주방바닥, 하수도청소 소독<br>⑥ 살충<br>⑦ 손을 항상 깨끗이 닦는다. |
| 장염 비브리오균 (감염형, 好鹽菌) | 8시간 ~ 20시간 (보통 11 ~15시간) | 설사 (1~20회) 복통, 토기, 발열 (37~38℃) | 염분을 포함한 바닷속의 진흙 | 어패류, 용기, 손가락, 행주, 도마, 칼 | 오징어, 전갱이, 낙지, 다랑어 등의 생선회, 오이소금 버무림, 샐러드, 달걀구이, 주먹밥 | ① 수돗물로 잘 씻는다.<br>② 충분히 가열한다.<br>③ 어패류 전용 도마, 칼, 행주 사용<br>④ 저온보존<br>⑤ 신선할 때 먹는다.<br>⑥ 초절임을 한다. |
| 보툴리누스 (독소형) | 5시간~ 72시간 (보통 12 ~36시간) | 메스꺼움, 복통, 설사, 시력저하, 혀의 갈라짐, 사지 마비, 호흡 곤란 | 바다 속의 진흙 | 저장식품의 불결한 가공 | 청어의 이즈시, 햄, 소시지, 생선훈제, 생선통조림, 병조림, 진공팩 | ① 가공을 충분히 할 것<br>② 신선한 것을 먹을 것<br>③ 식품을 잘 씻을 것 |
| 웰치균 (감염형) | 8시간~ 22시간 (보통 10~12 시간) | 설사, 토기, 발열 | 토양, 하수, 동물의 분뇨 | 불결한 조리, 파리, 바퀴, 쥐, 손가락 | 구운 고기 (햄버거, 고기 경단) 갠 어육 로스트 비프 | ① 손을 항상 깨끗이 닦는다.<br>② 방의 바닥, 하수도의 청소와 소독<br>③ 벌레, 쥐의 구제<br>④ 금방 조리된 음식 먹기<br>⑤ 급속 냉각과 저온보존 |
| 병원균 대장균 (감염형) | 10 ~ 30시간 (보통 10~15 시간) | 설사, 복통, 발열, 토기 | 보균자, 동물의 분뇨 | 불결한 취급, 파리, 바퀴, 쥐, 손가락 | 주먹밥, 도시락, 샐러드, 두부, 우유 | ① 손을 항상 깨끗이 닦는다.<br>② 가열하여 먹는다.<br>③ 저온보존<br>④ 가구세정 |

식중독의 영향

- ① 병문안, 보상책임 / 영업정지
- ② '저 점포의 요리는 위험하다'는 불명예 잔존, 매상 격감
- ③ 사원 규범저하 / 점포의 존속 위기
- ④ 전국의 체인점(F.C)에 영향
- ⑤ 회사 도산 / 형사책임

식중독의 원인별 발생건수를 보면, 세균성이 90% 이상을 차지한다. 가장 빈도수가 높은 것은 장염 비브리오균에 의한 것으로, 그 중 40 ~ 50%를 차지한다. 다음이 포도상구균으로 25 ~ 26%를 차지하고 있다.

따라서 종업원이 가장 주의해야 하는 것이 세균성 식중독이다. 각각의 세균성질을 잘 숙지하여 바른 예방대책을 일상생활에서 끊임없이 습관적으로 실시하는 것이 중요하다. 식중독을 일으키지 않기 위해서는 매일의 위생관리에 충실하는 수밖에 없다.

## 식품취급의 3원칙

① 병원 미생물이나 유독 · 유해물질을 식품에 접촉시키지 않는다(청결하고 위생적으로). 용변 후나 조리 전에 세척, 청소, 정돈, 기구의 세정살균, 청결한 복장, 화농창 주의, 파리 · 쥐 · 바퀴벌레 구제.

② 식기에 붙은 병원 미생물을 증식시키지 않도록 한다(신속, 냉각). 세균이 증식하기 전에 빨리 조리하여 빨리 먹는다. 식기를 보존하기 위해서는 냉장고에 보존한다.

③ 식기에 붙은 병원 미생물이나 유해 · 유독 물질을 없앤다(가열, 세정). 식중독균은 일반적으로 열에 약하여 70℃ 이상에서 사멸하므로 식품은 될 수 있으면 가열한다. 단, 포도상구균의 독소는 잘 없어지지 않으므로, 여러 번 예방하는 것이 중요하다.

## 식기취급 10조

### ① 식품 취급실은 청결하게

식품을 취급하는 장소는 언제나 청소와 정돈에 신경 쓰고 청결을 유지한다.

### ② 기구류의 세정, 살균을 충분히

살균이나 유독 · 유해물질에 오염되지 않은 기구 · 용기를 사용한다.

### ③ 신체에 이상반응이 일어날 때에는, 식기를 취급하지 않는다.

손가락에 상처가 났을 때, 설사를 할 때, 감기 증상이 있을 때 등 신체에 이상이 있을 때는 식기취급을 삼가고 의사의 치료를 받는다.

### ④ 세정에 세심하게

식품에 가능한 한 손을 대지 않도록 하고, 만질 때는 깨끗한 손으로 한다. 손을 씻는 것은 식품위생의 기본이다.

### ⑤ 식기의 노출은 금물

직접 섭취하는 식품은 절대로 노출시키지 않는다.

### ⑥ 식기의 매입, 판매 시의 점검

원재료를 매입하거나 식품 판매 시에는 안전을 점검하고, 표시를 확인한다.

### ⑦ 원재료와 직접 섭취하는 식품과의 상호 오염방지

원재료에는 식중독균이 붙어 있는 경우가 있으므로, 직접 섭취하는 식품과 상호 오염을 방지하기 위해 각각의 전용 용기에 구별하여 수납한다.

### ⑧ 식품을 실내에 방치하지 않는다.

식품을 냉장고에 보관할 때에는 5℃ 전후에서 보관하고, 냉장고의 개폐를 될 수 있으면 적게 한다. 온도계를 항상 확인한다.

### ⑨ 식품취급실에는, 식품 취급자 이외의 사람 및 쥐나 개, 고양이 등의 동물의 취급을 삼간다.

식품의 취급에 관계없는 사람의 건강은 보장이 없으므로, 함부로 식품취급실에 들어가지 않도록 한다. 또한 쥐, 개, 고양이는 살모넬라 식중독의 원인이 되므로 절대로 들어오지 못하게 한다. 만일 쥐가 들어오면 업자에게 의뢰하여 완전히 퇴치한다.

⑩ 유해한 것은 내용을 표시하여 식품과 분리하여 보관한다.

살충제나 세제 등 유해한 것은 반드시 그 내용을 표시하고, 식품과 구별하여 식품과 떨어진 전용 장소에 보관한다. 식품첨가물도 마찬가지이다.

## 손의 위생

### (1) 역성비누를 사용한 경우

완전한 손의 세정은 이질과 세균성 식중독을 미연에 방지하기 위한 결정적인 요소이다. 조리인으로서 손을 씻는 데에 게으른 사람은 조리를 아무리 잘 해도 실격이다.

① 우선 세면장과 용구의 체크

- 수도꼭지, 세제용기, 도기, 배수관 등이 파손되지 않았는가.
- 위의 것들을 깨끗이 청소했는가.
- 비누, 역성비누, 손톱브러시, 페이퍼 타월, 손톱깎이 등은 정비되어 있는가.
- 세면기는 항상 사용할 수 있는 상태인가.

② 다음은 손을 씻기 전 몸가짐 체크

- 손톱은 짧게 깎았는가.
- 반지나 시계를 벗었는가.

③ 손 씻기

- 손을 적시어 비누를 묻히고 20초 이상 손목에서 아랫부분을 겉에서 안으로, 손가락을 깨끗이 씻는다.
- 손톱 브러시로 손톱 안과 가장자리를 10초 동안 씻는다.
- 흐르는 물로 비눗물을 씻어낸다.
- 역성비누 원액을(또는 10배액) 손에 묻혀 30초 동안 손목부터 아랫부분까지 잘 문지르며 씻는다.

- 다시 흐르는 물로 씻는다.
- 페이퍼 타월로 닦아낸다.

④ 손 씻기는 작업 전에, 작업을 바꿀 때, 쓰레기를 만졌을 때, 재료가 바뀌었을 때, 외출 후, 용변 후, 식전, 식후, 지저분한 설비, 기구를 만졌을 때, 작업 종료 시 등 세심하게 하는 습관을 들인다.

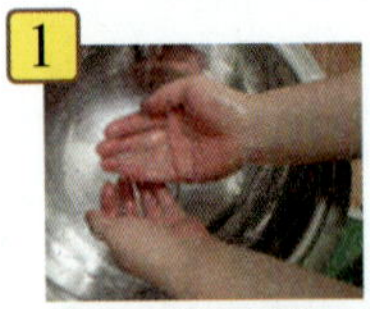
흐르는 따뜻한 물에 손과 팔뚝을 적신다.

손을 씻기에 충분한 양의 비누를 바른다.

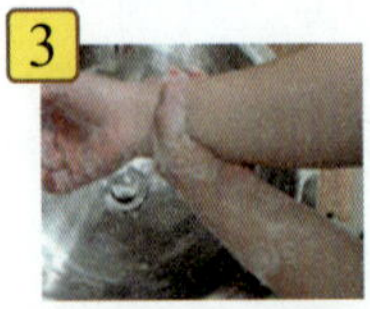
손(바닥, 등)에서 팔꿈치까지 깨끗이 비누칠하여 닦는다

두 손을 깍지 껴서 손가락 사이사이를 문지른다.

손톱 브러시를 이용해 손톱밑까지 깨끗이 닦는다.

흐르는 물에 비눗기를 완전히 씻는다.

종이 수건으로 손을 닦고 완전히 건조시킨다.

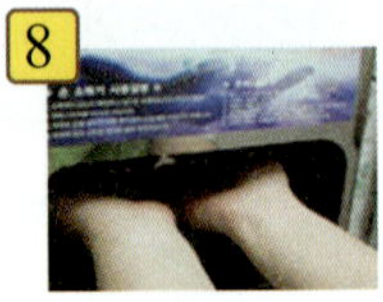
알코올 소독으로 마무리한다 (장치 구비 시).

* 식품의약품안전처 자료 인용

### (2) 살균제가 들어 있는 세제를 사용한 경우

① 손 씻는 기구의 수도꼭지, 도기, 배수에 파손이나 고장은 없는가. 그리고 깨끗하게 닦여 있는가.

② 살균제가 들어 있는 세제, 손톱브러시, 페이퍼타월, 손톱깎이는 정비되어 있는가.

③ 언제나 손을 씻을 수 있도록 사용 가능한 상태로 되어 있는가.

㉠ 바르게 희석된 살균제가 들어 있는 세제를 한쪽 손에 1.5~2cc따른다.

㉡ 물을 소량 넣으면서 손목에서 아래를, 손등과 손가락 사이, 바닥을 강하게 문지르듯이 닦는다.

㉢ 다음은 손톱브러시로 손톱의 안, 가장자리를 가로로 닦고, ②의 살균제에 30초 동안 담갔다가 씻는다.

㉣ 흐르는 물로 세제를 충분히 씻어낸다.

㉤ 페이퍼 타월 또는 청결한 타월로 닦는다.

[신종플루 예방법]

1. 손을 자주 씻고, 손으로 눈, 코, 입을 만지는 것을 피한다.
2. 손 씻기는 흐르는 물에 20초 이상 씻는다.
3. 여러 사람이 함께 쓰는 비누보다는 액체용 비누를 사용하는 것도 좋다.
4. 물로 손 씻기가 어려울 경우 알코올이 함유된 손소독제를 사용한다.
5. 재채기나 기침을 할 경우에는 휴지로 입과 코를 가리고 하며, 이때에도 휴지를 버린 후에 손을 깨끗이 씻도록 한다.
6. 기침을 자주 할 경우에는 마스크를 사용한다.
7. 만약 신종인플루엔자의 발생지역에 거주한다면 되도록 많은 사람들이 모인 장소는 피한다.
8. 본인 또는 주변인이 신종인플루엔자가 발생한 국가 또는 지역을 방문한 후 7일 이내에 급성 열성 호흡기 질환(38.8℃ 이상의 발열이 있으면서, 인후통, 기침, 콧물 또는 코막힘 중에 1개 이상 증상이 있을 경우)이 생기면 관할 보건소에 신고하여, 확진을 받고 최대한 빨리 치료받을 수 있도록 한다.

## 냉장고의 위생관리

대부분의 식중독균이나 병원균은 37℃ 전후에서 활발히 번식하는데, 5℃ 이하에서는 죽지 않고 번식도 하지 않는 성질을 가지고 있다. 냉장고는 식품이 동결되지 않게 저온으로 보존하는 단기간의 식품보존고이다. 따라서 냉장고 관리의 첫 번째는 온도관리이다. 온도는 5℃ 이상으로 조절한다.

| 원인 | 결과 |
|---|---|
| 기계의 고장<br>식품을 꽉 채운 것<br>성에가 너무 끼었다.<br>문의 빈번한 개폐<br>냉장고 내 온도 상승 | 냉장고 내 온도 상승 ⇒ 식품변질, 부패의 원인 |

① 실온 30℃에서 식품을 꺼내기 위해 15초 동안 문을 열어두면 0℃의 냉장고 온도는 18℃까지 상승한다. 원상태로 돌아가기 위해서는 10분이나 걸린다.

② 냉장고 온도는 일정하지 않아서 상단이 2~3℃일 때, 중간층은 4~5℃, 하단은 6~8℃이다. 이것은 냉기가 대류하고 있기 때문이다.

부패하기 쉬운 식품(육류, 생선류)을 상단에, 야채를 하단에 넣는 것은 온도 대에 맞추어 식품을 수납 · 보존할 수 있기 때문이다.

③ 온도계는 상 · 하단에 각 1개씩 넣는다(한 개일 때는 반드시 중간에 넣는다). 식품을 꺼내고 넣을 때마다, 특히 여름에는 온도계를 보는 습관을 기른다.

④ 용기에 넣은 요리를 몇 단씩 겹쳐놓지 않는다. 겹쳐놓을 때는 뚜껑이 있는 용기에 넣는다.

⑤ 냉기의 대류를 원활하게 하기 위해서는 특히 냉장고 내측에 공간이 생기도록 수납한다.

## 냉동고의 위생관리

냉동고의 온도는 −15℃ 이하라고 법률로 정해져 있다. 냉장고의 온도가 법률로 정해져 있는 것은, 10℃ 이하라도 실제로는 0 ~ 5℃가 적정한 것처럼, 냉동고의 경우도 −20℃ 이하로 보존하는 것이 바람직하기 때문이다.

① 냉동식품은 냉장에 비해 장기보존이 가능하기 때문에 편리하지만, 지방분을 포함하는 식품은 산화현상이 생기므로 서서히 변색되거나 거무스름해질 수 있다.

② 냉동품의 이상적 해동은 게를 제외하고는 5℃ 정도의 냉장고에서 해동하는 것이 바람직하다.

③ 수납량은 냉장고와 마찬가지로 꽉 채우지 않고 80% 정도가 좋다.

### (1) 식품의 변질과 부패

① **변질** : 식품의 선도를 상실하여 건조되거나, 변색되거나, 나쁜 냄새가 나는 것

② **부패** : 식품을 장시간 방치해 두면 단백질이 여러 가지 미생물에 의해 분해되어 암모니아, 아민, 아황산 등의 유해물질을 생산하고, 점액을 유출하며, 악취 발산으로 식용에 적합하지 않게 된다.

### (2) 위생관리가 되지 않는 냉장 · 냉동고

① 너무 꽉 채운 냉장 · 냉동고

② 성에가 녹아서 물로 뚝뚝 떨어진다.

③ 조리한 식품에 뚜껑 또는 랩을 씌우지 않았다.

④ 식품이 무질서하게 겹쳐서 놓여 있다.

⑤ 뚜껑을 딴 통조림이나, 절단된 재료가 며칠 동안이나 저장되어 있다.

⑥ 고기즙이나 야채즙 등이 흘러나와 있다.

⑦ 선반이 더러워져 있다.

⑧ 문의 표면이 지저분하다.

⑨ 손잡이에 녹청이 붙어 있다.

⑩ 온도계가 없는 냉장 · 냉동고

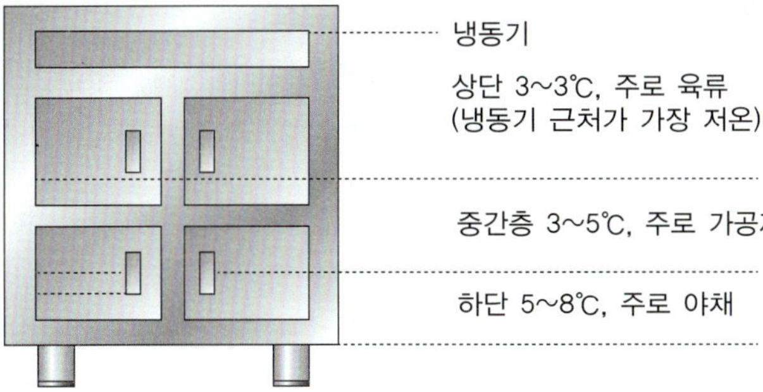


## 식품위생관리운영 요령

[점포 및 환경]

① 점포 및 환경의 위생에 있어서 점포와 그 주변을 매일 청소하고 위생상 지장이 없도록 유지한다. 조리장 바닥, 벽, 천장은 언제나 청결을 유지한다. 조리장은 정리정돈을 하고, 불필요한 것은 두지 않는다. 조리장에는 관계자 이외의 사람을 들여보내지 않도록 한다.

② 쥐, 곤충은 구제작업을 연 2회 이상 실시하고, 실시기록을 1년동안 유지한다. 조리장의 창문 및 출입구는 망 없이는 열어 두지 않는다.

③ 세면대설비는 언제나 사용할 수 있는 상태로 해 둔다.

④ 기기, 기구의 사용 목적에 따라 사용하고, 언제나 점검 · 설비해 둔다. 종료 후에는 세정 또는 청소를 해 둔다. 칼, 도마는 식품용, 육류용, 야채용으로 구별하여 사용한다.

⑤ 세정제는 적절한 농도로 사용하고, 식기용기에 세제가 남지 않도록 충분히 헹구어 낸다.

⑥ 청소용구는 전용 장소에 보관한다.

⑦ 배수설비는 배수가 잘 되도록 폐기물을 제거하고, 유출을 방지한다. 또한 보수를 게을리 하지 않는다.

⑧ 폐기물용기는 오물 용액에서 냄새가 나지 않게 매일 세정한다.

⑨ 식품의 조리 · 판매에 관하여는 선입선출 원칙을 지킨다. 냉장고 내는 평균 5℃ 이하를 유지하도록 하고, 식품끼리 오염되지 않도록 전용 용기에 넣는다. 먼지, 파리, 바퀴벌레, 쥐가 다니지 않게 주의한다.

⑩ 식품취급 작업 중 정해진 모자, 삼각건, 흰옷, 두건, 신발을 착용한다. 금연한다. 두발이나 얼굴을 만지지 않는다. 작업 전, 용변 후에는 손을 씻고 소독을 한다. 손톱은 항상 짧게 하고, 반지나 장신구 착용은 금하며, 매니큐어를 칠하지 않는다.

## 중성세제와 세정

### (1) 중성세제

중성세제는 pH가 대체로 7 전후로, 알칼리성 세제를 배합하지 않은 세제를 말한다. 세정력이 강하고, 제균력이 강하다. 기생충의 제거, 농약의 제거 등 식품위생에 기여하는 곳이 많다. 그러나 한편으로 ABC계 중성세제(하드 타입) 등으로 수질오염문제가 발생하여 공해문제가 제기되고 있다.

생물학적으로 분해 · 산화되기 어렵기 때문에, 분해되기 쉬운 LAS계(소프트 타입)가 생산의 90% 이상을 차지한다. 또 안전성을 위하여 야자유 등을 원료로 한 고급 알코올계의 세제가 보급되고 있다.

### (2) 세 정

세정이란 표면에 붙은 기름이나 단백질이나 탄수화물 및 먼지 따위의 오물을 제거하는 것으로, 일반적으로는 물을 이용하여 물리적으로 문지르는 방법이다. 세정의 효과를 최대로 올리기 위해서는 다음 항목에 주의하는 것이 중요하다.

① **정해진 세제농도를 지킨다** : 일정량을 초과해도 세정력은 올라가지 않는다. 일반적으로 물 중량의 0.2 ~ 0.3%에서 가장 오물이 잘 떨어진다.

② **세제용액에 담그는 것이 효과적** : 식기류는 세정 전에 잔존물을 떼어내고 10분간 담가 두면, 기생충, 알 등의 90%가 제거된다.

③ **세정수의 온도가 40~50℃일 때 가장 잘 닦인다** : 그 이상이 되면 역효과가 나는 경우가 있다.

④ **세제용액이 더러워지면 세정력이 떨어진다** : 오물의 혼입이 많아지면 세제를 추가하든지, 그대로 교환한다. 거품을 보고도 판단할 수 있다.

⑤ **충분히 헹구어 낸다** : 식품의 경우에는 흐르는 물에서 30초, 고인 물이면 2회 이상 씻는다. 식기는 흐르는 물로 5초 이상, 고인 물일 경우에는 2회 이상 씻는다.

⑥ **원액에는 직접 닿게 하지 않는다** : 기름이 떨어질 정도이므로 피부의 지방도 잘 떨어지고 손이 거칠어진다. 필요에 따라 고무장갑을 착용한다.

## 구급용품의 점검

주방에서 일어나는 사고의 1위는 손을 베이는 사고이며, 2위는 화상이다. 의무실(약국)이나 가까운 병원이 없을 경우에는 구급상자를 준비해 두는 것이 좋다. 약품은 1년에 1번 정도는 체크하고 청결하게 보관하는 것이 중요하다.

[준비할 약품, 비품 등]

① 소독 : 소독용 알코올
② 타박상이나 염좌 : 요오드
③ 상처가 더러워져 있을 때 : 과산화수소
④ 세안, 습포 : 1 ~ 2%의 붕산수
⑤ 화상 : 붕산연고
⑥ 기타 : 핀셋, 가위, 소독거즈, 붕대, 유지(油紙), 반창고, 조리사의 의료보험증, 병원전화번호 등

## 2. 긴급대책

### 처리 시의 주의사항

① 침착하고 절대로 당황하지 않는다.
② 고객의 안전 유도 피난
③ 종업원의 피난
④ 중요서류의 반출
⑤ 소정의 절차에 의한 보고의무

### 각 사례와 그 처리방법

#### (1) 정 전

① 점포에 상비된 조명기구(초, 비상전등)로 밝기를 확보한다.
② 고객의 고객안전유도
③ 금전등록기의 현금이나 금고 등에 주의한다.
④ 당점포만 정전인 경우는 배선 단선이나 누전에 의한 일이 대부분이므로, 배전반의 안전 브레이크를 확인

[복귀법]

1. 모든 구역의 안전 브레이크를 모두 차단한다.

↓

2. 안전 브레이크를 한 번에 가장 아래까지 힘껏 내렸다가 다시 위쪽으로 힘껏 올린다.

↓

3. 각 구역 안전 브레이크를 하나씩 순서대로 전원을 넣는다.들어오지 않는 구역의 브레이크 기구 또는 배선이 누전 또는 쇼트되어 있으리라 생각된다.

↓

4. 들어오지 않는 브레이크를 그 상태로, 다시 근원 브레이크를 넣는다.
(사고 이외의 구역은 이것으로 복귀한다)

↓

5. 그래도 복귀되지 않는 경우는 한국전력 전화번호 담당에게 연락하고 긴급으로 점포에 오도록 한다. (사전에 전화번호와 담당자를 적어 놓는다)

↓

6. 사고 장소는 응급처치하고, 할 수 없는 것은 담당 공사업자에게 연락한다.

## (2) 화 재

### 1) 점심시간대의 화재

① 소방서 (119번)에 연락
② 준비해 놓은 소화기로 소화 작업
③ 가스의 메인 밸브를 잠근다.
④ 부상자의 구호
⑤ 상품, 중요 서류의 반출
⑥ 본사에 연락

2) 밤중에 화재가 일어난 경우

① 관리자에게 연락 (본사 종업원)
② 본사종업원의 현지 파견. 현지 상황파악
③ 전원이 복구 작업

### (3) 점내에서의 인사사고

① 관리자, 본사에 연락
② 고객의 응급처치 (화상의 경우 : 화상부위를 흐르는 얼음물 또는 찬물에 15분 이상 댄다.)
③ 지정 병원에 운반(점장 동행)
④ 의사에게 증상을 묻는다.
⑤ 사고보고
⑥ 문병
⑦ 치료비, 보상 문제

### (4) 물적 사고

① 관리자, 본사, 거래처에 연락
② 고객의 유도
③ 상품의 이동
④ 뒷수습
⑤ 사고보고

### (5) 도 난

① 신고하기 전에 한 번 더 유무를 확인한다.
② 도난신고는 본사의 지시에 따른다.
③ 사고보고

## 사고 보고의 요령

① 발생일시, 장소, 담당자
② 고객, 종업원의 부상 유무
③ 사고의 상태를 자세하게 보고
④ 사고의 원인

⑤ 긴급 처치 방법

⑥ 피해 금액

## (6) 식중독 클레임 처리 I (클레임 처리 가이드)

### 1) 클레임의 패턴

① 음식, 음료를 마시고 설사나 구토한 경우
A(치료가 필요 없는 경우)

② 음식, 음료를 마시고 설사나 구토를 하여 통원치료를 받은 경우
B(1~2회 통원으로 완치한 경우)

③ 음식과 음료를 마시고 설사나 구토를 하여 입원한 경우
C(며칠 동안을 입원한 경우)

### 2) 클레임의 특징

① 신체 생명에 관한 문제로서 중요도가 높고 해결이 곤란한 경우가 많다.

② 보건소(매스컴)로 발전할 가능성이 많다.

③ 최악의 경우는 영업정지령을 받는다.

④ 신속하면서도 성의있는 대응이 요구된다.

⑤ 인과관계의 조사에 시간이 필요해진다(상품결함의 경우는 여러 군데에서 발생한다).

⑥ 고액의 보상을 요구할 가능성이 있다.

### 3) 기본적인 사고대처방법(본부에 보고하고, 지시를 받는다.)

① 발생시점에 점장이 고객자택을 방문하여 우선은 사실을 정확하게 확인한다.

② 해당품이 남아 있으면 원인조사의 목적으로 회수에 힘쓴다(우선, 매상 음식요금의 반환처리).

③ 회수한 해당 식품 및 동 로트상품을 본부에 송부, 본부는 보건소 등에서 검사를 실시한다. 검사결과에 의거하여 정식으로 회답(처리방법)을 결정한다.

④ 패턴 A의 경우, 고객방문 시점에서 통원치료를 권한다.

⑤ 패턴 ABC의 어느 경우에 해당하거나, 당일 내에 고객자택에 방문하여 병문안을 한다.

⑥ 최종처리는 검사결과에 의거해서 본사와 당사 관계자와 함께 대응한다.

### 4) 클레임 경과의 패턴

① 고객 ⇒ 점포

② 고객 ⇒ 본사

③ 고객 ⇒ 보건소 ⇒ 점포 ⇒ 본사

④ 고객 ⇒ 의사 ⇒ 보건소 ⇒ 점포 ⇒ 본사

※ 대부분 ①의 패턴이 많고, 전화신고가 중심적이다. 전화 대응에는 언제나 주의할 것.

• 주의 : ①의 대응 실수가 ④의 클레임 패턴으로 발전하는 일이 많다.

### 5) 기 타

이런 종류의 클레임은 사정이 어떻든 인과관계를 명확히 하지 않고는 고객이 보상에 응하지 않는다. 발생 시점의 처치로써 반환금이나 병문안은 일시적인 것으로 완전처리는 아니다. 이 고객이 가장 알고 싶은 것은 상품의 품질에 대한 의문으로, 그 질문에 대답하기 위해 본점에서 검사를 실시한다. 검사의 필요성과 기일이 걸리는 것을 충분히 납득하도록 설명한다.

## [클레임 처리 매뉴얼]

### 1) 클레임 접수와 대응의 기본자세

① 고객의 신고 내용을 성의껏 잘 듣는다.

• 이 시점에서는 자세하게 질문하지 않고, 능숙하게 잘 듣는 것이 중요하다.

- 고객의 이야기가 끝나면 주소, 성명, 전화번호, 음식을 먹은 상황과 그 결과를 듣고 "대단히 죄송합니다." "즉시 상사에게 보고드리겠으니, 고객께서는 댁에 계십시오." 라고 대응한다.
- 해서는 안 되는 말(금지) : "해 가지고 와 주세요." "버리세요."

### 2) 보고를 받은 점장은 고객의 집에 방문한다.

- 본부에 보고, 지시를 받는다.
- 클레임 접수 후, 1시간 이내에 고객 집으로 방문한다.
- 복장은 양복으로 갈아입고, 명함을 꼭 챙긴다.

### 3) 방문 시의 대응과 확인

#### ① 위로의 말을 한다.

- "처음 뵙겠습니다. 저는 회사의 점장 ○○입니다."
- "가족의 용태는 어떻습니까?" 라는 식으로 말을 꺼낸다.

#### ② 고객의 이야기(주장, 요구)를 정확히 파악한다.

- 고객의 이야기에 동조하면서
- 끝까지 참으면서 듣는다.
- 대립적인 대화가 되지 않도록 주의한다.
- 문병에 대한 위로의 말은 반드시 한다.

③ 고객의 이야기 중에서 불명확한 점이 있으면 은밀히 "대단히 죄송합니다만 이 상품은 언제 구입하여 드신 것입니까? 현품이 남아 있지는 않습니까?" 라고 묻는다.

#### ④ 확인사항

- 점포에서 음식을 드신 일시, 구입일시
- 상품명, 제조 년 월 일
- 가정에서의 보존 방법
- (가정에서) 먹은 일시
- 먹은 사람 몇 명 중에 몇 명이 같은 증상인가.

- 발생일시
- 증상의 경과
- 조리방법, 동시에 먹은 다른 식품
- 먹은 전후의 식사는 무엇인가, 몇 시인가.
- 진료의사의 주소, 성명

※ 주의 : 가능한 한 고객을 유도하는 형태로 감정을 상하지 않도록

- 고객의 요구를 충분히 들은 후, 심정적으로 고객의 입장에 서서, 당사의 자세(금후의 대책)를 조용히 서두르지 않고 설명한다.

4) 당사의 자세

① 상품에 문제가 있는지 없는지를 검사한다.

② 검사결과에 대하여 다소 시간을 필요로 한다.

③ 증상의 경중을 묻지 말고, 통원을 권하고, 우선 초진료는 당사에서 부담한다(점포경비에서 출금하여 영수증을 요구한다).

④ 당사의 최초의 처치에서 일련의 행동이, 고객에게 성의있게 받아들여지고 있는가를 바르게 파악한다.

⑤ 결과를 본부에 보고한다.

5) 최종처리 : 최종교섭, 창구는 본사. 회의운영

## 3. 회의 및 보고

### 회의의 종류와 내용

#### (1) 월별 사업부 회의

내 용 : ① 전월 결산의 지적과 지도
② 문제점의 원인추구와 처리(개선점)
③ 전월의 반성과 차월의 결의표명
④ 고충처리의 검토와 처치
⑤ 교육, 카운슬링에 대하여

⑥ 점포, 미팅의 테마, 내용보고
⑦ 금전출납의 실수, 트러블 등
⑧ 기타 정보
⑨ QSC 문제 회의의 내용에 대한 검토

참석자 : 사장, 상무, 부장, 점장, 주방장

주최 : 매월 1회 15일 전후

## (2) QSC 문제 회의

내 용 : ① 점포 내의 Q의 문제점의 파악과 개선
② 〃 S 〃
③ 〃 C 〃
④ 본부에서의 의뢰사항의 전달과 철저
⑤ 종업원의 교육에 관한 문제점
⑥ 고객 요구사항의 검토
⑦ 판촉에 대한 검토
⑧ 기타

참석자 : 부장, 점장, 조리장(주임, 부조리장, 트레이너)

주 최 : 매월 1회 제 2화요일

## (3) 점내 미팅

내 용 : ① 당월의 반성과 차월의 목표설정
② 서비스의 향상 개선
③ 차월의 판촉품, 테마 결정
④ 본부에서의 전달사항
⑤ 제공 상품의 문제점 제기와 개선
⑥ 경비절감을 위한 노력 목표 (특히 전기, 수도, 가스)
⑦ 종업원의 요구
⑧ 기타

참석자 : 점장, 조리장 이하 원칙적으로 모든 구성원

주 최 : 매월 1회 25일 전후(필요한 때는 수시로)

### (4) 조 례

내 용 : ① 종업원 근무교대 지시
② 전일 문제점과 그 처치, 개선
③ 오늘의 목표 수, 노력목표, 중점서비스 항목의 지시
④ 오늘의 판촉품
⑤ 오늘 예약에 관한 지시
⑥ 종업원의 건강 체크
⑦ 단정한 몸가짐의 체크
⑧ 작업할당 청결 지시
⑨ 전일의 고객의 의견(칭찬, 고충) 발표
⑩ 기타의 정보
⑪ 종업원의 의견
⑫ 기타
⑬ 접객 6대용어의 복창

출석자 : 점장 이하 홀 담당자

주 최 : 매일 11시 10 ~ 15분 동안

### (5) 임시회의

본부 또는 상사의 지시에 따라 출석한다.

## 회의의 진행

### (1) 회의 개최에 대한 주의점

① 개최일시, 장소, 시간, 참가자의 확인
② 회의 목적의 확인
③ 회의진행상 의제의 확인
④ 회의진행상 자료의 확인
⑤ 회의시간은 요점을 정해서 가능한 한 짧게

### (2) 회의 진행상의 마음가짐

① 의장을 결정한다.
② 의장이 통솔하고, 의사진행상의 낭비를 없앤다.
③ 의장은 발언내용이 치우치지 않도록 배려한다.

### (3) 의장의 마음가짐

① 능숙하게 진행한다.
② 회의 목적에서 벗어나고 있지는 않는가를 확인한다.

### (4) 참가자의 마음가짐

① 의장의 지시에 따라, 회의 진행에 적극적으로 협력한다.
② 타인의 의견을 듣고, 또한 의견이 있으면 적극적으로 발언한다.

### (5) 시간과 시각을 명확히 한다(몇 시부터 몇 시까지)

## 보고, 연락, 상담이란

1) 일의 결말이고, 다음 단계의 시작이다 : 지시, 명령된 것에 대하여 결말을 알려서 관계부문에 참고가 되도록 하고, 공동 작업에 대하여 협의를 한다.

2) 업무의 흐름을 원활하게 만드는 윤활유이다 : 정보 교환이고, 신경 조직적인 역할을 갖고 있으며, 모든 작업이 공통 목표로 집약되어 있지 않으면 정리된 힘이 될 수 없다.

3) 작업능력을 향상시키는 장소이다 : 보고, 연락, 상담으로, 자신의 일에 대한 방법, 사고방법 등에 대해 상대의 의견을 듣고 개선해 나간다.

4) 상대의 입장과 생각하는 방법을 알고, 팀워크를 향상시키는 장소이다 : 정보정리의 방법을 배우고, 사회적 입장에 서서 어떻게 기여해 가는가. 자신이 중심이 된 방법으로 해서는 안 된다.

그러므로 보고가 끝나지 않은 일은 끝나지 않은 일이라고 간주한다.

'시작이 있으면 끝이 있다.' 라는 말은 시작과 끝의 마무리를 짓는 것이 중요하다는 것을 뜻한다.

## 어떤 경우에 보고를 하는가

① 일이 끝나면 즉시 보고한다(시간이 늦으면 가치가 없다).

② 장기에 걸친 일인 경우는 중간에

③ 특별 사태로 상황이 현저히 변한 때

④ 일을 예정보다 길게 끌 때

⑤ 약속과 다른 사정이 생겼을 때

⑥ 결과에 대한 전망이 나왔을 때

⑦ 회의, 협의, 출장, 세미나에서 돌아왔을 때

## 보고 과정

### (1) 보고의 준비

① '무엇' 을 '누구' 에게 보고하는가?

② 보고의 줄거리와 요점을 정한다.

③ 구두로 좋은가?

④ 실례를 조사한다.

⑤ 보고하는 '시기' 와 '장소' 를 생각한다.

### (2) 보고서 준비

① 복잡한 내용인 때

② 숫자가 필요한 때

③ 기록을 남길 필요가 있을 때

④ 관계 부처(사내 · 외)에 보고할 때

### (3) 보고의 방법

① 명령한 사람에게

② 결론－이유－경과 순으로

③ 사실을 정확하게, 요점을 강조하여

④ 간단, 명확, 구체적으로

⑤ 보고를 받는 입장에 서서

⑥ 정보와 자료의 출처를 명시

## 연 락

메모를 사용한다.

<u>연락 MEMO</u>

월 일 시

__________ 씨

OOOOO에 관하여

내용 ①

② 육하원칙에 따라

③

<u>담당자 (인)</u>

## 상 담

주방장이 종업원에게 상담을 요청받는 경우도 있고, 주방장이 본부의 상사에게 상담하는 경우도 있다. 상담하는 것으로 고민이 해결되는 때도 있다. 그러므로 커뮤니케이션을 많이 하는 것은 중요한 해결방법이다.

## 4. 기구, 비품 및 식기의 관리

### 기구, 비품의 관리

주방장은 주방 내의 조리기기, 비품의 명칭, 사용목적, 취급방법, 내구연수, 간단한 수리방법을 파악해 둘 필요가 있다. 일상점검을 게을리 하지 않는 것이 피크 시에 기기의 트러블을 조금이라도 줄이는 방법이고, 일상점검은 기기를 오래 쓰기 위해서 반드시 필요한 작업이다.

| | |
|---|---|
| 기기의 수리점검업자<br>비품 구입업자 | 일람표를 작성해 둔다.<br>(개업 매뉴얼 참조) |

그러므로 항상 점검하고 간단한 수리는 주방장 스스로 할 수 있어야 한다.

비품은 정리정돈하고, 사용 후에 손질해 두는 것이 중요하다. 칼 · 냄비 · 스텐볼 등은 정해진 장소에 항상 두고, 다음에 사용하는 사람이 사용하기 쉽도록 정해진 위치에 두어야 한다.

주방장은 새로 들어온 조리담당자에게 우선, 비품의 명칭과 취급방법을 가르쳐야 한다. 주방장은 주방 내의 기구, 비품, 식기를 관리할 책임이 있다(주방기구의 취급은 상품 매뉴얼 참조).

### 식기의 관리

(1) 재고조사 : 식기의 재고조사를 매월 1회(15일 ~ 20일경)실시할 것

(2) 파손 체크

점내에 파손 체크표를 붙여 두고, 파손한 사람에게 반드시 기입하도록 한다.

| 월 일 | 식기 명 | 수 량 | 파손된 장소 | 성 명 |
|---|---|---|---|---|
| | | | | |
| | | | | |
| | | | | |
| | | | | |
| | | | | |
| | | | | |

### (3) 추가주문 : 반드시 본부의 승낙을 얻을 것

### (4) 점 검

알지 못하는 사이에 그릇이 깨질 수 있으므로, 항상 담당자에게 기기의 체크를 하도록 지도한다.

# Chapter 09

# 외식산업 메뉴 개발기법

1. 메뉴 개발의 개요
2. 메뉴 개발의 방법
3. 메뉴 개발의 실제

"메뉴는 그 업소의 얼굴이며
이익을 창출하는 판촉전략이다."

## 1. 메뉴 개발의 개요

### 메뉴의 개발계획

현대사회는 어떤 업종이든 전문화되어 가는 경향이다. 외식업에 있어서도 예외는 아니어서 자신 있게 내세울 전문 메뉴가 필요하다. 이때 필수적으로 고려해야 할 사항은

"어떤 고객을 상대로 할 것인가? "

"객단가는 얼마를 받을 것인가?" 이다.

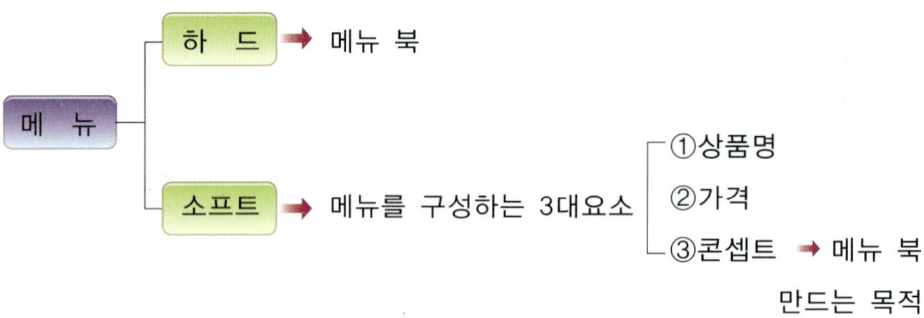


### 메뉴 북을 제작하는 목적

① 매상향상을 촉진하여 번성점으로 만들기 위하여

② 내점을 촉진하기 위하여 ⇒ 고객이 점포를 선택하기 쉽게 한다(어떠한 집인가 알리기 위해).

③ 고객이 상품주문(오더)을 하기 쉽게 한다. ⇒ 고객 측과 만드는 측(점포 측)의 불안해소를 위해

## 메뉴의 종류에 대하여

- 메 뉴
  - ① 그랜드 메뉴 (영업시간 중 언제나 이용할 수 있는 메뉴)
  - ② 시간대별 메뉴 (런치 타임 메뉴 등)
  - ③ 차, 드링크, 식전, 식후 메뉴
  - ④ 계절 메뉴, 연중행사, 페스티벌 메뉴

## 메뉴 구성상의 분류에 대하여

| | |
|---|---|
| 대분류 | ① 요리(식사) / ② 차, 알코올류 |
| 중분류 | ③ 세트 코스메뉴 / ④ 일품메뉴(알라카르트) / ⑤ 디저트 / ⑥ 드링크 |
| 소분류 | ⑦ 주채(메인디시) / ⑧ 가벼운 메뉴 / ⑨ 전채, 샐러드, 수프 / ⑩ 안주 |
| 세분화 | ⑪ 소재별 / ⑦ 조리법별 / ⑬ 가격별 |

* 알라카르트 : A La Carte, 고객의 주문에 따라 제공되는 일품요리로, 코스별로 분리하여 가격을 지불한다.

## 메뉴 제작상의 주의점

① 보기에 싫증나지 않는 분량으로 구성되어 있을 것(메뉴판은 12페이지 이내로 복잡하지 않을 것)

② 보기 쉬운 정보량으로 구성되어 있을 것(사진이 없는 경우는 음식의 가지 수를 40아이템 이내, 사진이 있는 경우는 음식수 25아이템 이내, 1페이지당 10가지 상품사진 이내)

[참고] ① 점포의 특징이 표현되어 있을 것(콘셉트와 정합성)
② 상품을 선택하기 쉽게 할 것 ⇒ 고객의 시점에서 구성
③ 손님의 이용 동기별로 구성되어 있을 것

## 기타 사례연구

### (1) 메뉴 북 총 페이지 수와 상품단가의 관계

① 메뉴 북 페이지 수(4~6p)가 많고 비교적 고액상품이 많은 메뉴는 최고급 전문점

② 메뉴 북 페이지 수(2~3p)에서 비교적 가격이 적당한 상품이 많은 메뉴는 패밀리 레스토랑 점포가 많은 경향이 있다.

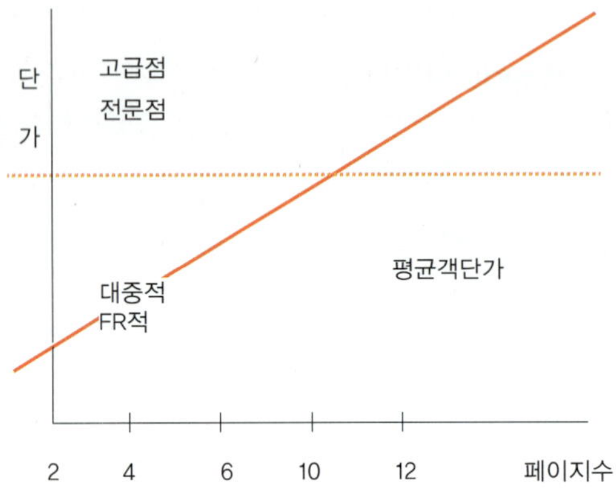


### (2) 메뉴개선 제작 Flow

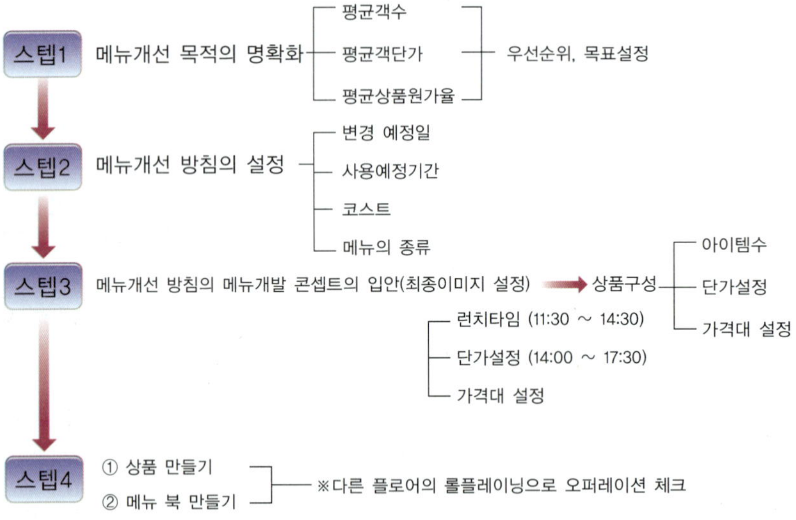

### (3) 페이지 레이아웃상의 주의점(기본 패턴)

- 처음에 펼치는 2, 3페이지와 4, 5페이지는 그 점포의 평균 객단가를 결정하는 중요한 페이지다.

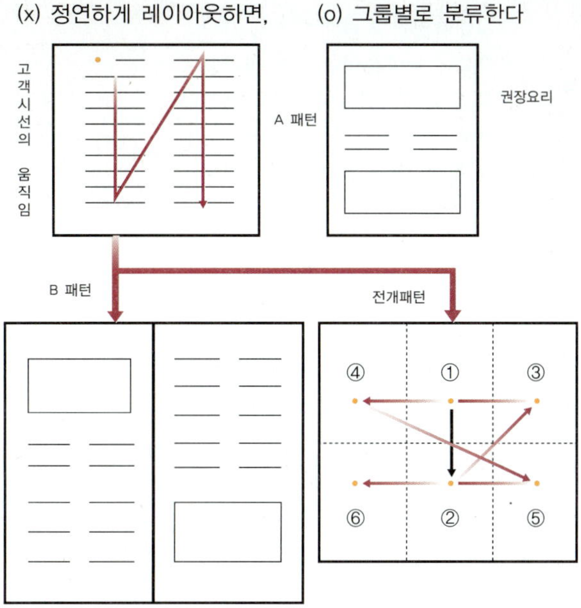


## 2. 메뉴 개발의 방법

### 메뉴 콘셉트 만들기

점포의 메뉴 콘셉트는 영업 콘셉트로부터 결정된다. 영업 콘셉트를 결정하기 위해서 먼저 정해진 물건에 대한 입지조사와 상권조사가 필요하다.

이 조사내용을 분석하여 점포의 방향을 결정하게 되는데, 이것을 영업 콘셉트라고 한다. 영업 콘셉트는 '어떤 상품을, 얼마에, 누구에게, 어떤 내점동기로, 어떤 점포분위기에서 고객을 유치할 것인가' 등의 방향을 확정하는 것이다. 즉, 업종, 업태, 타깃, 내점동기, 점포분위기를 결정하는 것을 말하는데, 이러한 영업 콘셉트 안에서 메뉴 방향을 확정하는 것을 메뉴 콘셉트라 한다.

표 9-1 상품 콘셉트의 제안

A 레스토랑 프로젝트 | (a) Fresh 샐러드와 수프

<table>
<tr>
<td>(1) 고객이 본<br>SHOP THEMA</td>
<td>Water Side Resory Restaurant<br>현대사회의 스트레스 속에 사는 사람들에게 마음의 리조트 공간을 "물의 축제" 라는 이미지를 메인 테마로 제공한다. 식사를 하며 심신을 편히 쉴 수 있는 레스토랑을 연출한다.</td>
<td rowspan="2">(2) 전체적인<br>상품이미지</td>
<td rowspan="2">• 신선한 씨푸드와 가벼운 선택감을 표현하는 비프를 식재의 중심으로 한다.<br>• 폭넓은 고객의 지지를 얻기 위해 일식을 주체로 한 조리방법으로 제공한다.<br>• 일상의 경이를 점포 콘셉트와 함께 표현할 수 있는 상품 콘셉트를 실현한다.</td>
</tr>
<tr>
<td>(3) 분류상품의<br>위치분야</td>
<td>시설전체의 커다란 테마이다. '건강이 넘치는 일상생활' 을 표현함과 동시에 한국 전체에 서서히 침투한 [건강한 생활]을 이미지화시킨 상품분야이다. 또한, 식사의 심리적인 충실을 연출하는 것을 생각할 수 있다.</td>
</tr>
<tr>
<td>(4) 전체 상품 중에서 우선순위<br>(Priority of Product Bunch)</td>
<td colspan="3">분류상품군의 상세 … 우선순위<br>(a) Fresh 샐러드와 수프 … 9<br>(b) 호화로운 새우와 게요리 … 4<br>(c) 초밥&일식의 오리지벌 콤비네이션 … 2<br>(d) 비프스테이크&햄버거 … 3<br>(e) 일식이 주체가 된 일품요리 … 10<br>(f) 일식세트 요리 … 1<br>(g) 스파게티와 오리지널 우동 … 6<br>(h) 초밥이 주체가 된 가벼운 정식 … 5<br>(i) 오븐에서 … 8<br>(j) 라이스디시 … 7<br>(k) 소프트 드링크 … 11<br>(l) 디저트 … 12<br>(m) 알코올 … 13<br>(n) 연회관계 메뉴<br><br>사이드 상품으로서는 상당히 중요한 위치를 부여해야하는 상품이다. 특히 손님에게 점포의 숍 콘셉트를 표현할 때에도 중요한 역할을 한다고 생각한다. 동시에 실제로 식사할 때, 코스적인 발상을 도입하기 위해서는 이러한 사이드 디시를 잘 어필함으로써 상당한 부가가치를 올릴 수 있으리라 생각한다. 따라서 점포 사이드에서의 관리가 매우 어려운 상품이지만 과감히 도전해 보고 싶다.</td>
</tr>
</table>

(계속)

| | |
|---|---|
| (5) 시간대 : 이용동기에 따른 정합성 (Appropriety Btwn Product&Hour) | am 7~11 ➔ 조식수요<br>am 11~2 ➔ 중식수요<br>가벼운 여성샐러드 앙트레식으로<br>am 11~2 ➔ 중식수요<br>가벼운 여성샐러드 앙트레식으로<br>am 2~5 ➔ 차 수요<br>am 5~9 ➔ 석식수요<br>Course combination의 부가가치<br>am 9 ~ ➔ 의식 수요<br>가벼운식사의 일부로 제공<br>매일 모든 시간대에 대응할 수 있는 상품특성을 갖고 있다. |
| (6) 구체적인 상품 이미지 | 일식 산채를 듬뿍 담은 건강 샐러드 ········ 4,800<br>국수샐러드 ········ 4,500<br>텍사스콘 샐러드 ········ 3,800<br>듬뿍 담은 파티 샐러드 ········ 8,000<br>콘포타쥬 수프(컵) ········ 1,800<br>〃 (볼) ········ 3.000<br>건강 수프(컵) ········ 1,800<br>건강 수프(볼) ········ 3,000<br>대체로 조리 오퍼레이션상 상당히 어렵고 만들기도 어려운 샐러드 상품을 식재로 잘 조합함으로써 무리 없이 도입하는 것을 목표로 상품을 구성하였다. 또한 신선한 야채를 맛있게 먹을 수 있는 것에 주안점을 둔 샐러드 상품의 구성의도는 충분히 전해질 수 있다고 생각된다. 한편 수프 상품에 관해서는 상당히 합리적인 오퍼레이션 도입을 꾀하였다. 홀오퍼레이션을 간단하게 함과 동시에 세트상품의 사이드로서의 성격을 적절하게 전달하기 위한 방법이다. |

표 9-1은 어느 레스토랑의 메뉴 콘셉트 중, 프레시 샐러드와 수프 상품의 콘셉트표로 우선 점포전체에서 본, 숍테마(영업 콘셉트의 윤곽)를 여기에서 워터사이드, 리조트, 레스토랑이라 정의하고, 다음으로 (2)에서 이 영업 콘셉트를 더욱 세분화하여 전체상품 이미지(메뉴 콘셉트의 윤곽)를 정한다.

또한 (4)에서 메뉴의 상품군을 명확하게 메뉴 전체를 중요도에 따라 우선순위를 결정한다. (5)에서는 시간대 이용 동기에 따라서 (a)의 프레시 샐러드와 수프에 대하여 어떠한 수요를 기대할 수 있는가를 생각하고 (6)에서 구체적인 상품 이미지에 맞는 판매가를 정해가는 것이다.

## 메뉴 가격 만드는 법

여기서 문제가 되는 곳은 (6)의 구체적인 상품 이미지 항목으로 '1품씩의 판매가를 어떻게 정하면 좋은가' 라는 것이다. 업태에는 패스트푸드, 패밀리 레스토랑, 패밀리 다이닝, 디너 하우스라는 네 가지 업태가 있다.

이들 업태의 구별은 QSC레벨과 거기에 연동한 객단가에 의해서 이루어지므로 우선 이 현장 QSC레벨과 객단가를 합치시키는 것이 가장 중요하다.

따라서 우리 점포의 입지분석(객층분석)에 의하여 패밀리 레스토랑의 영업 콘셉트가 가장 적합하다고 판단되면 당연히 점포의 QSC레벨도 패밀리 레스토랑 레벨에서 추구해야 하고, 판매가도 패밀리 레스토랑 가격대인 2,500~11,500원으로 설정해야 한다.

패밀리 레스토랑의 경우에 고객들이 내점했을 때, 수프에서 메인디시, 디저트를 객단가 약 7,800원 이내에서 먹을 수 있도록 1품씩 상품판매가를 붙여 두어야 한다. 결코 1품의 판매가가 7,800원이 아니다. 그리고 이 가격을 정할 때, 가격대 분석표를 활용하여 1품씩 판매가를 정한다.

그림 9-1은 어느 대형 체인점의 푸드메뉴(디저트와 드링크류를 제외한 식사만)의 가격대 분석표인데, 4,500~7,500원 사이에 산, 1,500~4,000원 사이 중간 정도의 언덕, 그리고 7,500원에서 11,500원 사이가 숲으로 되어 있다.

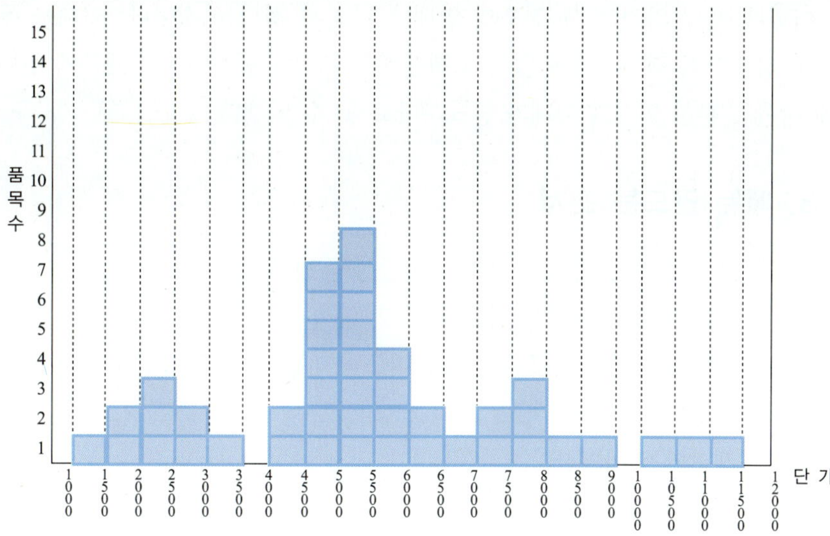


그림 9-1 어느 대형 체인점의 가격대 분석표

이러한 산, 언덕, 숲으로 배치된 메뉴 가격대는 패밀리 레스토랑 레벨의 음식점에서는 상당히 손을 내밀기 쉽고 가치를 느끼게 해주는 설득력이 있는 메뉴가 된다. 상품 한 가지씩 판매가를 정하는 경우에 결코 원가에서 판매가를 산출하는 방법을 취해서는 안 된다. 객단가를 얼마로 해야 하는가를 정하고 그 틀 속에서 상품을 만들어 내는 연구를 해야 한다.

또한 패밀리 다이닝의 메뉴 가격대는 당연히 이 산, 언덕, 숲이 고단가 쪽으로 이동해서 3,000~7,000원에 완만한 언덕이, 8,000~13,000원에 산이, 그리고 13,000~20,000원에 숲이라는 배치를 이루게 된다.

그리고 디너 하우스의 경우에는 단품보다 코스가 중심이 되기 때문에 이 가격분석표는 그다지 도움이 되지 않으며, 마찬가지로 패스트푸드의 경우도 극단적으로 메뉴를 짜 넣었기 때문에 이 분석표는 도움이 되지 않는다.

그러나 디너 하우스나 패스트푸드라고 하더라도 고객에게 점포에서 돈을 얼마나 쓰게 할까를 우선 정하고, 또한 디너 하우스의 경우에는 메인 코스의 가격을 우선 정하고 음료, 서비스료를 정한다. 패스트푸드의 경우에서는 주상품의 판매가를 정하고 다음으로 주스나 커피의 가격을 정하여 1인당 몇 천 원이 되도록 조립해간다.

이렇게 메뉴 가격은 그 점포의 업태에 따라서 정하는 것이다. 업태를 무시한 상품가격 결정은 틀림없이 고객에게 지지받지 못한다. 그 때문에 업태에 대한 충분한 인식과 이해가 중요하다고 할 수 있겠다.

### 3. 메뉴 만드는 순서

① 객층 분석을 하여 입지와의 적합성을 체크한다.
② 영업 콘셉트 윤곽을 정한다.
③ 메뉴 콘셉트와 점포 콘셉트에 어긋남이 없는지? 정합성을 체크한다.
④ 상품구성을 정한다.
⑤ 객단가를 체크한다.

여기까지 작업이 진행되면, 한편으로는 그 상품구성에 맞는 주방오퍼레이션 조리장을 디자인하게 된다. 그리고 마침내 구체적인 메뉴작성이 개시되게 된다.

그림 9-2는 메뉴작성의 순서일람표이다. ①~⑤까지에 대해서는 설명했기 때문에 여기서는 생략하고 ⑥부터 이야기를 진행시키기로 한다. ⑥은 표 9-1에서 구체적으로 게시되어 있듯이 A점의 경우에는 (a)의 프레시 샐러드와 수프를 비롯하여 (n)의 연회관계 메뉴에 이르기까지 모든 부문을 표 9-1처럼 만들어간다.이것이 완성되면 ⑦의 상품 프레젠테이션 만들기에 들어간다.

사용하는 집기를 1가지씩 정해가고, 또한 담기도 여기서 정한다. 그리고 ⑤의 레시피를 작성해 간다. 이 레시피가 완성되면 ⑥ 식재의 보관 장소, 여기서는 특히 구매 마친 식재를 어느 냉장고 또는 서랍식 냉장고에 넣어둘 것인가를 식재 하나하나씩 정해간다.

보관방법이 나쁘면 조리사의 움직임 효율이 나빠져서 피크 시에 조리가 크게 늦어지거나, 그것을 커버하기 위한 인건비가 많이 든다. 식기도 이것과 똑같이 모든 식기를 어떻게 두어야 하는가를 체크하여, 그 위치를 정한다. 가능한 한, 조리사가 최소 동작으로 손이 닿을 수 있는 장소에 식재와 식기를 두어야 한다.

조리장은 이러한 체크작업을 진행해 가는 한편, ⑧ 메뉴 북에 사진을 넣는 경우에는 어떠한 상품을 촬영하여 메뉴 북에 넣을 것인가를 정한다.

최근 패밀리 레스토랑은 모든 상품을 촬영하여 메뉴 북에 넣는 경우가 많은데, 이러한 경우에는 어떤 상품을 큰 사진으로 넣을 것인가를 정한다. 여기에서 유념해야 할 점은 이익률이 높은 자사에 유리한 상품만을 이것저것 큰판사진으로 눈에 띄게 메뉴북에 넣어서는 절대로 안 된다는 점이다. 고객들이 가장 흥미가 있는 관심도가 높은 상품을 전면에 넣어야 한다.

이 사진 넣기가 끝나면 다음으로 상품 하나씩의 코멘트를 만들어 간다. 상품 중에서 그다지 팔고 싶지 않은 일반적인 상품은 코멘트가 필요 없지만, 특히 힘을 기울여 팔고 싶은 상품은 반드시 매력적인 코멘트를 인쇄해 넣는다.

'알차고 즐거운 스테이크 코스' 등의 문구로 알기 쉬운 코멘트를 붙인다. 또한 씨푸드 믹시 프라이(새우 · 오징어 · 게 크림 고로케의 버라이어티한 프라이)처럼 상품의 내용을 명확하게 설명하는 코멘트도 여기서 검토한다.

그리고 ⑩ 메뉴 북 디자인 제작에 들어간다. 한편 이 단계에서 ⑧조리장에서 실제로 상품의 시작(試作)을 행한다. 한 장씩 사진을 찍어 두고, 프레젠테이션 체크를 함과 동시에 식재료, 맛, 조리법 등에 대해서도 체크한다.

이 체크가 끝나면, 드디어 ⑪ 상품촬영에 들어가고 ⑫ 메뉴 북을 인쇄하여 메뉴가 완성된다. 이 ⑩에서 ⑫의 3가지 순서의 내용에 대해서는 메뉴 북 만드는 법에서 상세하게 설명하겠다.

메뉴를 실제로 점포에서 상품화하기에 이르면 다시 한 번 메뉴 레시피를 잘 맞추어 상품을 시작하고, 조리를 하는 조리사 그리고 주문을 받고 요리를 운반하는 홀 종업원에게 한 가지씩 시식을 시켜 각각의 요리내용과 맛을 충분히 이해시키고, 또한 한 품, 한 품 세일즈 포인트를 가르치면 메뉴가 스타트하게 된다.

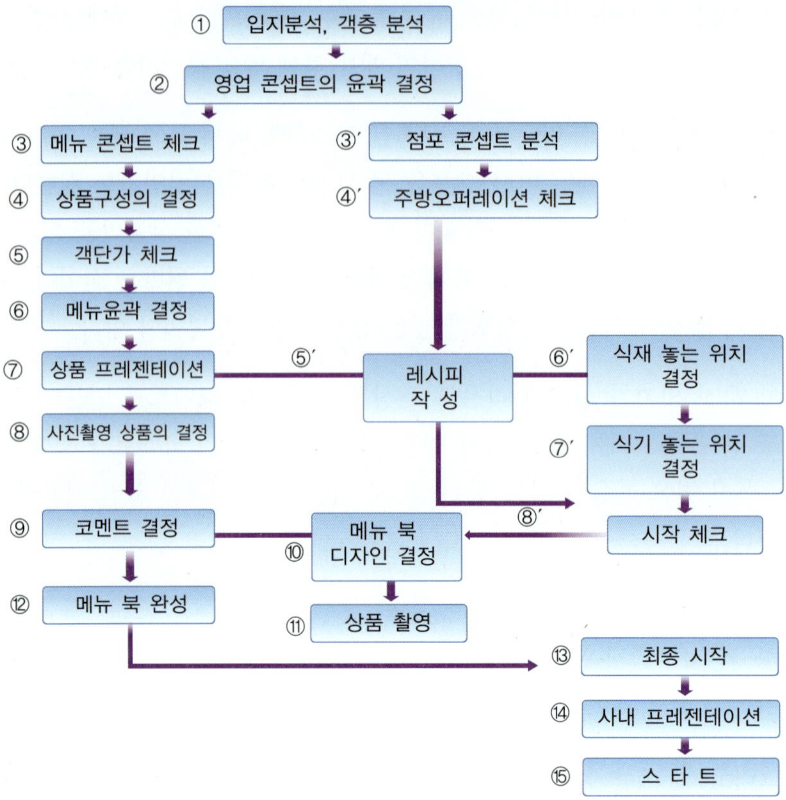


그림 9-2 메뉴작성의 순서

## 메뉴 북 만드는 법

음식점 영업에 있어서 메뉴 북은 정말로 중요한 역할을 한다. 일반적인 상품판매의 경우에 그 상품을 소개하는 카탈로그가 하는 역할은 매우 크다. 그 때문에 자동차산업이나 가전산업, 그리고 화장품회사 등도 카탈로그 제품에 전력을 기울이고 돈을 들인다.

메뉴 디자인 전략이란 감성마케팅의 일부로, 시각 이외에도 고객의 감성 즉 청각 · 후각 · 촉각 · 미각 등을 이용한 마케팅이다. 음식점의 메뉴 북은 음식점의 상품 카탈로그이다.

그럼에도 불구하고 힘을 기울여야 할 메뉴 북에 일반 음식업자들은 예산을 아끼고 그다지 돈을 들이지 않는다. 또 한편으로 음식점 메뉴 북은 고객에게 드리는 점포의 러브레터라고 생각할 수 있다. 애인에게 주는 러브레터가 손때로 더러워진다거나 도처에 올린 가격을 종이로 붙여서 글자를 정정했다거나 해서는 애인의 마음은 틀림없이 떠나 버릴 것이다.

음식점의 메뉴북은 항상 그 점포의 주장이 명확하게 표현되고, 청결하고 정확해야 하는 것은 물론, 그 메뉴를 봄과 동시에 고객의 마음이 즐거움과 기대로 두근거리게 할 수 있어야만 한다.

따라서 메뉴 북을 만드는 데는 과감히 돈을 들이지 않으면 안 된다. 일반적으로 그 점포의 연 매상의 1%, 즉 연 매출 3억 원의 점포라면 연간 300만 원의 예산을, 연 매출 점포가 3점포 있는 회사라면 연간 900만 원의 메뉴 북 예산을 계상하더라도 절대로 손해가 아니다.

그것을 아껴서 모처럼 메뉴를 만들어 매상을 늘리고자 했는데, 고객의 마음을 멀어지게 하는 경우가 많다. 그러면 고객들의 마음을 잘 잡을 수 있는 메뉴 북 만들기에 대한 구체적인 이야기를 해 보자.

업태별로 보면, 패스트푸드의 메뉴 북은 카운터 위쪽에 설치된 메뉴 보드일 것이다. 지극히 일반적인 것은 사진을 넣은 것이다. 따라서 이 사진에 '얼마만큼 힘을 기울이느냐' 가 관건인 것이다.

사진의 색이 변색되어도 무사태평, 가격표 플라스틱 보드가 떨어져도 신경 쓰지 않는다면 낙제다. 항상 잘 손질하여 아름다운 메뉴 보드를 유지하려는 마음가짐이 중요하다. 다음으로 패밀리 레스토랑 메뉴 북이다. 이것은 대형 패밀리 레스토랑이 훌륭한 사진을 넣은 메뉴를 만들고, 모범을 보였기 때문에 그 스타일이 일반화되고 있다. 즉 8~10페이지 분량의 책이다.

패밀리 다이닝은 메뉴 북 구성방법이 전혀 다르다. 패밀리 레스토랑은 우선 비교적 손쉬운 샐러드나 가벼운 식사에서 시작하지만, 패밀리 다이닝은 팔고 싶은 객단가 20,000 ~ 30,000원 정도의 상품이 전면에 나온다. 이 차이를 우선 이해하는 것이 중요하다.

패밀리 레스토랑에서 객단가를 올리고 싶은 마음을 메뉴에 나타내어 맨 처음 페이지에 30,000원 전후의 스테이크류를 게재하게 되면 객단가 15,000원 전후의 패밀리 레스토랑의 고객층은 메뉴를 펼치는 순간 "이 가게 굉장히 비싸네!" 라는 기분이 들게 되어, 다음부터 오고 싶지 않게 된다.

패밀리 레스토랑에 들어와서 비싼 상품을 원하는 고객은 정중하게 마지막 페이지까지 넘겨 준다. 그 때문에 패밀리 레스토랑 레벨의 점포에서 메뉴 북 첫 페이지는 가벼운 상품소개부터 시작하는 것이 바람직하다.

디너 하우스의 메뉴 북은 전문점이기 때문에 메뉴 상품 수(아이템)는 상당히 함축되어 있어 단순명료하고, 또한 메뉴를 쓰는 법도 전채에서 주 요리, 그리고 디저트인 마지막까지 그 식사순서에 따라 씌어있기 때문에 메뉴는 상당히 만들기 쉽다. 그렇지만 알코올류 등은 매우 다양하여 전문지식이 필요하다.

이렇게 메뉴 북 만드는 법도 업태에 따라서 전혀 다르다. 이것을 혼동하여 패밀리 레스토랑인데도 불구하고 디너 하우스 메뉴 스타일을 취한다거나, 디너 하우스인데도 불구하고 패밀리 레스토랑 스타일로 한다면 고객들은 외면해 버리거나 실망을 하게 된다.

또한 그림 9-2를 보면 알겠지만, 패스트푸드, 패밀리 레스토랑, 패밀리 다이닝, 그리고 디너 하우스 이 4가지 업태는 각각의 업태에 따라서 명확하게 아이템 수도 다르고, 각각이 갖는 상품의 다양성도 다르다. 이러한 점을 충분히 이해한 후에 메뉴 북을 만들어 가는 것이 중요하다.

지금까지의 메뉴 북은 비교적 매상고가 있는 음식점의 이야기였다. 더 나아가서 소 · 중규모 점포의 경우에는 또 다른 방법으로 해야 한다는 것은 말할 필요도 없다.

연 매상 5,000만 원 정도인 음식점에서는 사진을 넣은 메뉴 북의 예산을 세울 수 없다. 그러므로 거의 돈을 들이지 않고 메뉴 북을 만들게 된다.

표 9-2 업태별 상품 구성의 특성

| | 상품 아이템 수 | 평 균 단 가 | 추정 평균객단가 |
|---|---|---|---|
| 패스트푸드 | 15~40품목 | 3,000~ 8,000원 | 4,000~ 8,000원 |
| 패밀리 레스토랑 | 80~150품목 | 10,000~15,000원 | 12,000~15,000원 |
| 패밀리 다이닝 | 50~80품목 | 20,000~30,000원 | 25,000~35,000원 |
| 디너 하우스 | 25~50품목 | 40,000~50,000원 | 40,000~ 원 |

가능한 한 알기 쉽고 재미있는 메뉴 북이 되기 위해서는 글자체, 일러스트 등에도 신경을 쓰고, 디자이너에게 자신이 의도하는 점을 충분히 설명을 하여 만드는 것이 좋다. 손으로 쓰거나 워드프로세서로 작성한 메뉴는 결코 오늘날의 고객들이 좋아하지 않는다.

마지막으로 끼워 넣는 메뉴에 대하여 알아보자. 지금까지 메뉴 북을 그랜드 메뉴라고 하며, 이것은 1년 동안 일반적으로 변하지 않는다. 다만 사계절의 변화에 따라서 그 계절상품을 팔고자 하거나, 계절에 맞는 요리를 팔고자 하는 경우에는 끼워 넣는 메뉴를 사용한다.

## 3. 메뉴 개발의 실제

메뉴 개발의 실제 음식점이 번성하기 위해서는 메뉴 전략이 매우 중요하다. 그것을 위한 메뉴 콘셉트, 메뉴 북 만드는 법에 관하여 앞에서 큰 줄기는 설명을 했지만, 그중에서 무엇보다도 상품자체의 힘이 없어서는 아무리 메뉴 전략을 잘 짜더라도 그것은 전혀 의미가 없다.

상품 하나하나가 고객들에게 어느 정도 설득력이 있는가 하는 것이 문제가 되고, 그 설득력이야말로 고객을 점포로 끌어들이는 최대의 무기라고 할 수 있다.

1985년 미국의 '체인스토어 이론'이 도입됨에 따라, QSC의 밸런스만 좋아지면 그 나름대로 고객을 모을 수 있었다. 오퍼레이션만 확실하게 해 두면 국내 기존의 음식점을 이길 수 있다는 생각이 일거에 확대되어 냉동식품이나 1, 2차 가공된 식재료만으로 상품을 구성한 패밀리 레스토랑이 급속하게 확대되었다.

한편, 점포의 규모나 디자인에만 비중을 두어 냉동식품이나 레토르트 식재료로 거의 모든 요리를 해온 카페나 선술집이 1985년 말부터 우후죽순격으로 생겨나기 시작했다. 그런데 이러한 음식점 중에서 오늘날의 소비자 생활수준 향상에 따른 고품질 추구에 의하여 상품력이 떨어지는 점포는 점점 소비자들의 발걸음이 뜸해지고 있는 것이 사실이다.

앞으로는 디너 하우스 레벨의 전문점만이 아니라, 패밀리 레스토랑이나 패스트푸드는 물론이고, 카페나 캐주얼 레스토랑에서도 상품력이 없으면 고객으로부터 지지를 받지 못하게 된다. 그래서 음식점의 번성을 위한, 정말로 설득력 있는 상품개발이 요구된다.

음식점의 상품개발의 포인트는 다섯 항목으로 정리할 수 있다.

## 우리 점포의 영업 콘셉트에 맞는 상품

앞에서 몇 번이나 반복하여 우리 점포의 고객층과 우리 점포 영업콘셉트(특히 메뉴와 점포 콘셉트)의 밸런스 체크와 그 정합성이 가장 중요하다고 하였다.

예를 들어 패스트푸드에는 패스트푸드에 어울리는 상품이 있고, 패밀리 레스토랑에는 패밀리 레스토랑에, 그리고 디너 하우스에는 그에 맞는 상품이 있다.

패밀리 레스토랑에서 디너 하우스의 언더소스 햄버거를 제공한다거나, 작은 접시 요리로 메뉴를 구성하거나 하면, 당연히 고객 쪽이 "이거 좀 이상하다!" 라며 머리를 갸우뚱거릴 것이다. 점주들은 가격은 그대로 하고 한 단계 위의 상품을 제공하는 것이 고객을 기쁘게 하는 것이라고 흔히 착각한다.

그러나 패밀리 레스토랑에서 일반 고객들은 결코 디너 하우스 레벨의 상품을 요구하지는 않는다. 물론, 패밀리 레스토랑 본래의 '부담 없음' 을 추구하러 점포에 오는 것이다.

그러므로 그 '부담 없음' 을 고려하여 그 나름의 상품을 만드는 것이 중요하다. 또한 이러한 실패의 예도 흔히 볼 수 있다. 일식 패밀리 레스토랑에서 초밥이나 튀김 요리를 팔기 위하여 카운터를 설치하거나, 혹은 그 카운터석에 고객을 앉게 하여 영업을 한다. 이러한 점포들은 우선 대중적인 패밀리 레스토랑 레벨을 어딘가에서 잊어버리고, 맛있는 요리를 낸다.

이것은 전문점의 판매방식이며, 결과적으로 고객을 멀어지게 한다. 이렇게 상품을 하나씩 정할 때 어느 레벨의, 영업형태의, 점포의, 상품인가를 명확하게 하여, 그 영업형태(업태)의 틀에서 벗어나지 않도록 신경을 쓰는 것이 가장 중요하다.

이것은 상품 그 자체뿐만 아니라, 식기를 정하는 법에서도 똑같다. 패밀리 레스토랑에서는 반드시 패밀리 레스토랑 레벨의 식기가 요구되고, 디너 하우스에서는 디너 하우스 레벨의 식기가 필요하다.

패밀리 레스토랑에서 패스트푸드 레벨의 멜라민 접시나 발포 스티로폼 그릇으로는 고객에게 호응 받지 못하고, 그 반면에 자기 같은 고급 식기는 고객들을 오히려 주눅들게 만든다. 그러므로 중간 정도의 그릇이 적당하다.

이러한 상품개발에 있어서 우선 각각의 업태와 레벨에 맞는 상품내용과 프레젠테이션이 중요하다.

## 상품에 대해 주의 기울이기

다음으로 우리 점포에서 파는 상품을 무엇으로 할 것인가? 즉, 간판상품의 선정이다. 지금까지 패밀리 레스토랑이나 캐주얼 레스토랑, 그리고 선술집 등은 그 점포의 영업형태에 너무나 구애를 받음으로써 메뉴에 마음을 뺏겨 고객으로부터 "이 가게는 무엇이 맛있다!" 는 등의 소리를 그다지 듣지 못했다.

앞으로의 고객들은 틀림없이 "ㅁㅁㅁ점의 △△△이 먹고 싶다." 라는 식으로 점포를 선택하게 된다. 앞으로 패밀리 레스토랑에서도 점포의 자기주장을 펼쳐야 할 때가 올 것이다.

따라서 상품에 우리 점포의 특성을 살리는 데 최선을 다해야 한다. 예를 들어 햄버거를 제공하는 경우에 철판을 부글부글 달구어서 고객 테이블 위에서 소스를 살짝 얹으면, 그 순간에 칙– 하고 증기가 솟아오른다.

이러한 특징을 철저하게 하는 것도 그 중 하나의 특성이 될 것이다. 이와 같은 상징성은 말로는 간단하지만 실제로 점포에서 실행해 보면 매우 어렵다. 이 경우에도 설비(철판 히터)를 구비해 놓지 않으면 할 수 없는 작업이다.

또한 이 햄버거를 그릴(철판)에서 구우면 아무래도 기름기가 그 위에 남아서, 햄버거를 그릴에서 제공용 철판으로 옮길 때에 맛없는 기름도 함께 묻어 오게 된다. 하지만 이것을 숯불구이로 하면 햄버거에서 나오는 기름이 숯불에 떨어지고, 떨어진 기름은 숯불 속에서 타서 그 연기가 피어올라 햄버거를 맛있게 만든다.

이렇게 보면 그릴보다 수고가 좀 더 들지만, 이 그릴을 숯불구이로 바꾸는 배려가 앞으로의 상품력의 결정적인 요소가 된다. 국수점포나 우동점포에서도 싸구려 밀가루는 결코 사용하지 않고, 1등지에서 생산되는 일류 밀가루만 사용하는 등의 차별화가 필요하다. 또한 샐러드를 제공하는 경우에도구입한 양상추 · 오이 · 토마토에 대한 적절한 취급, 구입하고 나서도 보관, 사전준비, 스탠바이, 담기에 이르기까지 정확하게 정한 대로 전 종업원들에게 빠짐없이 시킨다.

그리고 우리 점포가 요구하는 샐러드의 레벨로 고객들이 먹었을 때 양상추는 아삭아삭하고, 오이는 싱싱하며, 또한 차가운 것은 차갑게 되어 있어야 한다는 식의 주의를 기울이는 것이 중요하다. 이러한 요리방식과 제공방법, 그리고 식재료에도 관심을 가져야 한다.

## 식재료에 대해 주의 기울이기

식재료에 대하여도 세심한 주의를 기울여야 한다. 상품개발에 있어서 가장 커다란 결정요소가 되는 것이 이 식재료에 대한 지식, 이해의 수준이다. 일반 대중음식점에서는 이 식재료에 대한 지식이 없다. 특히 대부분의 주방일을 주방책임자에게 맡긴 업주들은 식재료에 대한 지식에 어둡다.

좋은 상품개발을 하려고 한다면 야채도매시장, 어시장, 고기시장 등에 꼭 나가서 식재료를 하나하나 손으로 만져보고 공부해야 한다.

가능하면 직접 농가나 부두에 나가서 생산자에게 묻기도 하고, 고기의 경우에는 높은 지식과 정보를 갖고 있는 햄 회사 등을 찾아가서 공부도 할 수 있다. 이렇게 경영자나 상품개발 담당자가 식재료 하나하나에 대해 학습하는 것에서부터 상품개발은 시작된다.

예를 들어 무 하나에도 열무, 알타리무, 달랑무 등이 있고, 무의 종류에 따라서 용도도 다르다. 양상추나 토마토도 각각의 산지에 따라서 맛과 질이 다르다. 생선과 고기질도 계절별, 생산지별 등에 따라 굽는 방법 등이 달라진다. 상품개발 담당자는 이러한 성질, 구분법을 알고 요리를 구성하지 않으면 안 된다.

낙지의 경우에도 근해에서 잡은 것과 원양에서 잡은 것이 다르다. 이 둘의 차이를 어떻게 구분하는지 어느 정도는 알아 두어야만 한다. 원양의 것은 빨판이 팥죽색 또는 핑크색이고 빨판 안은 흰색이다. 하지만 근해에서 잡은 낙지는 빨판의 겉과 안이 모두 약간 검은 팥죽색을 띠고 있다.

고기의 경우에도 마찬가지로 소고기, 돼지고기, 양고기, 그리고 닭고기에 대하여 어느 정도 지식이 있는가가 중요하다. 상품개발 담당자가 등심 · 안심 · 우둔살 · 양지 · 목살 · 사태 등 모든 부위와 각각의 부위에 알맞는 요리를 알고 있는지, 또한 좋은 소고기 구별법을 알고 있는지 확인해야 한다.

"먹어 보지 않고는 모른다."라고 해서는 곤란하다. 소고기는 색으로 대충은 좋고 나쁨을 알 수 있다. 붉은색이 너무 짙은 것은 황소이거나 나이 먹은 소, 혹은 발육이 나쁜 소이다. 젖소나 젊은 소는 색이 엷다. 그러므로 붉은색이 약간 도는 것이 좋은 육질이다.

또한 기름색으로도 식별할 수 있다. 기름이 끼어 있는 부분에 윤기가 있고, 희거나 우윳빛깔을 지닌 고기가 맛이 좋다. 노란색이면 새끼를 여러 번 낳은 소의 고기이므로 맛이 덜하다. 최근에는 국산 소고기보다도 수입 소고기가 많아서 고기의 분별이 더욱 어려워졌다.

일반적으로 풀만 먹이는 오스트레일리아의 소보다도 곡물로 사육을 하는 미국의 소가 좋다고 한다. 이러한 수입소의 경우, 현지에서 고기를 포장한 팩에 따라서 고기의 질에 차이가 난다.

미국소의 경우는 IBP, 스펜서, 킹미트, 에펠 등의 팩커가 좋다고 한다. 그리고 오스트레일리아소의 경우에는 워커즈, 모어필드, 오키, 길버트슨 등의 팩커가 좋은 고기를 공급하고 있다고 한다.

야채 · 생선 · 고기만이 아니라, 조미료에서 스파이스에 이르기까지 기초부터 공부를 하여 생산지까지 나가서 하나하나 식재료 취급법과 그 성질을 알아보고, 그 후에 상품개발에 임할 때 비로소 진정 설득력이 있는 신상품을 만들 수 있는 것이다.

## 주방동선(operation)을 고려한 상품 만들기

조리에 대하여 전혀 이해가 없는 경영자와 상품개발 담당자가 신상품 개발에서 가장 크게 범하는 오류는 주방 오퍼레이션을 무시한 채로 상품을 개발하는 것이다. 예를 들면, 우동점포에서 객단가를 올리려는 목적으로 비교적 고객단가가 높은 튀김을 곁들인 상품(예를 들면 새우튀김 우동)을 메뉴 속에 넣는 경우가 흔히 있다.

그렇지 않아도 바쁜데, 튀김을 곁들인 요리가 점점 늘어나면 튀김을 튀길 시간이 들게 된다. 따라서 다른 우동은 이미 만들어졌는데도 불구하고, 튀김이 튀겨지는 것을 기다리게 되어 결국은 객석회전을 떨어뜨리는 결과를 초래하게 된다. 또한, 객단가를 올려서 매상을 늘리려고 했으나 결국 매상이 오르지 않게 되어 오히려 고객들에게 '요리가 늦게 나온다.' 는 불만만 사게 된다. 신속히 제공하는 것이 상품력의 조건이라고 할 수 있으므로, 빨리 제공하는 것을 배제한 상품개발은 생각할 수 없다.

이와 같은 경우는 얼마든지 있다. 어느 스파게티 점포에서 다른 점포와의 차별화를 위하여 스파게티의 주문을 받고 나서 면을 삶는 경우를 보자. 확실히 바로 삶은 면은 맛있다.

그러나 스파게티를 삶는 데는 최소 10분이 걸린다. 이래서는 요리를 빨리 제공할 수 없다. 이 스파게티를 7분 정도 삶아 놓고, 주문이 있으면 4~5분 정도 다시 한 번 삶아내는 방법도 연구해 볼 필요가 있다.

일식점포에서 앞서 말한 튀김을 비롯해서 회나 초밥 등을 첨가하는 경우는 이 오퍼레이션을 충분히 고려한 후에 새로운 메뉴를 추가해야 한다.

또한 중화요리점의 경우에는, 불판 냄비에서 만들어지는 상품만 개발하면 그 냄비동작에만 매달리게 됨으로써 아무것도 할 수 없게 된다. 게다가 양식의 경우, 주문이 오고 나서 고기를 하나씩 잘라내면 틀림없이 일에 쫓기게 된다.

## 독창성(originality)이 있는 상품개발

상품개발의 최대 결정요소는 그 상품이 갖는 독창성이다. 독창성이라고 하면 곧 진귀한 것 또는 눈에 띄는 것이라고 생각하기 쉬운데, 결코 그러한 것만은 아니다. 앞에서 말한 바와 같이 우리 점포의 영업 콘셉트에 맞추어서, 더구나 식재료의 구성을 잘 하여 일상적인 것이라도 창의성을 갖고 연구한 결과, 타 점포와의 차별화에 성공하고 있는 것을 말한다.

결코 다른 점포의 히트 상품을 어떠한 사상도 없이 우리 점포 메뉴에 도입하는 것이 아니다. 타점의 히트 상품이 히트하는 이유와 그 배경을 이해하지 않고, 단지 상품만 흉내내어 도입해서는 고객들이 절대로 그 상품을 지지해 주지 않는다. 독창성 있는 상품을 만들기 위해서는 주위에 대한 세심한 배려와 소비자의 기호를 꾸준히 연구해서 기본적인 사항의 반복이 있어야 한다.

그와 같이 연구하는 가운데 상품의 독창성이 생길 수 있다는 사실을 알아야 한다.

### 꿈을 이루기 위한 권고

- 계획을 시각화하라. (계획표를 눈에 띄는 곳에 붙여라)
- 세운 계획을 세분화하라. (분기별, 주간별, 일별)
- 당신이 세운 그 계획을 고정시켜라. (결코 남과 당신이 같아질 필요는 없다)
- 실패를 너무 의식하지 마라. (그것은 실패의 시작이다)
- 매일 일의 우선순위를 정하라.
- 자신의 약함과 결코 타협하지 마라. (그것은 실패의 시작이다)
- 장애물을 미리 겁내지 마라. (닥치면 해결의 길은 항상 있다)
- 끝까지 물고 늘어져라. (인내는 성공의 자산이다)
- 나는 해낼 수 있다고 확신하라. (늘 그렇게 스스로 격려하라)

T DE GASCOGNE
AU CADET de GASCOGNE
Restaurant salle au 1er

# Chapter 10

# 외식산업의 상권조사기법

# Chapter 10

# 외식산업의 상권조사기법

1. 상권조사의 목적 및 방법
2. 상권조사 점포의 개요
3. 입지 및 상권조사결과 종합의견

"개점계획의 첫 번째 요소는
정확한 상권조사이다."

상권조사기법은 많은 외식업체에서 널리 사용되고 있다. 업종 · 업태에 따라 다소 차이가 있으나, 이제 상권조사기법을 응용한다면 훌륭한 기초자료가 될 것이다. 상권조사는 날씨와 계절 및 요일에 따라 많은 차이가 있으므로 유념해야 한다.

이를테면, 비 또는 눈이 오는 날씨는 통행량에 많은 제한이 있기 때문에 피해야 한다. 반드시 주중의 월 ~ 금 중에서 선택하고, 주말은 별도로 조사해야 한다. 최근에는 주 5일 근무에 따라 상권에도 많은 변화가 따르기 때문에 월요일과 금요일을 별도로 구분하여 조사하는 것이 바람직하다.

참고로 〈중소기업청 소상공인진흥원(http://sg.smba.go.kr/sbdc/)〉을 검색하면 우리 점포 주변에 대한 상세한 상권조사가 되어 있다. 이를 참고하여 상권조사를 한다면 쉽게 좋은 성과를 거둘 수 있다.

※ 아래 자료는 실제로 패스트푸드 업체 상권조사에 사용하였던 자료임.

## 1. 상권조사의 목적 및 방법

### 조사의 목적

한국의 외식사업은 급속도로 발전하고 있다. 패스트푸드(fast food) 형태의 롯데리아와 전통적인 장터국수 등을 시발점으로, 현재는 다양한 업종 · 업태의 외식업체가 치열한 경쟁상태에 돌입해 있다.

심화되는 외식업체의 경쟁 속에서 성공하는 외식업소를 만들기 위해서는 입지 및 상권의 정확한 조사 · 분석을 통한 고객욕구 파악 및 주변환경요인에 적합한 점포를 출점해야 한다.

본 조사서는 대상 상권의 입지와 주변환경, 그리고 고객의 집객형태 등을 파악하여 출점전략을 수립하고, 이에 따른 영업전략과 마케팅 전략을 수립하기 위한 기초자료로 활용할 수 있게 작성되었다.

### 조사방법

- 도보에 의한 후보 점 주변 관찰조사(반경 300미터 내외)
- 경쟁 점포 주변 상점가 조사
- 후보 점포 전면의 보행자 통행량 조사(3일 동안 36시간)
- 잠재 고객의 동선 파악
- 관공서 발행자료 및 기타 정보수집
- 경쟁점 전면 및 주변지역 사진촬영
- 기타 관련사항 조사

### 조사시기

요일과 시간 및 계절에 따라서 유동인구는 변화가 많다. 그러므로 통행량 조사는 적당한 시기를 택해서 실시되어야 한다.

- 요일 : ① 화 · 수 · 목 중 택일 ② 월 · 금요일 ③ 토요일 ④ 일요일

## 2. 상권조사 점포의 개요

본 상권조사는 안양시 동안구에 입점예정인 패스트푸드 업체의 사례를 예로 들어서 조사한 것이다. 그 당시에 이 지역은 미개발된 지역으로 성장성과 발전가능성이 그 어느 곳보다도 높았기 때문에 좋은 입지조건을 갖추고 있었다.

## 외식점포 건물현황

| 구 분 | | 내 용 |
|---|---|---|
| 소 재 지 | | 안양시 동안구 ㅇㅇ동 000번지 |
| 건 물 형 태 | | 주차장 복합 건물 |
| 층 · 수 | | 지하 2층, 지상 8층 |
| 층별 업종구성 | 지상 1 ~ 2층 | 후보점 외 대형 할인 쇼핑센터(킴스클럽) |
| | 기 타 | 주 차 장 |

## 입점예정 점포현황

| 구 분 | 내 용 |
|---|---|
| 위 치 | 평촌 범계역 주변 뉴코아백화점 주차장 예정지 |
| 점포 전면길이 | 15M |
| 전 용 면 적 | 68평 |
| 건 축 선 | 독립부지도 주변 건물과 유사 |
| 층 별 위 치 | 지상 1층 ~ 2층 |

## 조사내용

### (1) 조사내용 개요

| 환경 | 특기할 상황 |
|---|---|
| 입지환경 | • 대상 건물은 범계역과 연계되는 뉴코아백화점에서 운영하는 킴스클럽(할인매장) 건물이며, 선경 · 우성 아파트와 4차선 도로로 접해 있음.<br>• 뉴코아백화점 부근 건물은 대부분 완성, 상가가 형성되어 있으나 실제적인 상권 형성은 잘 되어 있다. |

## (2) 입지환경 조사

### 1) 입지환경

| 환경 | 특 기 할 상 황 |
|---|---|
| 입지환경 | • 대상 건물은 범계역과 연계되는 뉴코아백화점에서 운영하는 킴스클럽(할인매장) 건물이며, 선경 · 우성 아파트와 4차선 도로로 접해 있음.<br>• 뉴코아백화점 부근 건물은 대부분 완성, 상가가 형성되어 있으나 실제적인 상권 형성은 잘 되어져 있다. |
| 교통지리 | • 지하철 3호선 ○○역이 위치하고 있고, 서울, 일산 방면으로 가는 버스가 많은 상태<br>• 아파트 단지 내에 수시로 ○○역으로 이동할 수 있는 마을버스가 운행되고 있음. |
| 통행동선 | • 인접한 아파트 단지의 동선은 주로 ○○역이나 ○○백화점, ○○마트를 이용하기 위하여 배후 아파트 단지 내 잠재고객의 동선은 주로 아파트 후문으로 한정되어 있으며(상권 위치가 후문 쪽임), 후보지 전면 통행 인구 동선은 거의 형성되어 있지 않음. |
| 시계성 | • 아파트 단지에서의 시계성과 후보점 정면부의 시계성은 없으나, 기타 3면은 곧 다른 상가가 건설될 계획이므로, 즉 후면 시계성이 매우 불량해질 것으로 조사됨.<br>• 건물 우측면에 파출소가 위치, 특히 시계성의 감소 요인으로 작용될 소지가 있음.<br>• 아파트 후문과 횡단보도가 연결되어 있어, 건물 정면의 시계성이 극히 우량하여 이곳 통과자의 인지도에 많은 영향을 끼칠 수 있음.<br>• 시계성에 있어 전철과는 거의 연결이 안 되는 위치에 있다는 단점을 가지고 있음. |
| 접근성 | • 후보 점은 아파트 주민들의 도보 및 마을버스를 통해 접근하기 매우 용이함.<br>• 100M 이내에 ○○역이 위치하고 있고, 버스정류장과도 인접하여 대중교통을 통한 접근성이 용이함.<br>• 점포의 입구에 있는 도로는 일방통행이고, 본 점포를 이용하기 위한 주차장 시설은 없는 상황이라 개인차량에 의한 접근성은 좋지 못함. |
| 지리적위치도 | • 상세한 지도책을 참고로 해야 함. |

### 2) 입지의 기능적 위치

후보점이 위치하고 있는 지역은 범계역을 이용하는 전철이용자와 각종 관공서 진출에 따른 종합적인 상가 지역으로, 자리를 잡으면 특히 금융, 증권, 백화점과 대규모 농산물 유통거래시장, 무역센터 등의 보조적 기능이 함께 조화를 이루며 성장될 수 있는 기능을 가진다.

| 기능적 위치 | 예 상 환 경 |
|---|---|
| 교통 기능 | • 전철과 안양 시내를 잇는 버스의 노선 증가가 예상됨.<br>• 인접한 군포, 의왕, 과천과 연계될 수 있는 시간(20분)대 위치<br>• 주변상권 흡수가 가능한 지정학적 조건 구비 |
| 교육 기능 | • 주변에 평촌고교, 범계초등교, 범계중교, 귀인중교, 신기초등교, 관악고교, 화성초등교, 백영고교, 동안초등교, 달안초등교, 부흥 초 · 중 · 고교 등이 위치하고 있으며, 여성문화회관 등이 건설될 예정임. |
| 관공서 | • 시청, 구청, 전화국, 경찰서 등 안양 내 관공서의 평촌 이전 후에 관공서 관련 중 · 소 사무실의 진출로 소비화 가속이 예상됨. |
| 공 원 | • 후보지 동쪽에 대규모 야외공원 조성 |

| 기능적 위치도 | 범 례 |
|---|---|
| 입점예정지의 원을 그려서 그 곳에 밀집상권지역, 주거지역, 교육시설, 공원시설, 관공서 등의 위치를 반드시 확인하여야 한다. (지도참조:네이버 맵)<br>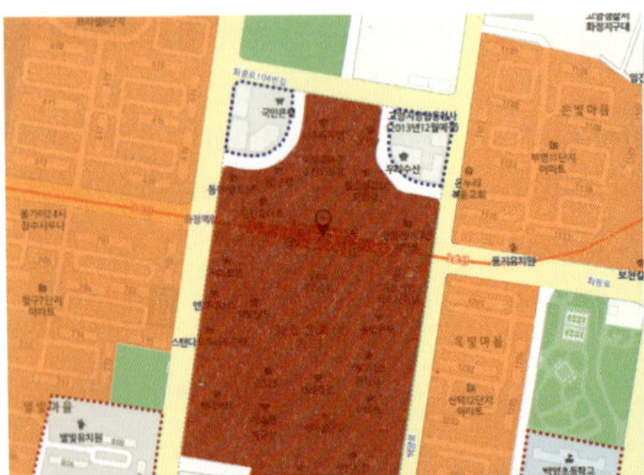 | 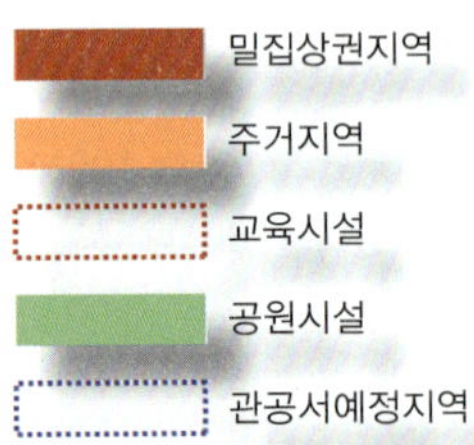 |

### 3) 입지환경

#### ① 입지 환경의 개요

- 후보점은 주차장 및 할인매장의 단위 건물이며, 향후 평일에는 주부를 중심으로 하는 인근 아파트 주민의 유입과 주말의 가족 쇼핑객이 잠재고객으로 예상되는 장소에 입점 예정임.
- 후보점은 상권 입지상 통행인구가 매우 부족하고, 특히 인근 상권형성 미비로 출점에 따른 큰 위험부담이 예상됨.
- 다만 '킴스클럽' 이라는 할인매장의 활성화는 최근 서울에서 개점, 성황을 이루는 사업으로 전개되고 있는 '프라이스 클럽 : 서울 영등포구 양평동 소재', '2001 아울렛 : 이랜드', 기타 백화점에서 운영하는 E마트, 뉴코아 아울렛같이 향후 성장의 방향에 따라 출점의 성사가 좌우됨.
- 배후지역은 아파트 단지로 비교적 다양하고 폭넓은 평수(18 ~ 45평)로 조사된 바, 이들 고객의 생활수준에 따른 매장활성은 매우 긍정적으로 예상되어 패스트푸드 신규점 진출의 명암은 그리 어두운 편은 아님.

#### ② 지역 개발

- 현 후보점 주위는 대부분 건물이 신축 중이어서 실세 선물에 입점한 후에도 이들 건물로 말미암은 다소의 영업 장애는 예상되나, 지역 개발이 완료되는 0000년 6월 이후에 시장형성과 함께 고정고객 확보전략을 구사하면 충분한 승산이 있는 지역으로 판단됨.
- 0000년 6월 안양 시청, 시의회, 구청, 보건소 개청과 0000년 9월 농수산물 도매시장 개설이 예정되어 있으므로, 관공서를 중심으로 한 사무실 입점과 유동인구 발생으로 향후 대단한 상권발달이 예상됨.

#### ③ 교통 환경

- **도로** : 서측 50m 거리의 25m도로(비산동 ↔ 군포사거리) 남측 중앙공원으로 통하는 20m도로
- **버스 정류장** : 신한은행 앞
- **지하철 역** : 북측 80m거리 범계역(지하철 4호선)

## (3) 통행량 조사

### 1) 조사방법

| 항 목 | 내 용 |
|---|---|
| 조사일자 · 시간 | 일자 : 12월 2일 ~ 4일(토, 일, 월요일)<br>시간 : 매일 오전 10시부터 ~ 오후 10시까지(12시간)<br>날씨 : 3일동안 맑음, 다소 추움 |
| 조사지역 범위 | 후보점의 정문 남 · 북 주 통행로<br>보행도로의 통행인 집계 · 분석 |
| 조사대상 범위 | 도보 통행자 위주로 조사<br>차량, 공사관계자, 부동산 소개업자 대상에서 제외 |
| 조사대상 분류 | 시간대별 : 매 1시간 단위<br>남녀별 : 남 · 여 구분<br>연령대별 : 어린이, 중고생, 미혼남녀, 기혼남녀, 주부 |
| 조사자 및 방법 | 계수기를 사용하여 통행인구 하나하나 체크<br>수원 대학생 2명(1년생) |

### 2) 조사위치 및 통행방향

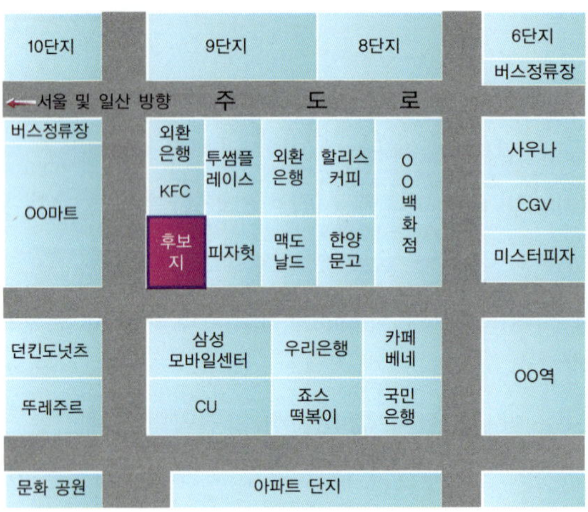


· 동 : OO역 방향
· 서 : OO마트 및 공원
· 남 : 아파트 단지
· 북 : 아파트 단지

### 3) 조사내용의 개요

<table>
<tr><th>항 목</th><th>내 용</th></tr>
<tr><td>전체 통행량</td><td>
<table>
<tr><th rowspan="2">요일별</th><th colspan="2">통 행 인 수 (명)</th></tr>
<tr><th>12시간</th><th>시간당 평균</th></tr>
<tr><td>토요일</td><td>589명</td><td>49명</td></tr>
<tr><td>일요일</td><td>815명</td><td>68명</td></tr>
<tr><td>월요일</td><td>655명</td><td>54명</td></tr>
</table>
</td></tr>
<tr><td>시간 그룹별 통행량</td><td>• 토요일 : 14시 이후의 통행량이 83%로 상당히 높은 비율을 나타내고 있으며, 야간에는 8.3%로 급감하고 있다.<br>• 일요일 : 오전과 오후는 81.3%로 높은 통행량을 보이고 있으나, 16시 이후는 급속히 감소하고 있다.<br>• 월요일 : 시간대별로 비교적 고른 통행량을 보이고 있으나, 전반적으로 통행량이 적은 편이다.</td></tr>
<tr><td>시간 그룹별 통행량</td><td>• 종합 : 전체적으로 통행량은 적으며, 야간을 제외하고는 시간대별로 크게 차이는 없다.</td></tr>
<tr><td>통행 성분비율 특성</td><td>• 기혼남녀 비율이 64%로 통행인의 주류를 이루고 있다.<br>• 기혼 남성의 비율은 48.5%로 높게 나타나고 있다.<br>• 중 · 고생 및 어린이의 비율은 10% 미만으로 거의 통행이 없다.<br>• 토요일, 일요일, 평일에 관계없이 주요 타깃 고객층인 비혼남녀, 중고생의 비율은 30% 정도로 고객형태는 그다지 좋지 않음.<br>• 통행인 성분과 시간대에 구분 없이 젊은층의 유동인구는 거의 없다.</td></tr>
<tr><td>통행인의 특성</td><td>• 주로 남성(기혼)의 통행이 많고, 어린이나 중 · 고생 비율이 적다.<br>• 기혼남의 경우도 거의 저녁시간 이후의 통행량이 많은 것으로 보아서 퇴근하는 인근 아파트 주민이 대부분이다.<br>• 신도시의 특성을 반영하듯 젊은 30~40대 부부가 주를 이루고 있다.<br>• 20m 양쪽 차선의 진행차량이 거의 없다.<br>• 18시 이후, 즉 저녁 7~10시까지는 주변이 대부분 공사 중이라 너무 어두워서 통행인 분간이 어려웠음.</td></tr>
</table>

4) 시간별 통행량

| 시간 \ 통행량 | 토요일 | | 일요일 | | 월요일 | |
|---|---|---|---|---|---|---|
| | 통행인 수 | 구성비 | 통행인 수 | 구성비 | 통행인 수 | 구성비 |
| 10:00~11:00 | 23 | 3.9% | 17 | 2.1% | 20 | 3.0% |
| 11:00~12:00 | 17 | 2.9% | 88 | 10.8% | 43 | 6.5% |
| 12:00~13:00 | 56 | 9.5% | 107 | 13.1% | 73 | 11.1% |
| 13:00~14:00 | 73 | 12.4% | 221 | 27.1% | 70 | 10.4% |
| 14:00~15:00 | 54 | 9.1% | 156 | 19.1% | 69 | 10.5% |
| 15:00~16:00 | 87 | 14.7% | 74 | 9.1% | 93 | 14.2% |
| 16:00~17:00 | 105 | 17.8% | 52 | 6.4% | 69 | 10.5% |
| 17:00~18:00 | 73 | 12.4% | 65 | 7.9% | 77 | 11.7% |
| 18:00~19:00 | 52 | 8.8% | 22 | 2.7% | 61 | 9.3% |
| 19:00~20:00 | 30 | 5.1% | 123 | 1.6% | 44 | 6.7% |
| 20:00~21:00 | 17 | 2.9% | 0 | 0% | 27 | 4.1% |
| 21:00~22:00 | 2 | 0.3% | 0 | 0% | 9 | 1.4% |
| 합 계 | 589 | 100.% | 815 | 100.% | 655 | 100.% |

5) 시간 그룹 통행량

(단위:명, %)

| 시간 \ 통행량 | 토요일 | | 일요일 | | 월요일 | |
|---|---|---|---|---|---|---|
| | 통행인수 | 구성비 | 통행인수 | 구성비 | 통행인수 | 구성비 |
| 점심 (10시~13시) | 96 | 16.3% | 212 | 26.0% | 136 | 20.8% |
| 오후 (13시~16시) | 214 | 36.3% | 451 | 55.3% | 232 | 35.4% |
| 저녁 (16시~19시) | 230 | 39.0% | 139 | 17.1% | 207 | 31.6% |
| 야간 (19시~22시) | 49 | 8.3% | 13 | 1.6% | 80 | 12.2% |
| 합 계 | 589 | 100.% | 815 | 100.% | 655 | 100.% |

### (4) 경쟁점 분석

경쟁점은 신규점포 진출 시에 반드시 비교분석을 해서 경쟁점을 능가할 수 있는 조건이 갖추어져 있는지, 또는 비슷한 조건인지를 확인하고 입점해야 성공할 수 있다. 때로는 경쟁점 신규점포와 시너지 효과도 기대할 수 있다.

1) 경합여건의 개요

① 주 경쟁점은 L업체와 H업체 : 상권과 대상고객의 특성, 업종 · 업태, 주요상품 아이템 등을 종합적으로 경쟁요인을 분석할 수 있다. 그러나 후보지와는 거리가 충분히 있으며, 두 경쟁점은 뉴코아백화점 인근상권에 위치하므로 직접적인 영향은 없다.

② 지도와 같이 킴스클럽과는 직접 경쟁이 예상되는 외식업체는 없고, 특히 건물 내 입점이 될 경우에, 고객층은 이원화되어 영업에 다른 두 점포가 미치는 영향은 적을 것으로 판단되며, 아파트단지 내 주민의 유인이 향후 마케팅 전략상 주요 관건이 되는데, 전략이 성공될 때 아파트에서 두 점포로 진출하는 고객의 차단효과가 매우 클 것으로 예상됨(킴스클럽이 회원제일 경우, 차단효과는 감소됨).

③ 치킨, 햄버거, 돈까스의 패스트푸드(fast-food)점은 L업체, H업체, N업체 외에는 경쟁점이 없고, 호프집, 아이스크림, 베이커리, 그 밖에 대중음식점이 성격상 후보점과 경쟁점으로 조사되었으나, 실제 상권은 분리되어 있다.

| 경합점 | 환 경 조 건 |
|---|---|
| H업체 | • 지역 내 위치상 상업용 건물을 주축으로 하는 중앙로상의 지하철 출구와 직접 연계되어 있음<br>• 후보 점의 동측 80m, 범계전철역에서 50m 거리의 뉴코아백화점 옆 20m 보행자 도로면에 위치함.<br>• 영풍문고 빌딩의 지하에 위치하여 시계성은 불량하나, 상권밀집의 중심역할을 하는 뉴코아백화점과 영풍문고의 고객을 흡인함으로써 기능적 입지조건이 양호하여, 전체적으로 후보점보다, 또한 같은 경합점인 L업체보다 비교우위의 입지조건을 가지고 있음.<br>• 출입구는 엘리베이터와 계단이 만나는 곳, 그 한 곳에 설치되어 있다. 2대의 레지스터(Resiter)가 있으나, 평상시에 1대만 가동되고 있으며, 현재의 영업성은 그리 양호하다고 판단되지 않음.<br>• 유동상권에 대한 경합성은 안쪽에 있는 L업체보다 뛰어나며, 고정상권인 배후의 아파트 주민과 뉴코아백화점과 영풍문고를 중심으로 모여드는 주변의 부흥중 · 고등학교, 백영고등학교, 평촌고등학교, 동안고등학교 학생들을 부상권 대상으로 흡인하고 있음. |

2) 주요 경합점 개요

① 주요 경쟁점 사진

M업체

K업체

② 경합점별 현황

[주경합점]

| 경합점 | 환 경 조 건 |
|---|---|
| M업체 | •지역 내 위치상 상업용 건물을 주축으로 하는 중앙로 상의 지하철 출구와 직접 연계되어 있음.<br>•후보점의 우측 50m, ○○역에서 20m 거리의 ○○백화점 옆 10m 보행자 도로면에 위치함.<br>•후보점보다 ○○역에 가까워 접근성과 시계성은 보다 뛰어나고 ○○백화점 바로 옆에 위치하여 기능적 입지조건이 양호하여, 전체적으로 후보점보다, 또한 같은 경합점인 K 업체보다 비교우위의 입지조건을 가지고 있음.<br>•유동상권에 대한 경합성은 안쪽에 있는 L업체보다 뛰어나며, 고정상권인 배후의 아파트 주민과 ○○백화점과 ○○마트를 중심으로 모여드는 주변의 중, 고등학교 학생들을 부상권 대상으로 흡인하고 있음. |
| K업체 | •후보점의 좌측 10m, ○○역에서 약 130m 거리의 M업체와 같은 보행자 전용도로면에 위치.<br>•위치 면에서는 H업체보다 안쪽에 있어서 다소 불리하나, 주도로에 직접적으로 노출되는 코너에 위치하여 주도로에서 보는 시계성은 타경쟁 점포보다 양호하다.<br>•상권밀집의 중심역할을 하는 ○○백화점과 ○○마트를 중심으로 모이는 손님을 경쟁업체와 분산하여 흡인하고 있음.<br>•이하 경쟁업체와 여건이 거의 동일하다. 그러나 위치나 영업성 면에서 경쟁업체와 비교해 보았을 때 약간 떨어진다고 판단됨. |

| 점 포 명 | M업체 | 메뉴 및 가격 | | | |
|---|---|---|---|---|---|
| 직선거리(m) | 50m | 불고기버거 | 3,500 | 〈사이드메뉴〉 | |
| 매장면적(평) | 50평 | 빅맥 | 4,100 | 맥플러리 | 2,300 |
| 층 별 위 치 | 1층 | 치킨버거 | 4,300 | 후렌치후라이 | 1,500 |
| 좌석 수(석) | 128 | 불고기버거세트 | 5,300 | 피치후룻컵 | 1,700 |
| 영 업 시 간 | 24시간 | 빅맥 세트 | 5,900 | 쉐이크 | 1,900 |
| 영 업 성 | 상 | 치킨버거세트 | 6,100 | 오렌지주스 | 2,000 |
| 경 합 성 | 비교 우위 | 프렌치프라이 | 1,500 | 커피/핫쵸코 | 1,500 |
| | | 맥너겟 | 3,200 | 아이스크림 | 1,500 |
| | | 스낵랩 | 2,000 | | |

※ SET화된 상품이 매출의 대부분을 차지한다.

| 점 포 명 | M업체 | 메뉴 및 가격 | | | |
|---|---|---|---|---|---|
| 직선거리(m) | 10m | 오리지널치킨 | 3,500 | 〈사이드메뉴〉 | |
| 매장면적(평) | 30평 | 치킨징거라이스 | 4,900 | 후렌치후라이 | 1,600 |
| 층 별 위 치 | 1층 | 핫크리스피치킨 | 4,300 | 콘샐러드 | 1,700 |
| 좌석 수(석) | | 하프치킨버켓 | 5,300 | 에그타르트 | 1,600 |
| 영 업 시 간 | 10:00~23:00 | 점보치킨버켓 | 5,900 | 비스켓 | 1,600 |
| 영 업 성 | 중, 하 | 스마트초이스 | 6,100 | 음료수 | 1,700 |
| 경 합 성 | 약 | 핫크리스피버거 | 1,500 | 주스 | 2,000 |
| | | 징거버거세트 | 3,200 | 아메리카노 | 2,000 |
| | | 타워버거세트 | 2,000 | 에이드 | 2,000 |
| | | 치킨&타워팩 | | | |
| | | 치킨&징거팩 | | | |

[부경합점]

| 점 포 명 | 직선거리(M) | 특기할 만한 정보 |
| --- | --- | --- |
| 던킨도너츠 | 50M | • 매장면적 20~25평의 점포로 도넛을 주 메뉴로 주스, 커피류를 판매하는 디저트 성향의 점포. |
| 닭갈비전문점<br>새마을식당<br>화이트엔젤<br>강남분식<br>죠스떡볶이 | 100M<br>이 내 | • 식사위주의 영업<br>• 후보점과의 경합성은 거의 없으나, 죠스떡볶이나 강남분식은 다소 경합의 가능성이 있음.<br>• 시설수준은 중간 수준<br>• 중심상권으로 유입하는 고객들과 학생들이 주고객 |

## (5) 상권분석

### 1) 상권범위의 개요

① 1차 상권의 지역범위는 후보점 규모 및 입점되는 장소의 고객흡인력, 주민생활동선, 후보점의 위치 도로시설, 교통시설, 상권규모 및 수준 등을 고려할 때 패스트푸드점이 입점하기에 적합한 위치이다. 그러나 경쟁점포와의 거리가 가깝고 백화점의 주차장 건물 내 할인점이 위치함으로써 주차장 이용고객이나 할인점이라는 특별한 목적을 가지고 유입되는 고객을 대상으로 할 때의 잠재상권의 가능성은 상당하다.

② 본 후보지는 실질적인 1차 상권 면에서 매우 불리한 입지조건을 갖고 있는 것은 확실히 관측이 된 사실이지만, 향후에 일산지역의 1급 상권지로서의 자격을 가지고 있고, 또한 할인점의 흡인력을 고려할 때 3차 상권의 범위는 고양시 전 지역으로의 파급가능성이 있으며, 특히 인근 지역(일산, 행신, 원당) 등 일부 고객의 내점 가능성이 다분히 상존함에 따른 상권설정은 다소 모호한 면이 있음.

③ 본 지역은 덕양구권의 광역화에 대비하여 구 시가지에 있는 주요 공공기관들, 즉 시청 및 구청, 법원, 경찰서 등이 2차 상권 내에 차례로 완공 · 이전함에 따라 본 지역은 향후 고양시의 역할을 분담하게 되며, 이로 인한 상권의 확대는 고양시 전역으로 확대할 가능성이 있음.

④ 대형백화점이 1차 상권 내에 입점하여 있으며, 상권발전 및 잠재상권 확대에 크게 기여할 것임.

### 2) 상권의 설정

| 구 분 | 상권의 구성형태 |
|---|---|
| 1차상권 | • 후보점을 중심으로 한 500m 내의 상권<br>• ○○역, ○○백화점이 위치하여 지역 내 유동인구가 가장 많은 상권<br>• 모든 금융기관을 포함한 지역 내의 중심상업 밀집지역 |
| 2차상권 | • 후보점을 중심으로 한 1km 내의 상권<br>• 아파트 단지 및 주택단지가 포함되어 집객력이 강할 것으로 예상 |
| 3차상권 | • 1, 2차 상권 내 백화점 및 대형마트 등의 대형상권이 집중됨으로써, 인근 지역에서 고객의 유입이 예상됨으로 인근지역(일산, 원당, 행신)을 포함한 고양시 전역을 대상으로 할 수 있음. |

### 3) 각 아파트별 세대수

| 동 명 | 아파트명 | 세대수 |
|---|---|---|
| 고양시 ○○동 | 달빛 1단지 | 1338 |
| | 달빛 2단지 | 2781 |
| | 은빛 5단지 | 1596 |
| | 은빛 6단지 | 1481 |
| | 별빛 7단지 | 1704 |
| | 별빛 10단지 | 1684 |

2차 상권 내의 아파트별 세대수임.

4) 집객시설 현황

| 시 설 명 | 거리(m) | 개 요 |
|---|---|---|
| 중 · 고교 | 1k | 중학교 : 34학급, 1,830명/고등학교 : 39학급, 1,408명 |
| 백양중학교 | 800 | 30학급, 1,516명 |
| 화정고 | 970 | 18학급, 875명 |
| 백영고교 | 850 | 12학급, 620명 |
| 범계중학교 | 500 | 36학급, 1,975명 |
| 덕양구청 | 500 | 완공 |
| 백화점 | 100 | 상권을 이루는 곳으로 인근지역으로부터 고객유입의 중심. |
| 롯데마트 | 10 | 고객유입의 중심적 역할을 담당할 것임. |

## 3. 입지 및 상권조사결과 종합의견

### (1) 기회요인

① 할인판매점의 이미지 고지에 따른 잠재고객이 매우 다양할 수 있으며, 이 잠재고객은 고양시내 전역과 인근 도시(일산, 행신, 원당)의 일부 소비자 유입에까지 영향을 끼칠 수 있다.

② 유동인구 중 주 고객 타깃(Target)이 되는 중 · 고, 청소년층과 미혼남 · 여 구성 비율이 낮은 것은 아직 상권이 형성되지 못한 탓으로 보이며, 아파트를 중심으로 한 판촉 전략에서 성공하면 충분한 시장가능성이 있다.

③ 롯데리아 등 주로 햄버거 위주의 패스트푸드 업체 정도가 진출되어 있을 뿐, 치킨 시장의 처녀지로 조사되고 있으며, 객단가가 햄버거보다 높은 장점을 감안하면 출점 시에 매출은 해마다 증가될 것이 예상된다.

### (2) 위험요인

① 대형 할인매장에 국한된 영업활동으로 매출의 영향이 전적으로 고객의 유입에 의존된다.

② 점포 시계성은 전철역으로부터 이격되어 인지면에 있어서 분리하며, 주차장 시설로만 이용될 위험성이 내포되어 있다.

③ 전철역 역세권에서 다소 벗어나 있다. 향후에 건설될 하이마트, 농수산유통단지, 기존의 세이브존으로 고객이탈이 예상된다.

## (3) 결 론

상권조사는 언제나 기회요인과 위험요인이 따르기 마련이다. 두말할 나위 없이 기회요인이 많을수록 좋은 입지조건이다. 그러나 그런 지역일수록 분양가 및 임대 가격은 비싼 편이다.

① 조사된 후보 점은 인근 경합점포 과다로 인한 다소간의 경영상 어려움은 예상된다.

② ○○역을 중심으로 한 중심상권은 향후에 인근지역을 포함하여 큰 상권발달이 예상되는 최고의 상권 형성 지역이므로 해당 후보지로서는 상당히 우수하다.

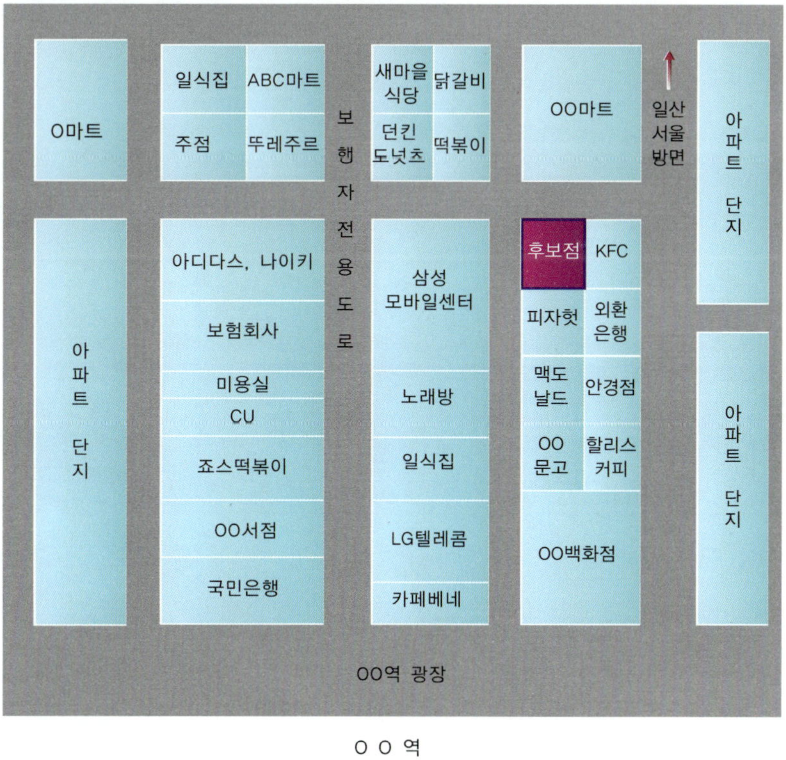


그림 9-3 주변상가 형성도

# Chapter 11

# 외식점포 근무수칙과 서비스 요령

1. 외식점포 근무수칙
2. 외식점포 서비스 요령

"직업에 대한 자부심(프로의식)은
어떠한 일도 즐겁게 해 낼 수 있다."

## 1. 외식점포 근무수칙

### 외식 가족 여러분에게 드리는 말씀

외식 가족으로 함께 일하게 된 것을 진심으로 환영합니다. 이제부터 우리 모두가 갖추어야 할 자세와 지켜야 할 규칙, 프로페셔널 서비스 정신 등에 관하여 이 핸드북에 적힌 내용을 충분히 이해하고 기억해 주시기 바랍니다.

서비스의 목적은 고객에게 최고의 만족을 제공하기 위한 것인데, 이것은 곧 음식의 맛과 질, 친절, 그리고 청결의 유지에서 비롯되는 것입니다.

이 세 가지 요소는 여러분 전체의 팀워크에 바탕을 두고 외식을 발전시키며 개인을 발전시킬 것입니다.

우리는 프로 서비스 집단이며, 아마추어가 아닙니다. 프로에게는 실수나 응석이 통하지 않으며, 철저한 자기 책임이 따를 뿐입니다.

자기책임을 다하고 상대방의 인격을 존중하며, 개인의 성장과 발전을 중시하는 음식점의 전통을 여러분 한 사람 한 사람이 창조하여 즐겁고 보람있는 일터를 다 함께 마련합시다.

### 무엇이 나를 행복하게 하는가?

① **건 강** : 건강하지 못하면 이 세상 모든 것이 끝나 버린다.

② **가 정** : 나에게 가장 소중한 것이며, 인생의 전부이기도 하다.

③ **나의 분신들** : 그들이 편안하게 잠자는 모습을, 적어도 하루에 한 번 이상은 바라보라. 나의 가장 소중한 분신이며, 인생의 보람이다.

④ **일하는 즐거움** : 세상에 이것보다 더 중요한 것은 없다. 하루의 24시간 중에서 나와 함께 시간을 보내는 나의 동료만큼 가까운 존재는 없다.

⑤ **돈** : 없으면 불편한 것이다.

⑥ **내일에 대한 기다림** : 그것이 있기 때문에 나는 오늘의 역경과 어려움을 견딜 수 있다.

⑦ **나는 할 수 있다는 자신감** : 이것이 있기 때문에 활기찬 오늘이 있다.

⑧ **나는 항상 나의 성장을 위하여 노력한다** : 교양은 저절로 얻어지는 것이 아니다.

⑨ **나는 항상 매사에 감사한다** : 감사하는 마음만큼 세상을 밝게 하는 것은 없다.

⑩ **나는 늘 약한 자의 편** : 정의의 편에 서서 옳고 그름을 판단한다.

### 외식산업의 5대 정신

1. 우리는 언제나 맛있고 위생적인 음식을 고객에게 제공하기 위하여 최선을 다한다.

2. 우리는 언제나 최선의 서비스로 고객을 위하여 봉사하고 고객의 기쁨을 우리의 기쁨으로 생각한다.

3. 우리는 언제나 잘 정돈되고, 반짝반짝 빛나고, 습기 없이 청결한 점포환경을 유지하기 위하여 최선을 다한다.

4. 우리는 모든 난관에 도전하는 정신으로 극복하고, 긍정적인 사고로 외식업계를 선도해 나간다.

5. 우리는 심신의 건강유지에 최선을 다하여 자기발전과 회사의 발전에 앞장선다.

〈Q.S.C.의 중요성〉

① Quality (맛있는 음식)

② Service (친절한 서비스)

③ Cleaniness (청결한 점포환경)

고객 만족은 위의 세 가지 원칙이 모두 갖추어졌을 때 이루어진다. 항상 연구하고 숙지하여 고객들에게 최선을 다한다.

## 2. 외식점포 서비스 요령

### 일상 서비스에서 사용되는 언어

① 어서 오세요.

② 네, 알겠습니다.

③ 잠시 기다려 주세요.

④ (늦어서) 죄송합니다.

⑤ 천천히 즐겁게 드세요.

⑥ 실례하겠습니다.

⑦ 고맙습니다.

⑧ 안녕히 가십시오.

• 고객에게 인사할 때 언제든지 일손을 중지(Stop The Motion)한 다음에 하도록 하자.

• 점포 내 · 외에서의 친절한 인사는 음식점 전체를 친절하고 신선한 업소로 만든다.

• 여러분 한 사람 한 사람이 음식점의 이미지를 결정짓는다. 음식점의 대표선수요, 사장이라는 마음가짐으로 회사 안팎에서 행동하자.

• 행동이 습관을, 습관이 운명을 결정짓는다.

### 우리는 어떤 마음가짐과 자세를 갖추어야 하나?

1. 정확한 인사가 즐거운 직장을 만든다.

2. 고객에게는 사원, 파트, 아르바이트의 구분이 없다.

3. 근무시간은 고객 그리고 점포가 당신을 필요로 하는 시간이며, 개인의 용무로 사용될 수 없다.

4. 멋쟁이란 청결한 몸가짐이 제일이다.

5. 비품과 소모품도 점포의 재산, 돈의 일부이다. 소중히 하자.

6. 상사로부터 지시받은 사항은 확실히 실행하고, 그 결과를 보고함으로써 임무가 종결된다.

7. 당신의 급료는 사장이 주는 것이 아니고, 고객이 주는 것이다.

8. 당신은 업소의 대표선수이다. 고객은 당신을 보고 업소를 평가한다.

9. 일은 한 사람이 하는 것이 아니고, 팀워크가 하는 것이다. 서로 협조하자.

10. 외식산업에서 일하는 것은 사회에 공헌하는 일이다. 긍지를 갖자.

## 서비스란 무엇인가?

### • 서비스의 역할

수많은 점포 중에서 우리 점포를 선택한 고객에게 감사하는 마음으로 서비스에 임하며, 손님이 만족하고 돌아가도록 세세한 부분에도 신경을 쓴다.

### • "또 오고 싶다." 라는 생각이 들게 하는 5가지 조건

① 청결한 몸가짐

② 정성스런 말

③ 밝고 활기찬 행동

④ 항상 먼지 하나 없이 깨끗이 닦여진 점포 안팎

⑤ 친절하되, 자신감 넘치는 젊은이의 활기

※ 음식점에서는 20%의 단골고객이 80%의 매출을 담당할 만큼 중요하다.

### • 친절한 접대(hospitality)를 철저하게

예의바르고 친절하되, 마음속에서 감사의 정이 솟아야만, 고객은 여러분의 서비스에 만족한다. 고객이 있기 때문에 내가 있고, 고객이 있었기 때문에 월급이 있다는 것을 기억하고 행동하여야 한다.

## 일에 임하기 전의 주의사항

① 유니폼을 갈아입고 나서, 머리에서 발끝까지 복장을 점검한다. 거울 앞에서 미소 짓는 연습을 한다.

② 타임카드를 체크한다.

③ 비누를 사용하여 손을 씻는다.

## 9스텝 서비스 요령

아래 내용을 그대로 반복하는 것을 정형 서비스라고 한다. 정형된 언어와 동작을 익혀서 고객에게 좋은 인상을 주자.

| 작업명 | 언 어 | 동 작 | 주 의 점 |
|---|---|---|---|
| (1) 대기 | 정해진 장소에서 대기한다. 동료와 잡담해서는 안 된다. | 입구 쪽을 보며 편안한 자세로 의자에 앉거나 기둥 벽에 기대면 안 된다. 등뼈를 펴고 턱을 당기고, 손을 가볍게 앞으로 모은다. | ① 손님이 언제 오더라도 곧 마음으로 환영을 나타낼 수 있는 태도로 있을 것.<br>② 몇 번 테이블, 몇 번 좌석이 비었는지 염두에 둔다. |
| (2) 환영과 안 내 | ① "어서오세요" 라고 밝은 미소로 생기 있게<br>② "몇분이십니까?" 인원수를 확인한다.<br>③ "자, 이쪽으로" 라고 진심으로 환영의 뜻을 담아.<br>④ "저희 업소는 라운드테이블이 자랑입니다. 사용하여 보시기 바랍니다." | ① 한 걸음 앞으로 나와 가볍게 머리를 숙여 (15도) 인사한다. 손은 앞이나 뒤에 괴지 말고, 가지런히 옆으로 손가락도 가지런하게.<br>② 손님의 두세걸음 앞에 비스듬히 서서 좌석까지 안내한다. | ① 바른 자세와 마음으로 환영하는 뜻을 나타낸다.<br>② 손님에게 맞는 자리를 안내한다. A테이블의 입구에서부터 채우기 시작하며, A테이블이 완전히 찬 다음 B테이블로 안내한다. 개별적 모임이나 예약은 C테이블로 안내한다. |
| (3) 처음 온 손님에 대한 서비스 | 저희 업소를 찾아 주셔서 대단히 고맙습니다. | ① 테이블 한 발짝 앞에서 발꿈치를 모으고 가볍게 인사한다(15도).<br>② 물을 반드시 갖다 드린다. | 테이블에 메뉴를 반드시 갖춰 놓는다. |
| (4) 주문받기 | ① "주문을 받겠습니다." 라고 정중하게<br>② 주문을 반복하겠습니다. "–몇 개와 몇 개입니다." 라고 확실히 복창한다.<br>③ "네, 알겠습니다." 감사한 마음으로 "잠시 기다려 주세요." | ① 전표에 주문내용을 기입한다.<br>② 손님의 눈을 보면서 대답을 기다린다(복창하고 나서). | ① 주문품목과 수를 반드시 확인한다.<br>② 테이블 번호를 바로 전표에 기입한다.<br>[예] 숫자의 표현<br>1. 하나 2. 둘 3. 셋<br>4. 넷 5. 다섯 6. 여섯<br>7. 일곱 8. 이상은 ○개 |
| (5) 조리장에 전표를 넘긴다. | ① "부탁합니다." | 요리 내용을 확실히 말하고 전한다. | 또렷하고 시원스럽게 |

| | | | |
|---|---|---|---|
| (6)<br>제 공 | ① "오랫동안 기다리셨습니다."<br>② "이것으로 주문하신 요리가 모두 나왔습니다."라 고 확인.<br>③ "천천히 맛있게 드세요." | ① 조용히 소리내지 않고 상품을 낸다.<br>② 최후의 상품을 낸 후 반드시 확인한다.<br>③ 전표는 뒤집어서 테이블 중앙에 놓는다. | ① 따뜻한 요리는 따뜻할 때, 찬 요리는 차게, 신속히 제공한다.<br>② 요리는 내기 전에 반드시 접시를 체크한다.<br>③ 주문은 요리를 잘못 제공하지 않도록 반드시 기억해 둔다.<br>④ 요리가 다 나왔으면 손님에게 확인한다. |
| (7)<br>중간<br>서비스<br>(식사<br>중) | ① "실례합니다. 치워도 되겠습니까?"<br>② "더 필요한 것은 없으십니까?" | ① 빈병, 식기 등을 치운다.<br>② 추가 주문을 묻는다(음료, 요리). | ① 다 마셨거나 식사가 끝났으면 반드시 손님에게 허락을 받고 치운다.<br>② 재떨이는 꽁초 3개 정도가 남았을 때 바꾼다.<br>③ 물은 컵의 ⅓이 되기 전에 다시 따른다 |
| (8)<br>치우기<br>(패싱) | 손님이 자리를 뜨면 바로 치운다. 모두 나간 후에 남아 있는 사람이 있으면 "실례합니다. 치워도 되겠습니까?" 라고 반드시 묻는다. | ① 테이블 아래도 청결히 쓸고 닦는다.<br>② 식기의 정돈.<br>③ 식기를 주방의 세척기 안으로 나른다.<br>④ 다시 세팅한다. | ① 손님의 분실물이 없는가 반드시 체크한다.<br>② 신속한 행동이야말로 점포 분위기를 좋게 한다.<br>③ 청결 제일, 눈에 보이는 대로 누구라도 먼저 치운다. |
| (9)<br>전 송 | ① "감사합니다." 진심으로 감사드리는 마음으로<br>② "안녕히가십시오." 라고 말하면 당신은 프로.<br>③ 마음으로 감사하며, 손님이 보이지 않을 때까지 인사의 자세를 계속 유지한다. 마음에서 우러나오는 정성스런 인사를 보이지 않을 때까지 계속 한다면 고객은 당신의 태도에 감명 받을 것이다. 그리고 그것은 곧 당신의 인격이 될 것이다. | ① 카운터 근처까지 가서<br>② 감사하는 마음으로 인사한다(15도 각도로). | ① '이곳에 다시 오고 싶다.' 라는 생각이 들도록 고마운 마음으로 성의 있게 전송한다. |

## 현금출납원의 유의사항

당신이 항상 염두에 두어야 할 것은 고객에 대한 감사의 마음과 당신의 상냥하고 밝은 미소, 그리고 친절한 태도이다. 그것이 가능해야 비로소 인사도 자연스럽게 할 수 있고, 고객도 기분 좋게 맛있는 식사를 즐길 수 있다.

| 작업명 | 언 어 | 동 작 | 주 의 점 |
|---|---|---|---|
| 1. 환 영 | "어서오세요." | 한 발짝 앞으로 나와 손님 눈을 보고 가볍게 인사하면서 말한다. 마음속으로 감사의 뜻을 삼키면서. | ① 인사는 '구호' 가 아니고, 자연스런 마음의 표현이어야 한다.<br>② 대화 시에 자세는 양발을 따라 양손을 곧게 편다. |
| 2. 안내 | "몇 분이십니까?"<br>"자 이쪽으로 오십시오."<br>"잠시 기다려 주십시오." | 손바닥 전체로 방향을 가리키고, 2~3걸음 비스듬히 손님 앞을 천천히 걷는다. 인사 후 가볍게 고개를 숙인다. | |
| 3. 카운트 | "감사합니다."<br>"또 오세요."<br>"-원입니다."<br>"-원 받았습니다."<br>"-거스름돈은 -입니다."<br>"감사합니다." | 주문을 받고 전표를 쓴다. 밝게 명쾌하게 가볍게 웃으면서 말한다. | 개인 외상은 인정하지 않는다.<br>• 계산이 끝날 때까지 받은 돈은 계산기 위에 놓아 둔다.<br>• 거스름돈은 -입니다.<br>• 고맙습니다. |
| 만석일 경우 | "자리가 나는 대로 안내해 드리겠습니다. 잠깐만 기다려 주십시오." (어느 곳이 가장 빨리 정리될 것인가를 빠르게 판단한다)<br>"~잠시 기다리십시오."<br>"~오래 기다리셨습니다."<br>"~안내해 드리겠습니다." | • 대기석으로 안내하고, 안내표를 준다.<br>• 잡지 · 신문을 준비하여 고객의 기다리는 시간을 최대한 줄인다. | |
| 회계 중에 새로운 손님이 오셨을 때 | "어서 오세요. 안내해 드리겠으니 잠시 기다려 주세요."<br>"…씨 부탁합니다." | | |

## 이것이 고객을 편안하게 한다

1. 당신이 잘못하지 않은 경우에도 고객의 불만을 만날 때가 있다. 불만을 만나는 것은 기분 좋은 일이 아니나, 고객을 업소에 다시 오도록 친절히 불만을 해소시켜 준다.

2. 손님의 불만에 대응할 때의 마음가짐은 다음과 같다.

① 손님에게 변명하거나 불평하지 않는다.

② 말하는 것을 마지막까지 주의 깊게 성실한 태도로 듣는다.

③ 일단 처리를 한 후에 신속히 점장에게 어느 손님이 어떤 불만을 말했는지 구체적으로 보고할 것.

## 이런 때는 어떻게 할까?

1. 이쪽 실수로 상품을 잘못 제공한 경우

"정말 죄송합니다. 곧 새로 만들어 드릴 테니 잠시만 기다려 주세요."라고 한다. 필요 없다고 하면 "대단히 죄송하게 됐습니다."라고 한다. 전표에 선을 긋고 담당자가 사인할 것.

2. 이물질이 들어간 경우(머리카락, 벌레, 휴지)

"정말 죄송합니다. 충분히 주의하여 조리하고 있으나, 실례했습니다.", "새로 만들어 드릴 테니 잠시 시간을 주십시오." 필요 없다고 할 경우에는 전표에 선을 긋고 담당자가 사인을 한다.

3. 먹고 있을 때 : 바꿔 드릴 테니 잠시만 기다려 주세요.

다 먹었을 때 : 계산에서 빼 드릴 테니 양해해 주세요. 실례했습니다.

※ 사후처리로 점장이 반드시 사과할 것

## 복장과 몸가짐 체크리스트

식당을 찾아주신 고객의 눈에 먼저 띄는 것이 종업원의 복장과 몸가짐이다. 언제나 유의하여, 항상 산뜻하고 깨끗한 모습으로 손님을 맞이하여야 하겠다.

- 영업장으로 나가기 전에 반드시 거울 앞에 서서 복장을 고치고 용모를 점검하는 좋은 습관을 길들이도록 해야 한다. 동료의 복장이나 태도에 있어서도 어색하고 보기 흉한 점 등은 즉시 서로 주의를 주어서 고쳐나가는 습관을 들이는 것도 바람직한 일이다. 그리고 마음에서 우러나는 감사의 마음을 나타내기 위하여 거울 앞에서 미소 짓는 연습을 매일 아침에 반복하여야 한다.

### 남성 체크 포인트

#### (1) 유니폼

① 항상 청결하고 다림질 줄이 서 있는 것을 착용하도록 한다. 무릎이 나오는 바지 등은 금물이다.

② 단추가 떨어져 있지는 않은지, 바느질이 터진 곳은 없는지 등에 세밀하게 주의를 기울여야 한다.

③ 착용하기 전에 반드시 손질한다. 먼지나 비듬 등이 묻어 있으면 서비스맨으로 실격이다.

④ 상의나 바지의 포켓에는 필요 없는 것을 넣지 않는다. 불룩하면 대단히 보기 흉하다.

⑤ 만년필이나 볼펜은 반드시 안쪽 포켓에 넣도록 한다. 바깥 포켓에는 꽂지 않는 것이 좋다.

⑥ 명찰은 정한 위치에, 삐뚤어지지 않게 똑바로 단다.

### (2) 와이셔츠

흰색 와이셔츠를 착용해야 하며, 언제나 청결하고 주름이 없도록 다림질이 잘 된 것을 착용한다.

### (3) 구두

① 구두는 검정단화가 원칙이며, 장식이 많이 달린 복잡한 디자인의 착용을 금한다. 언제나 잘 손질하여 깨끗이 준비해 둔다.

② 구두 뒤축이 닳은 것이나 구두끈이 느슨해진 상태는 좋지 못한 인상을 준다. 유의하여야 한다.

**(4) 양말 :** 양말은 검정 및 곤색 등의 무난한 색깔을 선택하며, 화려한 색상은 피한다.

### (5) 얼굴

① 수염은 매일 아침 단정하게 깎는다. 콧수염도 주의하여 자주 자르도록 한다.

② 향이 강한 로션 등의 화장품은 사용하지 않는다.

### (6) 두발

① 머리끝을 짧게 자른다. 장발과 파마는 엄금한다.

② 항상 세발하여 청결하게 하고, 향이 강한 포마드와 향유 등은 사용하지 않는다.

③ 빗질을 자주 하여 깨끗하고 가지런한 상태를 유지해야 한다.

### (7) 손과 손톱

① 손은 항상 청결하게 씻는다.

② 손톱 밑에 때가 끼지 않도록 손톱은 짧게 깎는다. 새끼손가락 손톱을 길게 기르는 것 등은 금기이다.

③ 입 냄새에 주의한다. 식후에는 반드시 이를 닦고 입안을 가셔 낸다. 사물함에 칫솔을 반드시 비치한다.

## 여성 체크 포인트

### (1) 유니폼

① 항상 청결하고 다려진 옷을 착용한다. 소매 끝이나 깃 등이 더러운 것은 여성으로서 수치이다.

② 단추가 떨어져 있지는 않은가, 바느질이 트인 곳은 없는지 등에 세밀한 주의를 기울여야 한다.

③ 스커트의 길이 등은 회사의 표준 사이즈를 지키며, 유행에 따라 올리고 내리는 것은 허용하지 않는다.

④ 명찰은 정한 위치에 삐뚤어지지 않게 단정하게 단다.

### (2) 액세서리

① 귀걸이, 목걸이, 반지, 팔지 등 액세서리는 근무 중에 일체 착용을 금하며, 고급시계의 착용도 금한다.

② 단, 결혼반지 또는 약혼반지는 검소한 범위 내에서 허용한다.

### (3) 구　두

① 구두는 검정색이 원칙이며, 장식이 많이 달린 복잡한 디자인의 착용을 금한다.

② 언제나 깨끗하게 닦아서 신는다.

### (4) 스타킹

① 살색에 가까운 것을 선택하며, 눈에 띄게 화려한 색상은 피한다.

② 스타킹이 흘러내리거나 줄이 간 것은 보기 흉하므로 철저히 주의해야 한다. 만일에 대비하여 갈아 신을 수 있게 여분을 사물함에 준비해 둔다.

### (5) 화 장

① 밝고 건강한 화장이 최고이다. 야하거나 짙은 화장은 삼간다.

② 아이섀도, 아이라인의 사용은 자연스럽게 약간만 한다. 그러나 속눈썹은 달지 않도록 한다.

③ 립스틱은 자연스럽게 엷은 색깔로 고상하게 하고, 희끄무레하거나 짙은 색깔은 피해야 한다.

④ 향이 강한 화장품은 사용을 금한다.

### (6) 머리 모양

머리형은 청결하고 활동하기 좋게 한다. 머리카락이 길어서 얼굴로 흘러내리면 좋지 않다. 그러므로 단정하게 묶거나, 짧게 손질한다.

### (7) 손과 손톱

① 손은 항상 청결하게 유지한다.

② 손톱은 짧게 깎는다. 때가 끼거나 긴 손톱은 금물이다. 매니큐어를 사용할 때는 자연스러운 색, 엷은 색을 선택한다. 야한 색상의 매니큐어는 피해야 한다.

③ 입냄새에 주의한다. 식사를 한 후에는 반드시 이를 닦고 입안을 가셔 낸다.

## 남성의 몸가짐

다시 한 번 자신을 되돌아본다.

**머리**

· 흐트러져 있지 않습니까?
· 길지 않습니까?

**얼굴**

· 수염은 매일 아침 깎습니까?

**명찰**

· 소정의 위치에 있습니까?
· 삐뚤어지지 않았습니까?

**와이셔츠**

· 깃, 소매 끝은 깨끗합니까?
· 주름진 곳은 없습니까?

**손**

손은 더럽지 않습니까?

**복장**

· 비듬, 머리털은 묻어 있지 않습니까?
· 단추, 바느질 터진 곳은 없습니까?
· 바지는 프레스되어 있습니까?

**손톱**

· 손톱은 깨끗합니까?
· 짧게 깎여 있습니까?

**양말**

· 색상은 야하지 않습니까?
· 매일 바꾸어 신고 있습니까?
· 흘러내리지 않았습니까?

**구두**

· 깨끗이 닦여 있습니까?
· 색깔 및 모양 등은 야하지 않습니까?

## 여성의 몸가짐

다시 한 번 자신을 되돌아본다.

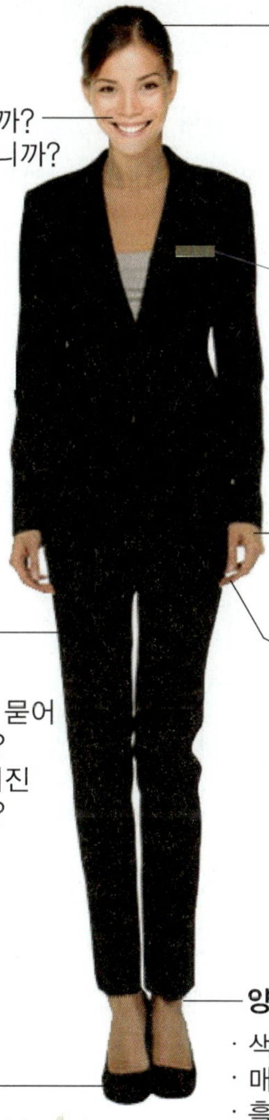

**머리**

· 긴 머리는 간편하게 하고 있습니까?
· 흐트러져 있지 않습니까?
· 비듬이 묻어 있지 않습니까?

**화장**

· 야하지 않습니까?
· 건강하게 보입니까?

**명찰**

· 소정의 위치에 있습니까?
· 삐뚤어지지 않았습니까?

**손**

깨끗하게 비누로 닦았습니까?

**복장**

· 깨끗합니까?
· 어깨에 비듬은 묻어 있지 않습니까?
· 단추나 실밥 터진 곳은 없습니까?

**손톱**

· 손톱은 깨끗합니까?
· 짧게 깎여 있습니까?
· 메니큐어는 자연스럽습니까?

**양말**

· 색상은 야하지 않습니까?
· 매일 바꾸어 신고 있습니까?
· 흘러내리지 않았습니까?

**구두**

· 깨끗이 닦여 있습니까?
· 색깔 및 모양 등은 야하지 않습니까?

### 예절 바른 인사가 서비스의 출발

인간관계는 예의로 시작해서 예의로 끝난다. 점포 안팎 어디서나 ○○○의 종업원임을 의식하자.

1. **현관 또는 1층 입구에서 :** 목례로 "어서 오세요", "감사합니다"

2. **협력업체 :** "수고 많으셨습니다", "감사합니다"

협력업체도 주요 고객이며, 우리를 도와주는 분들이다. 따라서 예의 없는 태도는 금물이다.

3. 종업원 동료 간의 인사 용어

**출근시 :** "안녕하세요"
먼저 인사할 것.
상대가 먼저 하면 얼굴을 보고 미소로 답할 것.

**근무시 :** "네"
시원시원하고 뚜렷하게 말한다.
두 번 질문하지 않게 한다.
"네, 알았습니다" 말하고 나서 상대를 이해한다.
"부탁합니다" 자신이 부탁할 때의 기분이 되어 보자.

**퇴근시 :** "수고 많으셨습니다" (근무 중인 사람)
"먼저 실례하겠습니다" (먼저 퇴근하는 사람)
단, 고객이 있는 객장에서는 목례만 한다.
고객이 종업원의 퇴근을 눈치 채면 안 된다.

## 인사 예절의 체크리스트

인사는 예절의 기본이며, 인간관계의 시발이다.

- 인사는 인간사회 윤리 형성의 기본이며, 직장인에게 있어서는 애사심의 출발이다.
- 상사에 대하여는 존경심의 표현이며, 동료 간에는 우애의 상징이고, 고객에 대하여는 서비스를 바탕으로 한 장인정신의 표현이며, 아울러 자신의 인격과 교양이 밖으로 나타난 것이다. 그러므로 인사는 정성과 감사하는 마음으로 예절 바르고 정중하며, 밝고 상냥하게 해야 한다.

## 인 사 요 령

1. 인사의 기본

① 허리는 깊이 구부리면 깊이 구부릴수록

② 오래 구부리면 오래 구부릴수록 정중하다.

2. 인사의 종류와 대상

① 최경례 : 고객에게 잘못을 사죄할 때

② 보통례 : 일반고객

③ 반 절 : 고객과 거리가 짧은 거리, 실외에서 고객에게, 또는 동료 간의 인사

3. 인사별 실시 방법 (그림 참조)

| 인사종류 / 요약항목 | 정중례 (고객에게 잘못을 사죄할 때) | 보통례 (실내에서 고객에게) | 반 절 (경례의 인사 또는 실외에서의 인사) |
|---|---|---|---|
| 인사의 속도 | 하나,둘 : 구부림<br>셋 : 멈춤<br>넷,다섯: 폄 | 하나 : 구부림<br>둘 : 멈춤<br>셋 : 폄 | 하나 : 구부림<br>둘 : 폄 |

(계속)

| 요약 항목 \ 인사 종류 | 정중례<br>(고객에게 잘못을 사죄할 때) | 보통례<br>(실내에서 고객에게) | 목례<br>(경례의 인사 또는 실외에서의 인사) |
|---|---|---|---|
| 인사의 각도 | 45도 | 30도 | 20도 |
| 시 선 | 발 1m 전방 | 발 2m 전방 | 발 5~6m 전방 |
| 양손의 위치 | 남자 : 손을 편 채로 엄지손가락을 감싸서 바지 재봉선에 댄다.<br>여자 : 왼손으로 오른손을 감싸서 아랫배에 가볍게 댄다. | | |
| 발 | 뒤꿈치를 붙이고 앞은 30도로 벌린다. | | |
| 표 정 | 가벼운 미소 | | |
| 허리, 미소 | 허리에서 머리까지 일직선 유지<br>(머리만 숙이거나 허리만 굽히지는 않는가) | | |
| 인 사 말 | 안녕하십니까? 등의 인사말은 1초 동안 구부린 상태에서 한다. | | |
| 다 리 | 곧게 펴고 무릎을 붙인다. | | |
| 엉 덩 이 | 엉덩이가 뒤로 빠지지 않도록 한다. | | |
| 주 의 | 눈을 치켜뜨지 말 것. | | |
| 마음 가짐 | 고객이 업소를 찾아주는 것에 마음속의 감사를 드려야 한다. 고객이 있음으로 내가 있고, 고객이 있음으로써 나의 생활이 보장된다. | | |

그림 11-1 경례의 예

### 전화는 보이지 않는 당신의 예절이다.

- 전화는 식당의 이미지를 대표한다(고객은 나무를 보고 숲 전체를 이야기한다).
- 고객이 눈앞에 서 있다고 생각하고 밝게 또렷또렷한 말소리로 응대한다.
- 보통 회화에서는 부족한 말을 표정이 보충해 주지만, 전화의 경우는 상대의 표정이 보이지 않는 만큼 언어사용과 표현만이 의사소통의 유일한 수단이 된다.
- 전화에서 들리는 사람의 언어사용과 그 음성만으로 우리 식당의 이미지가 결정되어 버린다. 그러므로 항상 공손하고 완벽한 언어사용을 해야 하며, 더욱이 통화태도는 정중하고 친절해야 한다.

### 전화 응대 요령

1. 벨이 울리면

① 벨이 울리면 즉각 받는다. 기다리지 않게 하는 것이 기본적인 전화 에티켓이다. 세 번 이상 벨이 울리지 않도록 한다.

② 시간이 걸렸을 때는 "기다리셨습니다." 하고 한 마디 사과를 한다.

2. 수화기를 들면

① 수화기를 들면 먼저 점포명 · 소속 · 이름을 고객에게 말하고, 이후에 고객의 성함과 용건을 묻는다.

② 이해가 잘 안 될 때에는 납득이 될 때까지 공손히 물어서 들은 용건을 복창한다. 특히 금액, 일시, 숫자, 고유명사 등은 착오가 생기지 않도록 똑똑히 듣고 반드시 복창한다.

③ "감사합니다. ○○○의 김○○입니다. "

3. 말씨

① 언어는 분명 · 정중하게, 음성의 크기(몹시 작은 소리), 음성의 고저(음산한 소리), 속도(빠르거나, 느리거나)에 유의

② 상사나 동료에게 물을 때는 수화기를 반드시 아래로 내리고 손바닥으로 완전히 눌러서 소리가 들리지 않도록 한다.

③ 상사나 동료에게 의논할 때도, 전화의 손님 성함은 반드시 경어를 붙여서 말한다.

4. 인사

• 통화의 처음에 : 『감사합니다. ○○의 김○○입니다』

• 끝에 : ~ 주셔서 대단히 감사합니다. 『기다리고 있겠습니다.』

이런 인사말을 하고 안 하고에 따라서 대화를 주고받는 느낌에 커다란 차이가 생긴다.

5. 전달

전달을 의뢰 받았을 때는 상대방 손님의 성함과 용건을 정확하게 메모하고, 틀림없이 전달한다. 전화 끝에 자신의 소속과 성명을 분명하게 알린다.

『책임을 갖고 분명하게 전언하겠습니다.』 하는 정성이 담겨 있어야 고객이 호감을 갖게 된다.

6. 확인

자기 담당이 아닌 용건의 전화를 받았을 때는 용건을 충분히 확인한 다음, 정확한 담당자에게 인계한다. 담당자가 확실치 않을 때에는 일단 전화를 끊고 담당자를 확인하고서 그 담당자가 전화를 걸도록 한다. 이 사람 저 사람에게 전화를 돌리는 것은 좋지 않다.

### 7. 전화를 끊을 때

① 전화를 끊을 때에는 상대방이 먼저 수화기를 놓은 다음에 조용히 놓는다. 용건이 끝났다고 하여 난폭하게 잘가닥 하고 놓아서는 고객에게 실례가 된다.

② 『감사합니다』 하고, 전화에 대고 굽신 절을 하는 것은 부끄러운 일이 아니다. 이쪽의 성의가 그대로 소리로 고객에게 전달되기 때문이다. 상대방은 전화 목소리만으로도 이쪽의 전화 받는 자세, 태도, 표정을 느낄 수 있다.

### 8. 전화를 할 때

① 전화를 할 때는 사전에 전화번호를 확인한다. 틀린 전화는 상대방에게도 실례이고, 시간이나 경비의 손실이 된다.

② 상대방이 나오면 곧바로 점포명, 소속, 성명을 말한다. 용건은 간단하고 순서 있게 전달한다.

### 9. 개인 전화

① 근무 중에 전화사용은 절대 삼간다.

② 전화사용은 방심하기 쉽다. 조금의 실수로 언어나 자세가 거칠어지고 직장의 분위기를 흐리게 만든다. 직장이라는 것을 잊지 말고, 개인적인 통화를 삼간다(단, 긴급의 경우는 예외).

## 전화응대 예

### 1. 수화기를 들 때

① 감사합니다. ㅇㅇ의 경리 미스 김입니다.

② 감사합니다. ㅇㅇ의 웨이트리스 미스 리입니다.

③ 감사합니다. ㅇㅇ의 조리장 미스터 강입니다.

④ 감사합니다. ㅇㅇ의 이 대리입니다.

2. 문의 또는 상대를 확인할 때

① 좀 여쭈어 보겠습니다만,

② 실례지만 존함이 어떻게 되십니까?

③ 실례지만 어느 분이십니까?

3. 대답할 때

① 네!

② 네! 그렇습니다.

③ 네! 잘 알겠습니다.

④ 네! 감사합니다.

4. 인사할 때

① 안녕하십니까? 항상 저희 ○○를 이용해 주셔서 감사합니다.

② 안녕하십니까? 항상 도와 주셔서 감사합니다.

③ 지난 번은 정말 감사합니다. 앞으로도 잘 부탁드립니다.

5. 기다리게 할 경우

죄송합니다만, 잠깐만 기다려 주시기 바랍니다.

6. 기다리게 했을 경우

① 기다리시게 해서 죄송합니다.

② 오래 기다리시게 해서 정말 죄송합니다.

7. 부탁할 때

① 바쁘실텐데 죄송합니다만, 잘 부탁드리겠습니다.

② 수고스러우시겠지만, 잘 부탁드립니다.

③ 죄송합니다만, 다시 한 번 말씀해 주시겠습니까?

8. 거절하는 경우

① 모처럼 말씀이신데 저희로서는 모시기가 어렵겠습니다.

② 죄송합니다만, 그것은 책임지기 어렵겠습니다.

③ 죄송합니다만, 그 점은 저희 회사 규칙상 말씀드릴 수 없게 되어 있습니다.

9. 사과할 때

① 드릴 말씀이 없습니다. 정말 죄송합니다.

② 신경을 쓰지 못해서 대단히 죄송합니다.

③ 큰 실례를 했습니다. 대단히 죄송합니다.

10. 전화 받을 사람이 부재중일 때

죄송합니다만, 김○○는 마침

① 자리에 없습니다.

② 외출(출장) 중입니다.

③ 회의 중입니다.

- 제가 대신 전해 드려도 괜찮으시겠습니까?
- 귀사하는 대로(회의가 끝나는 대로) ○○의 박○○선생님으로부터 전화 왔었다고 전해 드리겠습니다.
- 귀사하는 대로(회의가 끝나는 대로) 이쪽에서 전화 드리도록 하겠습니다.(마지막에) 저는 인사과의 이○○입니다.

### 언어사용의 유의사항

우리는 언어의 사용과 얘기하는 방법에 대해 더욱 조심하지 않으면 안 된다. 다음과 같은 점에 주의한다.

1. 고객의 말을 경청한다.

고객의 얘기에 흥미를 보이고, 질문하기도 하고 동의하고 감탄하기도 하면 고객은 신이 나서 본심을 털어놓는다.

2. 경어 사용에 특히 조심한다.

경어의 사용은 중요한 것이지만, 바르게 사용하기란 어렵다. 주의해서 사용하도록 한다.

3. 특히 고객과 얼굴을 마주 대하며 근무하는 종업원은 다음 사항을 주의하여야 한다.

① 고객과 고객 간의 대화에 끼어들지 말 것
② 항상 미소 짓는 표정, 밝은 표정으로 근무할 것
③ 혹시 고객으로부터 질문을 받거나 얘기가 걸려 왔을 때는 성의 있고 정중한 태도로 임할 것
④ 근무자가 상대해야 될 고객이 다수이기 때문에 어느 특정 고객에게 치우치지 않도록 할 것

## 올바른 호칭

1. 자기보다 윗사람을 호칭하는 경우

① 상사의 성과 직위 다음에 '님' 자를 붙인다. 『김 사장님』, 『서 부장님』
② 성명을 모르면 직위에 『님』의 존칭을 쓴다. 『부장님』, 『과장님』
③ 상사에게 자기를 호칭할 경우는 『저』, 전화상에서 자기를 호칭할 때는 성에 직위나 직함을 붙여서 말하고 직위나 직함만을 말할 경우도 있다. 『김 부장』, 『판매부장』, 『○○사원』

2. 부하직원 및 동료직원 호칭

① 부하직원이나 동료직원에게는 성과 직위 또는 직명으로 호칭한다. 『김 부장』

② 초면이나 선임자일 경우 『님』을 붙이는 것이 예의이다.

③ 부하직원이나 동료직원 간에 자기 호칭은 『나』를 사용한다.

## 보행(이동)자세

1. 바른 걸음걸이는 바른 자세에서 시작된다. 바로 선 자세로 등을 펴고, 턱을 당기고 그대로 똑바르게 걸으면 된다.
2. 항상 경쾌하나 조용하게 걷는다. 긴급할 때 이외에는 결코 뛰어서는 안 된다. 질질 발을 끌면서 걷거나, 딸랑딸랑 불안한 걸음걸이는 금물이다.
3. 홀 내부가 비좁기 때문에 고객과 스칠 때에는 고객의 통과가 용이하도록 옆으로 물러서도록 한다. 코너에서는 조심하여 충돌하지 않도록 한다.
4. 고객이나 상사와 엇갈릴 때는 공손히 반절을 한다(고개를 숙인다).
5. 복도에서는 상사나 고객을 앞지르지 않는 것이 원칙이다. 그러나 급한 용무나 부득이한 때는 반드시 "실례합니다."라고 사과를 한다.
6. 여럿이 걸을 때는 종으로 걸으며, 횡으로 통로를 가로지르는 일이 없도록 한다. 큰소리로 이야기하거나 콧노래 또는 휘파람을 불면서 걷는 것은 금물이다.
7. 고객을 안내할 때는 고객에게 유의하면서 조심성 있게 한걸음 앞을 선도한다. 고객을 수행할 때는 고객의 좌측 1보 뒤나 또는 후방으로 걷는다.
8. 고객이 보는 곳에서는 담배나 껌을 씹어서는 안 된다.
9. 보행 중에는 주머니에 손을 넣거나 팔짱을 끼거나 뒷짐을 지면 안 된다.

## 그 밖의 체크 사항

① 외식업소는 청결감과 쾌적함이 가장 중요하다.

② 항상 청결감과 쾌적함이 지키기 위한 몸가짐을 가져야 한다.

③ 고객을 기다리는 동안에는 아래의 체크 표를 보면서 주위를 체크하도록 한다.

④ 체크를 한 후에는 반드시 손을 씻는다.

| 구분 | 체크 사항 |
|---|---|
| 외관 | 점포 주위나 입구에서 현관까지의 사이나 입구 주변에 휴지는 떨어져 있는가 더럽지 않은가? |
| | 창 또는 창틀 간판이 더럽지 않은가? |
| 점내 | 좌석은 덥지 않은가, 춥지 않은가? |
| | 음량은 적당한가, 시끄럽지 않은가? |
| | 바닥에 먼지는 떨어져 있지 않은가, 더러워진 것은 없는가, 젖은 것은 없는가? |
| | 테이블 위에 세팅화는 제대로 되어 있는가, 더럽지 않은가, 제자리에 놓여져 있는가? |
| | 테이블 의자는 흔들리지 않은가, 바른 자리에 놓여 있는가, 어린이용 의자는 마련했는가? |
| | POP, 메뉴, 간판 등의 게시판이 더럽혀져 있지 않은가, 거울은 흐리게 되어 있지 않은가? |
| 화장실 | 세면대 또는 세면대의 주위 바닥은 젖어 있지 않은가, 거울은 흐리게 되어있지 않은가? |
| | 비누랑 세정액, 수건은 준비되어 있는가?<br>그 외의 용기는 더럽지 않은가? |
| | 화장실은 더럽지 않은가, 휴지는 떨어져 있지 않은가?<br>화장지 등의 물품은 갖추어져 있는가? |

## 위생관리는 어떻게 할 것인가?

### 1. 종업원의 위생관리

① 모든 종업원은 정기점검을 받아야 한다.

② 손가락을 베었을 때는 손가락 고무골무나 장갑을 사용하고, 포도상구균으로 인한 식중독을 예방하여야 한다.

③ 손톱은 항상 짧게 깎아야 한다.

④ 주방용 안전화는 외부용 신발과 구별하여 사용해야 한다.

⑤ 청결한 가운과 모자를 사용하여 불쾌감을 주지 않고 식품오염을 예방해야 한다.

⑥ 헤어밴드나 냅킨을 머리에 쓰도록 하여, 머리카락이 떨어지지 않게 주의한다.

⑦ 요리를 만들기 전이나 후, 서비스를 시작하기 전에는 꼭 손을 닦아야 한다.

### 2. 조리실의 위생관리

① 남은 야채와 시효가 지난 소스는 매일 처치하고, 오물통은 매일 뜨거운 물로 세척하여 오물통에 있는 균의 번식을 막아야 한다.

② 조리대, 작업대, 싱크대에 물때가 묻지 않았는지 확인하고, 매일 세제를 발라서 닦아 준다.

③ 주방용 칼은 매일 뜨거운 물로 중성세제를 사용하여 기름기를 없애야 한다.

④ 냉장고는 5℃ 이하를 유지하여야 하며, 냉장고 벽의 서리는 뜨거운 물을 흘려서 제거한 후에 마른 수건으로 닦아야 한다.

⑤ 가스 불꽃은 청백색 상태가 정상이며, 출구가 막혔으면 바늘로 뚫고, 이상이 있으면 가스 공급처에 연락해야 하며, 영업종료와 함께 중앙공급 밸브와 중간공급 밸브를 차단하고, 담당자는 체크리스트에 사인해야 한다.

⑥ 생식인 야채, 양배추, 파, 상추, 깻잎 등은 500~600배의 흐린 중성세제에 5분 정도 담근 후에 물로 닦아 낸다.

⑦ 냉장고 그리고 냉동고의 적정온도에서는 세균은 활동을 중지하므로 냉장고의 온도를 유지하는 데 유의해야 하며 식품을 가득 채우면 냉각되지 않는다.

⑧ 행주와 걸레는 색깔로 구별하여 사용하고, 행주는 매일 삶은 후에 건조시켜야 한다.

## 안전대책은 어떻게 할 것인가?

### 1. 가스 취급의 유의사항

프로판 가스는 액체이지만 용기에서 유출되면 200배의 기체로 증가하는 위험한 인화물이다. 그러므로 항상 폭발위험이 도사리고 있다는 것을 인식하고, 다음 사항에 유의해야 한다.

① 연소상태는 청백색 색깔이 되도록 공기를 조절할 것.

② 사용 후는 코크밸브 개폐 여부를 확인해야 한다.

③ 가스가 누설되었을 때에는 테이블의 팬과 벽의 팬을 틀어서 외부로 유출시킨 후에 점화해야 한다.

④ 정전 시에는 창문을 열어서 가스를 유출시킨다.

⑤ 가스가 유출될 때에는 배관 호스에 비눗물을 발라서 유출 여부를 점검해야 한다.

⑥ 연소기 구멍이 막히지 않도록 수시로 점검해야 한다.

⑦ 영업 종료 시에는 중앙공급 밸브와 중간 밸브를 차단해야 한다.

⑧ 가스 관리에서 가장 무서운 것은, 유출된 가스가 연소되지 않고 뭉쳐 있는 곳에 점화되어 폭발하는 것이다.

⑨ 가스 통을 교환할 때에 테이블 밸브는 잠가야 한다. 그렇지 않으면 가스통 교환 후에 가스가 계속 유출될 위험이 있다.

※ 필자가 근무했던 호텔에서는 가스 자동 차단장치와 병행해서 가스밸브에 자물쇠를 잠그는 방식을 사용하였음.

### 2. 전기 및 석유난로 취급시의 유의사항

석유난로는 언제나 불을 끄고 석유를 넣어야 한다. 타고 있는 상태에서 주유하다가 화재를 일으킨 예가 많으며, 종료 후나 취침 시에는 불을 꺼야 한다.

### 3. 도난방지 대책

영업 종료시간으로부터 한 시간이 지나면 영업장은 완전 소등하고, 출입문은 안전하게 잠그고 모든 직원은 퇴근해야 한다.

## 점내 규칙 및 준수사항

일을 할 때 지켜야 하는 매너와 규칙이 있다. 일하기 전에 이것만큼은 명심해 두어야 한다.

1. **출　근** : 출근이란 점포에 들어설 때가 아니고 일을 시작할 때이다. 규정시간 10분 전에 입점한다.
2. **몸가짐** : 유니폼으로 출 · 퇴근하는 것은 금물이다. 몸가짐은 체크리스트 기준을 준수하여 근무한다.
3. **타임 카드**
   - **출근시** : 유니폼을 갈아입고 나서 타임 카드를 찍은 후 제자리에 놓는다.
   - **퇴근시** : 유니폼을 갈아입기 전에 타임 카드를 찍는다. 대리로 찍는 것은 금물.
4. **지각, 결근** : 결정된 스케줄은 반드시 지킬 것, 할 수 없이 지각 · 조퇴할 때는 미리 지배인에게 말하여 허가를 받는다.
5. **손씻기** : 일을 들어가기 전에, 그날 직장을 떠난 후, 화장실 사용 후에는 꼭 손을 닦는다.
6. **귀중품** : 점포에는 가지고 오지 말 것, 분실하면 다른 종업원에게 폐가 된다.

## 7. 규 칙

① 홀에서는 뛰지 않는다.

② 손님의 분실물은 곧 지배인에게 보고한다(지배인 부재 시에는 주임에게 알린다).

③ 개인전화는 엄금한다.

④ 피크 시에 개인전화 연결은 원칙적으로 금한다.

⑤ 회사 소유물을 갖고 가서는 안 된다.

⑥ 근무 중에 할 수 없이 근무지를 떠날 때는 지배인에게 허가를 받는다(지배인 부재 시는 주임에게 허가를 받는다).

⑦ 영업 종료 전에 먼저 퇴근할 직원은 손님이 느끼지 못하도록 동료 및 상사에게 목례만 한다.

⑧ 메뉴에 대한 충분한 지식을 갖고 셀링 포인트를 이해한다.

⑨ 좌석번호를 암기한다.

⑩ 종업원은 손님 테이블에 착석하면 안 된다. 손님이 불쾌감을 갖지 않도록 주의한다.

⑪ 전구교환은 같은 밝기의 전구를 같은 장소에 부착한다.

⑫ 메뉴에 관한 지식을 미리 기억한다(먹는 순서, 셀링 포인트, 주문 시 음식의 양).

⑬ 컵을 잡는 법, 그릇을 잡는 법을 익힌다.

⑭ Y셔츠 속에 유색 런닝셔츠를 입지 않는다.

⑮ 근무 시의 애로사항이나 의문점은 상급자와 협의한다.

퇴근 후는 과음 등을 피하고, 충분한 휴식을 취한다.

⑯ 외부 고객이 매출 및 점포현황 등을 질문하면 알려지지 않은 사항은 일체 공개해서는 안 된다.

⑰ 빌지가 없는 음식은 만들지 않는다.

⑱ 영업의 종료 시에는 아직까지 남아 있는 고객에게 불편이 없도록 조용하게 행동하여야 한다.

⑲ 영업 종료 시에는 가스 코크의 잠금 확인, 전원 플러그의 확인, 시건장치의 잠금, 청소 및 정리정돈을 다시 한 번 확인해야 한다.

# Chapter 12

# 외식업 창업계획서

1. 외식산업 진출의 의의
2. 개점계획 체크리스트

"창업계획부터 지식경영으로
경쟁력을 확보하는 일이 꼭 필요하다."

## 1. 외식산업 진출의 의의

본 장은 실제로 패밀리 레스토랑을 운영할 수 있게 사례를 바탕으로 외식산업 진출계획서를 작성한 자료임.

### 외식업 출점의 의의

① 사업성장
② 다점포화를 위한 노하우 축적과 응용
③ 지역사회 공헌
④ 조직 활성화

### 입지조사의 요령

#### (1) 출점지역의 성격과 현황

① **위치** : 입지분석을 통한 외식업 콘셉트를 결정해야 한다.
② **인구** : 인구 증가율, 연령별, 인구 구성, 주간 인구 비율(인구증가율이 높은 지역일수록 진출이 유리함)
③ 소득, 예금지표
④ 승용차 보유율 (각 구청 및 군청의 교통계)
⑤ 성장력 (각 지표의 연간 성장률)
⑥ 인구밀도력(각 지표의 1인당, 1세대당 수준을 합산)
⑦ 공업 및 상업 현황
⑧ 음식시장 현황(점포 수, 업종, 업태, 매출 등)

## (2) 로케이션

① 위 치
② 교통(도로)
③ 환경
④ 사업소 등
⑤ 물건(물건형태)

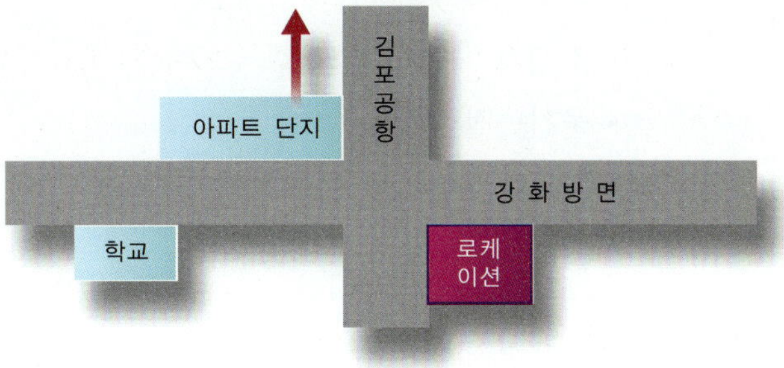


## (3) 상권 설정과 잠재적 매상예측

### ① 상권설정과 인구 규모

| | 패스트푸드 | 패밀리 레스토랑 | 패밀리 다이닝 · 디너 하우스 |
|---|---|---|---|
| 1차 상권 | 500m | 1km | 2.5km |
| 2차 상권 | 1km | 2.5km | 5km |
| 3차 상권 | 2.5km | 5km | 15km |

### ② 물건의 상권 인구로부터 본 매상예측

[사례] 패밀리 레스토랑 출점지역, 객단가 8,300

1차 상권(1km) 20% 4,000인[1,318세대×3.11인]
2차 상권(2.5km) 12% 900인[280세대 × 3.21인]
3차 상권(5km) 8% 6,000인[1,852세대×3.24인]

합 계 13.3% 11,000인 [3,448세대×3.19인]

합계 상권내 거점률은 13.3% 11,000인[1.11인으로 계산함]
따라서 예상매출=객수×객단가 = 11,000 × ₩8,300 = ₩91,300,000
여기에 상권 외의 고객비율을 20~30% 가정할 때
당물건의 월 매상은 ₩109,560,000 ~ ₩118,690,000 추정 가능.

## 외식산업의 기본계획(조건설정)

① 물건개요

- 소재지
- 물건면적

② 점포개요

- 점포명
- 점포면적
- 좌석 수
- 주차장 면적 및 주차 대수

③ 계약조건 개요

- 임대방식 : 건축 협력금 방식
- 임대료
- 보증금 및 권리금
- 임대료 변경
- 계약기간

④ 물건 소개자

## 4. 기본 콘셉트

### (1) 기본 콘셉트

가정의 분위기를 중요시…
언제나, 누구나, 가벼운 마음으로, 즐겁게… 「친근감 있는 레스토랑」

| 점 명 | 보스톤 |
|---|---|

| 업 종 | 양 식 | 업 태 | 패밀리 레스토랑 |
|---|---|---|---|

점포는 '커뮤니케이션' 의 장이며, 동시에 '오퍼레이션' 을 실현하는 장이다. 또한 고객에게는 편안하고 좋은 공간이며, 일하는 종업원에게 있어서도 쾌적한 공간이다. 상품은 폭넓은 객층의 폭넓은 이용 동기에 대응할 수 있는 다양한 종류의 구성으로 한 품목의 가치를 높인다.

주 대상고객은 지역에 거주하는 가족층이며, 아이들을 매체로 한 가족이나 일반 가족 등의 폭넓은 이용 동기에 대응한다. 동시에 주부그룹 등 여성그룹이나 남녀그룹을 위한 식사, 일반 통행량 등 연령, 성별을 초월한 매우 일반적인 고객층을 대상으로 한다.

### (2) 점포 콘셉트

미국의 주택이 테마 !
커뮤니케이션과 오퍼레이션도가 높은 식공간을 만든다 !

- 규모 80평
- 좌석수 104석
- 주차대수 40대
- 점포 이미지는 미국의 일반주택의 다이닝, 나무의 감촉을 중요시한 따뜻함이 배어 있는 점포 만들기
- 점포 외관은 독특하게 매력 있는 점포를 만든다.

### (3) 상품 콘셉트

햄버거 스테이크 등 식사성이 높은 상품과 함께
디저트부터 비교적 가벼운 식사까지 폭넓은 다양성을 가져
다양한 식사 니즈(Needs)에 대응한다 !

• 기본상품 구성

| 상 품 | 가지수 | 가 격 |
|---|---|---|
| ① 비프 · 스테이크 | 약 5 item | ₩8,500 ~ 19,000 |
| ② 햄버거 스테이크 | 약 6 item | ₩5,500 ~ 11,000 |
| ③ 피 자 | 약 8 item | ₩5,000 ~ 13,000 |
| ④ 도리아 | 약 3 item | ₩4,500 |
| ⑤ 카 레 | 약 3 item | ₩5,000 |
| ⑥ 그라탱 | 약 2 item | ₩4,500 |
| ⑦ 샐러드 | 약 5 item | ₩3,000 ~ 6,000 |
| ⑧ 수 프 | 약 3 item | ₩2,000 ~ 3,000 |
| ⑨ 스파게티 | 약 6 item | ₩4,500 ~ 8,000 |
| ⑩ 사이드 메뉴 | 약 6 item | ₩1,500 ~ 2,500 |
| ⑪ 드링크 | 약 15 item | ₩1,500 ~ 4,500 |
| ⑫ 디저트 | 약 10 item | ₩2,000 ~ 5,500 |
| ⑬ 알코올 | 약 10 item | ₩1,500 ~ 6,000 |
| ⑭ 런치메뉴 | 약 5 item | ₩4,500 ~ 12,000 |

총 아이템 수 약 86 item

## (4) 시간대별 차별화 전략

① 객단가 : 점심 5,500 ~ 6,500
저녁 10,000 ~13,000
평균 8,300 설정

② 점 명 : '보스톤 레스토랑'

③ 영업시간 : AM 11 : 00 ~ PM 11 : 00(연중무휴)

④ 서비스 : 고객에게 마음과 눈과 손의 배려를 해줄 수 있는 서비스 정형+α 의 서비스로 다른 점포와 차별화를 갖는다.

⑤ 직원 계획 : 점장 및 홀 : 2명, 조리장 및 주방 : 2명
캐셔 : 1명, 아르바이트 : 20 ~ 30명
가능한 한 아르바이트의 전력화를 기한다.

⑥ 개업 준비

- 영업판매 계획
- 직원계획 ⇒ 모집, 교육, 훈련
- 집기, 비품 리스트업과 주문계획
- 상품 메뉴 계획
- 개점준비작업 계획

⑦ 경영체질

경영체질은 표준의 식재료 35%, 인건비 22%, 제경비 11%로 설정한다. 또한 좋은 체질을 확보하기 위해서는 원재료+인건비 55%를 확보할 수 있도록 경영노력을 한다.

식재료 + 인건비 = 프라임 코스트(Prime Cost)

## 투자금액 누진계획 및 환수요령

### (1) 투자계획

① 임대조건

- 건축협력금 형식(리스백 방식)의 임대계약
- 보증금
- 집세(임대료)
- 계약기간 10년

[점포규모 80평 · 좌석 수 104석]

② 소요자금

| 항　　목 | | 금액(천원) | 비　　고 |
|---|---|---|---|
| 보증금 및 권리금 | | 150,000 | |
| | 건축본체공사(A) | 450,000 | 건축본체공사 · 조성공사 |
| | 건축본체공사(B) | 160,000 | 내장 · 설비 |
| | 기타 | 130,000 | 가구 · 간판 · 디스플레이 등 |
| | 건축 공사비 합계 | 290,000 | |
| | | 150,000 | 주방설비, 오더엔트리 시스템 |
| | 조사 계획료 | 18,000 | |
| | 설계 감리비 | 20,000 | |

| 항 목 | | 금액(천원) | 비 고 |
|---|---|---|---|
| 보증금 및 권리금 | | 150,000 | |
| | 집기 · 비품 | 50,000 | 식기 · 주방비품 등 전화 · 팩스 · 유선 등 |
| | 유니폼 · 소모품 | 10,000 | 유니폼 · 청소용품 등 |
| | 레지스터 · 사무용품 | 5,000 | |
| | 메뉴 · 판촉 · 광고 | 15,000 | |
| | 구인 연수비 | 32,000 | |
| | 경영 지도료 | 30,000 | |
| | 개업 예비비 | 30,000 | |
| | 개업 제경비 | 210,000 | |
| 합 계 | | 800,000 | |

### (2) 자금계획

#### ① 소요자금의 합계 800,000,000

보 증 금 ₩150,000,000

건축공사비 ₩290,000,000

주방설비비 ₩150,000,000

개업제경비 ₩210,000,000

#### ② 자금조달

기본적으로 주방에 관해서는 리스를 설정한다.

(단위 : 천 원)

| | | |
|---|---|---|
| 차 입 금 | 550,000 | 기간 10년 균등반제 연이율 12% 설정 |
| 자기자금 | 100,000 | 자본금 |
| 리 스 | 150,000 | 주방(6년 리스 월 2%로 설정) |
| 합 계 | 800,000 | |

③ 반제계획

상기조건으로 차입금 반제계획을 세운다. 금리계산은 평균금리로 계산한다.

| 연 도 | 기수차입잔액 | 반제금액(년) | 반제금액(월) | 이자(년) | 이자(월) |
|---|---|---|---|---|---|
| 1 | 550,000 | 55,000 | 4,580 | 66,000 | 5,500 |
| 2 | 495,000 | 55,000 | 4,580 | 59,400 | 4,950 |
| 3 | 440,000 | 55,000 | 4,580 | 52,800 | 4,400 |
| 4 | 385,000 | 55,000 | 4,580 | 46,200 | 3,850 |
| / | / | / | / | / | / |
| 10 | 55,000 | 55,000 | 4,580 | | 550 |
| 합 계 | 0 | 550,000 | | | |

## (3) 초기조건과 필요매상고의 계산

### ① 초기조건의 계산

(단위 : 천 원)

| | | | |
|---|---|---|---|
| ⓐ | 임 대 료 | 월 액 ₩7,350으로 설정 | ₩7,350,000 |
| ⓑ | 감가상각비 | • 내장 설비(₩160,000)<br>7년 정액법으로 설정<br>160,000×0.9÷7년=20,571<br>20,571 ÷ 12월=1,714<br>• 가구 디스플레이(₩130,000)<br>5년 정액법으로 설정<br>130,000 × 0.9÷5년=23,400<br>23,400÷12월=1,950<br>• 개업 제경비(₩210,000)<br>5년 정액법으로 설정<br>210,000×0.9÷5년=37,800<br>37,800÷12월=3,150 | ₩6,814 |
| ⓒ | 지불금리 | 여기서는 당 초월의 지불금리로 계산 | ₩5,500 |
| ⓓ | 리 스 료 | 주방설비(₩150,000)<br>리스 월 2% 계약<br>150,000×0.02=3,000 | ₩3,000 |
| ⓔ | 본 부 비 | 본부비는 산정하지 않음 | |

| 초기조건합계 | ₩22,664 |
|---|---|

초기조건이란 임대료, 감가상각비, 지불금리, 리스료, 본부비의 합계를 말한다. 이 금액은 매상고가 변동해도 필요(고정비)하며, 당초부터 결정되는 성질의 것이므로 이렇게 말한다.

초기조건은 매상고 대비 20 ~ 23% 이내로 될 때 수치적으로 안전한 수치이다.

### ② 필요매상고와 손익분기 매상고의 계산

• 초기조건

(단위 : 천 원)

| 임대료 | 감가상각비 | 지불금리 | 리스료 | 본부비 | 합 계 |
|---|---|---|---|---|---|
| 7,350 | 6,814 | 5,500 | 3,000 | 0 | 22,664 |

• 변동비의 설정 68%

원가율 : 35%

인건비율 : 22%

제경비율 : 11%

• 필요매상고와 손익분기 매상고의 계산

(단위 : 천 원)

| 필요매상고 | 단순 손익분기 매상고 |
|---|---|
| 초기조건을 매상고 대비 20%로 설정하면, 필요매상고는 초기조건×100/20로 계산된다.<br>22,664 × 100 / 20 = 113,320 | 변동비율을 매상고대비, 68%로 설정하면 손익분기 매상고는, 초기조건 ÷(1-0.68)로 계산된다.<br>22,664÷(1-0.68)=₩70,825 |
| 필요매상고는 ₩113,320/월 | 손익분기 매상고는 ₩70,825/월 |

필요 매상고는 세전 이익률 12%를 확보하기 위해 필요한 매상고를 말한다. 따라서 매상고(100%) 중

• 원가율(35%) • 인건비율(22%)

• 제경비율(11%) • 세전이익률(12%)

• 필요 매상고율(20%)

고정비인 초기조건이 20%가 되는 매상고를 구한다.

## (4) 매상계획

### ① 번한비(점포의 입지에 따라서 1개월을 25 ~ 38일로 환산할 수 있다)

[점포영업은 연중무휴(1개월 30일 계산)]

| 평 일 | 1.00×22 | 22일 |
|---|---|---|
| 토요일 | 1.50× 4 | 6일 |
| 일요일 | 2.50× 4 | 10일 |
| 합　　계 | | 38일 |

1개월을 38일로 환산한다.

### ② 매상계획

| 시간대 | | 보통매상 | 표준매상 | 양호매상 |
|---|---|---|---|---|
| 점심시간<br>11:00~14:00 | 객수<br>객단가<br>매상고 | 115인<br>₩6,000<br>₩690,000 | 120인<br>₩6,000<br>₩720,000 | 125인<br>6,000<br>₩750,000 |
| 아이들타임*<br>14:00~17:00 | 객수<br>객단가<br>매상고 | 55인<br>₩3,000<br>₩165,000 | 60인<br>₩3,000<br>₩180,000 | 65인<br>₩3,000<br>₩195,000 |
| 저녁시간<br>17:00~23:00 | 객수<br>객단가<br>매상고 | 115인<br>₩12,000<br>₩186,0000 | 165인<br>₩12,000<br>₩1,980,000 | 170인<br>₩12,000<br>₩2,040,000 |
| | 매상고 | ₩2,715,000 | ₩2,880,000 | ₩2,985,000 |
| 1일 합계 | 회전율<br>객수<br>평균 객단가 | 3.1<br>325<br>8,353 | 3.3<br>345<br>8,347 | 3.46<br>360<br>8,300 |
| 월 매출( ×38일) | | 103,170,000 | 109,440,000 | 11,343,000 |
| 월 매상 | | 103,170,000 | 109,440,000 | 11,343,000 |
| 년 매상 | | 11,238,040,000 | 1,313,280,000 | 1,361,160,000 |

* 업소에서 한가한 시간을 가리키는 말

### ③ 표준매상시의 점포 효율

- 표준 매상고　₩109,440,000• 평당 매상고　₩1,368,000
- 좌석당 매상고　₩1,052,000
- 평균 객단가　₩8,347,000
- 평균객수　월 13,110 , 일 345
- 객석 회전율　월 126 , 일 3.3

## (5) 월차손익계획의 표준형

(단위 : 천원)

| | 보 통 매 상 | | 표 준 매 상 | | 양 호 매 상 | |
|---|---|---|---|---|---|---|
| 매 상 고 | 103,170 | | 109,440 | | 113,430 | |
| 원 료 비 | 36,109 | 35.0 | 38,304 | 35.0 | 39,700 | 35.0 |
| 인 건 비 | 22,697 | 22.0 | 24,076 | 22.0 | 24,954 | 22.0 |
| (인원)<br>(평균 인건비)<br>(노동 분배율)<br>(인시 매상고) | | | | | | |
| 제경비 | 11,348 | 11.0 | 12,038 | 11.0 | 12,477 | 10.0 |
| 초기조건 | 22,664 | 22.0 | 22,664 | 20.7 | 22,664 | 20.0 |
| 임대료 | 7,350 | 7.1 | 7,350 | 6.7 | 7,350 | 6.5 |
| 감가상각비 | 6,814 | 6.6 | 6,814 | 6.2 | 6,814 | 6.0 |
| 지불금리 | 5,500 | 5.3 | 5,500 | 5.0 | 5,500 | 4.8 |
| 리스료 | 3,000 | 2.9 | 3,000 | 2.7 | 3,000 | 2.6 |
| 소 계 | 92,818 | 90.0 | 97,082 | 88.7 | 99,795 | 88.0 |
| 순이익 | 10,352 | 10.0 | 12,358 | 11.3 | 13,635 | 12.0 |
| 유동자금 | 17,166 | | 19,172 | | 20,449 | |
| 반제금 | 4,580 | | 4,580 | | 4,580 | |
| 반제 후 금액 | 12,586 | | 14,592 | | 15,869 | |
| 초기조건 | 22.0 | | 20.7 | | 20.07 | |
| 경영체질 | 68.0 | | 68.0 | | 68.0 | |

- 주의

1) 지불 금리는 점차 감소하지만, 여기에서는 당월 초의 지불 금리로 설정
2) 유동자금은 순이익+감가상각비
3) 법인세는 설정하지 않음

## 2. 개점계획 체크리스트

### 영업계획

| 항 목 | 담당자 | 기간 | 확인 |
|---|---|---|---|
| (1) 점포명 | | | |
| (2) 로고, 마크 | | | |
| (3) 리셉션 년 월 일( ) : ~ | | | |
| (4) 폐점일 년 월 일( ) : ~ | | | |
| (5) 영업시간 평 일 AM ~ PM (오더 스톱 PM : ) | | | |
| 일요일 AM ~ PM (오더 스톱 PM : ) | | | |
| (6) 휴업일 유 · 무( 요일) | | | |
| (7) 봉사료 유 · 무( ) | | | |
| (8) 영업 콘셉트의 이해 | | | |
| | | | |

### 건축 계획

| 항 목 | 담당자 | 기간 | 확인 |
|---|---|---|---|
| (1) 건축관계 | | | |
| ① 예산의 대강, 범위 | | | |
| ② 공사 기간의 확인 | | | |
| (2) 전화, 음향 | | | |
| ① 공중전화, 영업용 전화 | | | |
| ② 인터폰, 내선 전화 | | | |
| ③ 마이크로폰 | | | |
| ④ 음향 설비(테이프, CD) | | | |
| ⑤ 유선 수배 | | | |
| (3) 간판, 표시 | | | |
| ① 포렴(푼자, 사이즈, 수량) | | | |
| ② 금전등록기(포스 시스템) | | | |

(계속)

| | | | |
|---|---|---|---|
| ③ 화장실 | | | |
| ④ 담배자판기 | | | |
| ⑤ 사무실 | | | |
| ⑥ 전화 | | | |
| ⑦ 연회 예약 판(내 · 외) | | | |
| (4) 연출, 장식 | | | |
| ① 장식품, 회화, 포스터 | | | |
| ② 생화, 조화 화분 | | | |
| ③ 테이블, 방석(종류, 사이즈) | | | |
| | | | |
| | | | |
| | | | |

## 요원·채용 계획

| 항 목 | 담당자 | 기간 | 확인 |
|---|---|---|---|
| (1) 요원 계획 | | | |
| ① 전체 조직도 | | | |
| ② 점포 내 조직도 | | | |
| ③ 부문별 인원 | | | |
| (2) 채용 계획 | | | |
| ① 구인방법(아르바이트, 신문광고, 전단지, 직업 소개소, 고용지원센터, 현수막, 간판, 각 대학, 고등학교 등) | | | |
| ② 면접(일시, 장소, 방법) | | | |
| ③ 채용(시기) | | | |
| ④ 교육 · 연수계획 방법 | | | |
| ⓐ 점장 교육 | | | |
| ⓑ 집합교육(OFF JT) | | | |
| ⓒ 현장교육(OJT) | | | |
| ⓓ 연수 년 월 일( ) ~ 년 월 일( ) | | | |
| (정사원 명, 파트 아르바이트 명) | | | |

## 상품 계획

| 항 목 | 담당자 | 기간 | 확인 |
|---|---|---|---|
| (1) 메뉴안<br>① 메뉴 기준표의 작성<br>② 가격 설정<br>③ 상품의 서비스 방법<br>④ 상품의 표현 방법<br>⑤ 메뉴명 | | | |
| (2) 원재료 조달<br>① 원재료 리스트 작성<br>② 견적 의뢰<br>③ 업자 결정<br>④ 발주 수량과 단가<br>⑤ 발주 사이클과 유통 방법<br>⑥ 지불 방법 | | | |
| (3) 식기의 선정<br>① 요리<br>② 차<br>③ 기타<br>④ 주방용품<br>⑤ 주방소품 | | | |
| (4) 샘플<br>① 발주일<br>② 발주처<br>③ 품목 수 | | | |
| (5) 메뉴 북 작성<br>① 사진 촬영(일시, 장소, 업자)<br>② 대강 계획<br>③ 촬영용 식기, 비품, 식재의 수배 | | | |
| (6) 상품시작, 시식(일시, 장소) | | | |
| | | | |
| | | | |

## 영업 관리

| 항　　　목 | 담당자 | 기간 | 확인 |
|---|---|---|---|
| (1) 매상목표의 설정<br>연차, 월차, 일일 매상 | | | |
| (2) 개점 전 스케줄 | | | |
| (3) 관리 장부의 준비<br>① 영업 일보<br>② 매상 통계표<br>③ 매입 집계표<br>④ 재고표<br>⑤ 데일리 체크표<br>⑥ 전표(회계, 납품 등)<br>(4) 금전 관리 방법<br>① 레지 시스템<br>② 매상 입금 방법<br>③ 잔돈 준비 등 | | | |
| (5) 인사 관리 방법<br>① 출퇴근 카드<br>② 급여 지불 방법<br>③ 급여 구정 등 | | | |
| (6) 유니폼<br>① 점장<br>② 홀, 일반사원, 파트 아르바이트(남, 여)<br>③ 키친, 일반사원, 파트 아르바이트(남, 여) | | | |
| (7) 핸드북 작성<br>① 하우스 룰<br>② 서비스 핸드북<br>③ 청결체크 핸드북<br>④ 기타 | | | |
| | | | |

## 판매 촉진 계획

| 항목 | 담당자 | 기간 | 확인 |
| --- | --- | --- | --- |
| (1) 판매 촉진<br>① 간 판<br>② 전단지(신문에 끼우기, 가정배달)<br>③ 애드벌룬<br>④ 포스터<br>⑤ 신 문<br>⑥ 텔레비전, 라디오<br>⑦ 선전용 자동차 | | | |
| (2) 판매 촉진 부분<br>① 성냥<br>② 접시<br>③ 서비스권<br>④ 금전권<br>⑤ 상품, 기념품<br>⑥ 할인권(30, 50%)<br>⑦ 특정상품 시식권 예 수프, 샐러드, 1품목 시식권 | | | |

## 기 타

| 항목 | 담당자 | 기간 | 확인 |
| --- | --- | --- | --- |
| (1) 리셉션<br>① 초대자 명단 리스트 업, 좌석배열, 진행계획표<br>② 요리 내용<br>③ 봉투, 본문, 인사문, 반송 엽서<br>④ 기념품(할인권)<br>⑤ 인사문<br>⑥ 방명록, 볼펜 | | | |
| (2) 인쇄물<br>① 메뉴북<br>② 성냥<br>③ 포스터<br>④ 수저집<br>⑤ 냅킨<br>⑥ 전표(납품전표, 테이블 전표)<br>⑦ 장부관계 일식 | | | |

(계속)

| | | | |
|---|---|---|---|
| (3) 금전등록기 용품<br>① 포스 시스템<br>② 잔돈 접시<br>③ 전표꽂이<br>④ 롤 페이퍼 | | | |
| (4) 장부 관계<br>① 테이블 전표<br>② 연회 예약표 | | | |
| (5) 청소 용구<br>홀 용구, 화장실 용구, 주방용구<br>주차장 용구, 세제 일식 | | | |

## 경영전략

### (1) 매출전략

① 목표설정 : 1,000억

② 정합성 제시

### (2) 출점전략

| | 전 기 | | | 중 기 | | 후 기 | |
|---|---|---|---|---|---|---|---|
| | 1년 | 2년 | 3년 | 4년 | 5년 | 6년 | 7년 |
| 직영점 | 3 | 10 | 15 | 12 | 10 | 10 | 10 |
| 가맹점 | | 30 | 42 | 108 | 120 | 150 | 180 |
| 합 계 | 3 | 43 | 100 | 220 | 350 | 610 | 700 |

※ 전기(1년~3년) 기술 축적기 : 매뉴얼 완성

중기(4년~5년) 확대기(다점포 전개시기)

① CK 중심의 생산 시스템

② 전국 네트워크 단계

③ 스케일 메리트

④ 물류센터 구축

후기(6년~7년) 완성기 : 신 비지니스 설정

### (3) 조직계획

① 3년 후(직영점 28 가맹점 72)

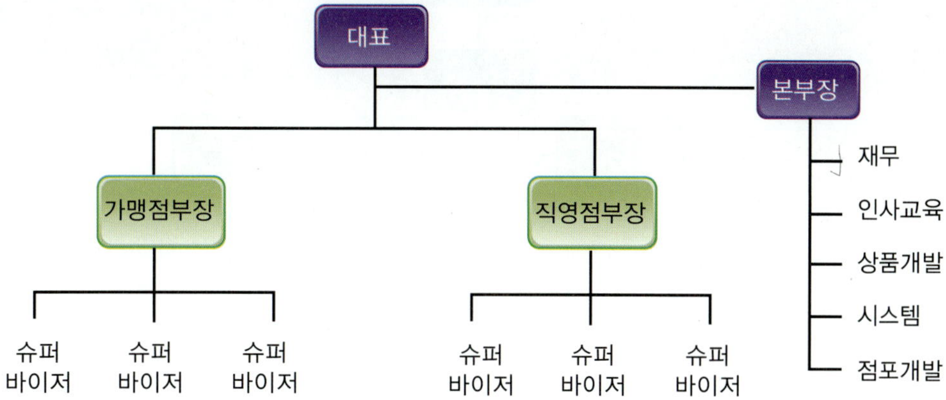


② 5년 후(직영점 50 가맹점 300)

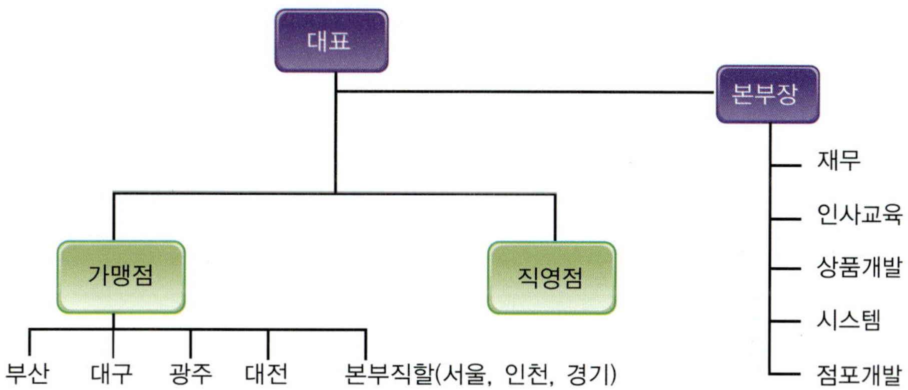

③ 7년 후(직영점 70 가맹점 630)

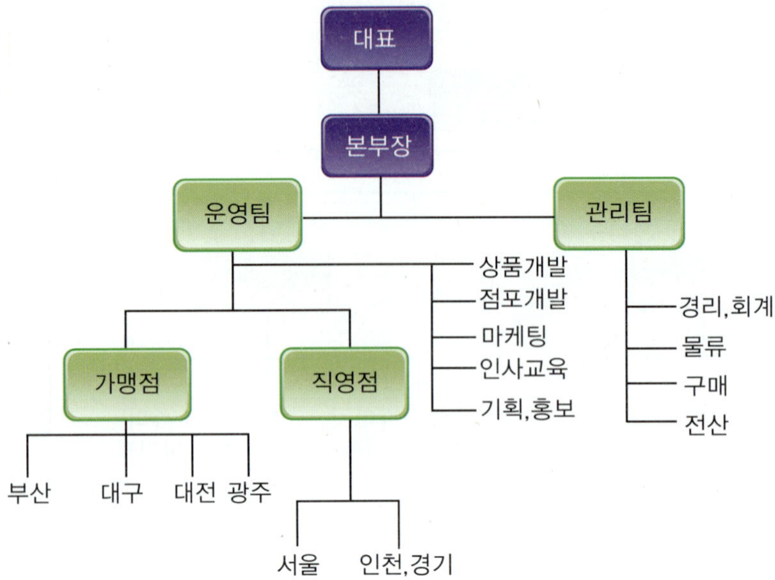


## (4) 손익계산 표준형

| | 매 출 | 원 료 | 인 건 비 | 제 경 비 | 초기조건 | 순 이 익 |
|---|---|---|---|---|---|---|
| 직영점 | 100% | 45% | 14% | 10% | 20% | 9% |
| 가맹점 | 100% | 47.5% | 13% | 10% | 20% | 9.5% |

## (5) 100점포 시의 수익구조

| | 직 영 점 | | 가 맹 점 |
|---|---|---|---|
| 매 출 | 28점×1.5억=42억 | | 72점×1.5억=108억 |
| 원 료 | 45% | 18.9억 | ① 식재마진 7% = 3.24(매출의 약 3%) |
| 인 건 비 | 13% | 5.46억 | ② 로열티(정액 20만원)=72×12월 |
| 제 경 비 | 10% | 4.20억 | ×20만=1.73 |
| 초기조건 | 20% | 8.20억 | ③ 소계=4.97억 |
| 순 이 익 | 9% | 5.04억 | |
| | | | 합 계 RC + FC + 5.04 + 4.97 = 10억 |

## 위크 스케줄

월　　일　　요일　　점포명

| 성 명 | 확인 서명 | 노동 계획 | 시간 실적 | 9 | 10 | 11 | 12 | 13 | 14 | 15 | 16 | 17 | 18 | 19 | 20 | 21 | 22 | 23 |
|---|---|---|---|---|---|---|---|---|---|---|---|---|---|---|---|---|---|---|
| | | | | | | | | | | | | | | | | | | |
| | | | | | | | | | | | | | | | | | | |
| | | | | | | | | | | | | | | | | | | |
| | | | | | | | | | | | | | | | | | | |
| | | | | | | | | | | | | | | | | | | |
| | | | | | | | | | | | | | | | | | | |
| | | | | | | | | | | | | | | | | | | |
| | | | | | | | | | | | | | | | | | | |
| | | | | | | | | | | | | | | | | | | |
| | | | | | | | | | | | | | | | | | | |
| | | | | | | | | | | | | | | | | | | |
| | | | | | | | | | | | | | | | | | | |
| 시간 합계 | | | | | | | | | | | | | | | | | | |

**목표과제**

| | 계 획 | 실 적 |
|---|---|---|
| 매 상 | 원 | 원 |
| 인시매상 | 원 | 원 |
| 객 수 | 명 | 명 |
| 객 단 가 | 원 | 원 |

| 트 레 이 닝 계 획 | | | |
|---|---|---|---|
| 성 명 | 시간 | 담당 | 내 용 |
| | | | |
| | | | |
| | | | |
| | | | |

비고

| 노동시간 | | |
|---|---|---|
| | 계 획 | 실 적 |
| 정사원 | | |
| 잔업 | | |
| 파트, 아르바이트 | | |
| 회원, 연수회 | | |
| 합 계 | | |

## 프로를 위한 10훈

1. Pro란 일에 생명을 거는 사람이다.
2. Pro란 자신의 일에 자부심을 갖는 사람이다.
3. Pro란 앞을 내다보고 일을 하는 사람이다.
4. Pro란 일에 낭비가 없는 사람이다.
5. Pro란 시간보다 목표를 중심으로 일하는 사람이다.
6. Pro란 높은 목표를 향하여 나아가는 사람이다.

# Chapter 13

# 외식업소의 점포구성과 주방설계

1. 외식업소의 실내디자인
2. 외식업소의 공간구성
3. 동선계획
4. 실내디자인의 주 요소

"세련되고 안락한 분위기는
고객을 편안한 마음으로 다시 찾게 한다."

## 1. 외식업소의 실내디자인

점포디자인은 단순히 고객의 시선을 끌기 위한 인테리어의 기능만을 갖는 것이 아니라, 조형에 의한 기초적이고 기술적인 지식 등 관련분야의 구성요소를 기초로 하여 새로운 마케팅적 공간을 창출하는 것이다.

더욱이 업소의 경영이념, 점포관리정책, 주변업소와의 경쟁력, 주 고객층, 상품구성 등과 밀접한 관련이 있으므로 충분한 사전 설계와 연구 · 검토가 필요하다. 특히 디자인 설계 자체가 마케팅 전략차원에서 전개되어야 하므로, 다음과 같은 측면을 고려하여 계획하는 것이 바람직하다.

① 디자인은 '미각' 과 연관되어 자연스럽게 '먹고 싶다' '마시고 싶다' 라는 욕구를 자극하고 고객이 부담감 없이 마음 편히 쉴 수 있는 안락한 분위기로 전개한다.

② 기획에서 파악된 내용을 통해 레스토랑의 규모, 독특한 메뉴와 음식의 맛과 가격, 서비스 정도, 좌석의 배치유형 등을 규정하고, 레스토랑의 성격과 경영방침에 맞추어서 디자인 전개를 일관성 있게 적용하여야 한다.

③ 실내의 청결, 음식의 신선감 등 위생적인 면에 관한 고려와 함께 사인, 메뉴, 식기 등 기타 서비스 품목도 디자인 코디네이션을 꾀하여 시각적 통일이 있어야 한다.

④ 이용자가 먹고 마시는 데 편리하고 안락한 식음 시설과 함께 종업원의 피로가 절감되어 효과적인 서비스가 될 수 있도록 서비스 시설을 계획한다.

⑤ 높은 수준의 실내디자인과 아울러 친절하고 신속한 서비스, 주목을 끌 수 있는 홍보계획, 철저한 위생시설, 투자 등이 종합적으로 이루어지도록 한다.

## 2. 외식업소의 공간구성

레스토랑의 공간구성은 영업부분, 조리부분, 관리부분으로 구성된다.

- 영업부분은 식당, 라운지, 로비, 현관입구, 화장실 등이다. 고객이 머무르는 공간이며, 수익을 가져오는 부분이다.
- 조리부분은 주방을 포함한 매입실, 배선실, 세척실, 식품저장고 등이다. 능률적인 작업환경 조건을 우선한다.
- 관리부분은 식당을 경영하기 위한 제관리부분이다. 사무실, 지배인실, 준비실, 기계실, 락카 룸, 종업원 화장실 등이 이에 속한다.

### 영업부분

점포디자인은 그 자체가 목적이 아니라 수단임을 명심해야 한다. 점포의 목적인 매출 확대와 이윤의 극대화를 실현하기 위한 수단으로서 점포를 디자인해야 한다.

점포 콘셉트, 취급메뉴 등에 부합되도록 디자인하여 고객이 많이 방문하도록 하는 것이 디자인으로 무조건 고급화, 예술성, 작품성을 따지기 전에 편안하고 쾌적하면서 독특한 분위기를 이끌어냄으로써 고객들의 기억에 남게 하는 것이 중요한 것이다.

#### (1) 건물의 외관 (Facade)

건물의 외관은 고객에게 첫인상을 주고, 점포 전체의 이미지에 관계된다.

멀리서도 눈에 잘 띌 수 있도록 하며, 레스토랑의 종류, 성격에 따라 특색 있는 인테리어로 고객을 유도한다.

① 1층에 위치할 경우, 현관을 통하여 직접 내부가 보이지 않도록 처리해야 하는데, 입구 홀을 두거나 이중문을 설치하면 방풍실의 역할도 하여 효과적이다.

② 지하층에 위치할 경우, 계단에서 넘어지지 않도록 계단에 손잡이를 설치하고 어둡지 않도록 조명을 설치한다. 내려가는 길이 짧게 느껴지도록 입구와 마주한 벽면을 강한 시각적인 요소로 처리하면 효과적이다.

③ 전문적인 일품요리를 취급하는 음식점의 경우, 쇼윈도를 입구 부분에 마련하여 일품요리를 진열한다. 간이음식점의 경우, 서비스 카운터의 상부를 취급음식의 사진이나 와이드 칼라필름으로 처리하면 시각적으로 미각을 돋울 수 있을 뿐더러 음식의 선택에도 도움을 준다.

### (2) 식사 공간 (Dining Area)

식사공간은 식음의 형태에 따라 그 분위기를 달리해야 한다. 즉, 식사를 위주로 하는 경우, 밝고 활기 있는 분위기로 즐겁게 먹을 수 있도록 한다. 그러나 주류를 위주로 하는 경우, 아늑하고 편히 쉴 수 있는 분위기로 계획한다.

또한 식사공간은 고객이 지루함을 느끼지 않도록 액자 및 조각 등 조형적 액세서리를 이용하여 실내를 풍요롭고 매력적으로 돋보이도록 한다. 고객은 일반적으로 중앙 테이블보다는 주변부의 테이블을 선호하므로 칸막이, 스크린, 단 차이, 식물 등으로 변화 있는 공간을 유도한다.

### (3) 계산대

계산대는 일반적으로 주 출입구 근처 객석과 배선실과의 중간에 위치하며, 식당 어디에서나 객석이 잘 보이는 곳에 위치되도록 한다.

① 계산서의 처리방법에 따라 주 출입구 근처에 독립하여 위치되도록 하기도 한다.

② 계산대 주위에 입장객과 계산하고자 하는 고객의 동선이 혼잡하지 않도록 한다.

### (4) 화장실 (Toilet)

최근에 많은 상업공간에서 화장실의 중요성이 강조되고 있다. 매장의 청결성을 생명으로 하는 음식점에서의 화장실은 효율적인 공간 활용 및 제반 설비시설에 보다 많은 관심을 써야 할 것이다.

화장실은 점포의 규모, 영업내용, 영업의 성격 등에 따라 화장실의 규모 및 형태가 다를 수 있지만, 상업공간에서의 화장실 설치 기준은 다음과 같다.

① 고객들이 쉽게 화장실을 찾을 수 있게 신호 또는 표시판이 있어야 한다.
② 남자 화장실과 여자 화장실은 분리되는 것이 바람직하며, 고객의 화장실은 종업원이 사용하지 않도록 한다.
③ 화장실 위치 선정 시에는 설비시설이 용이한 곳을 선정하여 급배수 및 환기시설에 문제가 없도록 한다.
④ 화장실 내부에 청소 지원시설(mop sink)을 만들어 종업원들이 객장 및 화장실 청소를 하는 네 용이하도록 한다.
⑤ 유동고객이 많은 음식점일수록 화장실 내부 마감재는 내구성이 있는 자재를 사용하는 것이 좋다(바닥 : 세라믹 타일, 벽체 : 세라믹 타일, 플라스틱 판넬, 천장 : 석고 보드 및 F. R. P 타일).
⑥ 물을 많이 사용하는 관계로 배관 및 방수작업에 신경을 써야 한다.

그 밖에도 화장실의 대 · 소변기의 설치 개수의 기준은 정해져 있지는 않시만, 대체적으로 중 · 대규모점(200~250m²)에서는 여자용 변기를 두 대, 세면기 두 대를 설치하고 남자화장실은 대변기 한 대, 소변기 두 대, 세면기 한 대를 설치하는 것이 바람직하고, 대규모(300~500m²)에 대해서는 소변기를 한 대씩 늘려 가면 된다.

### (1) 배선실 (pantry service room)

배선실은 규모가 크고, 전문 음식점일 경우는 주방과 별도로 마련되며, 주방과 객석 중간에서의 연락장소이다.

① 배선실의 기능

- 식기와 글라스류의 보관과 서비스, 테이블보와 냅킨의 보관과 서비스 조미료나 메뉴 등이 비치된다.
- 서비스와 음료수의 서비스 스테이션(service station)을 설치하여 간단한 세척도 할 수 있게 한다.
- 배선실에는 하루에 사용할 음식류 및 필요 용품을 놓을 수 있는 모든 설비와 유리그릇, 나이프, 포크, 스푼 등을 넣어 두는 수납장이 벽면을 이용하여 설치된다.
- 규모가 대형일 경우 음료수의 서비스 스테이션은 배선실과 별도로 설치하는 것이 바람직하다.

### (2) 주방 (Kitchen Area)

1) 주방의 정의

외식업소는 고객에게 음식물을 제공하기 위한 공간으로 크게 객장과 주방으로 구성된다. 주방은 실질적으로 눈에 쉽게 띄지는 않지만, 그 기능과 중요성은 업소를 운영하는 데 있어서 심장부와도 같은 것이다.

주방의 시설은 식품조리 과정의 다양한 작업을 합리적으로 수행하기 위한 여러 가지 조건에 따라서 고도로 특수화된 기기로 음식을 조리하며, 그에 따른 시설과 기기의 종류는 매우 복잡하고 다양하다.

그러므로 주방시설은 가장 효율적인 기능을 수행하는 설비의 선정과 배치를 하여야 하며, 작업자의 노력을 향상시킬 수 있는 설계가 요구된다.

### 2) 주방의 설계

주방 설계는 점포의 투자효율성과 안전관리, 고객 서비스 개선, 음식의 질적 향상 등과 밀접한 관계가 있으며 전기배선 및 상/하수도, 환기 및 공기조절 장치 등과도 상호 연계하여 설계된다. 또한 청결성, 위생상태, 개성적인 조리장소로 고객으로 하여금 접대의 분위기를 느낄 수 있도록 설계되어야 한다.

주방설계 시 핵심 포인트는 기능성, 위생성, 안전성을 갖추는 것이다. 따라서 사람과 물건의 동선을 최대한 짧게 설계하여 주방 내에서의 물류 효율성을 최대화하여 인건비 절감 등을 꾀해야 하며 바닥에서 천정까지 쾌적한 작업환경이 되도록 공기순환, 세균번식 억제, 작업 능률 향상을 고려하여 설계하고 화재예방, 미끄럼 방지 등 안전하게 설계해야 한다.

[주방설계 시 체크리스트]

① 핵심메뉴와 관련된 가장 빈번하게 활용하는 설비 배치 문제

② 설치하는 비용과 운용비용 문제

③ 손님의 needs와 wants 수용 문제

④ 개보수 용이성 문제

⑤ 유용성 문제

⑥ 사후 관리체계가 용이성 문제

주방의 설계는 정해진 조건 아래에서 식자재의 반입에서부터 음식물의 생산, 고객에 대한 서비스까지 모든 과정을 고려하여 음식물의 질과 주방의 효율성을 증대시키기 위한 일련의 계획이라고 말할 수 있다.

주방의 규모와 레이아웃은 객석수와 회전율, 메뉴의 내용, 영업의 성격 등에 따라 많은 변동이 있다. 그러나, 오늘날의 주방설계는 무엇보다도 표준화, 능률화, 간소화의 기준에 맞추어 설계되고 있다.

주방설계의 일반적인 설계기준은 다음과 같다.

① 각종 설비를 설치하기 직합한 위치의 주방계획

② 작업 동선을 감안한 레이아웃

③ 조리방법에 따른 작업공간의 분리

④ 쾌적하고 위생적인 작업공간

⑤ 식자재 반입의 용이성(손님의 출입구와 분리하여야 한다.)

주방을 설계할 때에 위와 같은 조건들이 유기적인 관계로 잘 연결되어 있어야 주방의 본질적인 기능이 제대로 발휘한다. 또한 고객에 대한 서비스 역시 원활하게 이루어질 수 있다.

### 3) 주방의 위치

외식업소에서의 주방의 위치는 업소의 운영에 매우 많은 영향을 미친다. 새 건물의 경우, 자칫 주방의 위치에 대하여 충분한 고려를 하지 못하는 경우가 있는데, 음식을 만들어서 손님에게 제공할 때까지의 합리적인 주방의 흐름을 위해 위치는 신중하게 선정하도록 한다.

① 주방의 위치

- 음식의 배달과 쓰레기의 반출 및 청소에 적합한 창구가 필요하며, 고객의 출입구와는 구분되는 것이 바람직하다.
- 제반 설비시설이 용이한 곳에 설치하는 것이 바람직하다.
- 저장 창고와 주방은 북쪽 혹은 북동쪽을 향하는 업소의 가장 서늘한 부분이 적당한 입지이며, 일광이 잘 드는 장소여야 한다. 창문은 반드시 있어야 하며, 눈부심이나 직열을 피해야 한다.

### 4) 주방의 내부마감재

① **주방 바닥** : 주방 내에서 바닥은 가장 중요한 만큼, 시공하기 힘들고 복잡하다. 바닥에는 배수관과 전기 등의 배수관을 매설하여야 하고, 여러 가지 주방기구를 설치해야 하므로 하중을 이겨낼 수 있게 시공되어야 한다.

- **재질의 유공성** : 유공성이란 얼마나 수분을 흡수할 수 있는가이다. 바닥재로 수분이 흡수되면 바닥재 자체에 손상이 올 뿐만 아니라, 미생물과 세균 번식의 온상이 되고, 그것들을 제거하기가 힘들어진다. 따라서 주방과 창고의 바닥재는 유공성이 적은 재질을 써야 한다.

• **재질의 탄성 :** 충격에 견디는 정도를 의미한다.

② **주방 벽 :** 바닥재와 마찬가지로 벽도 장식성뿐만 아니라, 위생에 만전을 기할 수 있는 재질이어야 하고, 유공성 · 흡수성 · 탄성을 고려하여야 한다.

- 벽은 쉽게 청소할 수 있어야 하고, 소음을 최대한 흡수할 수 있어야 한다.
- 가능한 한 밝은 색을 사용하여 조명의 반 사도를 높이고, 때와 먼지를 잘 보이게 해야 한다.
- 세라믹 타일은 가장 인기 있는 벽 재료로서, 표면이 매끄럽고 방수가 되어야 하며, 각 타일 사이 틈새가 벌어지지 않은 상태라야 한다. 타일 사이에 구멍이나 틈새가 있으면, 때와 먼지가 끼고 세균과 해충이 번식하기 때문이다.
- 스테인리스 스틸재는 수분에 강하고 내구성이 뛰어나서 조리대 주변과 같이 습도가 높고 더러움이 쉽게 타는 곳에 사용하기에 훌륭한 재료로 판단된다.
- 도장은 주로 습도가 낮은 곳에 사용할 만한 벽 마감재이다. 그러나 조리대 주변 등의 조리 지역에는 권장할 만하지 못하다. 납 성분이 들어 있는 유독성 페인트는 외식업소 내부에 절대 사용을 금한다. 유독성 페인트는 음식물에 들어가서 음식물을 오염시키는 물리적 위험의 소지가 있으므로 사용하지 않는다.

③ **주방 천장 :** 주방의 천장은 기름 종류의 증기와 조명기구 등이 부착되어 화재의 위험성이 높으므로 석면계통의 재료를 쓰며, 비닐계의 동장 마무리하는 것이 일반적이다.

천장은 너무 높을 필요가 없는데, 이는 환기장치 등을 통해서 충분히 통기성을 유지할 수가 있기 때문이다. 그러나 너무 낮은 천장은 공기순환과 심리적 관점에서 좋지 않기 때문에 피한다.

### 5) 주방 조명

조명은 보다 효율적인 서비스 제공의 보조 역할을 하며, 청결함을 더욱 돋보이게 하고 작업능률을 향상시킨다. 조도뿐만 아니라 조명의 방향(눈부심

방지), 조명의 색깔(음식의 원래색상 유지) 또한 중요하다.

일정하게 배열한 형광등의 설치로 전기를 줄이고 그림자도 최소화하며 통일된 분위기를 만든다. 주방은 습기가 많은 곳이므로 조명기구의 설치는 천장이나 벽에 매입 형으로 하고, 뚜껑을 설치하는 것이 바람직하다.

#### 6) 주방 환기장치

'환기' 란 주방과 객장 내의 조리과정 중 발생한 증기, 기름기, 열 등을 외부로 배출하는 것을 말한다. 이렇게 안의 공기를 밖으로 배출함으로써 내부 공기를 고객과 직원 모두를 안전하고 건강하게 한다. 환기장치는 다음의 다섯 가지 기능을 한다.

① 축적된 기름때로 인한 화재를 예방한다.

② 천장이나 벽에 붙어 있는 응축물이나 공기 중에 포함되어 있는 오염물질 등을 제거한다.

③ 조리시설 내에 먼지가 쌓이는 것을 방지한다.

④ 조리기구로 인해 발행하는 가스나 음식 냄새를 줄인다.

⑤ 습기를 제거함으로써 곰팡이가 피는 것을 방지한다.

창문이나 문을 열어 놓는 것만으로는 충분히 위의 기능을 적절히 수행한다고 할 수 없다. 오히려 문을 열어 둠으로써 외부의 해충이나 먼지가 들어올 수 있기 때문이다. 음식물을 가열하거나 튀기고 볶는 모든 조리 기구 주변에는 특히 환기 시설이 잘 갖추어져 있어야 한다.

## 관리부분

### (1) 사무실

점포의 관리 기능으로 사용되는 사무공간은 성격상 점포의 후방 부분, 주방이나 종업원이 쉽게 다닐 수 있는 통로, 동시에 고객들의 위치가 보이는 곳에 설치하는 것이 좋다. 소규모점포에서는 없는 경우가 많고, 있더라도 종업원실과 함께 사용하는 경우가 많다. 사무공간에는 전화기, 팩스, 음향설비 등이 설치된다.

### (2) 창 고

창고에는 식품창고(냉동, 냉장창고) 및 일반창고가 있는데, 내용은 점포의 규모와 성격에 따라 다르다. 소규모 점포에서는 간이 창고를 만들어 사용할 수도 있지만, 규모가 큰 점포나 식자재 공급에 문제가 있는 점포에 반드시 필요한 공간이다.

### (3) 종업원 복지시설

종업원의 각 실과 각 설비에는 탈의실, 휴게실, 식당, 화장실, 세면실 외에 샤워 설비를 갖추는 경우도 있다. 규모나 내용은 점포의 사정과 형편에 따라서 설치되는데, 종업원의 휴게실과 식당을 같이 쓰는 경우가 많다.

① 남녀 종업원의 탈의실은 별개로 두는 것이 바람직하다.

② 탈의실 내에는 종업원을 위한 옷장과 개인 사물함이 필요하다.

③ 샤워시설은 종업원 화장실 내부에 설치하여 공간의 효율성을 높이는 것이 좋다.

## 3. 동선계획

일반적으로 동선은 고객동선, 종업원동선, 식품반입동선으로 분류된다.

- 고객동선은 업소에 고객이 입장하여 주문을 하고, 식사를 한 후에 퇴장하기 전까지의 과정에 서로의 교차가 적은 동선을 감안하여야 한다.
- 종입원동선은 주문을 받고 고객에게 음식이 선날되기까지 원활한 동선을 고려하여야 한다.
- 식자재 창고는 식품반입이 용이한 곳에 위치하며, 식품반입을 위한 출입구를 별도로 설치하여야 한다.

동선계획의 기본은 동선의 시작에부터 목적하는 지점에 이르는 끝까지 원활하고 자연스러운 흐름이 되도록 한다. 동선계획은 주 동선과 부 동선으로 나누어 전개되는데, 동선 사용의 빈도가 큰 공간은 주 동선을 중심으로 배치하며, 죠닝에 의해 구분된 구역 사이에 주 동선이 위치한다.

이 주 동선은 동선의 빈도, 하중을 고려하여 충분한 통로공간을 주며, 외부와 직접 연결된다. 또한 가능한 간단하고, 직선적이며, 쉽게 인지될 수 있도록 동선을 처리한다. 부 동선은 주 동선에서 연결된 동선으로, 마치 줄기에서 뻗어 나온 가지와 같다.

따라서 하나의 구역에서 다시 세분화되어 각 공간으로 이르는 동선으로, 가구배치와 출입구의 위치, 크기에 영향을 미친다.

한편 소규모의 실내공간일 경우에는 홀 · 복도 · 통로와 같은 연결공간을 생략하고, 오픈 플래닝으로 하면 한 공간에 통로공간을 같이 두어 공간을 절약하고, 효율적으로 사용할 수 있다.

그러나 동선이 너무 복잡하면 실로서의 안정감이 상실되므로 일정한 규모 이상일 경우, 통로공간을 별도로 두어 동선을 독립시키는 것이 바람직하다.

그리고 동선이 길 경우 다양한 공간의 변화를 만들어 심리적으로 가깝게 느껴지도록 계획한다. 즉, 마감재료, 색채, 채광계획을 비롯한 천장, 조명계획 등에서 그 방법을 모색한다.

## 동선계획

### (1) 손님의 동선

- 입구 → 휴대품 보관소 → 손님 대기, 라운지, 바 → 객석
- 객석 ↔ 화장실
- 객석 → 계산대 → 출입구의 통로

### (2) 서비스와 관리부분의 동선

- 식기 반입구(주방 출입구) → 검수 → 창고 → 주방
- 주방 → 식기실 → 객석
- 주방 출입구 → 탈의실 → 종업원 식당 → 종업원 화장실

### 동선의 폭원

- 주 동선 폭원 : 1,200mm 이상
- 부 동선 폭원 : 900mm
- 서비스에 필요한 치수 : 500 ~ 600mm
- 테이블 간의 치수는 300mm 정도면 적당

## 4. 실내디자인의 주 요소

### 가구계획

레스토랑은 고급 · 대중 · 간이음식점인가에 따라, 한식당 · 양식당 · 중식당 · 일식당 등의 요리에 따라, 그리고 세분화하여 전문요리 · 일품요리 · 패스트푸드인가에 따라 가구계획뿐만 아니라 실내디자인 전체에 영향을 미친다.

가구의 크기, 형태, 안락성, 스타일 등 가구계획은 이와 같은 요건에 따라 좌우된다. 즉 식사 · 다과 · 술 등 어느 것이 중심인가, 시간대의 변화 · 회전율 · 특정 그룹 · 커플 · 가족 등의 고객층과 이용형태 등에 따라 의자와 테이블의 크기, 높이, 형태, 배치와 밀착 정도 등이 결정된다.

① 가구는 공간에 변화를 주고 분위기와 리듬을 조성하므로 전체적 디자인과 가구의 색깔 형태, 양식 등이 조화를 이루어야 한다.

② 가구는 공간의 이용을 나타내므로 공간의 사용목적과 부합되어야 한다.

③ 인간공학적 측면에서 안정되고 기능적인 가구여야 한다.

④ 기능적이고 심리적인 면에서 앉는 방식을 고려해야 한다. 편안히 장시간 앉거나 활동적으로 단시간 앉거나 좌석 상호의 프라이버시를 확보하기 위해 폐쇄적인 좌석에 앉거나, 또는 개방적이고 자유스러운 좌석에 타인과 어울려 앉는가 하는 점은 가구계획에 영향을 미친다.

⑤ 가구는 인체를 지탱하고 음식을 먹기 쉽게 해주는 역할 외에도, 공간에 작용하여 사람들의 관계를 결정짓고 더욱이 공간 전체에서 시각적 오브제로서 역할을 하기도 한다.

⑥ 의자의 배치와 디자인은 시선 높이를 결정하고, 테이블의 높이, 칸막이 높이 등도 아울러 결정되며, 천장의 높이에도 영향을 미친다.

⑦ 외부의 전망이 좋은 경우, 가구배치는 창에 기대는 것보다 시선이 자연스럽게 밖을 향하도록 한다.

### (1) 좌석의 배치방법

좌석의 배치에는 각종의 형식이 있는데, 이러한 형식을 조합시켜 좌석이 구성된다. 배치유형은 세로배치형, 가로배치형, 가로와 세로배치형의 조화, 부스(booth)형, 점재형으로 구분된다. 이러한 배치방법에는 각각의 특성이 있다. 각 특성들을 정확히 파악하고 매장의 형태와 잘 조화되도록 배치하는 것이 중요하다.

#### ① 세로배치형

배치형태 중 가장 기본적인 형태로, 테이블을 가운데 두고 의자를 배치하는 직사형의 평면이다. 내측의 긴 벽을 따라서 배치한 좌석의 구성은, 단순하고 명쾌하여 경음식에 적합한 배치이다. 이용객은 좌석을 선택하기 쉽고, 시선의 흐름도 자연스럽다. 아울러 종업원은 서비스하기 쉽기 때문에 서비스 효율도 크다. 그러나 구성이 단순하여 열차 실내와 같은 거북한 느낌과 딱딱한 이미지를 주기 쉬우므로 그래픽의 벽면처리나 펜던트와 같은 보완책이 강구되어야 한다.

#### ② 가로배치형

벽 또는 주요 통로에 직각으로 배치된 형태로, 벽 의자를 벤치시트(bench seat)로 한 것이 많다. 일반적으로 다음 유형과 복합시켜 사용하며, 스크린이나 칸막이를 병렬하여 좌석을 구분한다. 단체손님이 왔을 경우에는 쉽게 좌석을 만들 수 있으나 통로를 지나가는 종업원과 손님의 시선이 마주쳐서 자칫 산만해지기 쉽다.

③ 가로와 세로배치의 조화형

정사각형 평면 형상에 어울리는 배치로, 좌석구성을 다채롭게 변화시킬 수 있다. 실제로 배치효율이 높아 공간의 낭비가 없다. 그러나 객석통로가 복잡하고 서비스 동선이 길어져서 고객 응대에 자칫 불쾌감을 줄 수 있다.

손님끼리의 시선이 서로 부딪치지 않게 시선높이를 고려하여 좌석을 구분하거나 칸막이 및 스크린 등으로 처리하는 것이 좋다.

④ 부스(booth)형

곡선형, 원형, 예각, 둔각, 코너형 등 자유로이 변형시킨 부스 형태의 좌석이다. 변화가 풍부한 좌석구성이 될 수 있고 칸막이를 조합하여 개성적인 공간을 연출할 수 있으며, 차지하는 면적이 크고 단체석에 적합한 형태이다. 칸막이를 하지 않기 때문에 좌석형태로 인한 자연스러운 공간구분이 형성된다.

⑤ 점재형

식사를 전문으로 하는 레스토랑에 많이 사용되는 배치로, 비교적 대형 홀을 확보해야 가능하다. 자유로이 배치하는 방법과 일정한 간격으로 배치하는 방법이 있다. 독립된 형식으로 여유 있고 차분한 객석구성이 가능하나, 다른 배치유형과 비교해서 면적당 좌석수가 적어진다.

### (2) 테이블의 필요치수

테이블과 의자는 계획대상의 조건, 즉 공간의 규모, 형태 및 업종, 고객층, 입지 등에 따라 차이가 있다. 음료수가 중심일 경우 최소의 치수로 하나, 식사가 중심일 경우의 테이블 크기는 메뉴의 내용과 사용식기를 고려해야 한다.

4인용 테이블은 정사각형이 850×850, 좀 더 정식적인 레스토랑이라면 960×960의 크기까지 사용하며, 직사각형은(1,000 ~ 1,200)×(700 ~ 800) 정도가 표준 크기이다. 일반적으로 직사각형 테이블이 사용되며, 정사각형은 서비스에 편리한 장점이 있다.

특히 4인용 테이블의 경우 2인용 테이블의 2조를 맞붙인 상태로 레이아웃하면, 경우에 따라 분리할 수 있으며, 좌석 배치도 변화를 줄 수 있다.

2인용 테이블은 4인용의 ½이 아닌 좀 더 넓은 600 ~ 750 정도의 치수가 필요하다. 6인용 테이블은 (1,350 ~ 1,800)×(650 ~ 8000) 정도의 크기로 가벼운 분위기이며, 합석에 별로 저항을 받지 않는 레스토랑이나 그룹 손님이 많은 곳에 유리하다. 한국 사람의 경우는 4인용 테이블보다는 2인용 테이블 2개가 훨씬 효과적이다.

### (3) 업종별 의자와 테이블

업종에 따라 의자와 테이블의 크기, 형태, 안락성 등은 다음과 같은 차이가 있다.

① 대중음식점이나 간이음식점은 짧은 시간 동안 가볍게 식사하므로 소형의 의자와 테이블로 많은 수용인원을 확보하며, 이용 회전율이 크다. 박리다매의 판매형태로 신장을 추구하여 사용빈도가 높으므로 구조와 재질면에서 내구성이 높고 유지 · 관리하기 쉬워야 한다.

② 고급음식점은 장시간 동안 앉아 음식의 맛을 즐기며 자유스럽게 대화를 나누는 장소이므로, 안락하고 여유 있는 분위기이다. 따라서 한 좌석당 점유면적도 크고 의자와 테이블은 충분히 크고 편안해야 한다.

③ 불고기나 갈비요리의 한식당이나 스테이크 하우스와 같이 테이블 위에서 조리하는 음식점의 경우는 보고 즐기면서 맛을 보므로 미각과 함께 시각이 중요하다.

테이블에 열원기구의 장치를 고려하며, 조리 시에 발생하는 열, 연기, 냄새의 배기를 위한 좌석당 환기시스템도 필요하다. 한식은 다른 요리보다 반찬으로 인해 상차림이 크므로, 테이블의 상판크기도 다소 크게 되기 때문에 4인용 테이블의 경우 (1,200~1,350)×800 정도의 치수를 취한다.

## 조명계획

공간지각의 개체 중 조명은 색채 및 마감 재료와 함께 사물을 인식하는 데 있어서 가장 중요하며, 공간의 분위기를 이끌어 가는 역할을 한다. 실내조명은 그 실내의 분위기를 좌우하므로 각 실내의 성격에 따라 조명방법, 조도, 조명기구 등을 선택해야 한다. 조명은 식음의 형태에 따라 계획한다.

- **식사 위주** : 음식을 돋보이게 하여 미각을 자극하는 조명
- **음료나 주류 위주** : 침착하고 편안한 분위기의 조명

색상이 주조를 이루므로 조명계획은 맑은 연색성이 좋으며, 광량이 풍부한 메탈 하이라이트 계통의 전구를 사용하여 밝고 시원한 분위기를 표현하는 것이 바람직하다.

고급 레스토랑일 경우는 백열등을 위주로 한 조명계획도 좋으며, 아늑한 분위기를 주도록 한다.

레스토랑의 조명방식은 매입형과 펜던트가 주로 사용되며, 조명기구의 의장, 배광방식, 실내 분위기, 디자인 스타일 등이 조화되어야 한다. 특히 테이블 위에 떨어지는 펜던트는 조명기구 자체가 장시적이며, 집중하는 빛을 발하므로 테이블을 중심으로 영역을 한정하고, 조명 아래서 독특한 대화 분위기가 형성되도록 한다. 펜던트는 테이블에 앉은 사람의 눈에 빛이 들어가지 않아야 하며, 테이블에 앉고 일어설 때 머리가 부딪치지 않는 위치여야 하는데, 그 높이는 테이블 위로 600mm 전후가 적절하다.

또한 백열등은 발열량이 크기 때문에 식사 시에 온도가 올라가서 불쾌감을 유발할 수 있으므로 펜던트와 매입형을 겸용하며, 좌석은 펜던트로 조명하고 통로는 매입형 등으로 하는 것이 바람직하다. 매입형으로 할 경우는 배광방식이나 조로를 달리하여 조명의 억양을 만들어 단조롭고 지루하지 않도록 조명을 계획한다. 매입형을 설치할 경우에는 규칙적이거나 불규칙하게 배치할 수 있는데, 규칙적인 배치는 정식적인 느낌을 주며, 연속적인 빛과 음영으로 시각적 흐름을 주어 동선을 유도할 수 있다.

불규칙적인 배치는 격식 없고 허물없는 안정감을 주나, 조명기구 자체가 클 경우는 자칫 혼란스러워지기 쉬우므로 유의한다.

## 색채계획

식욕은 색에 따라 영향을 받으므로 식욕을 증진시키는 색과 감퇴시키는 색으로 구분할 수 있다.

난색계는 모두 식욕을 돋우는 경향이 있는데, 빨강, 주황의 중간채도색이 대표적이다. 한색계에서 청록색이 음식의 빨강이나 주황과 보색관계에 있고, 음식의 채도를 강하게 보이게 하여 음식을 맛있게 여기게 한다. 그러나 청색이 너무 강하면 불쾌감을 줄 수 있으므로 주의한다.

한편, 어두운 빨강이나 자주색은 고기의 부패를 연상시켜 식욕을 감퇴시키므로 단색의 경우에 어두운 색은 피한다.

노랑–연두의 어두운 색은 야채류가 시들거나 한색으로 느껴지므로 밝은 색을 사용한다. 파랑–남보라를 많이 포함한 한색은 고기류가 부패한 것처럼 보이므로 피한다. 따라서 음식점의 배색은 난색을 주조색으로 하여 즐겁고 편안한 분위기로, 활기 있고 밝은 분위기가 되도록 한다. 테이블은 음식에 영향을 주지 않아야 하므로 노랑–연두, 남보라–보라는 피하는 것이 좋다.

또한 실내의 조명은 색과 함께 분위기를 좌우하는 중요한 요소인데, 특히 색에 따른 광원의 색을 고려해야 한다. 즉, 푸른 기를 가진 형광등은 난색에 적절치 못하므로 백열등을 중심으로 조명한다.

레스토랑의 요소별 색채계획은 다음과 같다.

① 바닥 : 내수성이 있는 재료를 사용해야 하므로 기능을 고려한 재료와 적합한 색상의 선택이 필요하고, 중간 정도의 색상이 일반적으로 무난하다.

② 벽 : 대체적으로 부드러운 느낌을 주는 밝은 색이 채택되는데, 고객의 시선이 접하는 부분이므로 시각적으로 미감을 높이는 색이어야 한다. 온색계통의 색상이 효과적이며, 지나치게 높거나 낮은 명도의 색상은 실내의 조화나 분위기를 해칠 수 있다.

③ **천장** : 비교적 가벼운 느낌을 주는 온색계통의 색이 바람직하며, 중후한 색상은 고객에게 심리적 압박감을 주게 되므로 피하는 것이 좋다. 천장은 채광, 조명효과가 크므로 벽색과 동색계를 채택함이 이상적이지만, 조명효과를 위해 벽보다 보편적으로 높은 명도를 적용한다.

④ **조리실** : 지나치게 따뜻한 느낌의 색상이나 혼란스러운 무늬는 시각상 좋지 않으므로 피해야 하며, 아늑하고 조용한 분위기를 나타낼 수 있는 중간 정도의 색채가 채택되어야 한다.

⑤ 기타 계획에서 액세서리, 메뉴, 표지판 등은 레스토랑의 이미지를 고객에게 직접, 간접으로 대변하므로 색채의 사용에 신중한 배려가 필요하다.

## 사인계획

일반적으로 사인을 개발하는 경우, 주의해야 할 점은 다음과 같다.

### ① 디자인 시스템으로서의 일관성

사인은 하나하나가 단독적으로 기능하는 동시에, 그 사인 전체가 통합된 이미지 속에서 종합적인 기능도 발휘하지 않으면 안 된다. 그것을 위해서 사인 전체에 일관성이 필요하다. 여기서 일관성이란 의미적인 측면(정보 내용)과 감성적인 측면(디자인의 심미성)의 양면에 있어서의 일관성을 말한다.

### ② 알기 쉽고 눈에 띄는 사인

눈에 띄는 사인을 만든다고 단순히 강렬한 사인을 의미하는 것은 아니다. 눈에 띄는 사인을 만들기 위해서는 항상 바탕(배경이나 환경)과 사인의 관계 속에서 상쾌하고 눈에 띄는 것을 생각하여야만 한다.

### ③ 모든 면에서 업소의 개성을 표현한다.

사인의 형태나 재료, 시공방법 등도 독자적인 스타일을 개발함으로써 개성 있는 건물 및 시설의 환경을 창조할 수 있다.

④ 표준화, 매뉴얼화의 필요성

개발된 디자인 요소나 재료 및 시공방법 등은 일정한 기준과 규칙에 따라 표준화를 행하고 매뉴얼화하는 것이 필요하다. 이로써 일정 수준 이상의 사인 디자인을 항상 재현할 수 있다. 또한 대량의 사인을 제작하는 경우는 시공이나 유지관리의 효율화를 꾀하는 동시에, 비용절감의 효과도 추구할 수 있다.

Chapter 14

# 외식 프랜차이즈 운영전략

1. 프랜차이즈 시스템의 이해
2. 프랜차이즈의 종류와 경제적 기능
3. 체인 본사(franckisor)의 조건
4. 프랜차이즈 본사가 하는 일
5. 프랜차이즈 본사 선택 시의 유의사항
6. 체인 본부 선별 10계
7. 프랜차이즈 시스템 효과
8. 프랜차이즈 가맹점의 입지와 상권분석
9. 프랜차이즈 분쟁의 효과적 대처 요령

"외식 프랜차이즈의 선택은 기호성 · 장래성, 그리고
체인본부의 경영전략이 성패의 관건이다."

## 1. 프랜차이즈 시스템의 이해

### 개 념

1990년대 중반 이후 급성장한 프랜차이즈 시스템은 동일한 상호, 실내장식, 취급상품, 유니폼, 가격 등을 사용함으로써 점포를 경영하는 점주만 다를 뿐, 겉으로 나타나는 모든 것이 동일하다는 것이 특징이다.

프랜차이즈란 체인 본부가 체인점에 대하여 자기의 상호 및 상표 등 영업을 상징하는 표식을 사용하여 상품 또는 서비스를 판매하거나 기타 영업을 할 수 있는 권리를 부여함과 동시에 영업에 대한 일정한 지원 · 통제를 하는 한편, 선택적으로 그 영업에 관한 노하우를 제공하거나 상품을 공급하고, 이에 대한 대가로 가맹점주는 체인 본부에게 가맹비 및 보증금 또는 로열티나 상품대금 등을 지급하는 계속적 거래관계를 말한다.

### 프랜차이즈의 문화적 배경

#### (1) 문화적 차이

서양에서 시작된 프랜차이즈 비즈니스가 국내에서 충분히 정착하지 못한 이유는, 다음과 같은 문화적인 배경에 기인한다.

| 서 양 | 동 양 |
|---|---|
| ① 계약개념이 확실.<br>② 브랜드 보호와 노하우에 대한 가치 인정이 정립되어 있음.<br>③ 산업에 매뉴얼화 · 계량화하고 있음.<br>④ 직업에 대한 개념이 개방적이고, 자유로움. | ① 계약보다는 정서와 감정의 비중이 높음.<br>② 브랜드의 가치에 대한 관념이 희박함.<br>③ 노하우에 대한 가치보호가 미약함.<br>④ 매뉴얼화보다는 개인의 개성과 기술이 앞서고 있음.<br>⑤ 노하우에 대한 전수가 약해, 당대에 끝나는 경우가 많음. |

### (2) 국내 외식 체인 사업 조건

| 유리한 조건 | 불리한 조건 |
| --- | --- |
| ① 창업에 대한 관심이 고조<br>② 소자본 창업형태로는 외식업이 유리하다고 판단<br>③ 가족형태의 경영에 대해 비교적 익숙<br>④ 외식인구의 양적 · 질적 성장 | ① 체인 사업에 대한 일반인들의 신뢰도가 대체적으로 낮음.<br>② 체인 사업의 역사가 짧아서 충분한 노하우가 정립되어 있지 못함. |

## 2. 프랜차이즈의 종류와 경제적 기능

### 프랜차이즈의 종류

프랜차이즈는 크게 결합관계, 업종, 제공의 내용 및 가맹점주의 권한범위에 따라 다음과 같이 분류할 수 있다.

#### (1) 결합관계에 따른 분류

프랜차이즈가 그 제공자 및 이용자가 서로 상이한 유통단계에 있으면서 수직적으로 결합할 수도 있다. 반대로 동일한 유통단계에서 수평적으로 결합할 수도 있다. 그 중 수직적 결합관계는 다시 제조업자 · 도매상 · 소매상 간의 프랜차이즈로 분류할 수 있다.

#### (2) 업 종

프랜차이즈는 대상이 되는 업종에 따라 크게 외식업 프랜차이즈, 소매업 프랜차이즈 및 서비스업 프랜차이즈로 분류할 수 있다.

#### (3) 제공의 내용에 따른 분류

프랜차이즈는 가맹본부가 가맹주에게 무엇을 제공하는가에 따라 상품 · 상호형 프랜차이즈(product & name franchise)와 사업형 프랜차이즈(business format franchise)로 분류할 수 있다.

상품 · 상호형 프랜차이즈란 가맹점주에게 상호 · 상표 등 영업을 상징하는 표지의 상용을 허락함과 동시에 상품만을 공급하고 그 영업에 관한 노하우를 제공하지 아니하는 프랜차이즈를 말한다.

사업형 프랜차이즈란 상호 · 상표 등 영업을 상징하는 표지의 상용 또는 상품의 공급은 물론이고, 점표의 선정 · 직원교육 · 사업확장 · 광고 · 시장조사 등 영업전반에 관한 노하우를 제공받는 프랜차이즈를 말한다.

### (4) 가맹점주의 권한범위에 따른 분류

프랜차이즈는 가맹점주의 권한범위 또는 권한의 내용에 따라 단일지역 프랜차이즈와 복수지역 프랜차이즈로 나눌 수 있다. 복수지역 프랜차이즈는 다시 지역개발 프랜차이즈와 지역분할 프랜차이즈로 분류할 수 있다.

#### 1) 단일지역 프랜차이즈 (single-unit frachising)

단일지역 프랜차이즈란 일정기간에 일정지역 내에서 어떤 개인 또는 집단에게 하나의 점포에만 가맹점 영업을 하도록 하는 가장 보편적이고 전형적인 형태의 프랜차이즈를 말한다. 단일지역 프랜차이즈에 있어서는 대개의 경우 가맹점주가 일정기간 동안 일정지역 내에서 독점적 영업권(exclusive right)을 가진다.

#### 2) 복수지역 프랜차이즈 (multiple - unit franchising)

##### ① 지역개발 프랜차이즈 (area development frachising)

지역개발 프랜차이즈란 일정 기간, 일정 지역 내에서 어떤 개인 또는 집단에게 몇 개의 점포에 대하여 가맹점 영업을 하도록 하는 형태를 말한다. 지역개발 프랜차이즈에서는 가맹점주가 가맹본부와 지역개발 계약(area development agreement)을 체결하고 개발수수료(development fee)를 지급한 후, 일정 지역에 대한 개발권을 매입한다. 이 경우, 만일 가맹점주가 약정대로 해당지역을 개발하지 못하면, 가맹 본부는 계약을 취소하고 가맹점주의 권리를 박탈할 수 있다.

② 지역분할 프랜차이즈(master franchising)

지역분할 프랜차이즈란 일정 기간에 일정 지역 내에서 어떤 개인 또는 집단에게 가맹본부의 권리를 부여하고, 이러한 부여받은 분할지역 가맹본부(subfranchisor 또는 master franchisee)가 다시 최종 가맹점주(subfranchisee)에게 하나 또는 몇 개의 점포에 대하여 가맹점 영업을 하도록 하는 형태를 말한다. 이 경우에는 물론 분할지역 가맹본부 자신이 가맹점주가 될 수도 있다.

## 프랜차이즈의 경제적 기능

프랜차이즈 시스템은 기존의 유통사업 운영방식과 상당한 차이가 있다. 프랜차이즈 본부와 이용자에게 미치는 장 · 단점을 살펴보면 다음과 같다.

### (1) 가맹자에게 유리한 점

① 사업에 대한 아무런 경험이 없어도 가맹본부의 교육을 통하여 영업지식을 보충할 수 있다.

② 비교적 적은 자본의 독립적인 사업주가 될 수 있다.

③ 본부의 상호나 상표 및 서비스표 등의 영업권을 이용할 수 있다.

④ 점표의 입지선정, 내외장식, 직원교육, 자재 및 물품 구입 등을 포함하여 전반적으로 영업 양상의 도움을 받는다.

⑤ 본부가 실시하는 전국적인 광고나 판촉 활동의 효과를 공유할 수 있다.

⑥ 본부의 대량 구매력이나 교섭력의 이익을 누린다.

⑦ 유능하고 경험 있는 가맹 본부의 업무지도 등으로 사업 실패율이 비교적 적다.

⑧ 적절한 지역적 안배를 누릴 수 있다.

⑨ 본부로부터 시장정보나 경험을 얻을 수 있고, 새로운 기법이나 개발계획을 이용할 수 있다.

### (2) 가맹자에게 불리한 점

① 본부에게 로열티를 지급하여야 한다.

② 본부에게 영업에 관한 통제를 받는다.

③ 처음부터 능력과 자질을 갖춘 본부를 선별하기가 어려워서 위험을 감수해야 하는 경우가 있다.

④ 본부에 대한 의존율이 높아서, 점주의 사업 개성을 살리기가 어렵다.

⑤ 프랜차이즈 영업 자체의 양도나 판매가 제한된다.

### (3) 가맹본부에게 유리한 점

① 중앙조직의 힘으로 커다란 위험부담 없이 이윤을 획득할 수 있다.

② 타인의 자본을 통해 신속히 사업을 전개시킬 수 있다.

③ 전국적인 브랜드인 지도를 인용하여 신규사업 진출을 가능하게 한다.

④ 해당 지역의 영업에 밝은 사람을 체인 점주로 이용할 수 있으므로 영업의 효율성을 기할 수 있다.

### (4) 가맹본부에게 불리한 점

① 사업유형에 맞는 체인점주를 선별 모집해서 폐점률(fail rate)을 줄여야 하는 부담이 있다.

② 소수의 가맹점의 부실경영으로 본사의 이미지가 실추될 수 있다.

③ 시설이나 자재 사용에 관하여 체인점과 의견 대립이 있을 수 있다.

④ 슈퍼바이저와 가맹점주 간에 불신이 싹틀 수 있다.

⑤ 직영점과는 달리, 당사자 간에 의사소통의 문제가 있을 수 있다.

⑥ 품실이나 서비스에 관한 기준이 준수되는지를 감시하여야 한다.

⑦ 매뉴얼의 통일성을 기하다 보니, 지역 상권이 특수성에 대해 유연하게 적응하지 못한다.

이상의 장 · 단점을 종합적으로 검토해 볼 때, 결국 가맹본부와 가맹점주 간에는 상호 신뢰에 기초하여 긴밀한 협력관계를 유지하는 것이 공존 · 공영의 대전제가 된다고 할 것이다.

표 14-1 주요 프랜차이즈 기업별 가맹점 및 직영점 수(2017) (단위 : 개)

| 기업별 | 브랜드별 | 2017 | | |
|---|---|---|---|---|
| | | 가맹점 | 직영점 | 합계 |
| CJ 푸드빌㈜ | 뚜레쥬르 | 1,315 | 17 | 1,332 |
| | 투썸플레이스 | 887 | 56 | 943 |
| ㈜MPK | 마노핀 | 14 | 23 | 37 |
| | 미스터피자 | 296 | 15 | 311 |
| ㈜TS푸드앤시스템 | 파파이스 | 76 | 15 | 91 |
| ㈜공차코리아 | 공차 | 314 | 66 | 380 |
| 교촌에프앤비㈜ | 교촌치킨 | 1,037 | 1 | 1,038 |
| | 치폴라로쏘 | – | – | – |
| ㈜김가네 | 치킨방앗간 | 4 | 0 | 4 |
| | 김가네김밥 | 425 | 0 | 425 |
| | 루시 | – | – | – |
| | 보족애 | – | – | – |
| | 쭈가네 | – | – | – |
| | 파크볼226 | – | – | – |
| ㈜놀부 | 놀부보쌈 | 230 | 9 | 239 |
| | 놀부항아리갈비 | 13 | 0 | 13 |
| | 공수간 | 34 | 4 | 38 |
| | 놀부옛날통닭 | 46 | 2 | 48 |
| | 벨라빈스커피 | 8 | 0 | 8 |
| | 차룽반점 | – | – | – |
| | 레드버그커피 | 4 | 0 | 4 |
| | 엔테이블(nTABLE) | – | – | – |
| | 놀부화덕족발 | 15 | 2 | 17 |
| | 놀부숯불애장닭 | 2 | 0 | 2 |
| | 놀부맑은설렁탕담다 | 5 | 1 | 6 |
| | 놀부부대찌개 & 철판구이 | 421 | 12 | 433 |
| | 놀부유황오리진흙구이 | 2 | 2 | 4 |
| ㈜다도글로벌 | 드롭탑(DROPTOP) | 228 | 2 | 230 |
| ㈜더본코리아 | 돌배기집 | 62 | 1 | 63 |
| | 새마을식당 | 160 | 1 | 161 |
| | 미정국수0410 | 17 | 1 | 18 |
| | 한신포차 | 112 | 0 | 112 |
| | 해물떡찜 0410 | 2 | 0 | 2 |
| | 빽다방 | 539 | 5 | 544 |
| | 백스비어 | 33 | 0 | 33 |
| | 홍콩반점0410 | 192 | 1 | 193 |
| | 대한국밥 | 2 | 0 | 2 |
| | 성성식당 | 0 | 2 | 2 |
| | 절구미집 | – | – | – |

## 3. 체인 본사(franchisor)의 조건

### 체인 본사의 전제조건

#### (1) 중앙공급식 시스템 구축

맛(품질)의 균일화를 가능하게 하는 주요제품(core product)은 반드시 본부에서 공급을 해야 하며, 가능하면 C.K.시스템(Central kitchen system)이 필요하다.

#### (2) 조리장 없이 조리할 수 있는 시스템

프랜차이즈 전개를 위해서는 일정한 자본금을 가진 외식업 무경험자를 끌어들일 수 있어야 하는데, 그렇게 하기 위해서는 조리장 없이 조리할 수 있는 시스템을 갖추어야 한다. 즉, 초보자도 영업이 가능하도록 중앙에서 식자재를 공급하고 점포에서는 1차 가공된 것을 간단히 조리할 수 있는 시스템이 필요하다. 이때 체인 본부는 조리에 대한 확실한 노하우를 가지고 있어야 한다.

#### (3) 본부의 직영 실적

체인 본부가 되기 위해서는 본부의 직영 경험이 절대적으로 필요하다. 식당경영의 노하우가 있다면 우선 본부의 실적부터 보여 주어야 하며, 직영점이 활성화된다면 체인 문의는 자연스럽게 연결될 수 있다.

### 체인 본부에 직영점이 필요한 이유

#### (1) 노하우를 체인 사업에 적용

직영점을 운영해 본 실적으로 체인 사업을 전개하는 것이니 만큼 직영점은 일종의 실험이며, 이 실험은 당연히 본사가 담당해야 한다. 직영점을 3개 정도(A, B, C급) 3 ~ 4개월씩 운영해 보아야 체인 전개의 능력이 생긴다.

### (2) 시범 점포의 운영으로 개선점을 발견

직영점 및 체인점을 동시에 운영해야만 문제점을 발견할 수 있고, 그 개선안을 체인점에도 즉시 적용해 나갈 수 있다. 따라서 운영실무상 1호점을 「본점」이라고 할 필요가 없다.

### (3) 체인 관리 운영의 근거 자료

설정한 메뉴의 판매동향, 분기별 매출실적, 상권별 실적 등은 쉽게 공개되지 않는 자료이므로 직영점의 산출 근거를 바탕으로 체인점에 대한 유추 해석이 가능하다.

### (4) 본부의 신뢰도를 증가

직영점의 활성화를 확인하고 난 후에 예비 가맹주들은 체인 본사를 신뢰할 수 있다.

### (5) 수익성에 기여

직영점 영업은 유통경로를 거치는 체인 사업에 비해 수익성이 높으므로 안정적인 본부를 운영해 나갈 수 있는 근간이 된다.

## 4. 프랜차이즈 본사가 하는 일

### 시스템 개발

본사의 가장 중요한 기능은 원자재 개발, 제품 및 서비스 개발, 교육훈련, 지도, 판매촉진, 금융, 정보, 경영관리 등 개개의 기능을 유기적으로 통합하여 프랜차이즈 상품(일명 프랜차이즈 패키지라고 함)을 만들어 내는 일이다.

본사가 시스템을 개발하고 실행하기 위해서는 본사에서 갖추어야 할 여러 기능을 어떻게 배분해야 하는지, 그리고 각 기능과의 관계를 어떻게 구분할 것인지 등을 결정해야 한다. 모든 상황에 따라 각 기능이 잘 발휘될 수 있도록 본사의 조직이 정비되어야 한다.

또 본사는 시장 환경의 변화, 본사 내부의 변화 등 상황변화에 따라 시스템 전체가 어떻게 대응하고 개개의 기능은 어떻게 변화시킬 것인지를 명확히 해 두어야 한다. 본사에서는 시스템이 목표로 정한 효과를 올리고 있는지를 평가하고, 만약 효과를 못 올리고 있다면 원인을 발견해서 올바르게 개선해 나가야 한다.

## 원자재 개발

경쟁력 있는 제품을 소비자에게 판매하려면 가격이나 품질 등 여러 측면에서 원자재가 우수해야 하므로 본사에서는 우수한 원자재를 개발하여야 한다. 그러나 본사에서 직접 모든 원자재를 개발할 수 없으므로 제품과 관련이 크며, 본사가 제조하기에 부담이 큰 1차 원자재는 외부로부터 공급받아 가공하거나 원자재 회사와 공동으로 개발하는 방법을 선택할 수 있다.

그 어느 경우이든지 본사는 원자재 개발에 있어서 나름대로의 독특한 기술적 수준을 유지할 수 있어야 한다. 프랜차이즈 시스템의 본사는 수시로 또 지속적으로 질 좋은 원자재를 각 가맹점에 공급해 주어야 하므로 합리적인 원자재 공급체계를 갖추어야 한다.

## 제품 및 서비스 개발

소비자가 선호하는 독창적인 제품과 서비스체계를 개발하는 것은 프랜차이즈 시스템의 성공을 위한 제일의 조건이다. 경쟁업체가 없는 제품이나 서비스 체계를 갖추게 되면 우수한 가맹점을 확보할 수 있고, 가맹점 또한 많은 고객을 확보하게 됨으로써 안정된 경영이 가능하게 된다.

본사에서 개발하는 제품 및 서비스는 다음 4개항이 필수이다.

① 경쟁업체보다 품질이 훨씬 우수하고 차별화된 새로운 제품을 만들어야 한다.

② 새로 만든 제품을 적절한 가격과 적절한 방법으로 가맹점에 제공해야 한다.

③ 경쟁업체와 차별화되어 있는 주력 제품을 중심으로 운영하되, 관련있는 제품의 구색을 갖추어야 한다.

④ 소비자의 취향 및 기호변화에 유의하여 품질, 제품구성, 제공방법 등을 개선해 나가야 한다.

## 교육 및 훈련

프랜차이즈 시스템에 있어서 교육 및 훈련은 주로 가맹점 경영자가 경영능력 향상과 이익 증대를 목적으로 하는 것이며, 특히 가맹점 경영자가 사업의 경험이 전혀 없는 경우에 본사에서 실시하는 교육, 훈련의 내용과 질이 매우 중요하다. 본사에서 아무리 훌륭한 프랜차이즈 상품을 개발하더라도 소비자와 직접 접촉하는 것은 가맹점이므로, 가맹점이 소비자에게 확실한 판매활동과 서비스 활동을 실시하지 않으면 아무런 의미가 없다.

따라서 본사는 다음과 같은 교육 및 훈련과정을 갖추어야 한다.

① 상세한 교육 훈련의 내용과 방법

② 가맹점이 되어 처음으로 영업을 하는 가맹점 경영자에 대해서 필요한 지식과 기술 등을 몸에 익히게 하는 과정

③ 이미 가맹점이 되어 영업을 하고 있는 가맹점 경영자에 대해서 수시로 필요한 지식과 기술 등을 가르쳐 주는 과정

④ 기대한 만큼의 이익이 오르지 않는 가맹점 경영자를 대상으로 지식과 기술 등을 가르쳐 주는 과정

이러한 교육 훈련 과정에서 본사가 가맹점에 제공하는 지식과 기술은 본사의 이념, 상품 및 이에 관련된 지식, 상품의 제조기술, 고객에 대한 서비스, 상품 및 설비기계 등의 관리, 위생관리, 생산관리 및 재무관리, 점포관리, 판매촉진 이용방법, 사고대처 및 처리방법, 종업원 관리, 수요예측 등이다.

## 판매촉진

본사에서 지원해야 할 여러 기능 가운데 한 가지인 판매촉진 활동은 ① 가맹조건에 포함되어 있는 판매촉진 지원활동과 ② 가맹 조건과는 관계없이 본사의 영업 전략과 가맹점의 수시 요구에 의하여 계속적으로 계획되고 실시되는 판촉활동으로 나눌 수 있다.

전자의 **판매촉진 지원활동**은 점포의 형태, 점포의 레이아웃, 간판, 진열대와 광고물, 통일된 색상유지 등 가맹점 개점과 동시에 지원되는 사항이고, 후자의 **판매촉진 활동**은 시장의 환경변화에 대처하고 영업 이득을 높이기 위한 목표와 계획에 의하여 이루어지게 된다.

즉, 본사에서 시행하는 판매촉진 활동은 가맹점의 경영이 계획대로 이루어지게 하고, 프랜차이즈 시스템 전체의 이미지 상승을 꾀하거나 신제품을 보급시키기 위한 목적으로 전개되는 것이다.

이와 같은 목적 아래 전개되는 판매촉진 활동의 수단으로는 TV · 신문 · 라디오 등 대중매체를 이용한 광고, POP 광고와 같이 점포에서 이루어지는 광고, 특별상품이나 특가상품의 제공, 지역 사회의 각종 행사에 협력, 사은행사 등을 들 수 있다.

## 금 융

본사가 가맹점에 대한 금융지원 기능을 갖는 것은 프랜차이즈 시스템의 원활한 운영을 위하여 매우 유용한 일이다. 가맹점이 자기 자본으로 경영을 하는 것이 원칙이라고 하더라도 프랜차이즈를 확장 · 강화해 나가기 위해서는 본사의 금융지원이 필요한 경우가 많으며 본사의 금융지원은 다음 경우에 실시된다.

① 신규가맹점의 개설에 필요한 자금 융자

② 기존 가맹점의 내부수리, 장비 · 비품의 설치 등 시설자금 융자

③ 가맹점의 운영자금 융자

프랜차이즈 본사가 가맹점에 금융지원을 하는 방법은 다음과 같다.

① 본사가 자기 자금으로 가맹점에 융자해 주는 방법
② 본사가 보증을 하고 금융기관으로부터 가맹점이 융자받는 방법
③ 본사가 금융기관을 알선하고 가맹점이 금융기관으로부터 직접 융자를 받는 방법

## 정 보

프랜차이즈 시스템 본사는 경쟁업체의 통합 및 가맹점의 경영과 영업 활동에 필요한 여러 가지 정보를 수집 · 처리하여 제공하여야 한다.

## 경영관리

경영관리에서 가맹점은 당일의 매입과 매출집계 등 최소한의 업무만을 수행하고, 합리적인 사업 운영을 위한 기타의 잡다한 업무는 본사가 일괄 처리하는 방식을 택하는 것이 바람직하다. 이렇게 함으로써 경제 규모의 이익을 극대화하고, 프랜차이즈 시스템 전체의 효율을 높일 수 있을 뿐만 아니라, 모든 가맹점을 일관성 있게 관리할 수 있다.

본사에서 가맹점에 지원해야 할 사무관리는 매출계산, 비용계산, 이익계산, 급여계산, 보험처리 같은 업무이다.

## 매뉴얼 지도

### (1) 슈퍼바이저의 임무

① 매뉴얼 관리
② 본사의 지시사항 전달
③ 메뉴 체크 점검
④ 체인점의 경영진단
⑤ 체인점 개점지도

### (2) 슈퍼바이저의 조건

① 커뮤니케이션 능력이 뛰어난 자
② 해당 상품에 대한 지식 및 매뉴얼 교육이 숙달된 자(현장점포경험 필수)
③ 상대의 입장을 충분히 고려하여 본사의 경영방침을 설득할 수 있는 자
④ 문제점을 확인 후 이를 개선, 시정할 수 있는 실천력을 가진 자
⑤ 매사에 긍정적인 사고의 소유자

## 5. 프랜차이즈 본사 선택 시의 유의사항

1990년대 들어서면서 성장하기 시작한 프랜차이즈 업종 중에서 관심 있는 업종의 가맹점 개점에 대한 투자희망자는 무엇보다도 먼저 본사를 선택하는 것이 성패의 관건이 된다.

왜냐하면 본사의 도산이 대응력이 거의 없는 가맹점의 도산으로 직접 연결될 수 있기 때문이다. 국내 프랜차이즈 본사 중에는 건실한 업체도 있지만, 부실한 업체가 의외로 많은 실정이다. 즉, 비교적 탄탄한 업체로 시작되었지만 비합리적인 사업운영, 관리능력 미비, 제품 개발전략 부재 등 부실경영 때문에 도산하는 사례가 있으므로 본사 선택에 신중하여야 한다.

체인점 창업 시에는 사전에 체인 본사에 대한 철저한 조사와 더불어 다음과 같은 사항에 세심한 주의를 요한다.

① 가맹 희망 본사의 각 가맹점을 돌아보면서 손님들의 반응과 인테리어를 주의 깊게 관찰하고, 기존 가맹점 경영자에게 개점에 필요한 총 투자비, 본사에서의 가맹점 경영 지원내용, 사업 초기 시기의 어려운 점, 특별한 점포 운영방법 등 전반적인 의견을 들어보는 것이 좋다.

② 체인 본사의 신용상태를 정확히 조사해 보아야 한다. 창업 이념은 무엇이며, 대표이사의 주요경력은 어떠하고, 회사의 일반적 지명도는 어느 정도인지를 세심히 살핀다.

③ 상품 또는 원재료 공급 시스템과 조직구성이 짜임새 있는지를 살펴보아야 한다. 상품이나 원재료를 미리미리 확보해 두는 것도 필요하겠지만, 때로는 예상치 못한 상황에 따라 급히 상품이나 원재료를 조달해야 하는 경우가 있는데, 이런 경우에는 어느 정도 기동성을 갖추고 있는지를 조직구성과 함께 자세히 살펴보아야 한다.

④ 경쟁 업체를 반드시 비교하여 보고 결정하되, 다른 경쟁 업체에 비해 경영 전략상 어떤 차이가 있는지, 향후 발전의 전망은 어느 정도인지를 조사해 보아야 한다.

⑤ 영업 상황을 일관된 통계 자료에 의해 공개하는 회사인지를 살펴보아야 한다. 이미 영업을 하고 있는 기존 가맹점의 최근 매출실적과

가맹점주의 변동사항 등 영업상황을 숨기지 않고 공개하는 회사인지를 살펴보아야 한다.

⑥ 혹시라도 허황된 아이템이거나, 광고 내용이 지나치게 과장된 점이 없는지, 그리고 한발 더 나아가 시기적인 측면도 고려하여 여러 각도에서 살펴보고 나서, 최종적으로 체인 본사를 결정하여야 안전하다.

## 6. 체인 본부 선별 10계

① 거래은행이나 하청업체를 통해 본사의 재정이나 운영상태를 자세히 알아보고, 대표자와 임원의 경력을 파악한다.

② 본사에 직영점이 있는지 알아본다. 직영점은 본사의 노하우 축적 여부와 재정 상태를 판단하는 근거다.

③ 가맹점 수가 많은 본사를 선택하는 것이 유리하다. 적어도 가맹점이 20개 이상이 되어야 본사가 경제적 규모를 갖출 수 있다.

④ 상품제조공장이 있는지를 확인한다. 제조공장 없이 하청업체만 납품할 경우에는 물품 공급이 불안정하고 가격이 비싸진다.

⑤ 가맹점 지원을 위한 관리 조직이 잘 가동되는지 살핀다. 영업이나 내부 관리에만 치중하는 본사는 가맹점 지원에 소홀하다.

⑥ 광고를 지나치게 많이 하는 체인점은 피하라. 지나친 광고로 재정손실이 생겨서 도산하는 체인 본사가 많다.

⑦ 경쟁업체가 급격히 늘어나는 새 업종은 상황을 지켜본다. 취급 업종의 장래성을 파악하고, 다른 업체와의 경쟁능력도 재보는 것이 필요하다.

⑧ 전화방, 성인용품점 등 법적으로 제약이 있거나 관련 법률이 갖춰지지 않은 업종은 피하라.

⑨ 짧은 기간에 복수 브랜드를 출점하는 체인 본부는 일단 의심해 본다. 일정 구역에서 독점 영업권이 보장되지 않으면 실패할 염려가 크다.

⑩ 계약 전에 가맹점 몇 군데를 방문해서 본사와 설명이 일치하는지를 현장에서 살펴본다.

표 14-2 업종별 프랜차이즈 가맹점 종사자 수(2014, 2016-2017)(단위 : 명)

| 업종별 | 2014 | 2016 | 2017 |
|---|---|---|---|
| 편의점 | 98,863 | 127,895 | 153,842 |
| 문구점 | 4,785 | 4,814 | 4,840 |
| 의약품 | 11,031 | 12,843 | 12,758 |
| 안경 | 6,266 | 7,274 | 8,232 |
| 한식 | 87,040 | 111,014 | 114,657 |
| 일식 · 서양식 | 14,679 | 19,616 | 22,065 |
| 제빵 · 제과 | 40,329 | 43,818 | 36,199 |
| 피자 · 햄버거 | 43,174 | 53,867 | 59,788 |
| 치킨 | 57,131 | 63,100 | 60,536 |
| 분식 · 김밥 | 24,552 | 27,702 | 38,743 |
| 주점 | 29,584 | 32,222 | 30,296 |
| 커피전문점 | 54,616 | 64,877 | 71,445 |
| 자동차수리 | 19,522 | 23,197 | 26,497 |
| 두발미용 | 13,630 | 14,989 | 17,320 |
| 가정용세탁 | 6,882 | 7,503 | 8,108 |
| 기타 프랜차이즈 | 64,471 | 75,167 | 98,563 |
| 계 | 576,555 | 689,898 | 763,889 |

## 7. 프랜차이즈 시스템 효과

계약에 의한 유통경로 간의 수직적 통합을 통해 상호 이득을 도모하고자 하는 프랜차이즈 시스템의 효과는 다음과 같다.

### 경로통합 주체자들의 효과

가맹점이 모든 것을 본부에 의지하려고만 한다면 그 본래의 의도와는 달리 오히려 유통 시스템의 효율이 떨어지게 된다.

그러므로 프랜차이즈 계약의 결과, 본부와 가맹점은 긍정적인 측면과 부정적인 측면을 동시에 가지게 된다. 그 두 가지를 정리해 보자면 아래와 같다.

## (1) 본부(franchisor)에 대한 효과

### 1) 긍정적 효과

① 지사의 직영점 설치에 비해 자본과 노력이 절약

② 가맹점 자기의 사업이므로 적극적 영업 활동을 기대

③ 협동 광고 등 이익 실현 여지

④ 본부는 프랜차이즈 프로그램의 개발에 몰두

### 2) 부정적 효과

① 계속적인 지도원조에 비용과 노력 소모

② 가맹점이 본부에 대한 의존 경향

## (2) 가맹점(franchisee)에 대한 효과

### 1) 긍정적 효과

① 본부의 교육 프로그램이나 경영지도 등에 의해 그 사업에 경험이 부족하더라도 용이하게 적응

② 처음부터 지명도가 높은 경영활동이 이루어지므로 실패의 위험성이 적음.

③ 본부의 일관적인 광고를 통해 영향력이 큰 판매촉진의 수행이 가능

④ 제품의 품질에 대한 소비자들의 신뢰도가 높아지므로 판매에 유리

⑤ 본부가 기타 활동을 수행해 주므로 판매에만 전념

### 2) 부정적 효과

① 본부가 제공하는 서비스들은 경비항목으로서 애매한 가치를 가짐.

② 가맹점 자체의 문제 해결능력이나 경영개선의 노력을 등한시하는 경우

③ 본부는 시스템 전체를 생각해서 정책을 계획 · 실시하기 때문에 특정 가맹점의 실정에 맞지 않는 경우

## 소비자에 대한 효과

한편 유통 시스템이 프랜차이즈화 될 때 소비자들에 대한 효과도 다음과 같이 긍정적 측면과 부정적 측면으로 나눌 수 있다.

### (1) 긍정적 효과

① 서비스 제공의 수준이 향상

② 본부에 의해 연구되고 표준화된 균질한 서비스와 상품을 언제, 어디에서도 공급받을 수 있음.

③ 유통 과정에서 요구되는 비용이 낮게 산정됨으로써, 염가의 상품 서비스를 제공받을 수 있음.

### (2) 부정적 효과

① 본부의 힘이 강력하게 작용하면 거래상 가맹점은 불리한 입장에 놓이게 되어, 결과적으로 가격 및 서비스 면에서 소비자에게 불이익을 가져다 줄 수 있음.

② 프랜차이즈 시스템을 악용하는 자가 생기면 거래상 부실이 일어나 소비자에게도 나쁜 영향을 줄 수 있음.

③ 영업상 책임의 소재가 불분명하여 소비자들이 불만을 처리할 수 있는 창구가 불명확함.

## 사회경제에 대한 효과

### (1) 긍정적 효과

① 프랜차이즈 시스템은 개인으로 하여금 독립 기업인이 될 수 있는 기회를 증대시킨다.

② 프랜차이즈 본부들은 시스템 운영에서 제품뿐만 아니라 서비스 관리에 큰 관심을 가지게 될 것이므로, 서비스의 표준화와 유통 효과의 증대가 가능할 것이다.

③ 프랜차이즈 시스템은 자본에 의해 완전 통합된 수직적 체인에 비해

경제적 집중을 감소시킨다.

④ 프랜차이즈 시스템은 소비자에게 표준화된 제품을 제공해 준다.

### (2) 부정적 효과

① 프랜차이즈 시스템은 유통경로의 경쟁적 시스템으로서 영구적인 시스템은 아니다.

② 프랜차이즈 계약은 프랜차이즈 본부의 특권을 보호하기 위해(기간, 운영, 요구, 판매권리 제한, 금지조항 등의 측면에서) 일반적으로 본부에 유리하게 이루어지는 경우가 많다.

③ 프랜차이즈 본부가 프랜차이즈 패키지를 판매하는 데에 있어 비윤리적인 수단을 동원함으로써 사회적 비판을 받는 경우가 종종 있다.

## 8. 프랜차이즈 가맹점의 입지와 상권분석

프랜차이즈 가맹점을 성공적으로 경영하기 위해서는 점포의 입지 선정이 매우 중요하다. 다른 소매업종과 마찬가지로 프랜차이즈 가맹점에 있어서도 점포의 위치가 사업의 성공을 좌우한다. 실제로 소매업이 입지산업이라고 불리는 이유가 바로 이 때문이다. 좋은 위치의 점포는 고객 유치나 같은 업종의 다른 점포와의 경쟁 등에서 훨씬 유리한 입장에 서서 사업을 성공적으로 운영해 나갈 수 있다.

그러나 현실적으로는 해당 업종의 특성에 맞는 점포를 구하기란 그리 쉽지 않다. 또 좋은 장소의 점포는 당연히 높은 권리금이 붙어 있어서 소규모 자본으로 가맹점 경영을 시작하고자 하는 가맹점 경영자에게는 큰 장애요인이 된다.

프랜차이즈 가맹점 경영을 위해서는 입지 및 상권에 대한 이해가 우선 고려되어야 한다. **입지**란 어떤 점포가 위치한 곳이 사업하기에 얼마나 좋은 환경에 있느냐 하는 것, **상권**이란 그 점포에 자주 오는 고객들이 분포되어 있는 지역을 뜻한다. 그러므로 입지는 고정적인 의미를 뜻하며, 상권은 유동적인 의미를 갖는다.

상권이 좋다는 말은 그 점포에 대한 접근의 용이성, 즉 가깝고 오기 쉽기 때문에 많은 고객들을 쉽게 확보할 수 있는 지역이라는 의미이다.

일반적으로 좋은 상권의 구비 조건은 다음과 같다.

① 특정한 점포나 상가에 고객들이 도달하는 데 소요되는 거리와 시간, 교통편의, 주차편리 등 접근이 쉬워야 한다.

② 취급 제품의 가격이 다른 지역보다 싸다면 다소 멀지라도 고객 흡인력에 영향을 미쳐 큰 상권을 형성할 수 있다.

③ 특정한 점포나 상가에 취급 제품의 종류가 많을수록 고객 흡인력은 높아지며, 그에 따라 상권이 형성되는 경우가 많다. 따라서 외딴 지역보다는 여러 종류의 제품을 취급하는 점포들이 인접해 있어서 그들이 취급하는 제품의 구색이 잘 갖추어진 지역이어야 한다.

④ 외식업소는 유동 차량이 많은 길목의 외딴 곳일지라도, 의외로 한적하고 고즈넉한 분위기를 즐기려는 다수 현대인의 출현으로 일반적 우수 상권과는 예외인 경우가 있다.

또한, 좋은 상권의 일반적 요인과 더불어 현재는 상권이 좋은 곳도 점차로 쇠퇴하기도 하고, 반대로 현재는 활기를 띠지 못해도 얼마 후에는 상권이 아주 좋아지는 곳이 있다. 그러므로 입지를 선정할 때에는 이러한 상권의 변화 전망을 함께 고려해야 한다. 점포를 얻기 위해서는 먼저 관심 지역에 대한 상권 분석을 상세히 한 다음에, 그 지역 안에서 해당 업종의 특성을 고려하여 어느 지점이 가장 적합한 점포 위치인가를 판단하여야 한다.

성공 점포의 확보를 위해 점포 후보지에 대한 지역발전 및 제약 여건 · 부동산 관련정보 · 성장전망 · 통행량 등 지역 환경 특성을 확인하고, 지역 내에 충분한 잠재 고객들이 있는지를 판단하여야 하며, 잠재 고객들의 소득수주 · 교육 정도 · 직업분포 · 소비성향 등을 분석하여 창업예정인 점포의 예상 매출액을 추정하여 최적점포 위치를 설정할 수 있다.

그러나 초보 창업자에게는 이러한 상권분석을 해낸다는 것이 현실적으로 어려운 일이다. 점포의 입지선정 및 상권분석은 프랜차이즈 업종의 경우, 본사에서 시장조사를 하여 가맹점 경영자에게 도움을 주고 있다. 그러나 전적으로 믿지 말고 본인이 여러 측면에서 충분히 조사하여 검토한 후에 선택 및 결정을 하여야 한다.

표 14-3 본부와 가맹점 간의 갈등 사례

| | 갈등의 유형 | 갈등의 결과 |
|---|---|---|
| 가맹점이 본부에게 느끼는 갈등 | ① 개점 전 시설공사의 하자 | 개점의 지연으로 연결되어, 가맹점주의 불만을 야기 |
| | ② 공급품목의 배달 지연 | 식자재의 변질 및 영업지장 초래 |
| | ③ 상권 보장의 불확실 | 영업부실에 대한 갈등으로 본부에게 소송을 제기하거나 부근 가맹점 간의 갈등을 야기함. |
| | ④ 반품규정의 불확실 | 본부에 대한 신뢰도를 떨어뜨림. |
| | ⑤ 초기 상권조사의 불충실로 입지선정이 잘못된 경우 | 영업부진이 계속되면 폐점으로 이어지며, 그 책임소재에 대한 논란이 있음. |
| | ⑥ 본부의 재무구조가 불량한 경우 | 전반적인 경영지도가 어려우며, 본부의 존립을 위협함. |
| | ⑦ 본부가 사회적인 이미지를 실추한 경우 | 전제적인 브랜드 이미지를 신뢰하는 고객들을 실망시켜, 그 여파가 가맹점까지 연결됨. |
| | ⑧ 본부의 직영실적이 미비한 경우 | 시행착오를 거듭하여 신뢰도하락 |
| | ⑨ 본부의 영업 노하우 축적이 취약한 경우 | 본부이 수명이 단축됨. |
| | ⑩ 본부가 연계판매를 강요할 경우 | 합당성에 대한 논란이 있음. |
| | ⑪ 재계약 시에 갱신을 거절할 경우 | 거절 사유의 합당여부를 놓고 갈등 |
| 본부가 가맹점에 느끼는 갈등 | ① 가맹점에서 임의로 규정 외의 메뉴를 취급할 경우 | 일반 고객에게 혼선을 빚게 함으로써 프랜차이즈의 통일성 붕괴 |
| | ② 메뉴가격을 임의대로 변경하는 경우 | 본부의 중앙통제를 위협하는 결과를 초래하여 본부의 제재를 받음. |
| | ③ 가맹점 측에서 결제대금을 지연할 경우 | 상호불신의 시초를 만들며, 식자재 공급 중단 등의 사태가 발생 가능 |
| | ④ 가맹점 측에서 무리한 광고 요구 또는 영업지원을 요청할 경우 | 빈번하게 일어날 수 있으며 특히 매출 부진 시에 빈출함. |
| | ⑤ 임의대로 타인에게 양도를 하는 경우 | 본부의 경영이념을 재전달해야 하는 문제 발생. |

(계속)

| | 갈등의 유형 | 갈등의 결과 |
|---|---|---|
| 본부가 가맹점에 느끼는 갈등 | ⑥ 본사의 노하우를 유출하는 경우 | 계약해지의 사유가 될 수 있음. |
| | ⑦ 규정된 메뉴를 변경하는 경우 | 슈퍼바이저의 제재를 받거나 계약해지의 사유가 될 수 있음. |

## 9. 프랜차이즈 분쟁의 효과적 대처 요령

경영을 하다 보면 본사와 가맹점주 간에 분쟁이 일어나는 경우가 많다. 양자 간 이해의 대립이나 프랜차이즈에 대한 이해의 부족이 여러 가지 분쟁 요인이 되고 있다.

이러한 문제를 해결하는 방법으로는 다음과 같은 사항이 있다.

① **계약서상의 분쟁 예방** : 계약서에 앞에서 언급한 분쟁예상 항목에 대해 구체적으로 명기하여 사전에 그 대책을 마련한다.

② **POS 시스템의 완비** : POS 시스템은 거래 물품과 반품의 여부, 운영, 마케팅의 효율적 관리를 가능하게 한다.

③ **물류** : 물류 배송에 대한 시스템을 확보하여 분쟁 여지를 최소화한다.

④ **지속적 활약상** : 브랜드 이미지 향상을 위해 본사는 눈에 띄는 계속적인 활동을 전개한다.

⑤ **관리 프로그램의 운영** : 가맹점의 효과적 관리를 위해 각종 프로그램을 개설 · 운영한다.

⑥ **재단장 및 제2브랜드의 준비** : 정체시기에 돌입하고 있다고 판단되거나 포화상태에 직면하고 있다면 점포를 재단장한다. 그리고 제2브랜드를 출시하여 생동감으로 정체 국면을 정면돌파해 나간다.

# Chapter 15

# 외식산업 판매촉진전략

1. 판매촉진
2. 판매촉진의 의의
3. 연간 판매촉진계획
4. 판매촉진에서 경쟁점에 대한 대책의 필요성
5. 목적별 판매촉진 입안법
6. 고객관리
7. 불황기의 외식업 판촉전략

"판촉전략은 꼭 필요하며,
지속적으로 신뢰를 받도록 노력해야 한다."

## 1. 판매촉진

### 지금 왜 판매촉진이 필요한가?

옛날에는 대부분의 음식점이 '판매촉진 따위는 하지 않아도 고객들은 온다.' 라고 생각해 왔다. 그 이유는 '경쟁이 없는, 파는 사람 주체의 시장' 이었기 때문이다. 점포가 존재하는 것 자체에 사회적 의의가 있었고, 이미 판매촉진이었던 시대였다.

경합이 없었던 시대나 무점포 시대에는 어쨌든 개점만 하면 매출이 올라갔다. 그러나 이제는 외식경합 시대이다. 경합점이 속출하여 점포만 열어두면 고객이 와 주었던 '옛날의 좋은 시대' 는 끝났다. 점포가 고객을 선택하던 '파는 사람 주체 시장' 에서 고객이 스스로 점포를 선택하는 '사는 사람(고객) 주체 시장' 으로 변한 것이다.

'사는 사람 주체 시장의 시대' 로 변하자, 음식점 경영자가 가장 먼저 생각한 것은 차별화였다. 현재는 번성점 만들기의 근본이라고 할 수 있는 'QSC' 레벨을 균형 있게 올리는 것에서부터 시작하여 업종 · 업태론 속에서 자신들의 점포 위치를 정확하게 포지셔닝하고, 조금이라도 많은 고객에게 선택되도록 차별화의 길을 걷게 되었다.

이러한 방향성의 차별화 · 영입노력도 완전하게 정비해야 하며, 더욱 적극적으로 고객에게 점포의 매력이나 영업 콘셉트 독자성을 어필하기 위한 연구를 하지 않으면 안 되게 되었다. 바로,'판매촉진' 의 시대가 온 것이다. 단, 오해를 피하고자 하는 의미에서 감히 언급하자면, 판매촉진을 하기만 하면 매출이 오르고 이익확보로 연결되는 것은 아니다.

역설적으로 말하면 판매촉진은 가치 있는 '상품력' 서비스를 제공할 수 있는 '인간력 · 점포력' 등이 갖추어져야 비로소 효과를 올릴 수가 있다.

판매촉진 시대에 어떠한 판매촉진을 해야만 하는가를 생각하기 전에, 판매촉진이란 도대체 무엇인가를 먼저 생각해 보자.

문자 그대로 해석하면 '판매를 촉진하기 위한 연구', 즉 매출을 올리기 위한 여러 가지 활동을 말한다. 다시 말하면, 고객의 내점을 촉진하는 활동이므로 내점 시의 "어서 오십시오." 라고 하는 목소리부터 요리제공에 이르기까지의 일련의 영업활동 전부가 판매촉진에 해당한다. 그러나 이런 발상은 결코 틀리지는 않지만, 너무나 막연해서 이해하기 어렵다. 여기서는 직접적으로 '판매촉진활동' 으로 분류되는 것을 예로 들어 보겠다.

### (1) 내점 촉진

고객에게 점포의 존재나 '어떠한 점포인가' 라는 콘셉트를 알려서 내점을 촉진하는 활동이다. 우리는 흔히 길거리에서 전단지를 나누어 주는 광경을 목격하게 된다. 이렇듯 일상생활 속에서도 많이 이용되는 가장 적극적인 예이다.

### (2) 구매 촉진

실제 내점한 고객들에게 구매를 권유하기 위한 작업이다. 판매권유의 말을 한다거나 매력적인 이벤트 상품을 도입하는 등, 여러 가지 연구가 이루어져야 한다. 이 두 가지 판매촉진 활동은 실시되는 장소에 따라 '점포 외' 와 '점포 내' 로 크게 구분할 수 있기 때문에 '점포 내 판촉', '점포 외 판촉' 이라고도 부른다. 당연히 하나의 판촉활동을 할 때에는 보통 점포 외 판촉(즉, 내점 촉진)과 점포 내 판촉(구매 판촉)을 조합하여 행하는 경우가 많다. 또한 그렇게 할 때 비로소 효과적인 판매촉진이 이루어진다.

계절 메뉴를 만들어 훌륭한 페스티벌을 기획했는데도 불구하고, 그것을 전단지 등을 이용해서 밖으로 어필하지 못했기 때문에 실패해 버린 경우가 많다. 이는, 내점촉진이 효과적으로 행하여지지 않았기 때문에 구매촉진을 실시하기 이전에 이미 승부가 결정되어 버린 예다.

그 반대로, 점포가 개장 오픈했다고 대대적으로 전단지를 돌렸는데, 상품이 준비되어 있지 않았다거나 점포 단계에서 고객에게 잘못 대응했기 때문에 고객을 화나게 한 경우가 있다. 이는 내점촉진에만 주의를 너무 기울이고 구매촉진을 소홀히 했기 때문에 실패한 예이다.

## 판매촉진 과정

그렇다면, 이 판매촉진을 성공시키기 위해서는 어떠한 과정을 실시해야만 하는가?

그 과정을 간단하게 설명해 보겠다.

**[판매촉진을 성공시키기 위한 필요작업]**

① 판매촉진의 기획

② 종업원들에게 철저하게 교육

③ 판매촉진을 위한 현장 단계에서의 준비

④ 고객에게 예고

⑤ 판매촉진의 실시

⑥ 판매촉진 결과의 집계와 피드백

당연히 이러한 작업 속에는 점포 내 판촉도 있고 점포 외 판촉도 있다. 이 작업을 함께 하지 않으면 성공적인 판매촉진을 할 수 없다.

### (1) 판매촉진의 기획

앞으로 하려고 하는 판매촉진이 성공할지 실패할지는 기획에 달려 있다. 어떤 고객을 대상으로 하여 판매촉진을 행하는가, 목적은 어떠한가 등을 확실하게 할 필요가 있다. 기획을 세우는 방법에 관해서는 다른 항목에서 자세하게 설명하기로 하겠다.

### (2) 종업원에게 철저하게 교육

판매촉진 기획이 완성되었다면 그 판매촉진의 목적이나 방법 등을 종업원에게 정확하게 전달할 필요가 있다. 이 과정을 건너뛰어 버리면 판매촉진의 효과는 반감하게 된다.

전단지 따위를 나누어 주어 고객층을 개척함으로써 비약적으로 내점수를 늘렸다고 하자. 당연히 점포는 바빠지고 그 작업의 영향이 현장에서 일하는 사람들에게 미치게 된다. 이렇게 바쁘다 보면, 종업원들은 왜 이렇게 힘들고 바빠야만 하는지 모르겠다는 생각을 할 것이다.

또 이러한 예도 있다. 판매촉진 기간 중에 상품 개발 면에서 막대한 노력의 결실로 특별한 상품을 도입했다. 그러나 그에 관한 설명을 정확하게 하지 않았기 때문에, 종업원들이 그 상품 판매에 적극적이지 않았다면, 개발 비용도 판매촉진 비용도 모두 허사가 되어 버린다. 이런 일은 너무나 흔한 이야기일 것이다.

앞으로 행하게 될 판매촉진을 어떻게 진행시킬 것인가? 라는 오리엔테이션(Orientation)이 사전에 완벽하게 이루어져 있다면 그런 일도 없을 것이다. 이 과정에서는 다음과 같은 항목을 잊지 말고 종업원 전원에게 알려 주어야 한다.

① 이번 판매촉진의 목적

② 어떠한 고객을 대상으로 하는가?

③ 언제부터 어느 정도 기간으로 하는가?

④ 판매촉신을 실시할 때의 구체적인 방법

⑤ 특별한 도구는 사용하는가?

⑥ 책임자는 누구인가?

⑦ 문제점이나 질문은 누구에게 하면 좋은가?

이러한 오리엔테이션을 함으로써 판매촉진에 대한 종업원 한 사람 한 사람의 참가의식을 높일 수 있다. 이것이 바로 성공으로의 최대 지름길이다.

또한 참가의식을 전보다 높이기 위해서 비교적 빠른 기획 단계에서부터 현장에서 일하는 사람들의 의견을 듣거나 기획안 자체를 모집하는 방법도 있다.

### (3) 판매촉진을 위한 현장 단계에서의 준비

실시 플랜(Plan)도 다 되었고 그 방법론에 대한 오리엔테이션이 끝났다면, 판매촉진 개시를 향하여 현장 단계에서의 준비를 시작해야 한다. 판촉기간 중 특별한 접객용어를 사용할 필요가 있으면 접객에 관한 교육을 해야 할 것이고, 또한 기간 중에 특별한 상품을 제공하려면 주방 내의 요원에게 그 조리방법을 철저하게 교육할 필요가 있다.

또한, 확실한 권장 판매를 하기 위해서 종업원에게 한 번 해당 상품을 실제로 먹어 보게 할 필요도 있다. 이러한 준비를 게을리 하면, 고객이 갖고 있는 이 판매촉진에 대한 정보량이나 기대감과 현장에서 종업원들에 의해 제공되는 실제 서비스와의 사이에 격차가 생김으로써, 결과적으로는 불만족을 느끼게 되어 버린다.

### (4) 고객에게 예고

현장 단계에서 충분히 대응할 수 있고, 판매촉진에 대한 준비가 다 되었다는 조건으로, 고객에게 적극적으로 예고를 해야만 한다.

지금까지 서술한 '판매촉진의 내용을 철저하게 주지시키는 오리엔테이션' 이나 '현장에서의 준비' 라는 과정은 점내 판촉을 잘 하기 위한 방법이지만, 그것만으로는 불충분하다. 점포 외 판촉도 게을리해서는 안 된다.

그 방법에는 여러 가지가 있다. 포스터나 전단지라는 비교적 소규모적인 것에서부터 텔레비전 광고나 신문 광고라는 대대적인 것까지 있다. 이러한 미디어는 예산 규모나 판매촉진 자체의 목적에 따라서 적절하게 선택하여 손님에게 어필한다.

### (5) 판매촉진의 실시

이렇게 정성을 다한 준비를 마친 후에 비로소 판매촉진을 시작한다. 이제까지 준비한 성과를 발휘하는 장이다.

판매촉진 기간 중 서비스 및 상품의 질이 떨어지지 않도록 하고, 이 기간에는 바쁘기 때문에 클레임이 발생하거나 고객의 불만을 사는 일이 많아지므로 주의한다.

'바쁘기 때문에' 는 변명이 되지 않는다. 바쁜 원인은 점포 측에서 만든 것이며, 이렇게 바쁠 것은 처음부터 예상할 수 있었기 때문이다. 바쁘더라도 고객의 만족을 최대로 할 수 있도록 노력을 기울이지 않으면 안 된다.

### (6) 판매촉진 결과의 집계와 피드백

판매촉진 활동과 직접적인 관계는 없지만, 실은 이 과정이 가장 중요하다. 판매촉진으로 인하여 어느 정도 고객이 증가하였는가? 그 결과, 어느 정도 매출이 향상되었는가? 당초 판매촉진의 목적은 충분히 달성했는가? 그리고 고객에게 만족을 주었는가? 등 확인해야 할 사항이 많이 있다.

이러한 것을 계수자료나 앙케이트, 거기다 현장의 목소리 등을 이용하여 분석하지 않으면 안 된다. 이것은 다음 판매촉진 계획을 세울 때 좋은 자료가 된다. 똑같은 잘못을 반복하지 않고, 보다 힘 있고 효과적인 판매촉진을 하기 위하여 필요하다.

### (7) 판매촉진계획을 세우는 법

앞에서 성공적인 판매촉진을 하기 위해서 가장 중요한 것은 '기획' 입안 과정이라는 것을 설명했다. 그렇다면 이제 기획을 어떻게 세워야 하는지에 대하여 설명해 보겠다.

기획 입안 시에는 다음과 같은 포인트를 지켜야 한다.

① 기획의 명칭을 가장 먼저 붙인다.
② 기획은 반드시 명문화한다.
③ 기획을 확실히 주지시킨다.

④ 기획의 주지와 영업 콘셉트가 일치하는가를 확인한다.

⑤ 기획대상을 명확하게 한다.

⑥ 기획 실시기간을 명확하게 설정한다.

⑦ 기획내용을 상세하게 결정한다.

⑧ 예산계획을 세운다.

## 2. 판매촉진의 의의

고객의 구매를 촉진시키고 외식업체의 유효성을 높이기 위한 마케팅 활동이자 대인판매, 광고, 홍보, PR를 제외한 모든 촉진활동으로 상품전시, 진열 등 비일상적인 노력이라고 할 수 있다.

〈할인〉 시식권, 할인권 등

〈메뉴과의 접촉〉시연회, 다양한 메뉴 선택권리 부여, 직접 요리에 참여 프로그램

〈분위기〉 패션쇼, 점포의 내장, 포장지 등

〈선물〉 경품, 스탬프, 퀴즈 등

〈서비스〉 와인서비스, 음료쿠폰, 주차권

판매촉진의 백업

〈광고매체〉 포스터, DM, 애드벌룬, 팸플릿, 광고물 등

〈거래처 원조〉 깃발, 풍선, 띠 등

[광고 및 판매촉진 수단]

판매촉진은 매출효과가 광고보다도 높으며, 방법에 따라서는 광고보다도 기업 이미지의 상승, 장기적 매출증가 효과가 높다.

## 기획의 명칭을 가장 먼저 붙인다.

우선은 기획의 명칭을 붙이는 것이 선결이고, '이름 따위는 없어도 되겠지' 라고 생각할지도 모르겠다. 하지만 관계자의 동의를 얻는 데도 손님들에게 판촉에 관하여 알리는 데에도, 명칭이 결정되어 있지 않으면 곤란한 경우가 많다.

전단지를 만들려고 해도 만들 수 없다. 손님들이 그 판촉에 관해서 문의를 하려고 하더라도 불가능하다. 어떠한 상품이나 점포에도 이름이 필요하듯 판매촉진에도 이름이 필요하다.

## 기획은 반드시 명문화한다.

판매촉진을 하고자 할 때 기획은 세웠지만, 그것을 명문화하는 일에 주의를 기울이지 않은 경우가 실제로 많다. 특히 작고 특별하지 않은 이벤트, 예를 들면 계절상품 축제인 경우에는 관계자들의 묵언의 양해만으로 판매촉진 기획을 시작하는 경우가 많은데, 아무리 하찮은 이벤트라도 '문장화 된 기획서' 를 만들어야 한다.

언제 어떠한 판매촉진을 하는가 하는 기록이 없다면, 다음에 어떤 것을 해야 할지 모르게 된다. 이것은 앞에서도 설명한 '판매촉진의 결과를 반드시 피드백 한다.' 라는 사항을 준수하기 위해서라도, 꼭 지켜져야 한다.

## 기획을 확실히 주지시킨다.

기획의 목적을 확실히 하지 않으면 판매촉진은 성공하기 어렵다. 판매촉진을 실패한 대부분의 예는, 주시의 내용이 희박하거나 너무 많은 목석을 한꺼번에 주지시켰기 때문에, 오히려 인상이 희박해진 결과를 초래한 경우들이다.

음식점의 판매촉진의 주지 · 목적에는 주로 다음과 같은 것이 있다.

① 보다 많은 새로운 고객의 내점을 촉진한다.

② 현재의 고객들이 한층 더 만족할 수 있도록 연출한다.

③ 내점빈도를 높이는 연구를 한다.

④ 객단가를 높이는 연구를 한다.

⑤ 성수기에 한층 더 매출증대를 꾀한다.

⑥ 비수기의 매출저하를 막는다.

⑦ 업태 등의 콘셉트 변화를 어필한다.

이렇게 목적하는 내용에 따라 실시되는 판매촉진의 이미지나 구체적인 수법은 크게 달라진다. 그러므로 가장 최초의 단계에서 이 판매촉진을 주지시켜 두지 않으면 당초 계획했던 결과와는 다른 결과를 낳는 경우가 자주 있으므로 주의해야 한다.

예를 들면, 여름의 판매촉진계획을 생각해 보자, 당연히 이 시기는 그렇지 않아도 바쁘기 때문에 보다 효율적으로 매출을 올릴 수 있는 판매촉진을 하지 않으면 안 된다.

가령, 여름맞이 신상품을 도입하여 상품구성의 변화로 객단가를 상승시키려는 노력을 한다. 그렇게 함으로써 객석 회전율은 같더라도 많은 매출을 기대할 수 있다. 이러한 방책이 '성수기에 더 많은 매출 증대를 꾀한다.' 라는 것에 해당된다.

만일 이것을 잘못 생각해서 이 시기에 현재 고객의 더 많은 만족으로 연결되도록 판매촉진 기획을 세웠다고 하자.

예를 들어, '여름 풀코스와 디저트 일품 서비스' 라는 플랜이 있다. 분명히 고객들은 이러한 서비스를 환영하겠지만, 풀코스는 제공시간이 길어진다. 더구나 디저트 일품을 서비스함으로써 고객의 식후 시간은 대폭 길어진다.

객석 회전율이 떨어지는 것은 당연한 일이고, 매출에 대한 고민뿐만 아니라, 자리가 없는 고객의 불만을 사게 된다. 결과적으로, 일부러 기획에 맞추어 찾아와 준 종래의 고객들 일부는 만족을 할지 모르겠지만, 불만을 더 많이 사게 되어, 명확하게 목적과는 반대되는 효과를 초래할 것이라는 예상을 할 수 있다.

### 기획의 주지는 시의적절하고 점포의 라이프 사이클에 맞아야 한다.

기획의 주지와 점포의 영업 콘셉트가 일치하는지를 확인한다. 이것도 잊기 쉽지만 굉장히 중요한 포인트이다. 번성점 만들기에 영업 콘셉트가 정확하게 책정되어 있어야 한다는 것은 지금까지 여러 항목에서 설명했다.

이 영업 콘셉트는 점포 만들기의 초기 단계에서만 중요하다고 생각하기 쉽지만, 사실은 점포를 관리 · 유지해가는 과정에서 가장 중요하다.

서비스 · 신상품 만들기 등 여러 가지 일상적인 점포 운영 속에서 당초 영업 콘셉트를 지키는가는 진정한 번성점을 이루는 데 중요한 관계를 갖고 있다. 따라서 판매촉진도 이 영업 콘셉트에 따라야 한다. 물론, 영업 콘셉트보다 정확하고 강렬하게 고객에게 어필하는 것이 판매촉진에 주어진 커다란 역할이라고 생각할 수 있다.

이런 예를 생각해 보자. 어느 도시락 점포가 굉장히 싸게 파는 이벤트를 기획하여 전단지를 신문에 많이 끼워서 어필했다. 그 전단지도 좋고 이벤트의 내용도 훌륭했다. 그 결과, 많은 손님들을 모아서 크게 성공했다고 하자.

그것을 보고 있던 이웃 마을 스테이크 하우스 경영자가 그 전단지를 그대로 흉내내고 똑같은 수법으로 판매촉진을 실시했다. “싸요. 싸! 매우 싸게 팝니다!!” 라고 하는 류의 판매촉진이다.

과연, 이렇게 하여 성공할 수 있으리라 생각하는가? 당연히 이런 판매촉진은 실패다. 왜냐하면 도시락점의 콘셉트와 스테이크 하우스의 콘셉트는 근본적으로 다르기 때문에, 자점의 콘셉트를 무시한 판매촉진을 한 스테이크 하우스는 성공할 수 없다.

고객이 우리 점포에 어떠한 기대감을 가지고 오는가를 철저하게 연구하고, 그 기대감을 만족시키도록 판매촉진을 해야만 한다. 적어도 우리 점포의 이미지를 깨는 듯한 판매촉진을 하지 말 것! 그런 일을 한다면 판매촉진이 아니라 판매 방해가 되어 버린다.

## 기획대상을 명확히 한다.

점포 콘셉트를 만들거나 신상품을 개발할 때 '누구'를 타깃으로 하는가는 주요한 포인트였듯, 판매촉진 기획에서도 어느 층을 대상으로 하는가는 중요하다. 판매촉진 대상자를 설정하기 전에 우선 우리 점포가 어떤 층의 고객에게 지지받고 있는가를 충분히 파악할 필요가 있다.

판매촉진의 더욱 놀라운 효과는 점포를 이용하는 고객층 중에서도 가장 영향력이 있는 층을 노린다는 것이다.

예를 들어, 우리 점포가 가족층의 지지를 받고 있는 전형적인 패밀리 레스토랑이라면, 가족 외식동기의 중심인 아이들을 대상으로 한 판매촉진을 할 때 가장 힘이 있다.

반대로 젊은층을 대상으로 한 점포에서 이러한 패밀리 레스토랑용 판매촉진을 행한다면, 생각만큼의 효과를 올릴 수는 없게 된다. 그러나 판매촉진의 목적에 따라서는 현재 최대 고객층 이외의 고객을 타깃으로 한 이벤트를 계획할 필요도 있다.

현재 최대는 아니지만, 장래 유망한 고객층으로서 지금부터 연결해 두고 싶은 객층, 이러한 층을 대상으로 기획할 때에는 눈에 띄는 성과를 기대하거나 평가하는 것은 피해야 한다. 장기적인 안목으로 본 성과를 기대할 수 있으면, 그것으로 충분하다.

## 기획실시 기간을 정확하게 설정한다.

'이 기획은 언제부터 언제까지 실시됩니다.' 라는 결정은 매우 중요하다. 특히, 어느 정도 비용을 들여서 광고를 하는 경우에는 '지금 가지 않아도 언제까지만 가면 된다.' 라고 안도할 수 있는 연출을 위해서도 필요하다.

이때 주의해야 할 것은 이벤트에도 적당한 길이가 있다는 것이다. 너무 짧으면 판매촉진기간 따위는 정하지 않은 것과 마찬가지다. 특별한 예외를 제외하고 음식점의 판매촉진은 2~3일이라는 단기간에는 효과를 내지 못한다.

점포에 가서 물건을 사는 것이 최대이자 유일한 목적인 상점에 대한 이용 동기와는 달리, 외식산업의 이용 동기는 비교적 목적의식이 희박하고 기분에 좌우되는 경우가 많다. 그 때문에 어느 정도의 긴 판촉기간을 설정해야만 한다.

그렇다고 판매촉진 기간을 너무 길게 잡으면, 특별히 판매촉진을 실시하는 의미가 없어진다. 똑같은 판매촉진을 1년 내내 한다면 그것은 통상 영업과 마찬가지로 효과 이전의 문제가 되어 버린다.

그렇다면 일반적으로 어느 정도의 사이클이 가장 효과적이겠는가? 이것은 업종 · 업태에 따라서 약간 다르다. 왜냐하면 판매촉진의 적절한 기간은 점포로의 내점 빈도와 밀접한 관계가 있기 때문이다.

일반적으로 업태별 내점빈도는 패스트푸드가 주1회, 패밀리 레스토랑이 월1회 정도라고 일컬어지고 있다. 따라서 패스트푸드에서는 적어도 1주간 단위의 계획을, 또한 패밀리 레스토랑에서는 그보다 긴 3주에서 1개월 정도를 최소단위로 해야 한다. 이 최소단위를 기본으로 하면서 최대 2개월 정도의 스케줄로 기획을 세워 가는 것이 무난하리라고 생각된다.

이렇게 해서 기간이 설정되었다면 다음으로 생각해야 할 것이 '언제부터 시작할 것인가?' 이다. 여기서는 특히 '무슨 요일부터' 라는 개념이 중요하다.

특히 번잡한 순서나 조직이 요구되는 판매촉진에서는 일요일이나 축제일 등의 바쁜 요일부터 시작하는 것을 피해야 한다. 가능하면 피크일 며칠 전에 실시하여 시스템을 충분히 이해하고 익숙하게 하는 연구도 필요할 것이다.

또한 특별한 예외를 제외하고는 일요일 전에 기획이 딱 끝나 버리는 것도 피해야 한다. 모처럼의 기회를 잃을 수 있기 때문이다. 시작과 완료일을 잡는 방법에 따라 그 사이에 낀 휴일의 일수가 달라진다. 그것은 직접적으로 판매촉진기간 중의 매출이라는 결과가 되어 날아온다.

## 기획내용을 상세하게 결정한다.

이상의 과정을 거쳐 결정된 '목적' 을 달성하기 위한 구체적인 방법을 면밀하게 결정하는 것이 다음 작업이다. 여기서 검토되어야 할 사항은 다음과 같다.

① 판매촉진 기간을 통하여 이용하는 고객들에게 제공되는 메리트는 무엇인가?

② 어떻게 판매촉진을 고객들에게 어필할 것인가?

③ 판매촉진 기간에 고객들에게 제공되는 부가가치 서비스에는 무엇이 있는가?

④ 판매촉진과 함께 실시하여야 할 관리 작업에는 어떠한 것이 있는가?

### (1) 판매촉진 기간을 통하여 이용하는 고객들에게 제공되는 메리트는 무엇인가?

이것이 이른바 판매촉진 기획의 중심이 되는 것으로, 말하자면 '판촉 매물'이라는 것이다. "고객에게 제공되는 메리트가 없으면 판매촉진이 존재하지 않는다."라고 해도 과언이 아니다. 매력적인 메리트 기획이 판매촉진의 성패를 쥐고 있다.

그 메리트의 종류에는 다음과 같은 것이 있다.

① 선물을 준다.

② 가격을 할인한다.

③ 위에서 서술한 것 이외의 부가가치 정보가 제공된다.

④ 기간 중에만 특별한 상품이나 신상품을 시식시킨다.

당연히 판매촉진의 목적에 따라서 이러한 메리트를 적절히 사용하게 되는데, 이 이벤트는 위의 순서대로 ①~④로 내려감에 따라서 약해진다.

#### 1) 선물을 준다.

가장 힘이 있고 고객의 주시도가 높은 것이 '뭔가 선물을 주는 방법' 이다. 이 방법도 주는 것이 '점포 내 상품이냐', '점포 외 상품이냐' 로 나뉘어진다.

점포 내 상품이란 점포에서 팔리는 상품으로, 음식점의 경우는 당연히 '요리' 이다. "이 요리를 어떤 방법으로 먹게 하는가." 라는 것이 점내 상품을 이용한 판촉이다. 한편 점포 외 상품이란, 특별한 업자로부터 일부러 이 판매촉진을 위해 매입된 상품이다. 다시 말하면 경품과 같은 것이다. 이러한 경품은 판매촉진의 목적이나 영업 콘셉트와 일치할 필요가 있고, 더구나 시대감이나 감성을 반영시킨 것이 최소한의 조건이다.

10여 년 전에는 그다지 싸지 않더라도 경품을 그냥 받을 수 있다라는 것만으로도 충분히 매력이 있는 이벤트가 되었지만, 최근에는 과잉소비 시대를 반영하듯 정말로 좋은 경품을 찾기가 힘들다. 그럼에도 불구하고 고객의 감성이나 요구에 딱 들어맞는 상품을 경품으로 한 경우에는 판매촉진의 성공확률은 비약적으로 높아진다.

이러한 상품을 어떤 식으로 고객에게 제공하는가에 관한 검토도 해야 한다.

① 기간 중 고객에게는 무조건 제공한다.

② 기간 중 고객 1조에 하나씩 무조건 제공한다.

③ 추첨해서 제공한다.

④ 스탬프 등의 일정한 득점을 획득한 사람에게 제공한다.

①과 ②의 방법은 상당히 값싼 상품이 아니면 대응할 수 없다. 자신이 사용할 수 있는 커피티켓 등 점내 상품으로 공급하는 것이 가장 무난하고 더욱 효과적일 것이다. 이 방법을 그 밖의 방법과 조합하여 실시하면 상승효과도 얻을 수 있는 것이다. ③은 게임성이 높고 또한 당첨되는 제비수를 잘 설정함으로써 비교적 고액의 상품을 제공할 수 있기 때문에, 가장 매력 있는 이벤트 기획으로 이용된다.

그러나 잘못하면 '꽝' 이라는 느낌이 많이 들기 때문에 ①과 ④같은 최저보장 시스템을 도입하지 않으면 안 된다.

④는 내점빈도를 높이는 것을 목적으로 한 판매촉진으로는 가장 적당한 방법이다. 그러나 그것만으로는 기간 설정에 어려움이 따른다. 너무 짧으면 횟수를 채워서 경품을 받는 것이 어렵기 때문에 판매촉진으로써의 매력이 줄어든다.

실제로 설정된 판촉기간 안에 고객들이 몇 번 이용할 수 있는가? 이 이용 횟수 중에서 판촉상품을 획득할 수 있는 확률은 얼만큼 높은가를 구체적으로 시뮬레이션하고 나서 설정하는 것을 잊어서는 안 된다.

2) 할인을 한다.

판매 기간 중 전부 또는 일부 상품가격을 인하함으로써, 고객들을 유인하는 방법이다. 이것은 실제 가격의 할인을 강조하는 '하드 디스카운트', 그리고 할인권 등을 사용하면서 실질적인 가격을 할인하는 '소프트 디스카운트'로 크게 구분할 수 있다.

일본처럼 복잡한 금전감각을 지니고 있지 않는 미국에서는 직접적으로 '오늘 전 상품 30% OFF' 등의 매우 직접적이고 강렬한 디스카운트 세일을 하는 음식업자가 있다.

그러나 디스카운트라는 습관에 대하여 보다 민감한 일본에서는 이 방법은 의문시되고 있다. 특히 품질에 대한 강한 신뢰감을 매물로 하지 않으면 안 된다. 앞으로의 음식점에서는 '하드 디스카운트' 만은 피해야 한다.

더구나 서투르게 하면 디스카운트를 했기 때문에 객단가가 내려가기 때문에 판매촉진의 성과로 객수는 늘어나지만 매출은 반대로 내려가게 됨으로써, 판매촉진 효과를 인정할 수 없게 되어 버릴지도 모른다.

또한 단품 가격을 과감히 내린 경우, 판매촉진 기간이 끝나고 원래의 가격으로 되돌려졌을 때, 가치감이 무너져 고객으로부터의 신뢰를 잃게 될 것도 생각해야 한다.

한편 소프트 디스카운트는 적극적으로 활용해야 한다. 커피 할인권이나 10%, 20% 따위의 상품권은 직접 "오늘 계산에서 10%를 깎아 드리겠습니다." 라고 듣는 것보다 스마트해서 고객도 값을 깎아 지불한다는 부담감에서 벗어날 수 있는 등 미처 예상하지 못한 메리트가 있다.

또한 보다 세련된 디스카운트의 방법으로 '증량' 이라는 방법이 있다. 가격을 내리는 것이 아니라, 가격은 그대로 하고 대신 보통보다 많은 양의 상품을 제공하는 방법이다.

흔히 패스트푸드 등에서 사용되는 방법으로, 이 방법으로 하면 객단가를 내리지 않고 고객의 만족감을 연출할 수가 있다. 또한 단순히 양을 늘리는 것만으로 대응하기 어려운 패밀리 레스토랑 같은 업태에서는, 단품가격으로 세트화하여 제공하든가 통상의 세트를 업그레이드하여 제공하는 등의 연구를 할 수 있을 것이다.

효과적으로 디스카운트 세일을 하기 위해서는 '고객이 싼 것을 먹었다' 라는 느낌이 들지 않도록 하는 연구를 해야 한다. 따라서 서비스 티켓류도 아무렇게나 종이에 복사한 것 같은 조잡한 것이 아니라, 정확하게 디자인했다는 것을 느낄 수 있는 것으로 해야 한다.

### 3) 부가가치 정보나 엔터테인먼트 등을 제공한다.

이상 두 가지 판매촉진의 '선물을 받는다' 라든가 '싸게 한다' 라는 것처럼 보다 직접적인 메리트를 표현하고 있는 것에 비하여, 이 메리트는 간접적이고 추상적인 점이 특징이다.

구체적으로 예를 들면, 기간 중에 점포에서 재즈 라이브 연주를 들을 수 있다든가, 연주회 등의 지적인 개최물을 행한다든가 하는 것이다. 즉, 실체가 없는 것을 제공함으로써 축제 분위기를 점포 안에 만들어 내고자 하는 것이다. 물질이 풍부한 시대와 소비의 소프트화에 대한 욕구가 확산되고 있는 앞으로의 사회에서는 이러한 새로운 판매촉진의 형태가 점점 주목되리라 본다.

이러한 형태의 판촉을 기획할 때에는 특히 영업 콘셉트나 기획 대상자의 요구와 일치하는가를 신중하게 검토할 필요가 있다. 개최자의 취미만으로 이러한 기획이 이루어지면 혼자만 즐기는 것이 되기 때문에, 좋은 결과를 낳을 수 없기 때문이다.

### 4) 기간 중에만 특별상품이나 신상품을 시식시킨다.

메리트 중에서 가장 점포 사이드에서의 영업의도를 짙게 느낄 수 있는 방법이다. 판촉기간 중에만 상품, 즉 계절상품이나 기획 상품을 제공하여 소비를 부추기는 목적을 갖는 것이다. 또한 신상품을 도입하거나 메뉴 북을 개정한 경우에 고객에게 그것을 고시하는 것을 최대 목적으로 하는 등, 보다 일상적인 영업 노력을 서포트하는 의미를 갖게 된다.

당연히 고객은 메리트가 낮아지기 때문에 다른 메리트와 조합되어 기획되는 예가 많다.

### (2) 어떻게 판매촉진을 고객에게 어필할 것인가?

아무리 좋은 판매촉진 기획을 세우더라도 그것이 고객에게 알려지지 않으면 소용없다. 쉽게 말하면, '광고 선전' 의 방법으로, 효과적인 광고 선전에는 다음과 같은 주의가 필요하다.

#### 1) 점포 내에 알리는 법

종래의 객층 만족을 목적으로 한 판매촉진에서만 유효한 광고 선전방법이다. 신문 전단지 텔레비전 광고 등의 대외적인 광고 선전 활동은 하지 않고, 점포 안에 포스트를 붙이거나 전단지를 두어 알린다. 비교적 낮은 예산으로 할 수 있는 광고 선전으로, 이미 점포의 존재나 위치를 알고 있는 사람만을 대상으로 하기 때문에 효과도 크다.

이 점내 광고를 할 때 제작해야만 하는 매체에는 세 가지 종류가 있다.

① STEP-1 예고광고 : '언제부터 이러한 판매촉진을 합니다.' 라는 광고를 한다. 대체로 판매촉진 스타트 1주일 전부터 1개월 전까지 고시하는 것이 보통이다.

② STEP-2 실행광고 : '현재 이 점포에서는 이러한 판매촉진을 하고 있습니다.' 라는 것이다. 사전에 대대적인 광고를 하지 않았기 때문에 개최기간 중이 되어서야, 비로소 판매촉진의 존재를 아는 사람도 많다.

③ STEP-3 종료광고 : '이러한 판매 촉진은 성공리에 종료했습니다.' 라는 식의 카피를 사용한 종료 광고도 필요하다. 추점 등을 하여 경품을 주는 경우에는 당선자의 이름을 명기한 리스트를 붙이는 등, 고객들이 필요로 하는 판매촉진에 관한 정보를 게시할 필요가 있다.

또한 만일 연간 단위의 판매촉진 계획이 이루어진 경우에는, 다음번의 판촉예고 광고도 겸하여 하는 것이 보다 효과적이다.

점내 광고를 하기 위하여 필요한 물품에는 다음과 같은 것이 있다.

- 포스터
- 테이블 POP, 테이블 매트
- 점포 내에 거는 작은 현수막
- 점포 외용 현수막
- 점포 내 방송용 판매촉진 테이프

마지막에 소개한 점내 방송이라는 광고 수단도 수수하면서 효과가 있다. 고객의 체재시간에 맞추어 반드시 올 고객이 한 번 정도는 들을 수 있도록 시간을 설정한 후에 테이프나 육성으로 판매촉진의 내용을 알린다. 가장 표준적인 패턴으로, 30분마다 육성으로 하는 경우에는 종업원이 돌아가며 한다. 그렇게 하면 종업원의 참가의식도 높이고, 효과도 높일 수 있다.

### 2) 점포 외 광고를 병행하여 실시하는 경우

판매촉진의 대부분은 보다 불특정 다수의 고객을 대상으로 하는 경우가 많다. 따라서 광고 선전도 외부에서 행하는 것이 대부분이다.

#### ① 신문에 끼워 넣는 전단지

가장 친숙한 점포 외 광고는 '신문에 끼워 넣는 전단지' 일 것이다. 신문이라는 가장 보편적인 미디어 매체를 사용하기 때문에 배부받는 층이 넓다는 점에서는 가장 좋다. 또한 전단지만 잘 만들면 나머지는 전문 업자가 해주기 때문에 별로 수고가 들지 않는 것이 특징이다.

그러나 한편으로는 비교적 많은 예산이 든다는 것, 또한 일요일같이 전단지가 많은 요일에 배부되면 그냥 버려지므로 모처럼의 광고 선전이 효과가 없어질 가능성이 높다는 단점도 있다.

따라서 이 전단지를 배부할 때는 가능한 한 눈에 잘 띄고, 효과가 강한 디자인을 한 후에 평일 석간 등 끼워 넣는 전단지 수가 비교적 적은 날을 선택하여 실행하는 것이 가장 중요하다.

### ② 직접 나누어 주는 광고

한 마디로 '나누어 준다' 라고 하면 '길거리에서 나누어 준다.' '우편함에 던져 넣는다.' '직접 가정까지 찾아가 건네준다.' 등의 세 가지 방법이 있다. 협력업체에 의뢰할 수도 있지만, 모티베이션의 의미를 포함하여 자신들이 하는 쪽이 좋을 것이다. 아이들 타임을 이용하여 교대로 실시하면 좋다. 이 중에서도 가장 효과가 높은 것은 '방문하여 나눠 주기' 이다.

이때 주의해야 할 점은 청결한 유니폼의 착용은 물론이려니와, 자신의 명함도 준비하고 방문해야 한다는 것이다. 이러한 신뢰감과 청결함은 내점 유인 조건으로써 가장 중요하다.

또한 점포의 콘셉트에 따라서는 방문보다도 거리에서 나누어 주는 편이 효과적인 것도 있다. 보다 불특정 다수의 고객이나, 역으로 특정 소수의 객층을 대상으로 한 점포의 경우에 해당된다. 패스트푸드처럼 가장 친근성이 강한 업태의 광고 대부분이 이러한 방법을 사용하고 있는 것을 보면 알 수 있을 것이다. 이 경우도 예외 없이 유니폼을 입고 실시하는 것이 원칙이다.

### ③ 다이렉트 메일

고객 명부를 기준으로 엽서 또는 편지로 직접 타깃으로 하는 고객에게 판매촉진 내용을 알리는 방법이다. 전단지가 불특정 다수의 사람들에게 배부되기 때문에 불확실한 방법임에 비해, DM (Direct Mail)은 소수라고 하더라도 확실하게 정보가 전달된다. 또한 그 내용이 이해되기 쉽다고 하는 특색을 갖고 있다. 다만 당연한 일이지만 우편 요금 등의 비용이 든다. 상당히 매력적인 기획이 아니고서는 비용만 낭비될 가능성이 있으므로 주의해야 한다.

성공적인 DM작전의 구체적인 방법의 하나로써 엽서 자체를 상품 할인 티켓으로 한다거나 편지에 동봉하는 따위를 생각할 수도 있다. 당연히 이 수단을 사용하고자 할 때는 확실한 고객 명부를 가지고 있어야 한다는 것은 말할 것도 없다.

### ④ 매스미디어를 사용한 광고

텔레비전이나 라디오 등의 전파매체를 사용하는 것과 지방지나 전국지, 신문 등의 인쇄매체 등으로 크게 구분할 수 있다.

전파매체는 현재 광고매체 중에서도 가장 화려한 것으로, 불특정 다수의 사람들에게 호소할 수 있는 미디어로 강한 인상을 심어 준다는 점에서 최고이다. 그러나 통상 막대한 비용이 드는 것이나, 불특정한 사람들에게 무작위로 발언되는 것이므로 타깃을 확정짓기 어렵다는 단점이 있다.

매우 큰 체인점이라든가 지역 제일점 정도의 점포가 아니고서는 대응할 수 없고, 무리하게 이러한 매체를 사용하여 광고하더라도 생각한 것과 같은 효과는 얻지 못한 채로 끝나게 될 것이다. 그 점에서 인쇄매체는 각각의 잡지 자체가 독자 대상을 응축하는 경향이 있기 때문에 잡지의 성질과 점포의 영업 콘셉트가 합치된 경우에는 효과가 크다.

그러나 이것도 전국 체인 레벨에서 비로소 대응할 수 있고, 소규모점에서 이러한 대응을 하고자 하는 것은 위험하다고 할 수 있다. 이상으로 여러 가지 스타일의 광고 방법을 소개했는데, 마지막으로 가장 일반적인 판매촉진에서 필요로 하는 도구를 들어보겠다.

- 점내용 포스터
- 전단지
- 점내 방송용 테이프
- 응모용지
- 경품전시용 선반, 보드
- 테이블 POP
- 대형 현수막
- 추첨용구 일체
- 당선 발표용 포스터
- DM 엽서 등
- 점재 현수막
- 간판

## (3) 판매촉진기간 중, 고객에게 제공되는 부가가치 서비스에는 어떠한 것이 있는가?

판매촉진기간 중 이른바 '축제 기분'을 높이기 위해서도 갖가지 연구를 해야 한다. 예를 들면, 새봄맞이 판매촉진으로 '딸기 페스티벌'을 한다고 하자. 전술한 자료에 의하여 기간 중에 고객이 오기만을 기다리고 있는 등, 거의 완벽한 준비를 했다고 여길지 모르지만, 판매촉진의 완전한 성공을 위해서는 이것만으로 충분치 않다.

페스티벌 기간을 일부러 선택하여 오신 고객에게 감사의 뜻을 어떻게 표현해야 하는가? 또한 내점 때까지 판매촉진 기간임을 몰랐던 고객들에게 어떻게 그 취지를 전달하면 좋은가?

부가가치 서비스를 어떻게 해야 하는가? 충분히 검토해 두지 않으면 안 된다. 당연히 그 대처방법에 관한 매뉴얼 등도 작성하고 교육도 염두에 두어야 한다.

## (4) 판매촉진과 함께 필요한 관리 작업에는 어떤 것이 있는가?

고객에게 직접 행하는 방법에 관한 설명은 거의 끝났는데, 그것만으로는 판매촉진 계획이 성공했다라고 할 수 없다. 고객에게 행한 결과나 또한 진행 상황을 끊임없이 파악하는 것을 잊어서는 안 된다.

특히 DM이나 추첨권 등 회수가 필요한 도구를 사용한 판매촉진의 경우에는 회수된 티켓이나 DM엽서가 다음번 판매촉진의 열쇠가 되는 중요한 자료이다. 또한 그러한 자료 이외에도 앙케이트처럼 고객들의 반응을 직접 듣는 자료 등도 유효한 경영판단의 재료가 된다. 이러한 자료를 누가 어떻게 회수하여 보관하는가? 또한 어떻게 판단하면 좋은가? 등에 관한 결정도 확정해 두지 않으면 안 된다.

## (5) 실패하지 않는 판매촉진 기획 예산 만들기

아무리 훌륭한 판매촉진 기획이라도 그것이 예산을 초과해 이익이 생기지 않으면 실시할 가치가 없다. 그렇다고 해서 너무나 조잡한 예산으로는 매력적인 경품을 사거나 광고 선전을 위한 전단지 작성을 할 수 없다. 그러므로 '판매촉진 기간 중 매출과의 밸런스' 를 생각해야 한다.

예산계획의 하나로 '매출목표에서 생각한 비용계산' 이라는 것이 있다. 그것은 기간 중에 예상되는 '매출액 상승분×상품의 순이익=판매촉진 비용의 최대 한계' 라는 것이다.

즉, 이 판매촉진 기간 중 만일,

① 영업시간을 연장하지 않는다.

② 종업원의 인원을 늘리지 않는다.

③ 판매증가에 따르는 원재료비 이외의 경비는 일체 변하지 않는다.

라는 조건을 기본으로 판매촉진을 하였다면, 매출이 증가하는 데 필요한 조건은 원료비, 즉 순이익 부분이다.

그래서 만일 판매촉진의 비용이 판매촉진으로 인해 초래된 매출증가분에 필적하면 점포의 예산 면에서 악영향을 주지 않고 실행할 수 있다. 그러나 매출액 증가분 전부를 판매촉진 예산으로 사용할 수는 없고, 위의 조건을 기본으로 여분의 상품을 파는 데 필요한 원료비만은 확보한 후에 그 이외의 매출은 예산으로 계상할 수 있다.

예를 들면, 매출 증가 목표가 500만 원이라 하고, 이 점포의 원가율이 30%, 즉 매출이익이 70%였다고 하면, 판매촉진 비용으로 최대 '500만 원×0.7 =350만 원' 을 투자할 수 있다.

그러나 이 매출액 목표를 기본으로 한 계획은 막연하기 때문에 잘 모르겠다는 사람도 있을 것이다. 또한 매출촉진의 성질에 따라서는 판매촉진 기간 중의 매출액 증가분을 예상하기 어려운 것도 있다. 이런 경우에는 '점포의 연간 매출실적' 을 기본으로한 예산을 세우는 방법이 있다.

음식점의 판매촉진 연간 예산은 일반적으로 일본의 경우, 매출액의 3% 정도라고 한다. 즉, 연 매출이 1억 원이라면 300만 원을 판매촉진 예산으로 하여 계산할 수 있는 셈이다. 이렇게 하면 자신의 점포 매출액을 모르는 경영자(혹은 기획자)는 없을 것이기 때문에 비교적 간단하게 예산을 세울 수가 있다. 그러나 한편으로 이 예산은 어디까지나 연간을 기본으로 구성되어 있기 때문에 할당을 어떻게 하는가가 기본적인 문제이다. 따라서 연간계획이 필요하다.

이 예산범위 내에서 조달해야 하는 것은,

① SNS, DM이나 전단지 등

② 경품이 필요하다면 그 경품값

③ 점포 내 포스터나 판매촉진 기간 중의 점내 데코레이션 도구

등이 대표적인 것으로, 원료비나 그 기간 중의 인건비 등은 고려할 필요가 없다.

## 3. 연간 판매촉진계획

### 연간 계획의 필요성

'예산을 짤 때도 연간 계획이 없으면 계획을 완벽하게 짤 수 없다' 라는 것은 앞에서 언급했다. 그러나 예산 만들기 이외의 목적으로도 연간 계획을 세워야 할 여러 가지 이유가 있다.

#### (1) 계절감 연출은 최대의 판매촉진이다.

계절감 있는 판매촉진 기획은 고객에게 가장 강렬하게 어필할 수 있는 유효한 수단이다. 각각의 계절에 맞는 독자성이 높은 것으로, 또한 복수의 시즌에 어느 정도 공통적인 테마성을 갖는 기획을 할 필요가 있다.

즉, 각각의 계절에 당면하여 계획을 하는 것이 아니라, 예를 들면 '건강' 을 테마로 하면서,

- 봄 건강
- 피크닉 축제
- 여름 건강
- 스태미나 축제
- 가을 건강
- 스포츠 축제
- 겨울 건강
- 따뜻한 축제

라는 각각의 계절별 축제를 계획할 수 있고, 더불어 판매기획과의 연동이 가능해져서 보다 충실한 이벤트를 열 수가 있다.

#### (2) 장기에 걸친 기획 준비가 가능하다.

계절상품 도입에 의한 판매촉진 등, 비교적 장기에 걸친 준비가 필요한 판촉이 있다. 더구나 이러한 판촉 중에는 고객에게 어필도가 높고 효과가 있는 것이 많다. 연간계획을 세움으로써 계획적인 준비를 할 수 있다.

#### (3) 고객에게 사전에 어필할 수 있다.

연간 계획을 팸플릿과 같은 형태로 인쇄하여 고객에 나누어 주는 것으로, 사전에 기획 내용을 고시함으로써 효과를 거둘 수가 있다. 가장 효과적인 판매촉진 고시방법으로는 판매촉진기간 중에 다음번의 판매촉진을 예고하는 것을 들 수 있다.

다음으로 '이러한 판매촉진을 언제부터 합니다.' 라는 고시는 무엇보다도 실제로 고객 수가 증가하는 시기에 행하기 때문에 더욱 효과를 거둘 수 있다.

더구나 미디어를 일일이 사용하지 않으므로 예산도 적게 들고, 고객이 정착할 수 있는 등, 상당히 메리트가 높은 방법임을 덧붙여 두고 싶다.

표 15-1 홍보, 마케팅 방안 제시 - 연간 홍보, 마케팅 전략

| 월 | 행사 | Key Word | 홍보마케팅 실행 |
|---|---|---|---|
| 1 | 1일 - 신정 | 시무식, 가족모임 | 새해맞이 신메뉴 출시 및 신년회 유치 홍보 |
| | 14일 - Diary Day | 다이어리 데이 | 연인, 가족, 신년모임 이벤트 개최 |
| 2 | 7일 - 설날 | 설날 | 설연휴 영업 및 이벤트 사전 홍보 |
| | 14일 - Valentine's Day | 발렌타인데이, 초콜릿 | 발렌타인데이 방문 연인고객 초콜릿+와인 선물 |
| | 졸업식 | 졸업 | 졸업 시즌 특수유치(특선 메뉴) |
| 3 | 1일 - 삼일절 | 개학, 입학, 신입사원 환영회 | 봄을 주제로 한 특선 메뉴 |
| | 2일-입학식 | 화이트데이 | 입학식, 환영회 등 사전 홍보(사은품 제공) |
| | 14일 - White Day | 봄, 꽃 | 화이트데이 방문 연인고객 사탕,와인 선물 |
| 4 | 5일-식목일 | 벚꽃, 수학여행, 만우절 등 | 상춘객 유치 및 만우절을 이용한 코믹 판촉 |
| 5 | 5일-어린이날<br>8일-어버이날 | 가족, 카네이션, 선물소풍, 축제 | 가정의 달 축제 및 특선 메뉴, 기념품 증정 /할인 이벤트 |
| | 12일-석가탄신일<br>(음 4월 8일) | | 인근 학교 선생님 초청(초대장 발송) |
| | 15일-스승의 날, 성년의 날 | | 성년의 날 판촉행사 |
| | 21일-부부의 날 | | |
| 6 | 6일-현충일<br>25일-한국전쟁의 날 | 애국 | 국가유공자 초청 행사 |
| | 8일-단오, 21일-하지 | 단오, 하지, 장마 | 여름 특선 메뉴 실시 |
| 7 | 19일-초복, 29일-중복 | 무더위, 건강 | 복날 및 건강관련 반짝 이벤트메뉴 실시 : 사전 홍보 |

(계속)

| 8 | 7일–입추, 8일–말복 | 여름방학, 말복 | 방학시즌 특별판촉, 여름 특식 메뉴 축제 |
|---|---|---|---|
| 9 | 2일 – 구이데이 | 추석, 고향, 가족 | 추석 연휴 영업 및 진행 이벤트 사전 홍보 |
|  | 14일 – 추석, 포토데이 | 구이데이, 포토데이 | 구이데이 할인 행사 및 포토데이 즉석사진 촬영 이벤트 |
| 10 | 1일 – 국군의 날,<br>21일 – 경찰의 날 | 체육대회, 향우회, 축제 | 국군, 경찰 동반 가족 등에게 가을 특선 메뉴 할인 행사 |
|  | 14일 – Wine Day | 와인데이, 결혼 | 와인데이 방문 연인고객 주문 시 와인 증정 |
| 11 | 7일 – 입동<br>22일 – 소설 | 첫눈, 김장, 단풍, 수능 | 첫눈 이벤트 실시, 수능생 가족 수고 격려 이벤트 진행 |
| 12 | 21일 – 동지<br>25일 – 크리스마스 | 연말, 크리스마스, 겨울 | 송년 사은행사 집중홍보, 연말 특선메뉴, 단체메뉴 실시 |
| 기타 | 개업 기념 주간 할인행사, 특선메뉴 실시(시즌별, 특정 주제별),<br>제휴 프로모션 실시(공동판촉, 협찬사와 제휴 홍보 마케팅 진행) | | |

### (4) 종업원에게 판매촉진 지식을 철저하게 주지시킨다.

언제 어느 시기에 판매촉진을 하는가를 알고 있음으로 해서 구인 모집이나 교육면에서의 편의를 꾀할 수 있다. 판촉이 결정되고 나서 인원을 모집한다거나 또한 기획한 시기가 가끔 지방 행사와 겹치게 되면, 오퍼레이션이 지체되어 모처럼의 고객을 매출증가와 연결할 수 없게 되기 때문에 주의가 필요하다.

## 연간 판매촉진계획 세우는 법

실제로 연간 판매촉진 계획을 세울 때의 포인트는 다음과 같다.

### (1) 연간 판매촉진 예산을 정한다.

결정법은 전술한 대로, 다음 연도의 연차계획을 입안함과 동시에 판매촉진 계획을 세우는 것이 가장 이상적이다. 연차계획에서 예상된 매출액의 3% 내에서 예산을 세우는 것이 가장 기본적인 형임은 전술했다.

### (2) 연간 스케줄표를 만든다.

앞으로의 스케줄 입안 작업의 기본을 이루는 것이 이 스케줄표이다. 판매촉진뿐만 아니라, 지역사회의 행사나 회사 예정까지 포함한 종합적인 스케줄표를 만들면 좋다.

이러한 종합 스케줄표에서부터 각각의 기획의 상세를 설명하는 실시표를 작성하는 일련의 작업을 행할 때, 비로소 판매촉진 기획이 이루어지고 있다고 할 수 있다. 그때의 구체적인 포맷의 예를 다음에 나타내었다.

**[포맷 설명]**

① 연도를 나누는 법은 기업에 따라서 다르겠지만, 판매촉진 계획의 작성은 대개 '1개월 구획' 이라든가 '4개월 구획' 으로 하는 것이 일반적이라고 할 수 있다.

② 일자 기입은 물론, 요일을 기입하는 것도 잊지 않는다. 판매촉진을 어느 요일에 시작하느냐에 따라서 판매촉진의 효과가 다르다는 것은 전술한 대로다.

③ 지역사회의 행사는 반드시 써 넣을 필요가 있다. 전국적인 축제나 행사 등에는 못 미치더라도 우리 점포가 속해 있는 사회 속에서 무엇이 행하여지고 있는가를 정확하게 알고 있는 것은 성공적인 판매촉진 기획에 필수불가결하다. 지역축제 등과 협찬, 혹은 거기에 타이밍을 맞춘 이벤트 등은 생각지도 못한 효과를 거둘 수 있다. 역으로 아파트 단지의 야유회 등, 마을 자체 인구가 현저하게 감소되는 시기에는 판매촉진을 피해야 한다.

④ 판매촉진 기획과 사내 행사는 언뜻 보면 관계가 없다고 생각할지 모르겠다. 하지만 회사 입사식을 하는 날에 판매촉진 기획을 스타트한다고 하면 어떻게 되겠는가? 인원부족 때문에 혼란이 일어나리라는 것을 쉽게 예상할 수 있다. 대규모적인 판매촉진은 회사 단위(혹은 점포단계)에서 큰 행사를 피하여 기획되어야 한다. 또한 역으로 메뉴 개정 등의 기획이 사전에 예정되어 있으며, 똑같은 의미에서 상당히 유리한 이벤트 타이밍으로써 이용할 수 있다.

## 4. 판매촉진에서 경쟁점에 대한 대책의 필요성

상품을 개발할 때나 출점계획을 세울 때에는 당연히 우리점포와 경쟁할 것이라 생각되는 대상을 철저하게 연구하여, 차별화 수단을 생각한다. 이러한 경쟁점에 대한 대책이 판매촉진 기획을 입안할 때에도 필요한가? 간단하게 대답한다면 'YES' 이다.

전국 레벨로 전개하고 있는 대형 체인점이라면 구체적인 경쟁점을 설정하는 것 자체가 넌센스이다. 경쟁점 대책을 하는 것보다도 매력적인 판매촉진 기획을 입안하는 것이 중요하겠지만, 지역단위에서 전개하고 있는 체인점이나 단독점포인 경우에는 당연히 주변에 경합점의 판매촉진 계획에 신경을 쓸 필요가 있다.

우선 시기가 겹치지 않도록 해야 한다. 당연히 판매촉진을 하기에 적당한 시기가 1년 중 몇 번밖에 없고, 더구나 그 시기라는 것은 비교적 집중되어 있다. 똑같은 기획을 똑같은 시기에 스타트시키면 당연히 지역 고객은 여러 개의 판매 촉진기획 중에서 선택하게 되므로 극적인 효과를 거두기가 어렵다.

다음으로 어떻게 한다든지 시기를 비켜서 하더라도 똑같은 내용의 이벤트를 실시하면 매력은 반감된다. 판매촉진 계획을 연간으로 세워서 고객에게 사전 어필할 필요성 중의 하나가 바로 이 경쟁 대책이다. 하나의 이벤트가 끝날 때 '다음 이벤트는 이러한 것을 하겠습니다.' 라는 예고 광고를 할 수 있고, 그러한 준비만 되어 있으면 경쟁 점포의 분발을 막을 수 있기 때문이다.

## 5. 목적별 판매촉진 입안법

판매촉진에는 그 목적에 따라서 몇 가지 종류가 있다는 것, 그리고 그 목적 실현방법에도 몇 가지 종류가 있음은 앞에서도 설명했다. 그렇다면 그 각각의 인과관계를 설명해 보겠다. 즉, 목적별로 실시해야 할 판매촉진을 어떠한 방법으로 실현하면 좋은가 하는 것이다.

이와 관련하여 판매촉진을 하는 주요한 목적에는 다음과 같은 것이 있다.

① 보다 많은 새로운 고객의 내점을 촉진한다.
② 현재 고객에게 더 많은 만족을 연출한다.
③ 내점빈도를 높이는 연구를 한다.
④ 객단가를 높이는 연구를 한다.
⑤ 성수기의 보다 많은 매출증대를 꾀한다.
⑥ 비수기의 매출저하를 막는다.
⑦ 업태 등의 콘셉트 변화를 어필한다.

## 보다 많은 새로운 고객들의 내점을 촉진한다.

이 목적을 달성하기 위해서는 점포 외 광고를 하는 것이 전제가 된다. 현재 점포를 모르는 사람들에게 점포의 존재를 알리는 것이 최대의 목적이다. 그 목적달성을 위해서는 다음과 같은 수단을 취하는 것이 효과적이다.

① 전단지를 길거리에서 배부한다.
② 텔레비전이나 신문 등의 매스미디어를 사용해서 광고한다.
③ 기존 고객의 재내점 및 동반자 수 유도를 위한 연구를 한다.

위의 ①과 ②의 수법은 매우 일반적이며, 여러 점포에서도 시도되고 있다. 그러나 이러한 수법은 불특정 다수를 대상으로 행하여지므로, 상당한 예산과 매력적인 부가가치를 붙여야 하기 때문에 앞으로 기대를 걸 수 있는 것은 방법 ③일 것이다.

신규 고객을 소개하는 고객에게 어떠한 메리트를 줄 수 있을지 구체적으로 방법을 생각해야 한다. 이 수법을 취하기 위해서는 완벽한 고객관리 시스템을 갖추는 것이 전제가 되고, 따라서 어느 정도 객단가가 높은 매력적인 업태임이 전제되어야 한다는 점에 주의해야 한다.

또한 구체적으로 목적을 달성하기 위해서는 상당히 매력적인 부가가치를 고객들에게 제공하지 않으면 안 된다. 무엇보다도 지금까지 가 본 적이 없는 장소로 고객을 무리하게 데려와야 하기 때문에 판촉내용으로는 다음과 같은 것을 생각할 수 있다.

① 전단지에 가장 잘 팔리는 상품의 시식권을 첨부한다.

② 세일 등을 한다.

또한 점포로의 첫 방문을 좋게 하기 위해서 판매상품 중에서도 가장 저가격을 중심으로 한 호소가 필요하다. 전단지를 만드는 데도 그 의도가 반영되어야 한다.

## 현재 고객에게 더 많은 만족을 연출한다.

지금 우리 점포를 지지해 주고 있는 고객들의 만족을 높이는 것이 목적이므로 점포 외 판촉을 거의 할 필요가 없는 것이 특징이다. 이 판매촉진은 보다 높은 만족도 제공을 담보로 하여 종래 고객들의 내점빈도를 높이든가, 객단가를 높이는 효과를 결과로서 얻을 수 있다.

이런 류의 판매촉진을 고객에게 어필하는 방법으로는,

① 점포 내에 포스터, 테이블 POP, 테이블매트 등의 점내 미디어를 활용하여 고객들에게 알린다.

② DM을 사용하여 특정한 고객들에게 사전에 알린다.

등을 생각할 수 있다.

판매촉진의 구체적인 내용에 관해서는 각각의 항목(내점 빈도를 높인다. 객단가를 높인다)에서 설명하겠다.

## 내점빈도를 높이는 연구를 한다.

정해진 시장 속에서 고객을 확보하지 않고서는 살아남을 수 없는 경쟁 사회 속에서는 한 사람의 고객이라도 내점빈도를 높이는 것이 중요한 판매촉진의 목적이 된다. 특히 객단가가 낮은 업태에서는 유효한 수단이지만, 디너 하우스같이 원래 내점빈도가 높지 않은 업태에는 적합하지 않다.

이 방법을 성공시키는 데는 판매촉진 기간 중에 보다 많은 내점을 하면 어떠한 메리트를 주는 따위의 연구를 해야 한다.

예를 들면, 다음과 같다.

① **스탬플러리 방식** : 한 사람이 한 장의 티켓에 내점할 때마다 스탬프를 받아 규정된 수의 스탬프가 찍히면 그것을 경품으로 바꾸어 준다.

② **프리티켓 방식** : 판매촉진 기간 중, 몇 번을 오더라도 커피를 무료로 마실 수 있는 티켓을 판매하는 방식이다. 또한 일부 패스트푸드 체인점에서 실시되고 있는, 추첨 발표를 반드시 점내에서 하는 것도 내점을 촉진하는 좋은 방법 중의 하나이다.

## 객단가를 높이는 연구를 한다.

앞에서 설명한 내점빈도를 높이는 방법을 적용할 수 없는 객단가 높은 업태를 포함한 보다 일반적인 판매촉진 기간 중 통상과 같은 정도의 고객이 오더라도 객단가 증가분만으로 매출 증대가 가능하다.

그러나 동시에 기술적으로 객단가를 높이지 않으면 판매촉진 기간 종료 후 오히려 매출이 약화되기 때문에, 그 실시 기획에는 세심한 주의가 필요하다. 객단가를 높이기 위한 구체적인 방법은 다음과 같다.

### ① 추가 주문을 적극적으로 받는다.

고객이 원하는 상품 이외에 또 하나의 일품을 추천 판매한다. 가벼운 메뉴를 주문하는 고객에게 디저트를 권한다든지 하는 영업 활동을 하기 때문에 프로모션에 필요한 비용이 적게 드는 메리트가 있다.

그러나 이러한 경우, 추가 상품으로 권유하는 상품에 어느 정도 계절감이나 소재의 진귀함으로서의 가치가 있는가? 적당한 가격으로 설정하였는가? 등에 따라서 권유하기 쉽게 되어 있어야 한다.

### ② 부가가치 상품을 조합한 세트 상품을 도입한다.

이 방법은 추천 판매에 속하지 않기 때문에 보다 부드럽게 운영할 수 있다. 이 경우에도 세트 상품화에 따라서 가격면에서 어느 정도 적당하다고 느끼는 가격을 표현하지 않으면 안 되는 것은 말할 것까지도 없다. 더구나 상품의 도입으로 매출을 증대시키는 것을 목표로 하고 있기 때문에 세트 상품의 가격은 통상의 객단가보다도 약간 높은 것이 바람직하다.

③ 고단가 일품 상품을 도입한다.

보통 때에 잘 팔리는 상품보다도 약간 비싼 주 메뉴 등 단품 상품을 도입함으로써 객단가를 높일 수 있다. 그러나 이 방법은 상품의 가치감과 가격의 밸런스가 매력적이지 않는 한, 전술한 두 가지 방법에 비해 효과를 거둘 수 없으므로 주의가 필요하다.

## 성수기에 한층 더 매출증대를 꾀한다.

대표적인 성수기 9월은 매출이 높은 시기이기 때문에 특별한 대책이 없어도 되지 않을까?라고 생각하는 사람이 대부분이겠지만 외식으로의 이용 동기가 높은 시기이므로 약간의 연구만으로도 많은 매출을 올릴 수 있다. 성수기이므로 점포 외 판촉을 할 필요는 없다.

최소한 점내 판촉만으로도 충분히 커다란 효과를 올릴 수 있다. 우선 전술했듯이 객단가를 높이는 방법을 도입한다. 만일 해안 리조트 시설처럼 성수기와 비수기와의 매출차이가 매우 큰 점포인 경우에는 메뉴를 압축한 후, 성수기에 임하는 방법도 있을 것이다.

성수기 중의 특별 메뉴를 고객에게 잘 표현함으로써 같은 매장 면적에서의 판매 효율을 비약적으로 높일 수 있음을 인식하기 바란다.

또한, 뜻밖이라고 생각할지도 모르지만, 번성기에만 객석 수를 늘려서 매출을 향상시키는 방법도 있다. 예를 들면, 테라스 등의 통상 객석으로 이용하지 않는 장소를 활용하여 이 기간 중에만 객석을 늘려서 한층 더 매출을 올리는데 공헌하는 등의 것도 생각할 수 있다. 또한 더욱 간단하게, 보통 때에는 두 사람 자리였던 곳에 임시로 의자를 배치하여 네 사람이 앉도록 할 수도 있다.

주방 시스템을 고쳐서 작업효율을 올림으로써 실질적인 객석 회전을 높이는 매출증가의 방법도 상당히 현실적이다. 추첨 및 경품을 주는 일이나 고객들을 부르는 것만이 판매촉진은 아니다. 보다 매출을 늘리려는 연구가 전부 판매촉진과 관련이 있다고 생각하면 여러 가지 발상의 전환을 할 수 있다.

## 비수기의 매출저하를 막는다.

이 목적은 전술한 성수기에 최대 매출을 추구하는 것보다는 훨씬 어렵다. 비수기는 업종 및 업태에 따라서 그 차가 심하다. 테마성이 강한 업태일수록 비수기 대책은 심각하다. 예를 들면, 냉면 전문점의 겨울 매출저하는 경우에 따라 사활이 걸린 문제이다. 이러한 예는 극단적이지만, 어떠한 업태일지라도 비수기 대책은 골치를 앓는 문제이다.

대책방법의 하나는 그 시기를 교육의 기회, 혹은 판매촉진을 위한 귀중한 기회로 받아들여서 이용한다. 다음으로 성수기를 대비한 상품을 개발하든가, 종업원을 교육함으로써 간접적인 매출 향상에 도움이 되게 한다.

한편, 보다 적극적으로 이 시기를 활용하는 방법으로써 업태를 과감히 이 시기에만 변경해 보는 방법도 있다. 전술한 냉면 전문점이라면 이 시기에 냉면을 과감히 버리고, 그 대신에 칼국수와 만두 전문점으로 어필해 가는 방법 등을 생각할 수 있을 것이다.

그리고 '판매촉진=광고 선전을 포함한 프로모션'이라는 좁은 견해를 버리고 보다 큰 줄기에서 매출을 올리기 위한 모든 방법을 생각하면 답을 얻을 수가 있다.

## 업태 등의 콘셉트 변화를 어필한다.

이것은 가장 극단적인 예가 될 것이다. 음식점의 판매촉진으로 최대 규모는 신규 오픈이라고 일컬어진다. 새로운 점포가 할 수 있는 것은 주변에 사는 주민들을 위해 최대의 축제를 벌이는 그 이상의 판매촉진은 없다.

개점만이 아니라, 메뉴 변경이나 점포 개장 등은 다소 차이가 있더라도 똑같이 중요한 이벤트이다. 이것을 적절하게 어필하는 것도 필요하다. 당연히 어필은 점포 외 광고를 중심으로 새로운 고객 획득과 종래 고객들의 새로운 이용 동기를 환기하는 의미를 포함하여 신중하게 하지 않으면 안 된다.

## 6. 고객관리

자신의 점포가 어떠한 사람들에게 어떠한 이유로 이용되고 어떻게 평가받고 있는가를 아는 것은, 보다 매력적인 판매촉진 기획을 하는 데 필요하다. 그 뿐만 아니라 메뉴 제작의 방향성을 정하거나 개장 및 신규점포 등을 개점할 때 고객요구를 반영한 콘셉트를 만드는 데 필수불가결한 것이다.

우선 고객관리를 하는 본래의 목적은 DM 발송처를 정리하는 것만이 아니라는 것을 알았으면 한다. 그렇지 않으면 고객관리 시트 만드는 법에서 관리의 방법에 이르기까지 오해투성이가 되어 버릴 가능성이 있기 때문이다.

### 고객정보 얻기

고객관리의 첫걸음은 우선 고객에게 필요한 정보를 얻는 것부터 시작된다. 그 방법 중 가장 일반적으로 사용되고 있는 것이 점내 테이블 위에 앙케이트 용지를 배치하여 기입하게 하는 방법이다.

그 밖에는 판매촉진 활동의 일환으로써 배부한 서비스권을 회수할 때 필요항목으로 기입해 받는 등의 방법이 있는데, 어떠한 방법을 사용하더라도 고객 정보를 제공해 준 고객에게 서비스권을 제공하든가 추첨으로 경품을 제공하는 것 등의 인센티브를 줄 필요가 있다.

### 어떠한 고객정보가 필요한가?

고객관리를 목적으로 한 정보 수집에서 필요로 하는 항목은 다음과 같은 것이 있다.

#### (1) 기본정보

① 성명 ② 주소, 전화번호

③ 생년월일 ④ 성별

이 4항목은 무슨 일이 있어도 수집해야 할 기본 항목이다. 특히 생년월일은 DM메일을 발송할 때 가장 중요한 타이밍을 제공해 주는 자료이므로 꼭 기입해 넣게 한다. 이러한 항목은 회수 시의 서비스 티켓 등의 비교적 기입란이 적은 곳에 기입해서 받을 때 필요 항목이라고 생각하면 좋은 것이다.

### (2) 상세정보

⑤ 내점일시 ⑥ 내점방법(차, 도보, 전철 등)
⑦ 근무처(학교명), 주소 ⑧ 취미
⑨ 이용하고 난 인상 ⑩ 점포에 바라고 싶은 것

이러한 항목은 앙케이트 용지가 비교적 커다란 지면을 차지하고, 또한 앙케이트를 써 주면 추첨 등의 프로세스를 통하여 무언가 경품 등이 제공되는 따위의 인센티브가 높은 앙케이트 조사인 경우 수집 가능한 정보이다.

각각의 정보수집 항목 중에서 특히, 그 중에서 정보를 활용할 때 도움이 되는 것과 그 이유를 설명하도록 하겠다.

⑧ 취 미

판매촉진 시의 테마가 경품을 기획할 때 효과를 발휘하는 항목이다. 우리 점포를 이용해 주는 고객이 어떤 취미를 갖고 있는가. 또한 현재 어떠한 흥미를 갖고 있는 사람들이 많은가. 사람들의 흥미 트렌드를 아는, 좋은 재료가 된다.

⑨ 이용하고 난 후의 인상

점포를 어떻게 생각하는가, 실제로 이용한 고객들의 점포에 대한 평가를 샘플할 수 있는 항목이다. 그 조사항목에는 다음과 같은 것이 있다.

- 어떤 상품을 먹었는가?
- 제공시간은 어떠했는가?
- 맛은 어떠했는가?
- 서비스는 마음에 들었는가?
- 점포의 분위기는 좋았는가?

등의 QSC 각 항목에 걸쳐서 고객들의 의견을 들을 수 있도록 연구해야 한다.

⑩ 점포에 바라고 싶은 것

'어떠한 상품이 있었으면 하는가' 라든가 '점포의 분위기를 어떤 식으로 하면 좋겠는가' 라는 의견을 들을 수 있도록 해 두면 효과적이다. 이러한 정보를 정확하게 모을 수 있는 앙케이트 용지, 서비스 티켓 등의 이미지는 다음의 실례를 참고하면 될 것이다.

## 정보의 관리와 분석 및 활용

일단 수집한 정보는 결코 수집이 목적이 아니므로 잘 관리하여 활용하지 않으면 아무런 의미가 없다. 그렇기 때문에 관리법을 알아 두어야 한다.

관리를 위해서는 다음과 같은 프로세스를 지킬 필요가 있다.

### (1) 데이터 베이스화 1 : 개인 정보를 정리한다.

① 이름 ② 주소

③ 생년월일 ④ 취미

등의 각각 개인이 속해 있는 특수한 정보는 개인별로 분류한다. 일람표 등으로 작성하여 '누가, 어디서 살고 있으며, 생일은 언제이다.' 라고 하는 정보를 즉석에서 알 수 있도록 해 두어야 한다.

### (2) 데이터 베이스화 2 : 분야별 정보를 분류한다.

다음의 샘플 정보 중에서 분야별로 가공하여, 분석하고 싶은 정보를 따로 분류한다.

① 내점방법

② 점포에 바라고 싶은 것

③ 이용해 본 인상 등

이것은 '이용자 중에 몇 명 정도가 점포에 대해 어떻게 생각하는가. 몇 %의 사람이 호감을 갖고 있는가' 라는 등의 정리방법이다. 콘셉트 만들기나 현상판단에 도움이 되는 자료가 될 것이다.

### (3) 데이터 베이스화 3 : 보존기간과 갱신기간을 설정한다.

광대한 양의 정보를 한 번에 처리하려고 하면 상당한 작업이 되므로 정리해야 함에도 불구하고 어떻게 하면 좋은지 모르는 경우가 있다. 따라서 일주일에 한 번이나 매월 일정한 날을 정하여 정리하는 버릇을 붙여야 한다. 또한, 한 번 보존한 정보를 영원히 갖고 있는 것은 난센스, 이미 마음이 떠난 고객에게 몇 년 동안이나 DM을 비싼 비용을 들여 보내는 것은 헛일이라 할 수 있을 것이다.

따라서 일단 데이터 베이스화 된 고객의 정보나 그 이후 이용 상황을 피드백(feedback)하여 정리해 두어야만 한다. 일반적인 패밀리 레스토랑 레벨의 점포의 경우, 적어도 일 년에 한 번도 이용하지 않은 고객은 과감히 정보에서 빼내는 편이 좋을 것이다.

그렇지 않으면 정보의 과중에 묻힐 가능성이 상당히 높다. 유효하게 활용할 때에 비로소 정보로써 가치가 있다는 것을 인식해 주었으면 한다.

## 7. 불황기의 외식업 판촉전략

고객은 폭발성 있는 이벤트만을 인지한다.

## 각종 판촉권의 내용과 실행방법

### (1) 디스카운트권

각종 디스카운트권은 명칭은 다르지만 내용은 비슷비슷하다. 일정한 기간 실시하는 방법, 일정 대상을 한정해서 실시하는 방법, 장기적으로 카드를 제작해서 사용하게 하는 방법 등 여러 가지가 있다.

문제는 디스카운트권(할인) 발행의 기본 목적과 언제 왜 이를 실시해야 하는가에 대한 외식 경영주들의 인식의 틀을 바꿔야 한다. 현재로서는 영업이 부진하니까 20%, 25%, 30% 정도의 값 깎기로 고객을 유치하기 위해 대부분 실시하는 판촉전략의 하나라고 설명할 수밖에 없는 것이 우리 외식업계의 현실이다.

사실상 다른 판촉방법과는 달리 할인권 발행은 다분히 현재의 위치 탈출을 목적으로 시행하든가, 또는 경쟁 점포를 의식해서 실시하는 경우가 많다. 그런데 여기에 유의해야 할 몇 가지 문제가 있다.

첫째, 디스카운트 전략은 점포의 격을 떨어뜨릴 수 있는 분위기를 만들기 쉽다는 점이다.

고객은 흔히 할인권을 발행하는 점포에 대해 "무엇인가 품질에 문제가 있거나 영업이 부진한 점포가 아닐까?" 하는 의구심을 갖기 쉽다. 백화점 등에서 정기적으로 실시하는 특별 세일 기간의 이벤트와는 차원이 다른 것이다.

둘째, 이렇게 가격할인을 과감히 할 수 있다는 것은 "이제까지 우리들에게 비싼 값으로 메뉴를 판매하지 않았느냐?" 라는 배신감을 불러일으킬 수 있다는 점이다. 이 점에 관해서는 이미 일본 롯데리아와 맥도날드의 가격경쟁의 실패 사례에서 설명한 바 있다.

셋째, 특히 우리나라의 경우, IMF 후 거의 모든 산업부분에서 '가격파괴' 의 바람이 한때 휩쓸었고, 외식 점포에서는 15~20%의 가격할인은 어느 점포에서도 흔히 실시해 온 방법이기 때문에 고객들의 반응은 덤덤하다는 점이다.

이 방법은 신규 점포보다 기존 점포에서 흔히 실시하는데, 앞으로는 크게 활용될 전략으로 생각되지 않는다. 다만 고정 고객화 전략으로 카드 등을 제작해서 3년제 회원, 5년제 회원 등으로 구분하고, 3년제 회원에게는 15~20%, 5년제 회원에게는 20~25% 할인 가격을 적용시키는 방법을 점포의 규모나 메뉴의 일품당 단가 등을 고려하여 연구해봄직하다.

여기서 굳이 단가를 고려하는 것은 패스트푸드나 분식류 등의 저 단가 메뉴 점포에서는 채택하기 어렵다는 점을 다른 말로 표현한 것이다. 또 어떤 결정적인 순간에(예를 들어 15~30일 동안) 50% 할인가격 이벤트 실시는 확실히 고객을 깜짝 놀라게 할 수 있는 폭발성이 있는 것이다.

객석을 많이 보유하고 메뉴 서빙 속도에 자신 있는 점포가 모든 경쟁력을 미친다는 자신감에서, 또는 우리 점포가 이런 수준으로 영업하고 있다는 고지전략 차원에서, 실시한다면 대단한 성과를 올릴 수도 있을 것이다.

## (2) 할인권의 종류

① 처음부터 할인금액을 기재하여 배포하는 형태

여러 가지 조건을 명기해 두었는데, 필자의 의견으로는 아무 필요 없는 표현이며, 3천 원권 식사든 1만 원권 식사든 다같이 1천 원 할인혜택을 주도록 하는 간단한 형식이 좋은 것이다.

② 할인율을 기재한 방법

비교적 가격단위가 높은 중화요리점에서 실시한 내용으로, 어느 정도는 효과가 있을 것으로 판단된다.

③ 정상금액과 할인금액을 함께 표시한 방법

④ 계절 이벤트의 하나로 몇 가지 내용을 함께 실시하는 방법

⑤ 특정 고객만을 대상으로 새로운 메뉴 개발 기념으로 과감히 50% 할인하는 방법. 이 경우는 할인율과 신제품 종류를 지정해서 실시하는 내용이다.

⑥ VIP 카드

카드 뒷면에 20% 할인 내역과 구매 단위 3만 원 이상에 적용한다는 조건 등을 기록했다. 이 경우는 자사의 점포를 이용하는 귀한 고객만 갖는 카드, 누구나 쉽게 소유할 수 없는 카드라는 자리매김을 위한 점포의 배부 전략이 있어야 할 것이다.

누구나 쉽게 가질 수 있다면 구태여 카드가 아닌, 앞서 예시한 ②와 ③의 방법이 오히려 비용이 적게 소요될 것이기 때문이다.

## 스타를 활용한 구전마케팅

스타마케팅이란 TV의 극중 장면에 특정제품을 배치하여 시청자에게 노출시키는 간접적으로 브랜드(제품)을 홍보하던 'PPL' 의 개념과 의류브랜드 이미지와 맞는 연예인에게 자사의 의류를 협찬해서 구전효과를 노리는 '연예인 의상협찬의 개념이 합쳐지면서 파생된 것으로 보인다.

"너 어제 '환상의 커플' 에서 모 연예인이 입은 옷 봤어?"

스타의 패션은 유행의 선두에 선다. 연기자의 경우, 출연 작품의 인기가 높을수록 입고 나온 의상뿐만 아니라 스타와 관련된 모든 제품이 함께 화제를 모으기 때문이다.

특히 10대나 20대의 젊은이들에는 소위 '누가 어떤 드라마에 입고 나오는 옷' 이라는 구전마케팅이 제품을 팔리게 하는 전략으로 자리 잡았다.

이러한 젊은층의 구전효과를 노린 홍보 전략이 주로 의류기업을 중심으로 이루어졌으나, 최근 들어서는 특정 소품보다는 장소 혹은 회사의 이미지 메이킹에 더 효과적으로 사용되고 있으며, 외식기업에도 새로운 홍보 전략으로 부상하고 있다.

〈사례〉 Vips 빕스

온라인 커뮤니티에 방송과 관련한 Vips 빕스에 대한 의견이 형성되는 것을 확인할 수 있다.

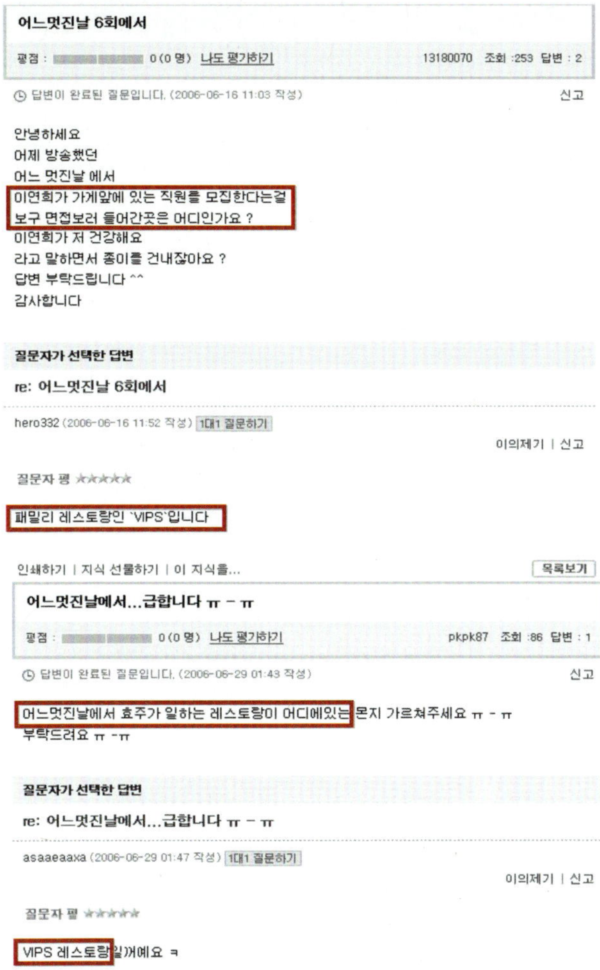
어느멋진날 6회에서

평점 : 0(0 명) 나도 평가하기 13180070 조회 :253 답변 : 2

답변이 완료된 질문입니다. (2006-06-16 11:03 작성) 신고

안녕하세요
어제 방송했던
어느 멋진날 에서
이연희가 가게앞에 있는 직원를 모집한다는걸
보구 면접보러 들어간곳은 어디인가요 ?
이연희가 저 건강해요
라고 말하면서 종이를 건내잖아요 ?
답변 부탁드립니다 ^^
감사합니다

질문자가 선택한 답변

re: 어느멋진날 6회에서

hero332 (2006-06-16 11:52 작성) 1대1 질문하기

이의제기 | 신고

질문자 평 ★★★★★

패밀리 레스토랑인 `VIPS`입니다

인쇄하기 | 지식 선물하기 | 이 지식을... 목록보기

어느멋진날에서...급합니다 ㅠ - ㅠ

평점 : 0(0 명) 나도 평가하기 pkpk87 조회 :86 답변 : 1

답변이 완료된 질문입니다. (2006-06-29 01:43 작성) 신고

어느멋진날에서 효주가 일하는 레스토랑이 어디에있는뮨지 가르쳐주세요 ㅠ - ㅠ
부탁드려요 ㅠ -ㅠ

질문자가 선택한 답변

re: 어느멋진날에서...급합니다 ㅠ - ㅠ

asaaeaaxa (2006-06-29 01:47 작성) 1대1 질문하기

이의제기 | 신고

질문자 평 ★★★★★

VIPS 레스토랑일꺼예요 ㅋ

# 찾아보기

## ㄱ



## ㄴ



## ㄷ



## ㄹ



## ㅁ



## ㅂ



## ㅅ

# 참고문헌


- 강병남, 대박집 성공법칙, 외식경영, 2011.
- 고재용, 사례로 배우는 마케팅,파워북 2009.
- 강태봉, "식당경영론 " , 문지사, 1997.
  "매출증대 이렇게 합시다.", 형설출판사, 1997.
- 김기영, "호텔 주방 관리론" , 백산출판사, 2010.
- 김동승, "외식창업 마케팅" , 백산출판사, 2003.
- 김성혁외2, 외식마케팅, 백산출판사. 2009.
- 김영갑외5, 외식마케팅, 교문사,2009.
- 김헌희외2, 글로벌시대의 외식산업 이해, 백산출판사, 2007.
- 나정기, "외식산업의 이해" , 백산출판사, 2006.
- 미야에이지, "알기 쉬운 마케팅" , 한국 산업 훈련 연구소, 1995.
- 박기용, 외식산업경영론, 대왕사, 2009
- 신봉규외3인, 신외식산업창업매뉴얼, 2009.
- 임붕영, "한국 외식산업의 프랜차이즈시스템 운영 방안에 관한 연구"
- 임현철, 외식산업창업지팀서,2007, 한올출판사.
  "관광경영학 연구" (제 3회), 한국 관광 경영학회, 1998.
  "외식산업 경영론" , 형설출판사, 1997.
- 진양호, "호텔, 레스토랑의 메뉴 엔지니어링에 관한 연구"
  "경기대학교 대학원 박사학위 논문" , 1997.
- 월간 식품 저널, "국내 · 외 단체 급식시장 현황과 전망" , 2012. 2.
- 한국 외식산업 연구소, "외식사업 실무론" , 백산출판사, 2003.
  "외식사업 경영론" , 백산출판사, 2006.
- 한국외식연감, 2013 한국외식정보(주), 2013.
- OGM-Korea News, "OGM-Consulting" , 1999. 1~7호
- 일본, "코오라 매뉴얼" , 1995.
- 정익준, "호텔 · 외식산업 마케팅" , 형설출판사, 2003.
- 손일락,"호텔기업 식음료 상품의 포지셔닝 전략에 관한 연구", 1991.
- 강병남, "한국 외식산업 진출방안에 관한 연구", 한국조리학회지 제2호, 1999. 6.
- "외식산업 이탈리안 레스토랑 육성방안에 관한 연구", 혜전대학, 1999.
- "전북지역 외식산업 육성에 관한 연구", 군장대학, 1999.
- "외식산업 구인난의 현황과 문제점", 한국외식경영학회, 1999.
- "조리실무론 공저", 지구문화사, 1998.
- 홍기운, "외식산업개론" , 대왕사, 2007.
- 홍완수, 한국외식경영학회 추계 세미나, 2009
- 한수협출판부, "1996유통업체 연감" , 1997.

# 외식산업 실무론

Food Industrial Management

2020년 3월 10일 초판 인쇄
2020년 3월 15일 초판 발행

저 자 강병남 · 조용범 · 안종철
이윤희 · 정수식 · 황영정

발행인 주병오 · 주민기

발행처 ㈜지구문화
JIGU CULTURE Co.Ltd

주 소 경기도 파주시 회동길 209
파주출판문화도시

영업팀 (031) 955－7566 · 7577
편집디자인팀 (031) 955－7731
F A X (031) 955－7730
홈페이지 www.ji－gu.co.kr
전자우편 jigupub@hanmail.net
등록번호 1979년 7월 13일 제 9－57호

ISBN 978-89-7006-872-5 값 22,000원


책은 사람을 만들고
사람은 책을 만든다.